清观术斋绿格钞本

夜航船

［明］张　岱　撰

北方联合出版传媒（集团）股份有限公司

万卷出版公司

2021年·沈阳

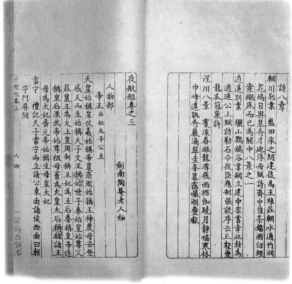

清观术斋绿格钞本《夜航船》封面及内文（复制品）

目　录

序

天下学问，惟夜航船中最难对付。盖村夫俗子，其学问皆预先备办，如瀛洲十八学士，云台二十八将之类，稍差其姓名，辄掩口笑之。彼盖不知十八学士、二十八将，虽失记其姓名，实无害于学问文理，而反谓错落一人，则可耻孰甚。故道听途说，只办口头数十个名氏，便为博学才子矣。余因想吾八越①，惟余姚风俗，后生小子，无不读书，及至二十无成，然后习为手艺。故凡百工贱业，其《性理》《纲鉴》②，皆全部烂熟，偶问及一事，则人名、官爵、年号、地方枚举之，未尝少错。学问之富，真是两脚书厨，而其无益于文理考校，与彼目不识丁之人无以异也。或曰："信如此言，则古人姓名总不必记忆矣。"余曰："不然。姓名有不关于文理，不记不妨，如八元、八恺、厨、俊、顾、及③之类是也。有关于文理者，不可不记，如四岳、三老、臧穀、徐夫人④之类是也。"

昔有一僧人，与一士子同宿夜航船。士子高谈阔论，僧畏慑，拳足而寝。僧人听其语有破绽，乃曰："请问相公，澹台灭明⑤是一个人、两个人？"士子曰："是两个人。"僧曰："这等尧舜是一个人、两个人？"士子曰："自然是一个人！"僧乃笑曰："这等说起来，且待小僧伸伸脚。"余所记载，皆眼前极肤浅之事，吾辈聊且记取，但勿使僧人伸脚则可已矣。故即命其名曰《夜航船》。

古剑陶庵老人张岱书。

【注释】

①八越：指绍兴府（越州）八县，即山阴、会稽、萧山、诸暨、余姚、上虞、嵊县、新昌。

②《性理》：《性理大全书》，共七十卷，明朝胡广等人奉敕编辑。书中所采宋儒之说共一百二十家，与《五经四书大全》同辑成于永乐十三年（1415）九月，明成祖亲撰序言，冠于卷首，颁行于两京、六部、国子监及国门府县学。《纲鉴》：明朝人承袭宋朱熹《通鉴纲目》体例编写的史书，取"纲目""通鉴"各一字命名。如王世贞《纲鉴会纂》、袁黄《袁了凡纲鉴》等。

③八元、八恺：分别指古代传说中八个才德出众的人，均见于《左传·文公十八年》。厨、俊、顾、及：均见于《后汉书·党锢列传》。厨，八厨，谓能以财救人者八人；俊，八俊，指八位杰出的人；顾，八顾，指能以自己的德行影响别人的八位名士；及，八及，指八个能引导别人成为贤者的人。

④四岳：指东岳泰山、西岳华山、南岳衡山、北岳恒山。三老：古代掌教化的乡官。臧穀：语见《庄子》。臧、穀，皆人名。徐夫人：战国赵人，铸剑名家，以藏锋利匕首闻名，事见《战国策·燕策三》。

⑤澹台灭明：复姓澹台，名灭明，字子羽，鲁国武城（今山东平邑县）人。孔子弟子，教育家，比孔子小三十九岁，孔门七十二贤之一。

卷一　天文部

象　纬

九天① 东方苍天，南方炎天，西方浩天，北方玄天，东北旻天，西北幽天，西南朱天，东南阳天，中央钧天。

日、月、星谓之三光。日、月合金、木、水、火、土五星谓之七政，又谓之七曜。日月所止舍，一日更七次，谓之七襄②。

【注释】

①**九天**：指天。古代指天的中央和八方。

②**七襄**：指七次移动位置，古时昼夜分十二辰，自卯时至酉时为昼，共七辰。一辰一移，称为七襄。见《诗·小雅·大东》。

二十八宿 东方七宿：角，木蛟；亢，金龙；氐，土貉；房，日兔；心，月狐；尾，火虎；箕，水豹。北方七宿：斗，木獬；牛，金牛；女，土蝠；虚，日鼠；危，月燕；室，火猪；壁，水獝。西

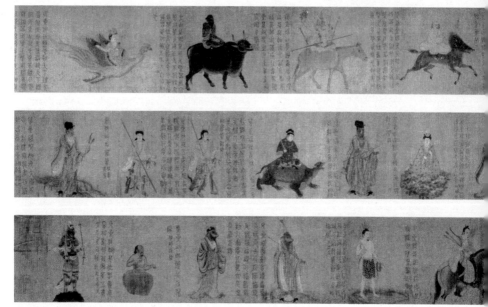

［唐］梁会瓒摹张僧繇《五星二十八宿真形图》，古绢本，设色，27.5cm×487.7cm，藏于日本大阪市立美术馆

本图绘五星二十八宿神形象。五星即金、木、水、火、土星，二十八宿最初是古人为比较日、月、五星的运动而选择的二十八个星宿，作为观测时的标志。此图绘想象中的星宿形象，现仅存五星和十二宿图。据推测，此图当为原作之上卷

方七宿：奎，木狼；娄，金狗；胃，土雉；昴，日鸡；毕，月乌；觜，火猴；参，水猿。南方七宿：井，木犴；鬼，金羊；柳，土獐；星，日马；张，月鹿；翼，火蛇；轸，水蚓。

分野[①]　角亢氐：郑，兖州。房心：宋，豫州。尾箕：燕，幽州。斗牛女：吴，扬州。虚危：齐，青州。室壁：卫，并州。奎娄胃：鲁，徐州。昴毕：赵，冀州。觜参：晋，益州。井鬼：秦，雍州。柳星张：周，三河。翼轸：楚，荆州。

【注释】

①分野：古代天文学家为了量度日、月、行星的位置和运动，把黄道带分成十二个部分，叫作十二星次；依据十二星次的位置划分地面上州、国的位置与之相对应。就天文来说，称作分星；就地面来说，称作分野。

纳音五行^① 甲子乙丑海中金，丙寅丁卯炉中火，戊辰己巳大林木，庚午辛未路旁土，壬申癸酉剑锋金，甲戌乙亥山头火，丙子丁丑涧下水，戊寅己卯城头土，庚辰辛巳金蜡金，壬午癸未杨柳木，甲申乙酉泉中水，丙戌丁亥屋上土，戊子己丑霹雳火，庚寅辛卯松柏木，壬辰癸巳长流水，甲午乙未沙中金，丙申丁酉山下火，戊戌己亥平地水，庚子辛丑壁上土，壬寅癸卯金箔金，甲辰乙巳覆灯火，丙午丁未天河水，戊申己酉大驿土，庚戌辛亥钗钏金，壬子癸丑桑柘木，甲寅乙卯大溪水，丙辰丁巳沙中土，戊午己未天上火，庚申辛酉石榴木，壬戌癸亥大海水。

天裂阳不足，地动阴有余。

梁太清二年六月，天裂于西北，长十尺，阔二丈，光出如电，声若雷。

唐中和三年，浙西天鸣，声如转磨，无云而雨。无形有声，谓之妖鼓；无云而雨，谓之天泣。

【注释】

①纳音五行：古人为六十甲子配音律，假借古代五音（宫商角徵羽）和十二音律组合而成。如甲子为黄钟之商，乙丑为大吕之商，商音属金，故曰"甲子乙丑海中金"。余下以此类推。

忧天坠 《列子》：杞国有人常忧天坠，身无所寄，至废寝食。比人心多过虑，犹如杞人忧天。

三才 天、地、人谓之三才。混沌之气，轻清为天，重浊为地。

天为阳，地为阴。人禀阴阳之气，生生不息，与天地参，故曰三才。

回天　天者，君象；回者，言挽回君心也。唐太宗欲修洛阳宫，张玄素①谏，止之。魏徵曰："张公有回天之力。"

【注释】

①**张玄素**：唐蒲州虞乡（今山西永济）人，初仕于隋朝，归唐后被授为景城都督录事参军。因为人忠直，唐太宗让他去辅佐太子。

戴天　《礼记》：君父之仇，不共戴天。兄弟之仇，不反兵革。交游之仇，不与同国。

补天　女娲氏炼石补天。

如天　《通鉴》：帝尧其仁如天，其智如神，就之如日，望之如云。

补天浴日之功　宋赵鼎疏曰：顷者陛下遣张浚出使川陕，国势百倍于今，浚有补天浴日之功，陛下有砺河之誓①，终致物议以被窜逐。臣无浚之功，而当此重任，去朝廷远，恐好恶是非，行复纷纷于聪明之下矣。

【注释】

①**砺河之誓**：语出《汉书·高惠高后文功臣序表》。砺，山石。

二天①　后汉苏章为冀州刺史，行部。有故人清河守，赃奸，章至，设酒叙欢。守曰："人皆有一天，我独有二天。"章曰："今日与故人饮，私恩也；明日冀州按事，公法也。"遂正其罪。

【注释】

①**二天**：恩人。

焚香祝天 后唐明宗①登极之年，每于宫中焚香祝天曰："某，胡人，因乱为众所推，愿天早生圣人，为生民主。"

【注释】

①**后唐明宗**：即李嗣源（866 或 867—933），沙陀部人，原名邈吉烈，李克用养子，以骁勇知名，后辅佐李存勖建立后唐，后即帝位，是后唐第二位皇帝。

威侮五行 《通鉴》：帝启立，有扈氏无道，威侮五行，怠弃三正①，启征之，大战于甘，灭之。

【注释】

①**三正**：指天、地、人的正道，语出《书·甘誓》。

五星会天 《通鉴》：颛顼作历，以孟春之月为元。是岁正月朔旦立春，五星会于天，历营室①。

【注释】

①**营室**：星名，即室宿，二十八宿之一。

五星聚奎① 宋太祖乾德五年，五星聚于奎。初，窦俨与卢多逊、杨徽之，周显德中同为谏官。俨善推步星历，尝曰："丁卯岁五星聚奎，自此天下始太平。二拾遗见之，俨不与也。"

【注释】

①**五星聚奎**：又称"五星连珠"，指从地球上看天空，水星、金星、火星、木星与土星等五大行星排列为近乎直线的奇特天象。古代称此为祥瑞之兆。

五星斗①**明** 神宗万历四十七年，五星斗于东方，杜松、刘全军战没于浑河及马家寨等处。

【注释】

①斗：会聚。

日　月

东隅，日出之地；桑榆，日入之地。日拂扶桑，谓之及时。日经细柳，谓之过时。

龙豤　《天文志》：日月会于龙豤①。豤音斗。

《广雅》：日初出为旭，日昕曰晞，日温曰煦；日在午曰亭午，在未曰昳；日晚曰旰，日将落曰晡。

《天官书》曰：日月薄蚀。日月之交，月行黄道，而日为掩，则日食，是曰阴胜阳，其变重。月行在望，与日冲，月入于暗之内，则月食，是曰阳胜阴，其变轻。圣人扶阳而尊君曰："日，君道也。"于其食，谨书而备戒之，日食为失德，月食为失刑。

【注释】

①龙豤：龙尾。

日落九乌　乌最难射。一日而落九乌，言羿之善射也。后以为羿射落九日，非是。

向日取火　阳燧以铜为之，形如镜，向日则火生，以艾承之则得火。

夸父追日　《列子》：夸父不量力，欲追日影，逐之于旸谷之际，渴欲得饮。赴河饮不足，将北走大泽中，道渴而死。

鲁戈返日 鲁阳公与韩构战，战酣日暮，援戈挥之，日返三舍。又，虞公与夏战，日欲落，以剑指日，日返不落。

白虹贯日 荆轲入秦刺秦皇，燕太子丹送之易水上，精诚格天，白虹贯日。

田夫献曝 《列子》：宋国有田夫曝日而背暖，顾谓其妻曰："负日之暄，人莫知其美者，以献吾君，必有重赏。"人皆笑之。

白驹过隙 《魏豹传》：人生易老，如白驹过隙。白驹，日影也。

黄绵袄[①] 冬月之日，有"黄绵袄"之称。

【注释】

①原稿无标题，今加。

薄蚀朒朓 薄，无光也。蚀，亏缺也。朔见东方曰朒，晦见西方曰朓。

朒未成明，魄始成魄。月初三则生明[①]也；月十六则生魄也。

【注释】

①**生明**：《书·武成》："厥四月哉生明，王来自商，至于丰。"孔传："哉，始也。始生明，月三日。"孔颖达疏："《顾命》传以'哉生魄'为十六日，则'哉生明'为月初矣。……生明、死魄，俱是月初。"

翟天师[①] 乾祐间尝于江岸玩月，或问："此中何所有？"翟笑曰："可随吾指观之。"俄见月规半天，琼楼玉宇烂然，数息间，不复见矣。

尹思遣儿视月中有物，知兵乱。

《淮南子》：日出于旸谷，浴于咸池，拂于扶桑，是谓晨明。登于扶桑，爰始将行，是谓胐明。至于曲阿，是谓朝明。临于曾泉，是谓早食。次于桑野，是谓晏食。臻于衡阳，是谓禺中。对于昆吾，是谓正中。靡于鸟次，是谓小迁。至于悲谷，是谓晡时。回于女纪，是谓大迁。经于虞渊，是谓高舂。顿于连石，是谓下舂。至于悲泉，爰止羲和，爰息六螭，是谓悬车。薄于虞泉，是谓黄昏。沦于蒙谷，是谓定昏。日入崦嵫，经细柳入虞泉之汜，曙于蒙谷之浦，垂景在树端，谓之桑榆。

《汉书》：新垣平文帝时，上言日当再中，臣以候知之。居顷之，日果再中。

《释名》：月，阙也。言满则复阙也。晦，灰也。月死而灰，月光尽似之也。朔，苏也。月死后苏生也。弦，月半之名也。其形一旁曲，一旁直，若张弓弦也。望，月满之名也。日在东，月在西，遥相望也。

【注释】

①翟天师：出自《酉阳杂俎》卷二："翟天师名乾祐，峡中人。长六尺，手大尺余，每揖人，手过胸前。卧常虚枕。晚年，往往言将来事。"

蟾蜍　月中三足物也。王充《论衡》：羿请不死之药于西王母，其妻嫦娥窃之奔月，是为蟾蜍。

月桂　《酉阳杂俎》：月桂高五百丈，有一人常伐之，树创随合。其人姓吴名刚，西河人，学仙有过，谪令伐桂。桂下有玉兔杵药。

爱日　言子爱父母，当如爱日之诚。

日光摩荡　周主遣赵匡胤率兵御辽北汉，癸卯发汴京。苗训，善观天文，见日下复有一日，黑光摩荡者久之，指示楚昭辅曰："此天命也。"是夕，次陈桥，遂有黄袍加身之变。

日为太阳之精　《广雅》：阳精外发，故日以昼明。羲和，日御也。日中有金乌。《通鉴》：太昊有圣象，日月之明。

日出而作　尧时有老人，含哺鼓腹，击壤而歌，曰："日出而作，日入而息；凿井而饮，耕田而食，帝力何有于我哉？"

日亡乃亡　桀尝自言："吾有天下，如天之有日；日亡，吾乃亡耳！"

如冬夏之日　夏日烈，冬日温。赵盾为人，严而可畏，故比如夏日。赵衰为人，和而可爱，故比如冬日。

东隅桑榆　冯异大破赤眉，光武降书劳之曰："始虽垂翅回溪，终能奋翼渑池，可谓失之东隅，收之桑榆。"

蜀犬吠日　柳文：庸、蜀之南，恒雨少日，日出则群犬吠之。

日食在晦　汉建武七年三月晦，日食，诏上书不得言圣。郑兴上疏曰："顷年日食，每多在晦。先时而合，皆月行疾也。日君象，月臣象。君亢急，则臣促迫，故月行疾。"时帝躬勤政事，颇伤严急，故兴奏及之。

太阴　《史记》："太阴之精上为月。"《淮南子》："月御曰望舒[①]，亦曰纤阿[②]，中有玉兔。"

【注释】

①望舒：古代神话中为月神驾车的神，后用来代称月。

②纤阿：古代传说中擅长驾车的人，事见《史记·司马相如传》。

瑶光贯月　《通鉴》：昌意娶蜀山氏之女曰女枢，感瑶光贯月之祥，生颛顼高阳氏于若水。

月食五星　崇祯十一年四月己酉夜，荧惑①去月仅七八寸，至晓逆行，尾八度掩于月，丁卯退至尾，初度渐入心宿。杨嗣昌上疏言：“古今变异，月食五星，史不绝书，然亦观其时。昔汉元帝建武二十三年②，月食火星，明年呼韩单于款五原塞。明帝永平二年，月食火星，皇后马氏德冠后宫，明年图画功臣于云台。唐宪宗元和七年，月食荧惑。明年兴师，连年兵败。今者月食火星，犹幸在尾，内则阴宫，外则阴国。皇上修德召和，必有灾而不害者。”然实考嗣昌所引年月俱谬。

【注释】

①荧惑：亦作“营惑”，即火星。

②汉元帝建武二十三年：此处疑为作者之误，或应为“汉光武帝建武二十三年”。汉元帝在位仅十六年，且无建武年号。

论月　徐稚，年九岁，尝月下戏，人语之曰：“若令月中无物，当极明耶？”曰：“不然。譬如人眼中有瞳子，无此必不明。”

如月之初　后汉黄琬，祖父琼，为太尉，以日食状闻。太后诏问所食多少，琼对未知所况。琬年七岁，时在旁，曰：“何不言日食之余，如月之初。”琼大惊，即以其言对。

赋初一夜月　苏福八岁时，赋《初一夜月》诗，云：“气朔盈虚又一初，嫦娥底事半分无。却于无处分明有，恰似先天太极图。”

吴牛喘月　《风俗通》：吴牛苦于日，故见月而喘。

命咏新月 明太祖见太孙顶颅侧，乃曰："半边月儿。"一夕，太子、太孙侍，太祖命咏新月。懿文云："昨夜严滩失钓钩，何人移上碧云头？虽然未得团圆相，也有清光遍九州。"太孙云："谁将玉指甲，掐破碧天痕。影落江湖里，蛟龙未敢吞。"太祖谓"未得团圆""影落江湖"，皆非吉兆。

星

北斗七星 第一天枢，第二璇，第三玑，第四权，第五玉衡，第六开阳，第七瑶光。第一至第四为魁，第五至第七为杓，合之为斗①。按《道藏经》：七星，一贪狼，二巨门，三禄存，四文曲，五廉贞，六武曲，七破军，堪舆家用此。

斗柄东，则天下皆春；斗柄南，则天下皆夏；斗柄西，则天下皆秋；斗柄北，则天下皆冬。

《史记》：中宫、文昌下六星，两两相比，名曰三能。台，三台②。色齐，君臣和；不齐，为乖戾。

【注释】

①原文中的"璇""玑""魁""杓""斗"，当作"天璇""天玑""斗魁""斗杓""斗柄"。

②三台：也称"三能"，星官名。

泰阶①六符 泰阶，三台也。每台二星，凡六星。符，六星之符验也。三台，乃天之三阶。经曰：泰阶者，天之三阶也。上阶为天子，中阶为诸侯、公卿②，下阶为士、庶人。

【注释】

①泰阶：星名，即"三台"。因上台、中台、下台各两星相比倾斜而上，

形状像阶梯，故得名。

②原稿"中阶为诸侯、公卿"当作"中阶为诸侯、公卿、大夫"。

景星　形如半月，王者政教无私，则景星见。

始影琯朗　女星旁一小星，名始影，妇女于夏至夜候而祭之，得好颜色。始影南，并肩一星，名琯朗，男子于冬至夜候而祭之，得好智慧。

参商[1]　高辛氏二子，长阏伯，次沉实[2]，自相争斗。帝乃迁长于商丘，主商，昏见；迁次于大夏，主参，晓见。二星永不相见。

【注释】

①**参商**：指参、商二星，此出彼没，互不相见。后比喻人分离不得相见，或彼此不和睦。

②**沉实**：当作"实沉"。

长庚　即太白金星，朝见东方，曰启明；夕见西方，曰长庚。太白经天，太白阴星见，昼当伏，昼见即为经天；若经天，则天下草昧[1]，人更主，是谓乱纪，人民流亡。

应劭曰："上阶上星为男主，下星为女主；中阶上星为三公，下星为卿大夫；下阶上星为上士，下星为庶人。三阶平则天下太平，三阶不平则百姓不宁，故曰六符。"

《晋·志》：角二星，为天阙[2]，闻其间天门也，其内天庭[3]也。故黄道经其中七曜之所行。左角为理，主刑；右角为将，主兵。亢四星，天子内朝，天下之礼法也，亦为疏庙主疾疫。氐四星，为天根，王者之宿宫，又为后妃之府，将有淫欲之事，氐先动。房四星为明堂，天子布政之室也，亦四辅也。又为四表，中间为天衢[4]，亦为天关，黄道之所经也。七曜舍乎天衢，则天下和平，亦天驷[5]，为天马，主车驾，亦曰天厩，又主开闭为蓄藏之所由。又北小星为钩，铃键天之管钥，明而近房，天下同心。心三星，天王正位也。中星曰明堂，天子位为大辰，主天下之赏罚。前星为太子，后星为庶子。尾九星，后宫之长，亦为九子，色欲均明，大小相承，则后宫有叙。箕四星，为天津⑥，后宫后妃之府，一曰天箕，主八风⑦，凡日月宿在箕东壁翼者，风起北方，又主口舌。南斗六星，天庙也，为丞相太宰之位，酌量政事之宜，褒贤进良，禀受爵禄，又主兵。牵牛六星，天之关梁，主牺牲。其北二星，一曰即路，一曰聚火。又曰：上一星主道路，次二星主关梁，次三星主南越。须女四星，天之少府也，妇女之位，主布帛裁置、嫁娶。虚二星，冢宰之象也，主邑居庙堂祭祀之事，又主风云死丧。危三星，主天府，天市架屋动，则土功起。营室二星，为太庙天子之宫也，主土功事。东壁二星，主文章，天下图书之秘府。西方奎十六星，天之武库也，主以兵禁。暴、娄二星，亦为天狱，主苑牧牺牲供给郊祀。胃三星，天之厨藏，五谷之仓也，又名大梁，主仓廪。昴七星，天之耳目也，主西右，又为旄头，胡星也，又主丧，主狱。昴、毕间二星，为天衢，三光之道也，主伺候关梁。毕八星，状如掩兔之毕，主边兵，主弋猎，又主刑罚。觜觿三星，在参之右角，如鼎足形，主天之关，又为三军之候。参七星，白兽之体。中三星横列者，三将军也。南方东井八星，天之南门，黄道所经，为天之亭侯，主水衡事舆。鬼五星，天之目也，主视明察奸谋。中央一星，曰积尸，摇动失色则病疾。柳八星，天之厨宰，主尚食和滋味。昴七星，一曰天都⑧，主衣裳文绣。张六星，主珍宝宗庙之用，及衣服天厨饮食赏赍之事。翼二十二星，为天子之乐府，又主夷狄远宾负海之客，明则礼乐兴，四夷来宾。轸四星，为冢宰辅臣也，主车骑足用，亦主风，有军出入，皆占于轸。

【注释】

①**草昧**：旧时指国家草创、秩序未定的时期。

②**天阙**：北斗星。

③**天庭**：也作"天廷"，即太微垣。

④**天衢**：古星名，见《晋书·天文志上》。

⑤**天驷**：星名，即房星。本段中的"天厩""天庙""天府""天市""天狱"均为星名。

⑥**天津**：银河。

⑦**八风**：八方之风。《吕氏春秋·有始》："何谓八风？东北曰炎风，东方曰滔风，东南曰熏风，南方曰巨风，西南曰凄风，西方曰飂风，西北曰厉风，北方曰寒风。"

⑧**天都**：星宿名，即七星。

荧惑守心①　荧惑，火星也。守心，谓行经心度，住而不过也。宋景公时，荧惑守心。公问子韦，对曰："祸当君，可移之相。"公曰："相，吾辅也。不可！"曰："移之民。"曰："民死，吾谁与为君？"曰："移之岁。"曰："岁饥则民死。"子韦曰："君有至德之言三，荧惑必三徙。"果徙三舍。

【注释】

①**心**：星宿名，这里指宋国。古时天子按天上所列星宿的地位而分封诸侯，列宿所当的区域叫作分野，依照当时星象，心星对应的地域正好是宋国。

岁星　木星也。所居之国为福，所对之国为凶。福主丰稔，凶主饥荒。一曰：岁星所在之国，有称兵伐之者必败。

彗星　曰长星，亦曰欃枪。芒角四射者曰孛，芒角长如帚曰彗，极长者曰蚩尤旗。

金星　一月移一宫，木星一岁移一宫，水星一月移一宫，火星两月移一宫，土星二十八月移一宫。

客星犯牛斗 有人居海上，每年八月，见浮槎到岸，乃赍粮，乘之。至一处，见妇人织机。其夫牵牛饮水次。问："此是何处？"答曰："归问严君平①。"君平曰："是日客星犯牛斗，即尔至处。"

【注释】

①**严君平**：名遵，汉蜀郡人，不愿做官，靠卜筮为生。

问使者何日发 汉和帝时，遣使者二人，微行至蜀。李郃为郡候吏，出酒共饮，问曰："君来时，知二使者以何日发行？"二人怪问其故，曰："见有二使星入益部耳。"自此名著。

五星奎聚 宋乾德五年三月，五星聚于奎。初，窦俨与卢多逊、杨徽之，周显德中同为谏官，俨善推步星历，尝曰："丁卯岁五星聚奎，自此天下始太平。二拾遗见之，俨不与也。"吕氏中曰："奎星固太平之象，而实重启斯文之兆也。文治精华，已露于斯矣。"

德星 颍川陈寔、荀淑，俱率子弟宴集一堂。太史奏德星聚颍，分百里内必有贤人会合。

客星犯御座 光武引严光入内，论道旧故，相对累日。因共偃卧，光以足加帝腹上。明日，太史奏客星犯御座甚急。帝笑曰："朕与故人严子陵共卧耳。"

晨星 刘禹锡曰："落落如晨星之相望。"谓故人寥落，如早晨之星，甚稀少也。

望星星降 何讽于书中得一发卷，规四寸许，如环而无端，用力绝之，两头滴水。方士曰："此名脉望①，蠹鱼三食神仙字，则化为此。夜持规向天中望星，星立降，可求丹服食也。"

【注释】

①脉望：传说中蠹鱼所化之物，遇之可以成仙。

吞坠星　五代汤悦①，自少颖悟。尝见飞星堕水盘中，掬而吞之，文思日丽。仕南唐，拜相。凡书檄制诰，皆出其手。

【注释】

①汤悦：即殷崇义，五代南唐保大十三年（955）进士，国亡入宋，因避讳而更名。

上应列宿　馆陶公主为子求郎，不许，赐钱十万缗。汉明帝谓群臣曰："郎官上应列宿①，出宰百里，苟非其人②，则民受其殃。"

【注释】

①列宿：众星宿，特指二十八宿。

②其人：郎官。

文曲犯帝座　明景清①建文中为御史大夫。文皇即位，清独委蛇侍朝，文皇颇疑之。时星者奏文曲犯帝座甚急，色赤。是日，清衣绯入。遂收清，得所带剑，不屈死，死后精灵犹见。

【注释】

①景清：一说姓耿，讹景，明陕西真宁（今甘肃正宁）人，明洪武二十七年（1394）进士，授翰林院编修，旋改御史。建文二年（1400）晋升为御史大夫。明成祖朱棣登基后，景清行刺朱棣失败，被凌迟处死。明成祖又实行惨无人道的"瓜蔓抄"，下令"诛灭九族"，致使株连了数百人，被称为"天下奇冤"。

星长竟天　唐天祐二年，彗星长竟天。宋徽宗五年，有星孛于西方，长竟天。明成化七年，彗星见。正德元年，彗星见，参、井侵太微垣。万历四十六年，东方有白气，长竟天，其占为彗象，辽阳震报相踵。天启元年，土星逆入井宿。

星飞星陨 宋徽宗元年正月朔，流星自西南入尾抵距星，其光烛地。是夕，有赤气起东北，亘西方，中出白气二，将散，复有黑气在旁。任伯雨言：时方孟春，而赤气起于暮夜之幽，以天道人事推之，此宫禁阴谋下干上之证也。散而为白，而白主兵，此夷狄窃发之证也。明成化二十三年，有飞星流，光芒烛地。正德元年，陨星如雨。崇祯十七年，星入月中。占曰："国破君亡。"

风（风神名封十八姨，又名冯异①）**云**（云神名云将②）

【注释】

①封十八姨：也作"封家十八姨""十八姨"。《太平广记》卷四三三《姨虎》引唐代杜光庭《录异记》载，有虎化为妇人，自称十八姨。后世将十八姨作为风或虎的典故。**冯异**：原稿疑为作者之误。冯异是传说中的水神名，常乘云车驾二龙。

②原稿"云将"当作"云师"，传说中的云神名。

八风 八节之风①，立春条风（赦小过，出稽留），春分明庶风（正封疆，修田畴），立夏清明风（出币帛，礼诸侯），夏至景风（辩大将，封有功），立秋凉风（报土功，祀四郊），秋分间阖风（解悬垂，琴瑟不张），立冬不周风（修宫室，完边城），冬至广汉风（诛有罪，断大刑）。

【注释】

①八节之风：即八节风，指我国古代二十四节气中立春、春分、立夏、夏至、立秋、秋分、立冬、冬至这八个节气的风。

四时风 郎仁宝曰：春之风，自下升上，纸鸢因之以起。夏之风，横行空中，故树杪多风声。秋之风，自上而下，木叶因之以陨。冬之风，著土而行，是以吼地而生寒。

少女风　管辂过清河，倪太守以天旱为忧。辂曰："树上已有少女微风，树间已有阳鸟和鸣。其雨至矣。"果如其言。

飓风　《岭表录》：飓风之作，多在初秋，作则海潮溢，俗谓之飓母风。

石尤风　石氏女为尤郎妇。尤为商远出，妻阻之，不从。郎出不归，石病且死，曰："吾恨不能阻郎行。后有商贾远行者，吾当作大风以阻之。"自后行旅遇逆风，曰："此石尤风也。"

羊角风　《庄子》："大鹏起于北溟，而徙南溟也，抟扶摇羊角而上者九万里。"宋熙宁间，武城有旋风如羊角，拔木，官舍卷入云中，人民坠地死。

《尔雅》：南方谓之凯风，东方谓之谷风，北方谓之凉风，西方谓之泰风。焚轮谓之颓，扶摇谓之猋。风与火为庉。回风为飘。日出而风谓之暴。风而雨为霾。阴日风为曀。猛风曰飔，凉风曰飂，微风曰飕，小风曰飗。

花信风　唐徐师川[①]诗云："一百五日寒食雨，二十四番花信风。"《岁时记》曰："一月二气六候，自小寒至谷雨。四月八气二十四候，每候五日，以一花之风信应之。"

【注释】

①**徐师川**：即徐俯（1075—1141），字师川，自号东湖居士，宋代官员，江西派著名诗人之一。

泰山云　《公羊传》：泰山之云，触石而起，肤寸而合，不崇朝①
而雨天下。

【注释】

①崇朝：终朝，一个早晨。

卿云①　若云非云，若烟非烟，郁郁纷纷，萧索轮菌②，谓之庆
云。王者德至于山陵，则卿云出。《春秋繁露》："人君修德，则卨云
见。"云五色为卿，三色为卨。

【注释】

①卿云：一种彩云，旧时认为是祥瑞。

②萧索：云气疏散的样子。轮菌：屈曲的样子。

沆瀣①　夜半清气从北方起者，谓之沆瀣。

【注释】

①沆瀣：夜间的水汽。

神瀵　《列子》言：神瀵即《易》所谓山泽气相蒸，云兴而为雨
也。陈希夷诗："倏尔火轮煎地脉，愕然神瀵涌山椒。"

白云孤飞　狄仁杰尝赴并州法掾①，登天行山②，见白云孤飞，
泣曰："吾亲舍其下。"

【注释】

①原稿"法掾"当作"法曹"或"法曹参军"。

②原稿"天行山"当作"太行山"。

五色云　宋韩琦弱冠及第，方传胪①，时太史奏："五色云现。"
出入将相，为一代名臣。

【注释】

①传胪：科举制度中，在殿试后由皇帝宣布登第进士名次的典礼。古代时以上传语告下称为胪，传胪即唱名之意。

风　天地之使也，大块①之噫气，阴阳之怒而为风也。《洛神赋》：屏翳收风。屏翳，风师也，又名飞廉；飞廉，神禽，即箕主也。又曰："箕主簸扬，能致风雨。"

【注释】

①大块：大地。

风霾　明天启间，魏阉①肆毒，风霾旱魃，赤地千里，京师地震，火灾焚烧，震压死伤甚惨。崇祯十七年正月朔，大风霾。占曰："风从乾起，主暴兵破城。"三月丙申，大风霾，昼晦。

【注释】

①魏阉：指魏忠贤。

风木悲　《春秋》：皋鱼宦游列国，归而母卒，泣曰："树欲静而风不息，子欲养而亲不待。"遂自刎死。

歌南风之诗　大舜弹五弦之琴，歌南风之诗，曰："南风之熏兮，可以解吾民之愠兮；南风之时兮，可以阜吾民之财兮。"

占风知赦　汉河内张成善风角①，推占当赦，教子杀人。司隶李膺督促收捕，既而逢宥获免，膺愈愤疾，竟按杀之。

【注释】

①风角：古代占卜之法，通过观察风来占卜吉凶。

祭风破操　操连船舰于赤壁，周瑜用黄盖火攻之策。时隆冬无

［明］仇英《赤壁图》全卷，绢本、工笔重彩，纵 26.5cm，画心横
91cm，全幅横 570.1cm，藏于辽宁省博物馆

东南风，诸葛孔明筑坛而祭，应期风至，大破曹兵。

云霞　云，山川之气也。日旁彩云名霞，东西二方赤色，亦曰霞。《易经》："云从龙，风从虎。"孔子曰："于我如浮云。"

云出无心　陶词："云无心而出岫。"

占云　二至、二分，望云色以卜岁之丰凶水旱。

行云　楚襄王游于高唐，梦一女曰："妾在巫山之阳，高丘之上[①]，朝为行云，暮为行雨。"彼旦视之，如其言。

【注释】

①原稿"上"当作"阻"。

落霞　王勃《滕王阁赋》："落霞与孤鹜齐飞。"后一士子夜泊江中，闻水中吟，此士曰："何不云'落霞孤鹜齐飞，秋水长天一色'。"鬼遂绝。

飓风覆舟　《岭表录》：飓风之作，多在初秋，作则海潮溢，俗谓之飓母风。明正德七年，流贼刘大等舟至通州狼山，遇飓风大作，舟覆，贼尽死。

雨（雨神名滂滉本郎，雨师名萍翳）

商羊舞　齐有一足鸟，舞于殿前。齐侯问于孔子，孔子曰："此鸟名商羊。儿童有谣曰：'天将大雨，商羊鼓舞。'是为大雨之兆。"后果然。

石燕飞 《湘州记》：零陵山有石燕，遇风雨则起飞舞，雨止还为石。

洗兵雨 武王伐纣，风霁而乘以大雨。散宜生^①谏曰："非妖与？"武王曰："非也，天洗兵也。"

【注释】

①**散宜生**：西周开国功臣，"文王四友"之一。曾与姜尚、太颠等同救西伯侯姬昌（周文王），后助武王伐纣灭商。

雨工 唐柳毅过洞庭，见女子牧羊道畔，怪而问之。女曰："非羊也。此雨工雷霆之类也。"遂为女致书龙宫，妻毅以女。今为洞庭君。

蜥蜴致雨 关中求雨，寻蜥蜴十数，置瓮中，童男女咒曰："蜥蜴蜥蜴，兴云吐雾，致雨滂沱，放汝归去。"宋咸平时用此法祷雨，屡验。

于小春月内雨为液雨。时雨为澍雨。雨雪杂下为雨汁。

御史雨 唐平原有冤狱，天久不雨。颜真卿为御史，按行部邑决狱而雨，号"御史雨"。

随车雨 宋陈戬知处州，时大旱，公下车，雨遂沾足。人谓之随车雨。

三年不雨 于公，东海郡决曹，决狱平恕。海州孝妇少寡，无子，姑欲嫁之，不肯。姑自经。姑女诬告孝妇，捕治，狱成。于公以为冤，太守竟杀之，郡中三年苦旱。后守听于公言，徒步往祭，立雨。

侍郎雨 正统九年，浙江台宁等府久旱，民多疾疫。上遣礼部右侍郎王英①，赍香帛往祀南镇。英至绍兴，大雨，水深二尺。祭祀之夕，雨止见星。次日，又大雨，田野沾足。人皆曰："此侍郎雨也。"

【注释】

①王英：字时彦，号泉坡，明代诗人、书法家，明永乐二年（1404）进士，历仕四朝，正统年间累擢至南京礼部尚书。

雨雹如斗 汉方储，官太常。永元中郊祀，储言且有天变，宜更择日，上不从。已而风日晴畅。郊还，责其欺罔，因饮鸩死。须臾，而雹大如斗，死者千计。上使召储，无及矣。

冒雨剪韭 郭林宗友人夜至，冒雨剪韭作炊饼。杜诗：夜雨剪春韭。

雨粟雨金钱 仓颉造字成，天雨粟，鬼夜哭。大禹时，天雨金三日。翁仲儒家极贫，天雨金十饼，称巨富。熊衮至孝，父母死，不能葬，呼天号泣，天雨钱十万，以终其葬事。

雨 《大戴经》云：天地积阴，温则为雨。雹，雨冰也，盛阳雨水温暖，阴气胁之不相入，则转而为雹。

毕星好雨 月行西南入于毕，则多雨。《易》曰："云行雨施，品物流行。"俗云："雨三日以往为霖。"小雨曰霢霂，大雨曰霶霈，久雨为霪雨，亦曰天漏。

祷雨 汤有七年之旱，太史占之曰："当以人祷。"汤曰："吾所为请雨者，民也。若以人祷，吾请自当。"遂斋戒，剪发断爪，素车白马，身婴^①白茅，以为牺牲，祷于桑林之野，以六事自责曰："政不节欤？民失职欤？宫室崇欤？女谒盛欤？苞苴^②行欤？谗夫昌欤？"言未已，大雨，方数千里。

【注释】

①婴：缠绕，羁绊。

②苞苴：这里指馈赠的礼物，引申为贿赂。

霖雨放宫人　宋开宝五年，大雨，河决。太祖谓宰相曰："霖雨不止，得非时政所阙。朕恐掖庭^①幽闭者众。"因告谕后宫："有愿归其家者，具以情言。"得百名，悉厚赐遣之。

【注释】

①掖庭：亦作"掖廷"，皇宫的旁舍，宫嫔居住的地方。

上图得雨　宋神宗七年，大旱，岁饥，征敛苛急，流民扶携塞道，羸疾无完衣，或茹木实草根，至身被锁械，而负瓦揭木，卖以偿官，累累不绝。监安上门郑侠乃绘所见为图，发马递上之言："陛下亲臣图，以行臣之言，一日不雨，乞斩臣，以正欺君之罪。"帝见图长叹，寝不能寐。翌旦，命罢新法十八事。民闻之，欢呼相贺。是日，大雨，远近沾洽。

商霖^①　宋徽宗时，蔡京久盗国柄，中外怨疾。商英能立异同，更称为贤，帝因人望而相之。时久旱，彗星中天，商英受命。是夕，彗不见。明日，雨。帝喜书"商霖"二字赐之。

【注释】

①商霖：典出《尚书》，后世遂以"商霖"称济世之佐，用于称誉大臣之词。

兵道雨 明蔡懋德，以参政备兵真定。天久旱，尺寸土皆焦。懋德祷雨辄应，属邑民争迎之。祷所至，即雨，民欢呼曰"兵道雨"。

大雹示警 周孝王命秦非子主马于汧、渭之间，马大蕃息，王封为附庸之君，邑于秦，使续伯益后。其日大雨雹，牛马死，江汉俱冻。明天启二年，大雨雹著屋，瓦碛俱碎，禾稼多伤。

雨血 元顺帝二年正月朔，雨血于汴梁，著衣皆赤。

雷（雷神名丰隆①）**电**（电神名缺列②）**虹霓**（一名挈贰，一名天弓，一名蝃蝀③）

【注释】
①**丰隆**：古代神话中的雷神，一说为云神。
②**缺列**：当作"列缺"，见《山海经》。
③**挈贰**：霓的别称。**天弓、蝃（dì）蝀**：均为虹的别名。

雷候 仲春之月，雷乃发声，始电。蛰虫咸动，启户始出。仲秋之月，雷始收声，蛰虫坯户。《传》曰：雷八月入地百八十日。

闻雷造墓 三国王裒父仪，以直言忤司马昭，见杀。裒终身未尝西向而坐，示不臣晋也。庐墓悲号，流涕著树，树为之枯。读《诗》至"哀哀父母"则三复呜咽，门人辄废《蓼莪》。母存日，畏雷，殁后，每雷震，即造墓，曰："裒在此。"

霹雳破倚柱 《世说》：夏侯玄尝倚柱读书，时暴雨，霹雳破所倚柱，衣服焦然，神色无变，读书如故①。与《晋纪》诸葛诞事相同。

【注释】

①原稿"倚柱读书""读书如故",《世说新语》写作"倚柱作书""书亦如故"。

电光照郊[①] 《世纪》[②]:神农氏之末少昊氏娶附宝,见大电光绕北斗枢星照郊,感附宝孕,二十月生黄帝于寿丘。

【注释】

①原稿无标题,今加。

②《世纪》:当作《帝王世纪》。

雷电遽散[①] 《南唐书》:陆昭符[②],金陵人,保大中为常州刺史。一日,坐厅事,雷雨猝至,电光如金蛇绕案,吏卒皆震仆,昭符神色自若,抚案叱之,雷电遽散。得铁索,重百斤[③],徐命举索纳库中。

【注释】

①原稿无标题,今加。

②**陆昭符**:即眭昭符,原名眭匡符,字隆祖,汉代眭弘第三十四世孙,生于五代时期的后唐同光元年(923)。南唐被宋灭后,他辞官来到丹阳,开辟了丹阳眭氏一脉,成为江南眭姓的始祖。

③原稿"金陵人""保大中""重百斤"当作"秣陵人""宋大中祥符""重数百斤"。

赤虹化玉[①] 孔子作《春秋》,制《孝经》,书成,告备于天,天乃决郁起白雾摩地,赤虹自上而下,化为黄玉,长者三尺,上有刻文,孔子拜而受之。

【注释】

①原稿无标题,今加。

天投蜺[①] 汉灵帝时,有黑气堕温德殿[②]中,大如车盖,隆起奋迅，五色，有头，体长十余丈，形貌如龙。上问蔡邕，对曰："所谓天投蜺也，不见足尾，不得称龙。"占曰："天子内惑女色，外无忠臣，兵革将起。"

【注释】

①原稿无标题，今加。

②温德殿：当作"温明殿"。

雷州雷① 　雷州英灵冈，相传雷出于此。《国史补》：雷州春夏多雷，秋日则伏地中，其状如彘，或取而食之。又夜城西南有雷公庙，每岁乡人造雷鼓、雷车送入庙中，或以鱼、彘同食者，立有霆震。

【注释】

①原稿无标题，今加。

感雷精 　《论衡》曰："子路感雷精而生，故好事。"

雷神 　曹州泽中有雷神，龙身而人颊①，鼓其腹则鸣。《史记》："舜渔于雷泽。"即此。

【注释】

①原稿"人颊"当作"人头"。

占虹霓诗 　彭友信以贡至京师，遇上微行，占《虹霓》诗二句云："谁把青红线两条，和云和雨系天腰。"命友信续之，应声曰："玉皇昨夜銮舆出，万里长空驾彩桥。"上大悦，问其籍，命翌晨候于竹桥，同入朝。友信如言，候久不至，遂入朝。上召问故，以实对。上曰："此秀才有学有行。"遂授北平布政使。

雷神名 　雷，阴阳薄动，生物者也。又黔雷，天上造化神名。

电,雷光也,阴阳激耀也。霹雳,雷之急激者。闪电曰雷鞭。唐诗:"雷车电作鞭。"又电神,名列缺。《思玄赋》:"列缺烨其照夜。"

律令 《资暇录》:律令是雷边捷鬼,善走,与雷相疾连,故符咒云:"急急如律令①。"

【注释】

①**急急如律令**:道教符咒用语。道教徒在所谓"召神拘鬼"的符咒末句,加"急急如律令"一语,表示要如同法律命令,必须急急执行。

阿香 《搜神记》:永和中,有人暮宿道旁女子家。夜半闻小儿呼:"阿香! 官唤汝推雷车。"急骤雷雨。明日视宿家,乃一新冢。

谢仙 《国史》:祥符中,岳州玉仙观为天火所焚,惟留一柱,有"谢仙火"三字,倒书而刻之。何仙姑云:"谢仙,雷部,司掌火。"

雷震而生 陈时,雷州民陈氏获一卵,围及尺余,携归。忽一日,雷震而开,生子,有文在手,曰"雷州"。及长,名文玉,后拜本州刺史,多惠政。没而灵异,立庙以祀。

霹雳斗 齐神武道逢雷雨,前有浮图①一所,使薛孤延视之。未至三十步,震烧浮图。薛大声喝杀,绕浮图走,火遂灭。及还,须发皆焦。

【注释】

①**浮图**:即浮屠。

雷同 《论语谶》:雷震百里,声相附也,谓言语之符合,如闻雷声之相同也。

冬月必雷 《隋史》：马湖府西，万岁征西南夷过此，镌"雷番山"三字于石。山中草有毒，经过头畜，必笼其口，行人亦必缄默，若或高声，虽冬月必有雷震之应。

暴雷震死 商武乙无道，为偶人[1]，谓之天神。与博不胜，而戮之。为革囊盛血，仰射之，谓之射天。猎于河渭之间，暴雷震死。

【注释】

①偶人：指用土、木等制成的人像。

假雷击人 《广舆记》：铅山人某，常悦东邻妇某氏，挑之，不从。值其夫寝疾，天大雷雨，乃著花衣为两翼，跃入邻家，奋铁椎杀之，仍跃而出。妇以其夫真遭雷击也。服除，其人遣媒求娶。妇因改适，伉俪甚笃。一日，妇检箱箧，得所谓花衣两翼者，怪其异制。其人笑曰："当年若非此衣，安得汝为妻！"因叙事始末。妇亦佯笑。俟其出，抱衣诉官，论绞。绞之日，雷大发，身首异处，若肢裂者。

虹霓 虹，蝃蝀也。阴气起而阳气不应则为虹。又音绛，亦螮蝀也。《诗经》："蝃蝀在东。"霓，屈虹也。《说文》：阴气也，通作"蜺"。《天文志》："抱珥[1]虹蜺。"一云：雄曰虹，雌曰霓[2]。沈约《郊居赋》："雌霓连蜷[3]。"《西京赋》："直螮蝀以高居。"又朝西暮东，东晴西雨。

【注释】

①珥：日月两旁的光晕。

②雄曰虹，雌曰霓：指主虹、副虹。

③连蜷：弯曲的样子。

虹绕虹临 《通鉴》：太昊之母履巨人迹，意有动，虹县绕之，因娠而生帝于成纪。少昊，黄帝之子，母曰"螺祖"，感大星如虹，下临华渚之祥而生。

雪（雪神名滕六）霜（霜神名青女）

滕六降雪　唐萧志忠为晋州刺史，欲出猎，有樵者见群兽，哀请于九冥使者（山神）。使者曰："若令滕六降雪，巽二起风，则使君不出矣。"天未明，风雪大作，萧果不出。

《韩诗外传》　"凡草木花多五出，雪花独六出。"阴极之数，立春则五出矣。雪花曰霙。

柳絮因风　晋谢太傅大雪家宴，子女侍坐。公曰："白雪纷纷何所似？"兄子朗曰："撒盐空中差可拟。"兄女道韫曰："不若①柳絮因风起。"公大称赏。

【注释】
①原稿"不若"当作"未若"。

雪水烹茶　宋陶毂得党家姬，遇雪，取雪水烹茶，请姬曰："党家亦知此味否？"姬曰："彼武夫安有此？但知于锦帐中饮羊羔酒耳。"公为一笑。

欲仙去　越人王冕，当天大雪，赤脚登炉峰，四顾大呼曰："天地皆白玉合成，使人心胆澄澈，便欲仙去！"

剡溪雪　王子猷居山阴，于雪夜棹小舟往剡溪访戴安道，未到门而返。仆问之，答曰："乘兴而来，兴尽而返，何必见戴？"

卧雪　袁安遇大雪，闭门僵卧。洛阳令行部，见民家皆除雪出，至安门，无行迹。疑安已死，急令人除雪入户，见安僵卧。问安何以不出。安曰："大雪人皆饿，不宜干人。"令贤之，举为孝廉。

嚼梅咽雪　铁脚道人，尝爱赤脚走雪中，兴发则朗诵《南华·秋水篇》，嚼梅花满口，和雪咽之，曰："吾欲寒香沁入心骨[1]。"

【注释】
[1]原稿"沁入心骨"当作"沁入肺腑"。

神仙中人　晋王恭尝披鹤氅涉雪而行，孟旭见之，曰："此真神仙中人也。"

大雪践约　环州蕃部奴讹者，素倔强，未尝出谒郡守。闻种世衡[1]至，出迎。世衡约明日造其帐。是夕大雪，深三尺。左右曰："地险不可往！"世衡曰："吾方结诸羌以信，讵可失期？"遂缘险而入。奴讹讶曰："公乃不疑我耶！"率部落罗拜听命。

【注释】
[1]种世衡（985—1045），字仲平。洛阳（今属河南）人，北宋边疆名将。

雪夜入蔡州　李愬乘雪夜入蔡州，搅乱鹅鸭池，及军声达于吴元济卧榻，仓卒惊起，围而擒之。

踏雪寻梅　孟浩然情怀旷达，常冒雪骑驴寻梅，曰："吾诗思在灞桥风雪中驴背上。"

雪　《大戴经》云：天地积阴，寒则为雪。《氾胜之书》：雪为五谷之精。又云"冬雪兆丰年"。故冬雪为瑞雪。诗有"宜瑞不宜多[1]"之句。

【注释】

①**宜瑞不宜多**：晚唐诗人罗隐《雪》写作"为瑞不宜多"。

啮雪咽毡 苏武持节使匈奴。幽武大窖中，啮雪咽毡，数日不死，匈奴神之。

映雪读书 孙康①家贫，好学，尝于冬夜映雪读书。

【注释】

①**孙康**：晋京兆人氏，官至御史大夫。"孙康映雪"，后世引以喻苦学。

雪夜幸普家 宋太祖数微行过功臣家。一日大雪，伺夜①，普意太祖不出。久之，闻叩门声，普趋出，太祖立风雪中。

【注释】

①原稿"伺夜"当作"向夜"。

霜 露之所结也。《大戴礼》云：霜露阴阳之气，阴气盛则凝而为霜。《易》曰："履霜坚冰至。"《诗》："岐节贯秋霜。"

五月降霜① 《白帖》②：邹衍③事燕惠王，尽忠。左右谮之，王系之狱。衍仰天而哭，五月为之降霜。

【注释】

①**五月降霜**：亦作"六月降霜"，后用作冤狱的典故。

②**《白帖》**：即《白氏六帖》，原名《经史类要》《事类集要》三十卷，唐代白居易编著，简称《白帖》。

③**邹衍**：（约前324—前250）战国末期齐国人，战国时代阴阳家学派创始者与代表人物，也是稷下学宫著名学者，因"尽言天事"，人们称他"谈天衍"，又称邹子。

露（露一名天乳，一名天酒）雾冰

花露　杨太真[1]每宿酒初消，多苦肺热。凌晨，至后苑，傍花口吸花露以润肺。

【注释】

①**杨太真**：即杨贵妃（杨玉环）。

仙人掌露　汉武帝建柏梁台，高五十丈，以铜柱置仙人掌，擎玉盘，以承云表之露，和玉屑服之，以求仙也。

露　夜气著物为露。《玉篇》曰："天之津液，下所润万物也。"

雾　地气上，天不应也。《元命苞》曰："阴阳乱为雾，气蒙冒覆地之物。"

冰　冬水所结。天寒地冻，则水凝结而坚也。

甘露　梁诏[1]，贵县人，以孝名，有甘露著松树上。后为广东提刑干官。苏轼询知状，为署其斋曰"甘露"，林曰"瑞松"，其读书处曰"薰风"。

【注释】

①原稿"梁诏"及下句中的"提刑干官"当作"梁绍""提刑司干官"。

作十里雾　神农氏世衰，诸侯相侵伐，炎帝榆冈，弗能征。轩辕修德治兵，以征不享[1]。与蚩尤战于涿鹿，蚩尤作雾十里，以迷轩辕，乃以指南车擒杀之。

【注释】

①**不享**：指不来朝者。《史记·五帝本纪》："于是轩辕乃习用干戈，以征不享。"司马贞索隐："谓用干戈以征诸侯之不朝享者。"

伐冰之家① 卿大夫以上丧祭，用冰者也。

【注释】

①**伐冰之家**：古代祭祀，只有卿大夫贵族才能用冰，所以称贵族豪门为"伐冰之家"。伐冰，凿冰。

冰人冰泮① 晋令狐策梦立冰上，与冰下人语。索统占之，曰："为阳语阴，媒介事也。当为人作媒，冰泮成婚。"后太守田豹，为子求张嘉贞女，使策为媒，果于仲春成婚。故今称媒人亦曰"冰人"。《诗经》曰："迨其冰泮。"

【注释】

①**冰泮**：解冻、冰融。

冰生于水 《荀子》："冰生于水而寒于水。"比后进之过于先生也。

冰山① 唐杨国忠为右相，或劝陕郡进士张象谒国忠，曰："见之，富贵立可图。"象曰："君辈倚杨右相若泰山，吾以为冰山耳。若皎日既出，君辈得无失所恃乎？"遂隐居嵩山。

【注释】

①**冰山**：本条事见《资治通鉴·唐玄宗天宝十一载》，后用"冰山"比喻不可长久依傍的权势。

冰柱 明正德十年，文安县一日河水忽僵立，风色甚寒，冻结为柱，高围俱五丈，中空而旁穴。数日，流贼过县，乡民走入穴中避之，赖以保全者，何啻百万！

时　令

律吕① 六律属阳，十一月黄钟，正月太簇，三月姑洗，五月蕤宾，七月夷则，九月无射。六吕属阴，十二月大吕，二月夹钟，四月仲吕，六月林钟，八月南宫，十月应钟②。

【注释】

①**律吕**：古代汉族乐律的统称，是有一定音高标准和相应名称的中国音律体系。律吕按次序分为单、双数排列，每列各六个律，分称六阳律和六阴律，合为十二律。

②原稿"仲吕""南宫"当作"中吕""南吕"。

十干① 甲曰阏逢，乙曰旃蒙，丙曰柔兆，丁曰彊圉，戊曰著雍，己曰屠维，庚曰上章，辛曰重光，壬曰玄黓，癸曰昭阳。

【注释】

①**十干**：也称天干，与下一条目"十二支"合称"干支"。十二支也称地支。古人利用十干、十二支来记年，每六十年重复一次。

十二支 子曰困敦，丑曰赤奋①，寅曰摄提②，卯曰单阏，辰曰执徐，巳曰大荒落，午曰敦牂，未曰协洽，申曰涒滩，酉曰作噩，戌曰阉茂，亥曰大渊献。

【注释】

①**赤奋**：《尔雅》中写作"赤奋若"。

②**摄提**：《史记》中写作"摄提格"。

十二少① 子鼠无胆，丑牛无上齿，寅虎无颈，卯兔无唇，辰龙无耳，巳蛇无足，午马无下齿，未羊无瞳，申猴无脾，酉鸡无外肾，戌狗无胃，亥猪无筋。鼠前四爪、后五爪，虎五爪，龙五爪，马单蹄，猴五爪，狗五爪，故属阳。牛两爪，兔缺唇，蛇双舌，羊分蹄，四爪，鸡四爪，猪四爪，故属阴。

三春曰陬月、如月、宿月。三夏曰余月、皋月、旦月。三秋曰相月、壮月、玄月。三冬曰阳月、辜月、涂月。

【注释】

①**十二少**：即"十二属"，见《论衡·物势》等。

节水 正月解冻水，二月白苹水，三月桃花水，四月瓜蔓水，五月麦黄水，六月山矾水，七月豆花水，八月荻苗水，九月霜降水，十月复槽水，十一月走凌水，十二月慼凌水。

伏羲始立八节。周公始定二十四节，以合二十四气。

［清］唐岱、丁观鹏等《十二月令图轴》全册，绢本、浅设色，175cm×97cm，藏于台北故宫博物院

节气　立春正月节，雨水正月中；惊蛰二月节，春分二月中；清明三月节，谷雨三月中；立夏四月节，小满四月中；芒种五月节，夏至五月中；小暑六月节，大暑六月中；立秋七月节，处暑七月中；白露八月节，秋分八月中；寒露九月节，霜降九月中；立冬十月节，小雪十月中；大雪十一月节，冬至十一月中；小寒十二月节，大寒十二月中。

改岁　唐虞纪岁曰载，夏改载曰岁，商改岁曰祀，周改祀曰年，秦改年曰遂。

百六阳九　《历律志》：凡四千六百一十七岁为一元。一元之中有①中元、下元。九度，阳厄五、阴厄四。初入元，百六岁有阳厄，故曰百六阳九。

【注释】

①原稿"一元之中有"后疑似漏"上元"二字。

甲子　尧元年至万历元年癸酉，三千九百六十二年，六十七甲子。

上元　洪武十七年甲子为中元，正统九年甲子为下元。洪治①十七年甲子为上元。嘉靖四十三年甲子为中元。天启四年甲子为下元。

【注释】

①原稿"洪治"当作"弘治"，系明孝宗年号。

浃旬浃辰　十日①则天干一周，故曰浃旬。十二日②则地支一周，故曰浃辰。

【注释】

①**十日**：指天干自甲至癸十日。

②**十二日**：指地支自子至亥十二日。

三余 谓冬者岁之余，夜者日之余，雨者月之余①。魏董遇以三余读书。

五夜即五更，分甲乙丙丁戊也。故三更谓之丙夜。

【注释】
①原稿"雨者月之余"当作"阴雨时之余"。

月忌① 俗以初五、十四、廿三为月忌，盖三日乃河图②数之中宫五数也。五为君象，故庶民不敢用之。

【注释】
①**月忌**：月中忌日。
②**河图**：上古时代汉族神话传说中，伏羲通过黄河中浮出龙马身上的图案与自己的观察，画出"八卦"，而龙马身上的图案就叫作"河图"。

闰月 冬至后余一日，则闰正月；余二日，则闰二月；余十二日，则闰十二月；若十三日，则不闰矣。

四离四绝 春分、秋分、冬至、夏至前一日，谓之四离。立春、立夏、立秋、立冬前一日，谓之四绝。

大往亡 立春后六日，惊蛰后十三日，清明后二十日，立夏后七日，芒种后十五日，小暑后二十三日，立秋后八日，白露后十七日，寒露后二十三日，立冬后九日，大雪后十九日，小寒后二十六日，谓"往亡"。

百忌日 甲不开仓，乙不栽植，丙不修灶，丁不剃头，戊不受田，己不破券，庚不经络，辛不合酱，壬不决水，癸不词讼。子不问卜，丑不冠带，寅不祭祀，卯不穿井，辰不哭泣，巳不远行，午不苫盖，未不服药，申不安床，酉不会客，戌不吃狗，亥不嫁娶。

改火　燧人掌火。春取榆柳之火，夏取枣杏之火，秋取柞楢之火，冬取槐檀之火。

五行分旺　东方乘震而司春，其帝太暤，其神句芒，其日甲乙。甲乙属木，水旺于春，其色青，故春曰青帝。南方居离而司夏，其帝炎帝，其神祝融，其日丙丁。丙丁属火，火旺于夏，其色赤，故夏曰赤帝。西方当兑而司秋，其帝少暤，其神蓐收，其日庚辛。庚辛属金，金旺于秋，其色白，故秋曰白帝。北方乘坎而司冬，其帝颛顼，其神玄冥，其日壬癸。壬癸属水，水旺于冬，其色黑，故冬曰黑帝。中央属土，黄帝乘权，其日为戊己。戊己属土，土旺于四时，其色黄。

天时长短　每年小满后，累日而进，积三十日为夏至，而一阴生，天时渐短。小寒后累日而进，积三十日为冬至，而一阳生，日晷初长。《周礼》注：冬至日在牵牛，景长一丈二尺，夏至日在东井，景长五寸。

玉烛①　《尔雅》：“四时和谓之玉烛。”谓言道光照也。
【注释】
①**玉烛**：谓四时风调雨顺、寒暖并序，形容太平盛世。

月分三浣　上旬曰上浣，中旬曰中浣，下旬曰下浣。浣，沐浴也。古制：朝臣十日一给假，一月三给，为浣沐之期。

朝三暮四①　《庄子》：狙公养狙，曰：“与若茅①栗也，朝三暮四。"众狙皆怒。又曰："朝四暮三。"众狙皆喜。

【注释】

①原稿"茅"当作"芋"。

寒岁燠年　东周懦弱，政失之舒，故衰周无寒岁。嬴氏凶残，政失之急，故暴秦无燠年。

当惜分阴　《晋书》：陶侃曰："大禹圣人，乃惜寸阴。至于凡人，当惜分阴，无使日月其除也。"

春

邹律回春　刘向《别录》：燕有寒谷，黍稷不生，邹衍吹律①，暖气乃至，草木皆生。

【注释】

①邹衍吹律：事见《列子·汤问》注："北方有地，美而寒，不生五谷。邹子吹律暖之，而禾黍滋也。"

端月　《索隐》曰："秦二世三年①正月，以避秦始皇讳，改名端月，至汉始易。"

【注释】

①二世三年：《史记》索隐作"二世二年"。

立春①　楚俗立春日，门贴宜春字。唐人立春日作春饼，生菜号春盘。

【注释】

①原稿无标题，今加。

元日　伏羲置元日。汉武置岁元、月元、时元。

贺正[①]　汉高祖十月定秦，遂为岁首。七年，长乐宫成，制群臣朝贺仪，改用夏正。建寅之月[②]，则元日贺，始高祖。

【注释】

①**贺正**：祝贺新正，语出《事物纪原·正朔历数部》。

②**建寅之月**：《事物纪原》中作"亦在建寅之朝"。

元日至八日[①]　东方朔占曰：正月元日至八日，一鸡，二犬，三豕，四羊，五马，六牛，七人，八谷。其日晴明，主所生之物繁衍，阴雨则夭折。

【注释】

①原稿无标题，今加。

人日[①]　宋富郑公于正月七日朝见，真宗劳之曰："今日卿至，可谓人日。"

【注释】

①**人日**：指每年农历正月初七。《北史·魏收传》引董勋《答问礼俗》曰："正月一日为鸡，二日为狗，三日为羊，四日为猪，五日为牛，六日为马，七日为人。"

天庆节[①]　宋真宗以正月三日为天庆节。

【注释】

①原稿无标题，今加。此事见《事物纪原》。

造华胜[①]　晋人日造华胜相遗，剪彩缕金插鬓。

【注释】

①原稿无标题，今加。**华胜**：同"花胜"，古代妇女的首饰。

悬羊磔鸡 元旦县官悬羊头于门，又磔鸡①覆之。草木萌动，羊啮百草，鸡啄五谷，杀之以助生气也。

【注释】

①**磔鸡**：旧俗于正月一日杀鸡挂于门，以除不祥。

桃符 黄帝于元旦立桃板，门上画神荼、郁垒①。尧时献重明鸟如鸡。国人利宝鸡，户上悬苇索，插符。三代异尚，夏插茭苇，即今插芝麻秸。殷螺首以谨闭塞也，一名椒图②。周桃梗③。

【注释】

①**神荼**（shēn shū）、**郁垒**（lǜ）：汉族民间信奉的神仙。古代人元旦时，人们用桃木板画神荼、郁垒或写上其名字，悬挂在门旁，认为能驱鬼避邪。左扇门上叫神荼，右扇门上叫郁垒。

②**椒图**：门饰。

③**桃梗**：用桃树梗雕刻成的木偶人。

屠苏酒① 屠苏，庵名。汉时有人居草庵造酒，除夕以药襄浸酒中，辟除百病，故元日饮之。其饮法：先少者，后老者。以少者得岁，故先之；老者失岁，故后之。

【注释】

①**屠苏酒**：是在中国古代春节时饮用的酒品，用肉桂、山椒、白术、防风等药材调制而成，能调理脾胃、解毒辟秽。

椒筋 元日取椒置酒中饮之，谓之椒筋。以椒为玉衡星精，服之令人却老。

迎春①　周制迎春。唐中宗制迎春彩花。

【注释】

①原稿无标题，今加。

五辛盘①　元日取五木②煎汤沐浴，令人至老发黑。道家谓青木香为五香③，亦云五木。庾诗："聊倾柏叶酒，试奠五辛盘。"

【注释】

①**五辛盘**：《本草纲目》："五辛菜，乃元日、立春以葱、蒜、韭、蓼蒿、芥，辛嫩之菜杂和食之，取迎春之意谓之五辛盘。"

②**五木**：旧指五类取火的树木。

③**五香**：草名。

火城　元日晓漏前，宰州三司金吾①以桦烛数百炬，拥马前后如城，谓之火城。

【注释】

①**三司**：这里指刑部、御史台、大理寺。**金吾**（yù）：这里指执金吾，官名，负责督巡京城治安。

元夕放灯①　以正月十五天官生日放天灯，七月十五水官生日放河灯，十月十五地官生日放街灯。宋太宗淳化元年六月丙午诏，罢中元、下元两夜灯。

【注释】

①**放灯**：通夜燃灯。放灯是汉族一种传统节日风俗，寄托了汉族劳动人民一种辟邪除灾、迎祥纳福的美好愿望。

买灯　上元张灯，止三夜，其十七、十八，始于钱镠王，入贡疏买两夜灯。乾德五年正月有诏："上元张灯，旧止三夜。朝廷无事，区宇乂安，方当年谷之丰登，宜纵士民之行乐。其令开封府更放

［清］郎世宁（传）《乾隆帝元宵行乐图》轴，绢本，设色，302cm×204.3cm，藏于故宫博物院

十七、十八两夜灯。"

广陵灯 唐玄宗元夕与天师叶静能登虹桥，往广陵看灯。士女望见，以为神仙。帝敕伶人奏《霓裳曲》。数日后，广陵果奏其事。

踏歌[①]**入云** 唐睿宗于安福门外作灯树，高二十丈，宫女千数，并长安少妇千余人，衣锦绣，于灯轮下踏歌三日，令朝士作歌，以纪其胜。歌中有"踏歌声调入云中"之句。

【注释】

①踏歌：即"蹋歌"。蹋歌者，连手为歌，蹋地为节。

金吾不禁 《西京杂记》："西都京城街衢，有执金吾晓夜传呼，以禁止夜行，惟正月十五敕金吾弛禁，前后各一日，谓之放夜。"

卯刚① 正月卯日，佩卯刚辟邪。唐制：正月下旬送穷②，晦日湔裳。

【注释】

①卯刚：当作"刚卯"，佩在身上用作避邪的饰物。

②送穷：是我国古代民间一种很有特色的岁时风俗，其意就是祭送穷鬼。

卜紫姑 紫姑，人家侍妾，为大妇①所杀，置之厕中。后人作其形于厕，元夕迎之，能占农事及桑叶贵贱。

【注释】

①大妇：旧时称妻为大妇，称妾为小妇。

青藜照读① 元夕人皆游赏，独刘向在天禄阁校书。太乙真人以青藜杖燃火照之。

【注释】

①青藜照读：此条事见《拾遗记》，后以"燃藜"作为夜读或勤奋学习的典故。

耗磨日 正月十六日谓之耗磨日，人皆饮酒，官司不令开库。

天穿日 正月二十日为天穿，以红彩系饼饵投屋上，谓之补天。

水湄度厄 元日至晦日，士女悉湔裳，酌酒于水湄，以为度厄雨。

雨水 前此为霜为雪，水气凝结。立春后，天气下降，当为雨水。

中和节 唐李泌以二月朔为中和节，以青囊盛百谷瓜果种相问遗，酿宜春酒，祭句芒①神，百官进农书。

【注释】

①句芒：掌管树木生长的神。

磔鸡 魏文帝制。春分磔鸡，祀厉殃。

花朝 二月十二日谓之花朝。俗传是日为百花生日。徐文长考是十五日，谓的确不差。东京以是日为扑蝶会。

勾龙 《左传》：共工氏有子曰勾龙，能平水土。故祀以为社神，于仲春祭之。

清明万物齐于巽。巽，洁也，齐也。清明取洁齐之义。

谷雨 言滋五谷之雨也。

清明取火① 唐制，清明取火以赐近臣。韩翃诗："日暮汉宫传蜡烛，轻烟散入五侯家。"

【注释】

①原稿无标题，今加。

探春 《天宝遗事》：都人士女，至春时，郊外为探春之宴。

飞英会 范蜀公居许，作"长啸堂"，前有荼蘼，花时宴客，有花落酒杯中，饮以大白①，举座无遗，谓飞英会。

【注释】

①**大白**：酒杯名。

斗花 长安春时，盛于游赏。士女斗花，栽插以奇①，多者为胜。皆用多金市名花，以备春时之斗。

【注释】

①原稿"栽插以奇"句后缺"花"字。

花茵 开元时，学士许慎，春日宴客花圃，不张幄设座，使童仆聚落花铺坐下，曰："吾自有花茵。"

移春槛 开元中，富家至春时，以各花植木槛中，下设轮脚，挽以彩绳，所至牵引，以供观赏，号移春槛。

护花铃 宁王春时纫红丝为绳，缀金铃，系花梢。有鸟雀翔集，则令园吏掣铃索以惊之，号护花铃。

治聋酒 《石林诗话》：世言，社日饮酒治耳聋。五代李涛，有《春社从李昉求酒》诗："社公①今日没心情，为乞治聋酒一瓶。"

【注释】

①**社公**：一作社翁，李涛小字。

罢社 汉王修年七岁，母以社日亡。来岁社，修哭之哀，邻父老皆为之罢社。

禁火 《十六国春秋》：石勒下令寒食①不许禁火②。后有冰雹之异，徐元曰："介子推帝乡之神也，历代所尊，未宜替也。"勒从之，令并州复寒食如故。

【注释】

①寒食：寒食节，清明节前一二日。

②禁火：即"断火"，禁止烧火煮饭。

寒食 冬至后一百六日谓之寒食，以介子推是日焚死，晋文公禁火而志痛也。

雕卵 周制，季春雕卵①斗鸡子，始为寒食戏。

【注释】

①雕卵：在卵上雕刻。

秋千舞① 玄宗制，寒食秋千舞。

【注释】

①原稿无标题，今加。

出祭① 后唐庄宗制，寒食出祭。

【注释】

①原稿无标题，今加。

拜墓 唐制，清明祓河①戏，踏青士大夫拜墓。

【注释】

①原稿"祓河"疑误，宜改为"拔河"。

上巳 洛阳上巳日，妇女以荠花蘸油，祝而洒之水上，若成龙凤花卉之状则吉，曰油花卜。

祓禊[1]　起于汉成帝。三月上巳日，官民皆祓禊于东流水上。禊者，洁也，于水上盥洁之也。巳者，止也，邪疾已去，祈介祉[2]也。

【注释】

①**祓禊**（fú xì）：古代汉族民俗，每年于春季上巳日在水边举行祭礼，洗濯去垢，消除不祥。祓，古代为除灾求福而举行的一种仪式。禊，古代春秋两季在水边举行的清除不祥的祭祀。

②**介祉**：得福。

踏青　三月上巳，赐宴曲江，都人于江头禊饮，践踏青草，曰踏青，侍臣于是日进踏青履。王通叟诗："结伴踏青归去好，平头鞋子小双鸾。"

柳圈　唐制，上巳祓禊，赐侍臣细柳圈，云："带之免蛊毒瘟疫。"今小儿清明戴柳圈，本此。

周公制，上巳女巫禊于水上。郑制，上巳溱洧祓除，秉兰招魂续魄。

流觞　兰亭流觞曲水，不始于兰亭。周公卜洛邑，因流水以泛酒，故诗曰：羽觞随波。

观灯赐钞　永乐十年元宵，赐文武群臣宴，听臣民赴午门外观鳌山[1]三日，遂岁以为常。时尚书夏元吉[2]侍母观鳌山，上命之。命中官赍钞二百锭，即其家赐之，曰："以为贤母欢也。"

【注释】

①**鳌山**：传说中的海外仙山名，这里指叠灯彩为山形。

②**夏元吉**：一作夏原吉。

社无定期 一云春分后戊日为春社，秋分后戊日为秋社。春社燕来，秋社燕去。一云立春立秋后第五戊为社日。

梅花点额 刘宋寿阳公主，人日卧含章殿檐下，梅花点额上，愈媚。因仿之，而贴梅花钿。

桑叶贵贱 三月十六晴则贵，阴雨则贱。谚曰："三月十六暗辣辣，桑叶载去又载来。"

夏

天祺节 宋真宗以四月一日为天祺节。

麦秋① 《月令》：麦秋至。蔡邕章句曰：百谷各以生为春，熟为秋。故麦以夏为秋。

【注释】

①**麦秋**：指阴历四月初夏时节。

浴佛 王钦若于四月八日作放生会。《荆楚岁时记》：四月八日建斋，作龙华会，浴佛。

小满 四月中小满后阴，一日生一分，积三十分，而成一昼，为夏至。四月乾之终，谓之满者，言阴气自此而生发也。又孟夏万物生长稍得盈满，故云小满。

徽黬① 一作霉黬。俗云：早间芒种晚间徽。又云：夏至落雨主重黴，小暑落雨主三黴。

【注释】

①黴（méi）黬：衣服因受潮而生的斑点。

蹋柳①　五月五日，士人于郊野或演武场走马较射，谓之蹋柳。

【注释】

①蹋柳：也称扎柳，古代的一种游戏。折柳环插球场，驰马射之，其矢镞中之辄断，名曰蹋柳。

制百药　午日午时，头柄正掩五鬼①，于此时制百药，无不灵验。

【注释】

①五鬼：取象于二十八宿中的鬼宿第五星为积尸气，故名。

采艾　师旷制，五日采艾占病。齐景公制，五日百索①悬臂及钗头符②。

【注释】

①百索：古时端午节汉族避邪彩带的习俗。五月初五日，用五色丝线编结的索状饰物系于手臂，辟兵鬼气。

②钗头符：同"钗符"，端午节避邪的一种五色头饰。

续命缕　午日以五彩丝系臂上，谓之续命缕，辟兵及鬼，令人不病。

角黍①　屈原午日投汨罗，楚人以竹筒贮米，投水祭之。有欧回者见三闾大夫，曰："君所祭物，多为蛟龙所夺，须裹以楝树叶，五彩丝缚之，可免龙患。"故后人制为角黍。一曰唐天宝中，宫中五日造粉团角食，以小角弓射之，中者方食，故曰角黍。

【注释】

①**角黍**：即粽子。

竞渡 屈原以五日死，楚人以舟楫拯之，谓之竞渡。又曰：五日投角黍以祭屈原，恐为蛟龙所夺，故为龙舟以逐之。

五瑞 端阳日以石榴、葵花、菖蒲、艾叶、黄栀花插瓶中，谓之五瑞，辟除不祥。

五毒 蛇、虎、蜈蚣、蝎、蟾蜍，谓之五毒。官家或绘之宫扇，或织之袍缎，午日服用之，以辟瘟气。

赐枭羹 《郊祀志》：汉令郡国进枭鸟，五日为羹，赐百官，以恶鸟故食之，以辟诸恶也。

浴兰汤 五月五日蓄兰为汤以沐浴。《楚辞·离骚》："浴兰汤兮沐芳华。"

天贶①**节** 宋祥符四年，诏六月六日天书再降，为天贶节。

【注释】

①**天贶**：天赐。

夏至数九 一九和二九，扇子不离手。三九二十七，饮水甜如蜜。四九三十六，拭汗如出浴。五九四十五，头带黄叶舞。六九五十四，乘凉入佛寺。七九六十三，床头寻被单。八九七十二，思量盖夹被。九九八十一，家家打炭墼①。

【注释】

①**墼**：未经烧制的砖坯。

赐肉 《汉书》：伏日诏赐诸郎肉，东方朔拔剑割肉，谓其同官曰："伏日宜早归，请受赐。"即怀肉而去。

三伏 立春、立夏、立冬皆以相生而代。至于立秋，以金代火。金畏火，故至庚日必伏。盖庚者金也。夏至后第三庚为初伏，四庚为中伏，立秋后初庚为末伏。秦穆公于是日进辟恶饼①。

【注释】

①**辟恶饼**：南朝梁宗懔《荆楚岁时记》："六月伏日并作汤饼，名为辟恶饼。"时人称食之能压伏邪秽，辟除凶恶。

天中节 《提要录》："端午为天中节。"又曰蒲节，以是日用菖蒲泛酒故耳。

竹醉日 五月十日①为竹醉日。是日移竹易活。又三伏内斫竹则不蛀。

【注释】

①原稿"五月十日"当作"五月十三日"。

秋

一叶知秋 《淮南子》："一叶落而天下知秋。"古诗："梧桐一叶落，天下尽知秋。"

鹊桥 《淮南子》：七月七夕，乌鹊填河成桥，以渡织女，谓与牛郎相会也。

得金梭 蔡州丁氏女精于女工，每七夕祷以酒果，忽见流星坠筵中。明日，瓜上得金梭。自是巧思益进。

晒衣 七月七日，诸阮庭中晒衣，无非锦绣。阮咸以长竿摽大布犊鼻裈①于上，曰："未能免俗，聊复尔尔。"

【注释】

①**犊鼻裈**（kūn）：短裤，一说为今天的围裙。

晒书 郝隆，七月七日，见富家皆晒曝衣锦，郝隆乃出日中仰卧。人问其故，曰："我晒腹中书耳。"

乞巧 唐玄宗以七夕牛女相会，命宫中作高台，陈瓜果于上。宫人暗中以七孔针引彩线穿之，以乞天巧，穿过者以为得巧。又以蜘蛛纳小金盒中，至晓，开视蛛丝之稀密，又为得巧之多寡。

化生① 七夕，以蜡作婴儿，浮水中以为戏，为妇人生子之祥，谓之化生。

【注释】

①**化生**：出生。

吉庆花 薛瑶英，于七月七日剪轻彩，作连理花千余朵，以阳起石染之，当午散于庭中，随风而上，遍空中，如五色云霞，久之方散，谓之渡河吉庆花，藉以乞巧。

摩睺罗① 泥孩儿也。有极巧饰以金珠者，七夕用以馈送，以作天仙送子之祥。

【注释】

①**摩睺罗**：亦作"摩侯罗""摩诃罗"。唐、宋、元习俗，用土、木、蜡

等制成的婴孩形玩具。多于七夕时用，为送子之祥物。

盂兰会^①　目连尊者见其母落饿鬼道，以钵盛饭饷之，入口即成灰炭，目连白佛求救。佛于七月十五日设兰盆大会，焰口咒食，其母乃得脱饿鬼之苦。

【注释】

①**盂兰会**：也称"盂兰盆会"或"盂兰盆斋"，时间为每年的农历七月初七，是古人祭祀祖先的日子，也是佛教徒追念在天之灵的祭日。

处暑　处，上声，止也，息也。谓暑气将于此时止息之也。白露，秋属金；白，金色也。

天炙　八月一日以朱墨点小儿额^①，谓之天炙，以厌疫。八月望日，广陵曲江观涛。

【注释】

①原稿"八月一日""朱墨"，《荆楚岁时记》作"八月十四日""朱水"。

游月宫　开元二年八月十五夜，明皇与天师申元之游月宫，及至，见大府，榜曰"广寒清虚之府"，翠色冷光相射，极寒，不可少留。前见素娥十余人，皆皓衣，乘白鸾，笑舞于广寒大桂树之下，音乐清丽。明皇制《霓裳羽衣曲》以记之。一说叶静能，一说罗公远，事凡三见。

登峰玩月　赵知微有道术。中秋积阴不解，众惜良辰。知微曰："可借酒肴，登天柱峰玩月。"既出门，天色开霁。及登峰，月色如昼，会饮至月落方归。下山则凄风苦雨，阴晦如故。

中秋无月　俗云："云掩中秋月，雨打上元灯。"二者皆煞风景之事，故对举言之，非连属语，以卜上元之灯也。今人多误。

重阳 九为阳数，其日与月并应，故曰重阳。汉宫人贾佩兰[1]九日食饵，饮菊花酒，长寿。

【注释】

①**贾佩兰**：汉武帝宫人、戚夫人婢女。

登高 费长房语桓景曰："九月九日，汝家有大灾，急作绛袋，盛茱萸系臂上，登高山，饮菊花酒，此祸可消。"景如其言，举家登山。至夕还，鸡犬皆暴死。长房曰："代之矣。"今人登高，本此。

落帽 孟嘉为桓温参军，重九日宴姑孰龙山，风吹落帽。温敕左右勿言，良久取之还，令孙盛作文嘲之。

白衣送酒 陶潜九月九日无酒，宅边有菊，采之盈把，坐其侧。久而望见白衣人至，乃王弘送酒[1]，就便酌酒，大醉而归。

【注释】

①此处依据上下文，应加"使也"二字为宜。

游戏马台 宋武帝为宋公时，在彭城，九月九日游项羽戏马台。今相仍为故事。

茱萸酒 汉武帝宫人，九月九日皆饮茱萸菊花酒，令人长寿。

观涛 风俗：八月望日，广陵曲江观涛；浙江于十八日看戏潮。

九日开杜鹃 唐周宝镇润州，知鹤林寺杜鹃花奇绝，谓殷七七[1]曰："可使顷刻开花，副重九乎？"殷曰："诺。"及九日，果烂

［清］石涛《陶渊明诗意图》册页（十二开）之二，藏于故宫博物院

熳如春，宝游赏后，花忽不见。

【注释】

①殷七七：唐代道士，自号七七。

九日飞升汉 张陵①在富川山修道，晋永和九年九月九日，登白霞山飞升，惟遗丹灶药臼于山下。

【注释】

①张陵（34—156），东汉人，张良九世孙；后改名张道陵，字辅汉，敬为张天师，中国东汉五斗米道创立者。道教徒称他为"祖天师""正一真人""三天扶教大法师"。

冬

十月朝 宋制，十月朔拜暮，有司进暖炭①，民间作暖炉会。

【注释】

①原稿"十月朝""拜暮""进暖炭"，当作"十月朔""拜墓""进暖炉炭"。

亚岁① 魏晋冬至日受万国百僚称贺，少杀其仪②，亚于岁朝，故曰亚岁。

【注释】

①亚岁：冬至。

②少杀其仪：简化仪式。杀，消减。

日长一线 魏晋宫中女工刺绣，以线揆日长短，冬至后比常添一线之功，故曰日长一线。

冬至数九 一九和二九，相唤不出手。三九二十七，笆头吹觱篥①。四九三十六，夜眠如露宿。五九四十五，太阳开门户。六九五十四，笆头抽嫩刺。七九六十三，破絮担头担。八九七十二，黄狗相阳地。九九八十一，犁耙一齐出。

【注释】

①觱篥（bì lì）：又名"茄管"，汉朝的一种管乐器，形似喇叭，以芦苇做嘴，以竹做管，上开八孔（前七后一）。吹出的声音悲凄，羌人所吹，用以惊中国（指中原地区）马。

嘉平节　秦人以十二月为嘉平①节，民间以酒果馈遗，谓之节礼。

【注释】

①嘉平：腊月的别称。

腊八粥　宋制。十二月八日浴佛，送七宝五味粥，谓之腊八粥。

傩神①逐疫　颛顼氏有三子亡而为疫鬼，一居江中为疟鬼，一居山谷为魍魉，一匿人家室隅中惊小儿。于是除夕制为傩神，赤帻玄衣朱裳，蒙以熊皮，执戈持盾以逐之，其祟乃绝。

【注释】

①傩（nuó）神：传说中的驱除瘟疫的神。傩，古时腊月驱逐疫鬼的仪式。

土牛①　周公制土牛，以纳音设色②，出城外丑地送寒。今于立春日前迎春，设太岁土牛像，以送寒气。

【注释】

①土牛：用泥土制的牛。古时立春之日，造土牛以劝农耕，象征春耕开始。

②设色：作画加彩。

神荼郁垒 黄帝时，有兄弟二人，名神荼、郁垒，能执鬼除疫。后世祀以为神。

爆竹 上古西方深山中有恶鬼，长丈余，名山魈，人犯之即病寒热，畏爆竹声。除夕，人以竹烧火中，毕剥有声，则惊走。今人代以火炮。

籸盆① 除夕，各家于街心烧火，杂以爆竹，谓之籸盆。视其火色明暗，以卜来岁祲祥。

【注释】

①籸（sōng）盆：旧时除夕，人家祀先及百神，高架松柴，举火焚之，谓之籸盆。

商陆①火 裴度除夕围炉守岁叹老，迨晓不寐，炉中商陆火凡数添之。

【注释】

①商陆：多年生粗壮野生草本植物，根可入药，性有毒。

祭诗文 贾岛常于岁除，取一年所作诗文，以酒脯祭之，曰："劳吾精神，以此补之。"

火炬照田 吴中村落，除夕燃火炬，缚长竿杪以照田，烂然盈野，以祈来岁之熟。

卖痴呆① 吴俗分岁罢，小儿绕街呼叫："卖汝痴，卖汝呆，谁来买？"

【注释】

①卖痴呆：旧时传说吴人多呆，故儿辈讳之，要把痴呆卖掉。

火山　隋炀帝于除夜设火山数十座，用沉香木根，每一山焚沉香数车，火光暗则以甲煎沃之，焰起数丈，香闻十数里，尝一夜用沉香二百余乘，甲煎二百余石。

历　律

定气运　黄帝受《河图》，始设灵台。羲和占日，常仪占月，车区[①]占星气，伶伦造律吕，大挠作甲子，隶首造算数。容成总六术[②]，以定气运。

【注释】
①原稿"车区"及下文中的"以定气运"，《晋书》作"臾区""考定气象"。
②六术：即占日、占月、占星气、律吕、甲子、算数。

历纪[①]　少昊使玄鸟氏司分，伯赵氏司至，青鸟氏司起，丹鸟氏司闭，颛顼受之，以孟春建寅为元，始为历宗。尧使羲仲叔主春夏，和仲叔主秋冬，以闰月正四时，始为历纪。

【注释】
①历纪：通"历记"，历数。

历元[①]　黄帝始为历元，起辛卯，高阳氏起乙卯。舜用戊午，夏用丙寅，殷用甲寅，周用丁巳，秦用乙卯。汉作太初历元以丁丑。夏、商、周以三统改正朔。三代而下，造历者各有增创，如太初起之以律，而候气于黄钟，太衍符之以《易》，而较数于分秒，授时准之以晷，而测验于仪象。

【注释】
①历元：历法之元始。

造历 黄帝迎日推筴①，尧闰月成岁。舜在璇玑玉衡②。三代历无定法，周秦闰余乖次。刘歆造《三统历》，而是非始定。东汉李梵造《四分历》，而仪式方备。刘洪造《乾象历》，始悟月行迟速。魏黄初间始以日食课其疏密。杨伟造《景初历》，始立交食起亏术。又何承天造《元嘉历》，始悟朔望及弦皆定大小余，及以晷影验气。又祖冲之造《大明历》，始悟太阳岁次之数极，不动之处一度余。又张子信始悟日月交道有表里，五星有迟速留逆。又张胄玄造《大业历》，始立五星入气加减法，及日应食不食术。刘焯造《七曜历》，始悟日行有盈缩，及立推黄道月道。又傅仁均造《戊寅元历》，颇采旧历，始用定制。又李淳风造《麟德历》，始为总法，用进朔以避晦晨月见。又一行造《大衍历》，始以朔有四大三小，定九服轨满交食之异，及创立岁星差合术。又徐昂造《宣明历》，始悟日食有气刻时三差。又边冈崇《玄历》，始立相减相乘法，以求黄道月道。又王朴《钦天历》，始变五星法，迟留逆行，舒亟有渐。又周琮造《明天历》，始悟日法积年自然之数。又姚舜辅造《纪元历》，始悟食甚泛余差数。以上计千一百八十二年。创法有三家，汉洛下闳（洛姓，下闳名）始取法黄钟律数创历（律容一龠，积八十一寸，则一日之分也）。唐僧一行（姓张名璲）始改从大易著策数修历（本易大衍以四十九分为算）。晋虞喜始立岁次，以五十年退一度。何承天为太过进之。刘焯取二家中数折之。至元郭守敬始测景验气，积六十年奇退一度，始定差法。

【注释】

①筴：疑为误，应为"荚"。荚，即"蓂荚""历荚""历草"。《竹书纪年》卷上："帝在位七十年……有草夹阶而生，月朔始生一荚，月半而生十五荚，十六日以后，日落一荚，及晦而尽。月小则一荚焦而不落，名曰蓂荚，一曰历荚。"

②璇玑玉衡：古代用于观测天象的仪器。

改历　按自黄帝讫秦末凡六改，汉高讫汉末凡五改，隋文讫隋末凡十三改，唐高讫周末凡十六改，宋太祖讫宋末凡十八改，金熙宗讫元末凡三改。而法，西汉莫善于太初；东汉莫善于四分；由魏至隋莫善于皇极。在唐则称大衍，在五代则称钦天。至元授时，郭守敬立仪测验，较古精密。

仪象　黄帝命成容作盖天，舜察玑衡（以璇为玑，用以转动为玑，以玉为管。横置其中为衡）。颛顼始为浑仪，尧复之，浑仪遭秦灭。洛下闳始复经营运仪，鲜于妄人又度之。耿寿昌始铸为象。张衡仪始为内规外规。李淳风仪表里三重。洛下闳为员仪，梁令瓒为游仪，郭守敬为简仪、仰仪。后汉有铜仪，后魏有铁仪，李淳风有木浑仪，唐明皇有水浑天。张衡始造候风地动仪（形似樽，外有八龙衔丸，震则机发，吐丸下，蟾蜍承之）。伏羲始作土圭测影，伊尹作水准，得日晷辨方向。黄帝始为刻漏，夏商宣其制为漏箭。宋燕肃作水秤，周公始分更点。宋太祖闻陈抟怕五更头之言，始去前后二点。

卷二　地理部

疆　域

九州　人皇氏兄弟九人，分天下为九州^①，梁、兖、青、徐、荆、雍、冀、豫、扬是也。至舜时，以冀、青地广，分冀东恒山之地为并州，分东北之医无闾^②之地为幽州，又分青之东北为登州，共成十二州。

【注释】

①**九州**：中国古代典籍中所记载的夏、商、周时代的地域区划，后代称全中国。

②**医无闾**：一作"医巫闾"，山名，简称闾山，位于辽宁省北镇县境内。

历代方舆　商九州，周亦九州。秦分天下为三十六郡，汉分天下为十三部。三国蜀制巴蜀，置二州。吴北据江、南尽海，置五

［北宋］王希孟《千里江山图》（局部），绢本，青绿设色，全卷 51.5cm×1191.5cm，藏于故宫博物院

州。魏据中原，置十二州。晋制十九州。唐分十道，玄宗分十五道。宋分二十三路，元置十二省，又分天下为二十三道。明分两直隶、十三省。

吴越疆界　钱镠王以苏州平望为界，据浙闽，共一十四州。

古扬州所辖之地，南直隶、浙江、福建、广东、广西、江西，凡六省。

古会稽所辖之地，浙江除温、台，九府：杭、嘉、湖、处、宁、绍、金、衢、严；福建除福州，七府：漳、泉、汀、兴、建、延、邵；南直隶苏、松、常、镇四府，共二十府。会稽郡驻匝苏州府。

二周　镐京为西周，洛阳为东周。

两都　前汉都长安，曰西都；东汉都洛阳，曰东都。

蜀三都　成都、新都、广都。

魏五都 魏因汉祚都洛阳，以谯为先人本国，许昌为汉之所居，长安为西京之遗迹，邺为王业之本基，故号五都。

三辅① 长安以京兆、冯翊、扶风为三辅。宋都汴梁，以郑州、滑州、汝州为三辅。

【注释】

①三辅：汉景帝二年（前155）分内史为左、右内史，与主爵中尉（后改为主爵都尉）同治长安城中，所辖皆京畿之地，故合称"三辅"。武帝太初元年（前104）改左内史、右内史、主爵都尉为京兆尹、左冯翊、右扶风，辖境相当今陕西中部地区。后世政区分划虽时有更改，但直至唐，习惯上仍称这一地区为"三辅"。

三亳 曹州考城县曰北亳，西京谷熟县曰南亳，西京偃师县曰西亳。

[明]仇英《清明上河图》卷，绢本，设色，30.5cm×987cm，现藏于辽宁省博物馆

三吴　苏州曰东吴，润州曰中吴，湖州曰西吴。

三楚　江陵曰南楚，徐州曰西楚，苏州曰东楚。

三齐　临淄曰东齐，博阳曰济北，蓬州即墨曰胶东。

三蜀　成都为蜀都，汉高分置汉广，汉武分置犍为。

　　三晋　赵都邯郸，魏都大梁，韩都郑，三家皆晋卿，故曰三晋。

　　三秦　章邯都废丘，司马欣都栎阳，董翳都高奴，三人皆秦降将，项羽分关中地以王之，曰三秦。

　　三虢　太阳曰北虢，荥阳①曰东虢，雍州曰西虢。
【注释】
①荥阳：原稿疑似有误，应为"荥阳"。

　　三越　吴越杭州，闽越福州，南越广州。

三巴　渝州为巴中，绵州为巴西，归夔、鱼复、云安为巴东。

三湘　曰湘乡，曰湘潭，曰湘原，在湖南，属潭州。

三河　周都曰河南，商都曰河内，尧都曰河东。

四京　开封曰东京，河内曰西京，应天曰南京，大名曰北京。

四辅　唐都长安，以同州、华州、岐州、蒲州为四辅。

四川　成都为西川，潼州为东川，利州为北川，夔州为南川。

五服　《禹贡》：五服，曰甸服、侯服、绥服、要服、荒服，每服五百里，计二千五百里。

九服　周九服，曰侯服、甸服、男服、采服、卫服、蛮服、夷服、镇服、藩服，谓之服者，责以服事天子为职也。

百二山河　秦地险固，二万人，足当诸侯百万人，故曰百二山河。

九边　明朝设以限华夷。洪武初设重镇六，曰宣府，曰大同，曰甘肃，曰辽东，曰延绥，曰宁夏；永乐初增设蓟州；正统间又增榆林、固原，是为九边。

六关　直隶三关，曰居庸，曰紫荆，曰倒马。山西三关，曰雁门，曰宁武，曰偏头。

陶唐九州　冀州，《禹贡》：帝都之地三面距河，时盖黄河由冀入海也。《释名》：冀州，其地有险有易，乱则冀治，弱则冀强，荒则冀丰也。《春秋元命苞》曰：昴毕之间为天街[1]，散为冀州，分为赵国，立为常山。

兖州，《禹贡》：济河惟兖州。谓东南据济，西北距河，盖冀之东南也。《元命苞》曰：五星流为兖州。兖之言端也，言阳精端，其气纤杀，分为郑国。

青州，《禹贡》：海岱惟青州。谓东北距海，西南距岱，又在兖之东也。《释名》：青州在东，取生物而青也。《元命苞》曰：虚危之精，流为青州，分为齐国，立为莱山。

徐州，《禹贡》：海岱及淮惟徐州。谓东至海，北至岱，南至淮，又在青州之南也。《元命苞》曰：天弓星司弓弩，流为徐州，别为鲁国。徐之为舒也，言阴牧内雨，安详也。

扬州，《禹贡》：淮海惟扬州。谓北至淮，东南至海。又曰："江南之气躁劲[2]，厥性轻扬也。"《元命苞》曰：牵牛流为扬州，分为越国，立为扬山。

荆州，《禹贡》：荆及衡阳惟荆州。谓北距南条前山，南包衡山之阳，盖在扬州之西，而豫州之西南也。《释名》：荆，警也。南蛮数为寇逆，言当警备之也。《元命苞》曰：轸星散为荆州，分为楚国。

豫州：《禹贡》：荆河惟豫州。谓西南至南条荆山，北距大河，盖在冀州之南，荆州之北，徐、兖之西也。《元命苞》曰：钩钤星别为豫州。言地在九州之中，所在常安豫也。

梁州，《禹贡》：华阳黑水惟梁州。谓东距华山之南，西距黑水，盖在雍州之南，荆州之西也。以西方属金，其气强梁，故曰梁州。当夏殷，为蛮夷之国，至周始并入雍州。

雍州，《禹贡》：黑水西河惟雍州。谓西距黑水，东距西河，盖在冀州之西，梁州之北。《太康地记》：雍州并得梁州之地，西北之位，阳所不及，阴气雍阏[3]，故取名焉。《元命苞》曰：东井鬼星，散为雍州，分为秦国。

【注释】

①天街：星名。

②躁劲：流动过速。

③雍阏：阻塞。

虞十二州　九州之外，分设并州，则盖冀之东北医无间之余地也。《元命苞》曰：营室星流为并州，分为郑国，立为朋山①。并之言诚也。精全及并②，其气勇抗。诚，信也。

幽州，即冀东恒山诸地，盖在北幽昧之地也。《元命苞》曰：箕星散为幽州，分为燕国。

营州，即青之东北、辽东等处。《释名》：齐卫之地，于天文属营室，故取其名。盖舜为冀、青地广而分之也。

【注释】

①朋山：原稿疑似有误，应为"明山"。

②精全及并：原稿疑似有误，应为"精舍交并"。

周九州　东南曰扬州，其山镇曰会稽，其薮泽曰具区，其川三江，其浸五湖（彭蠡、洞庭、青草、太湖、丹阳也），其利金锡竹箭，其民二男五女（盖通以一州之民计之，二分为男，五分为女也），其畜鸟兽，其谷宜稻。

正南曰荆州，其山镇曰衡山，其薮泽曰云梦，其川江汉，其浸颍湛，其利丹银齿革，其民一男二女，其畜鸟兽，其谷宜稻。

河南曰豫州，其山镇曰华山，其薮泽曰圃田，其川荥雒，其浸波溠，其利材漆丝枲①，其民二男二女，其畜宜六扰②（鸡、豚、犬、马、牛、羊也），其谷宜五种③（稻、黍、稷、麦、菽也）。

正东曰青州，其山镇曰沂山，其薮泽曰望诸，其川淮泗。其浸沂沐，其利蒲鱼，其民二男二女，其畜鸡狗，其谷宜稻麦。

河东曰兖州，其山镇曰泰山，其薮泽曰大野，其川河沛，其浸卢维，其利蒲鱼，其民三男三女，其畜六扰，其谷宜四种。

正西曰雍州，其山镇曰岳山，其薮泽曰弦蒲（在汧阳），其川泾汭，其浸渭洛，其利玉石，其民三男二女，其畜宜牛马，其谷宜黍稷。

东北曰幽州，其山镇曰医无闾（辽东），其薮泽曰貕养（在莱阳），其川河泲，其浸菑时（莱芜殷阳），其利鱼盐，其民一男三女，其畜牛马羊豕，其谷宜黍麦稻。

河内曰冀州，其山镇曰霍山，其薮泽曰扬纡，其川漳，其浸汾潞（汾出汾阳，潞出归德），其利松柏，其民五男三女，其畜牛羊，其谷宜黍稷。

正北曰并州，其山镇曰恒山，其薮泽曰昭余邪（在邬），其川虖池呕夷，其浸涞易，其利布泉，其民二男三女，其畜牛马犬豕羊，其谷宜五种。

【注释】

①柗：同"耙"。

②六扰：即六畜。扰，驯服。

③五种：即五谷。

秦三十六郡　始皇初并天下，罢诸侯，置守尉，遂分天下为三十六郡，每郡置一守、一丞、两尉以典之。郡名曰内史、三川、河东、南阳、南郡、九江、鄣郡、会稽、颍川、砀郡、泗水、薛郡、东郡、琅琊、齐郡、上谷、渔阳、北平、辽西、辽东、代郡、巨鹿、邯郸、上党、太原、云中、九原、雁门、上郡、陇西、北地、汉中、巴郡、蜀郡、黔中、长沙。后又置闽中、南海、桂林、象郡四郡。凡四十郡。

汉十三部　汉分天下为十三部，每部置刺史，领天下郡国一百三。

司隶校尉（领京兆、扶风、冯翊、弘农、河东、河内、河南七郡）。豫州刺史（领颍川、汝南、沛郡、梁国、鲁国五郡）。**冀州刺史**（领魏郡、巨鹿、常山、清河、广平、真定、中山、信都、河间、赵国十郡）。**兖州刺史**（领陈留、东郡、山阳、济阴、泰山、城阳、东平七郡）。**徐州刺史**（领琅琊、东海、临淮、泗水、楚国五郡）。**青州刺史**（领平原、千乘、济南、齐郡、北海、东莱、胶东、高密、蓄川九郡）。**荆州刺史**（领南阳、南郡、江夏、桂阳、武陵、零陵、广陵、长沙八郡）。**扬州刺史**（领镇江、九江、会稽、丹阳、豫章、六安六郡）。**益州刺史**（领汉中、广汉、巴郡、蜀郡、犍为、越巂、牂牁、益州八郡）。**凉州刺史**（领安定、北城、陇西、武威、金城、天水、武都、长掖、酒泉、敦煌十郡）。**并州刺史**（领太原、上党、上郡、西河、朔方、五原、云中、定襄、雁门九郡）。**幽州刺史**（领涿郡、渤海、代郡、上谷、渔阳、北平、辽西、辽东、广阳、乐浪、玄菟十一郡）。**交州刺史**（领海南、郁林、苍梧、交趾、合蒲、九真、日南七郡）。

三国州郡　蜀汉全制巴蜀，置二郡，曰益州（成都）、曰梁州（汉中），有郡二十。先主初置九郡，曰巴东、曰巴西、曰梓潼、曰河阳、曰文山、曰汉嘉、曰朱提、曰云南、曰涪陵，并得旧汉，曰巴郡、曰广汉、曰犍为、曰牂牁、曰越巂、曰益州、曰汉中、曰永昌、曰南安、曰武都。

孙吴北据江南尽海，置州五，曰交州（安南）、曰广州（南海）、曰荆州（江陵）、曰郢州（江夏）、曰扬州（丹阳）。孙权置临贺、武昌、朱厓、新安、卢陵五郡。孙亮又置临川、临海、衡阳、湘东四郡。孙休又置天门、建平、合浦三郡。孙皓置始安、始兴、邵陵、安成、新昌、武平、九德、吴兴、平阳、桂林、荥阳[①]十一郡。因立宜阳一郡，并汉十八郡，共四十三郡。

魏据中原，有州十二，曰司隶（河南）、曰豫州（谯）、曰荆州（襄阳）、曰兖州（武威）、曰青州（临淄）、曰徐州（彭城）、曰凉州（天水）、曰秦州（上邽）、曰冀州（代郡）、曰幽州（范阳）、曰并州（晋阳）、曰扬州（寿春）。

【注释】

①荥阳：原稿疑似有误，应为"荥阳"。

晋十九州　曰司州（河南）、曰兖州（濮阳）、曰豫州（项城）、曰冀州（赵郡）、曰并州（晋阳）、曰青州（临淄）、曰徐州（彭城）、曰荆州（江陵）、曰扬州（初寿春，后建业）、曰雍州（京兆）、曰秦州（上邽）、曰益州（成都）、曰梁州（南郑）、曰宁州（云南）、曰幽州（范阳）、曰平州（昌黎）、曰交州（番禺）、曰凉州（武威）。

唐十道　自晋藩阴败，复南北分争，州郡割裂，宋、齐、梁、陈狃①于江左，隋氏虽能混一②，而享祚不长。至唐太宗肇造区夏，并有州郡，始因山以形便，分天下为十道，曰关内、曰河南、曰河东、曰河北、曰山南、曰陇右、曰淮南、曰江南、曰剑南、曰岭南。贞观十五年大酺，凡州府三百五十八。玄宗开元初，又分为十五道，曰京畿（西京）、曰都畿（东都）、曰关内（京官遥领）、曰河南（陈留）、曰河北（魏郡）、曰陇右（西平）、曰山南东（襄阳）、曰山南西（汉中）、曰江南东（吴郡）、曰江南西（豫章）、曰剑南（蜀郡）、曰淮南（广陵）、曰黔中（贵州）、曰岭南（南海）③。

【注释】

①狃：习以为常，不以为意。

②混一：统一。

③原稿中仅列述十四道，疑漏河东道。

宋二十三路　太宗分天下为十五路，至仁宗又分为二十三路，曰京东东路、京东西路，曰京西南路、京西北路，曰河北东路、河北西路，曰陕西路，曰秦凤路，曰河东路，曰淮南东路、淮南西路，曰两浙路，曰江南东路、江南西路，曰荆湖南路、荆湖北路，曰成都路，曰梓州路，曰利州路，曰夔州路，曰福建路，曰广南东路、广南西路。

元十二省　元建中书省十二，辖天下州郡，曰都省（治腹里路）、曰河南行省（汴梁）、曰湖广行省（武昌）、曰浙江行省^①（杭州）、曰江西行省（龙兴）、曰陕西行省（京兆）、曰四川行省（成都）、曰云南行省（中庆）、曰辽阳行省（辽东）、曰镇东行省（高丽）、曰甘肃行省（甘州）、曰岭北行省（和州）。又分天下为二十二道。

【注释】

①浙江行省：当作"江浙行省"。

明两直隶十三省　北直隶八府，十七州，一百一十六县，赋六十万一千。（北京在顺天。）南直隶十四府，十七州，九十六县，赋五百九十九万五千。（南京在应天。）河南八府，十州，九十六县，赋二百四十一万四千。（省城在开封。）陕西八府，二十二州，九十五县，赋一百九十二万九千。（省城在西安。）山东六府，十五州，八十九县，赋二百八十五万一千。（省城在济南。）湖广十五府，十六州，一百零七县，赋二百十六万七千。（省城在武昌。）浙江十一府，一州，七十五县，赋二百五十一万。（省城在杭州。）江西十三府，一州，七十七县，赋二百五十二万八千。（省城在南昌。）福建八府，五十七县，赋一百一十万一千。（省城在福州。）山西五府，二十州，七十八县，赋二百二十七万四千。（省城在太原。）四川八府，二十州，一百零七县，赋一百二十万六千。（省城在成都。）广东十府，八州，七十五县，赋一百一万七千。（省城在广州。）广西十一府，四十七州，五十三县，赋四十三万一千。（省城在桂林。）云南十四府，四十一州，三十县，赋一十四万。（省城在云南。）贵州八府，六州，六县，赋四万七千。（省城在贵阳。）

建 都

伏羲都陈（今河南陈州）。神农亦都陈，或曰曲阜（今山东曲阜县）。黄帝都涿鹿（今顺天府涿州），少昊都曲阜。颛顼都帝丘（今山东濮州）。帝喾都亳（今河南偃师县）。帝尧都平阳（今山西平阳县）。虞舜都蒲阪（今平阳蒲州）。夏禹都安邑（今平阳夏县）。商汤都亳。

周都丰镐（今陕西长安县，是谓关中）。周平王迁洛阳（今河南洛阳县）。秦都咸阳（今西安府咸阳县）。汉都洛阳，因娄敬说，西迁长安。东汉都洛阳。魏因汉祚，亦都洛阳。蜀汉都成都（今四川成都府）。吴初居镇江，都武昌（今湖广武昌府），后迁建业（今南直应天府）。西晋都洛阳。东晋都建业，元帝东渡，避愍帝讳，改名建康。宋、齐、梁、陈俱都建康。元魏初居云中（今大同府怀仁县），后迁洛阳。

北齐都邺（今河南彰德府）。西魏都长安关中。后周都长安。隋都长安，炀帝以巡幸，徙都洛阳。唐都长安。梁都汴（今河南开封府）。后唐、石晋、汉、周、宋俱都汴。南宋都临安（今杭州府）。元都大都（今顺天府）。明都建康，永乐迁于北平，即元之大都也。

地 名

萑苻（音完蒲。郑地。）龙兑（兑音夺。赵地。）连穀（穀音斛。楚地。）方与（音防预。赵地。）番易（音婆阳。楚地。）曲逆（逆音遇。汉邑。陈平封曲逆侯。）㱮亭（㱮音逞。吴兴有㱮亭。）莜人（莜数瓦切。县在上党。）越巂（巂音髓。郡府，在蜀地。）阌乡（阌音文。县名，在虢。）螯屋（音周质。在西安。水曲曰螯，山曲曰屋。）鄜（音孚。在候西[1]延安府。）毌丘（毌音贯。地在济阳南。）役栩（音兔户。在冯翊。）胸腗（音瞿门。本虫名，巴郡多此虫。因为邑名。）酂（酂在南阳，篹在沛国，二地音不同。萧何封酂侯。）缑氏（缑音沟。山名、邑名，本义剑头缠丝。）牂牁（音臧柯。郡名。）允吾（音铅牙。谷名。在陇西。）蜚（音肥，邑名。）须句（须音渠。地在鲁东平。）衍氏（音权精，又宜音。县名。）令支（音零岐。县名。）郫（音埤。一在晋，一在成都。）不其（其音箕。）祝其（其音基。）敦煌（音屯黄。郡名。）冤句（音冤勾。在曹州。今废。）临朐（朐音渠。县名。在山东。）令居（令音连。邑名。）虑虒（音卢夷。县名。）罕幵（音罕牵。羌地。）取虑（音趋间。县名。在临淮。）黑尿（音眉拟。）禚（音灼。齐地。）句黽（冥上声。鲁邑。）枹罕（音央谦。县名。）戬城（戬音资。齐地。）鄄城（鄄音绢。卫地。）射洪（音石红。县名。）崞（音郭。县名。）先零（零音连。）沭阳（沭音术。县名。）虒祈（音思奇。地名。）窴丘（窴音胜。鲁地。）句绎（音勾亦。邾地。）盱眙（音虚宜。县名。）都庞（庞音龙。邑名。）繁畤（畤音止。邑名。）澶渊（澶音禅。今开州。）槜李（槜音醉。在嘉兴。）郎曋（曋音枕。）犍为（犍音乾。蜀郡名。）床穰（床音縻。）厹犹（音仇由。邑名。）毋掇（音无拙。县属益州。）泊罗（泊音博。县名。）虹县（虹音降。）苴芊（音斜米。）徙（音斯。邑名。）岢岚（音可婪。州名。近太原。）廥县（县音疾。县名。在清河。）祊（音崩。郑地。）渑池（渑音免。县在河南。）衺（音侈，上声。宋地。）趡（翠，上声。鲁地。）夫童（童音中。）儋州（儋音丹。）郪（尸圭切。邑在齐东。）葴（其寄切。）宁母（音宁某。鲁地。）鄠杜（音户古。汉陂令县，属凤翔。）郪丘（郪音西。齐地。）虚杅（音区汀。宋地。）徦釓（釓音求。地名。）僰邛（僰音匐。地名。在犍为。）郏（于轨切。郑地。）狸脤（音剁蜃。）邿（音诗。鲁地。）皋（去声。郑地。）橐皋（皋，章夜切。在淮南。）涪（音浮。州名。在重庆府。）叶县（叶音涉。）泷水（泷音商。县名。）朱提（音殊时。邑名。）承阳（承音蒸。）余汗（汗音干。）番禾（番音盘。）栎阳（栎音约。邑名。）平舆（舆音玉。）郯城（郯音谈。县名。）沙羡（羡音夷。）莲勺（莲音辇。邑名。）不羹（羹音郎。邑名。）堵阳（堵音者。邑名。）渑淄（音承脂。县名。）沁（音倩。山西沁州。）新淦（淦音干。县名。）隆虑（音林间。邑名。）霅川（霅音鞁。湖州。）阳夏（夏音贾。）睢州（睢音虽。）会稽（会音贵。邑名。）

【注释】

①候西：原稿疑似有误，应为"陕西"。

山水异名　昆仑一名昆岑。君山一名娲宫。武当一名篸岭。普陀一名梅岑。青城一名天谷。大复一名胎簪。衡山一名芝冈。齐云一名白岳。东海一名岱渊。

古　迹

赤县神州①　《古今通论》：东南方五千里，名曰赤县神州，中有和美乡，方三千里，五岳之城，帝王之宅，圣贤所居也。

【注释】

①赤县神州：指中国。

枌榆社　汉高帝祷于枌榆社，帝之故乡也。高帝以丰沛为其汤沐之邑，令世世无有所予。

新丰①　太上皇居深宫，以生平所好，皆贩徒②少年、酤酒卖饼、斗鸡蹴踘之辈，今皆无此，故怏怏不乐。高祖乃作新丰，移旧乡里。命匠人胡宽悉仿其衢巷门闾，士女老幼相携路首，各认其门而入。放牛羊鸡犬于通途，亦各识其家。上皇大悦。

【注释】

①新丰：丰邑属沛县，即今江苏丰县。

②贩徒：应为"屠贩"。

洋川①　洋川者，戚夫人之所生处也，高祖得而罢之。夫人思慕本乡，追求洋川。高帝为驿致长安，蠲复其乡，更名曰县。又故目其地为洋川，用表夫人诞载之休祥也。

【注释】

①原稿无标题，今加。**洋川**：位于陕西西乡县。

桑梓地　祖父植桑梓以遗其子孙，子孙思其祖泽，不忍剪伐。故《诗》曰："维桑维梓，必恭敬止。"

汉寿在四川保宁府广元县。汉封关公为汉寿亭侯，即此地。后人称寿亭侯者误。

度索寻橦①　度索，以绳索相引而度也。寻橦者，植两木于两岸，以绳贯其中，上有一木筒，所谓橦也。人缚橦上，以手缘索而进，以达彼岸，有人解之，所谓寻橦也。

【注释】

①**寻橦**：即缘竿。橦，旗杆。

井陉道　韩信与张耳将兵击赵，李左军①说赵王曰："井陉道险，车不得方轨，骑不能成列。愿假臣三万人，从间道绝其辎重，两将之头可致之麾下。"

【注释】

①**李左军**：应写作"李左车"。李左车，西汉柏（邢台隆尧）人，秦末年间谋士，赵国名将李牧之孙。初时辅佐赵王歇，为赵国立下了赫赫战功，被封为广武君，著有兵书《广武君略》。

九折坡　汉王阳为益州牧，至九折坡，叹曰："奉先人遗体，奈何数乘此险！"后王尊至此，曰："此非王阳所畏处①耶？"乃叱其御，历险而上。后人以王阳不失为孝子，王尊不失为忠臣。

【注释】

①原稿"九折坡""所畏处"，《汉书》中写作"九折坂""所畏道"。九折坂，在今四川荥经县西。

赤地青野① 地空无物曰赤地。野无人民无禾稻曰青野。

【注释】

①**青野**：当写作"清野"，清野指作战时暂时转移周围的人口、牲畜、财物、粮食，清除附近的房屋、树木等，使敌人无所获取。

息壤 古地名，有二：一在荆州，一在永州，地中不可犯畚锸，犯者立死①。

【注释】

①**地中不可犯畚锸，犯者立死**：事见柳宗元《永州龙兴寺息壤记》："永州龙兴寺东北陬有堂，堂之地隆然负砖甓而起者，广四步，高一尺五寸。始之为堂也，夷之而又高，凡持锸者尽死。"

解池盐① 不必煎煮。居人疏地为畦，决水灌其中，俟南风起，此盐即成。故大舜歌曰："南风之起兮②，可以阜吾民之财兮。"

【注释】

①**解池盐**：位于山西省境内，盛产盐，世称解盐，在池盐中最著名。

②**南风之起兮**：当写作"南风之时兮"。

保俶塔① 钱忠懿王名俶，入朝，恐其羁留，作塔以保之。称名，尊天子也。今误作"保叔"，不知者遂有"保叔缘何不保夫"之句。

【注释】

①**保俶塔**：原名应天塔，建于北宋开宝年间，现在杭州市宝石山上。

妫[1]汭（音规芮）　河东有二泉，南流曰妫，北流曰汭。《尚书》："釐降二女于妫汭。"

【注释】

①妫：水名，位于山西省境内。

孔林[1]　自泰山发脉，石骨走二百里，至曲阜结穴，洙泗二水会于其前，孔林数百亩，筑城围之。城以外皆孔氏子孙，围绕列葬，三千年来，未尝易处。南门正对峄山，石羊石虎皆低小，埋土中。伯鱼墓，孔子所葬，南面居中，前有享堂，堂右横去数十武[2]，为宣圣墓。墓坐一小阜，右有小屋三楹，上书"子贡庐墓处"。墓前近案，对一小山，其前即葬子思父子孙三墓，所隔不远，马鬣之封不用石砌，土堆而已。林中树以千数，惟一楷木[3]老本，有石碑刻"子贡手植楷"，其下小楷生植甚繁。此外合抱之树皆异种，鲁人世世无能辨其名者，盖孔子弟子异国人，皆持其国中树来种者。林以内不生荆棘，并无刺人之草。

【注释】

①孔林：亦称"至圣林"，位于山东曲阜县城北。

②武：步武，即半步。

③楷木：《广阳杂记》："楷木，即今之黄连头树也。"

土著（音着）　言着土地而有常居者，非流寓迁徙之人也。今人误读为注。

雒邑　汉光武定居洛邑。汉以火德王，忌水，故去水而加佳，改洛为雒。后魏以土德王，以水得土，而流土得水而柔，故又除佳加水。

京观　谓高丘如京；观，阙形也。古人杀贼，战捷陈尸，必筑京观，以为藏尸之地。古之战场所在有之。

玉门关　汉班超久在绝域，年老思归，上书曰："臣不愿到酒泉郡，但愿生入玉门关。"

雁门关　在大同府马邑县。北雁入塞，必衔芦一根，掷之关门，然后飞入，如纳税然，芦柴堆积如山。设有芦政主事，岁进芦银以万计。

夏国　扬州漕河东岸有墓表，题曰："夏国公墓道。"夏音虡，与夏字相类，少一发笔，下作"又"，行人遂误为夏国公。盖明顾公玉之封号，赐地葬此也。

鱼米之地　唐田澄《蜀城》诗："地富鱼为米。"故称沃土为鱼米之地。

漏泽园　创始于宋元丰间，立为埋葬之所，取泽及枯骨，不使有遗漏之义也。明初，令民间立义冢。天顺四年，令郡县皆置漏泽园。

庡亭（音欧亭）　汉蒋澄封庡亭侯。今溧阳有庡山。

鬼门关①　在交趾南。其地多瘴疠，去者罕得生还。谚曰："鬼门关，十去九不还。"

【注释】

①**鬼门关**：位于今广西北流、玉林两地之间，明宣德年间改名"天门关"。

铁瓮城　在镇江，孙权所筑。
刊沟①，在扬州，夫差所开。

【注释】

①刊沟：原稿疑似有误，应为"邗沟"。

女阳亭　在崇德县。勾践入吴时，夫人产女于此亭。及吴灭后，乃名女阳，更就李①为女儿乡。

【注释】

①原稿"就李"当作"樵李"。

崖州为大　宋丁谓贬崖州司户，常语客曰："天下州郡孰为大？"客曰："京师也。"谓曰："朝廷宰相今为崖州司户，则惟崖州为大也。"

戒石铭　宋高宗绍兴二年六月，颁黄庭坚所书戒石铭于州县，令刻石，文曰："尔俸尔禄，民膏民脂。下民易虐，上天难欺。"

悲田院①　《唐会要》曰：开元五年，宋璟、苏颋请建"悲田院"，使乞儿养病，给以廪食。亦曰"贫子院"。

【注释】

①悲田院：泛指救养院。佛家称供养父母为恩田，供佛为敬田，施贫为悲田。

筑城　周公筑洛阳城，公孙鞅筑咸阳城，伍员筑苏城。范蠡筑越城，张仪筑成都城，萧何筑长安城，孙权筑建康城、泗州城，王审知筑福州城，钱镠筑杭城。

长城　燕始城上谷至辽东。赵始城雁门至灵州。秦始皇补筑，始名长城。北齐文宣帝复筑长城。汉武帝复筑辽东城。

开险　司马错开巴蜀，秦昭王开义渠，赵武灵王开代、楼烦、

白羊，燕惠王开辽东，秦始皇开朔方，汉彭吴开秽貊，唐蒙开邛僰、
夜郎、牂牁、越隽，庄助开东瓯、西越，卫青开阴山。

胜国 灭人之国曰胜国，言为我所胜之国也。左氏[①]曰："胜国
者，绝其社稷，有其土地。"

【注释】

①*左氏*：当作《春秋公羊传·哀公四年》。

支无祁[①] 大禹治水，至桐柏山，
获水兽，名支无祁，形似猕猴，力逾九
象，人不可视。乃命庚辰锁于龟山之下，
淮水乃安。唐永泰初，有渔人入水，见
大铁索，锁一青猿，昏睡不醒，涎沫腥
秽，不可近。

【注释】

①*支无祁*：当作"无支祁"或"巫支祁"，
传说中的神名。

雷峰塔 在钱塘西湖净寺前南屏之
支麓也，昔有雷就者居之，故名。上有
塔，遭回禄，今存其残塔半株。

雪窦 在奉化县。唐时雪窦禅师居
之，鸟窠衣褶，寂然不动。

岳林寺 在奉化。布袋和尚道场，
其钵盂佛迹尚在。

清中期日本人作《布袋和尚》，私人藏

虎丘　吴王阖闾死，治葬，穿土为川，积壤为丘，铜棺三重，以黄金珠玉为凫雁。葬三月[1]，金精上腾为白虎，蹲踞山顶，因名虎丘。

【注释】

①葬三月：疑为"葬三日"之误。

坑儒谷　在临潼。秦始皇密令冬月种瓜于骊山谷中，温处皆熟。诏博士诸生说之。前后七百人，言人人殊，则皆使往视，因伏机陷之，后人号"坑儒谷"。

鹤林寺　在润州，有马素塔。米元章爱其松石深秀，誓以来生为寺伽蓝，呵护名胜。公没时，鹤林伽蓝无故自倒。里人知公欲践夙愿，遂塑其像于寺之左偏。

祖堂[1]　在应天府治南。唐法融和尚得道于此，为南宗第一祖师，在山房禅定，有百鸟献花，故又名献花岩。

【注释】

①祖堂：山名，在今南京市江宁县。

雨花台[1]　梁武帝时，有云光法师讲经于此，天花乱坠，故名雨花。

【注释】

①雨花台：位于南京城南1公里处。三国时，因岗上遍布五彩斑斓的石子，又称石子岗、玛瑙岗、聚宝山。

飞来峰　在杭州虎林山之前。晋时西僧叹曰："此是天竺国灵鹫山之小岭，不知何日飞来？"因名之飞来峰。

躲婆弄　在绍兴戢山下，王右军[1]居此。有老妪鬻扇，右军为题其扇，媪有愠色。及出，人竞买之。他日，媪又持扇乞书，右军避去。故其下有题扇桥、躲婆弄。

【注释】

①王右军：即王羲之，因曾担任右将军，故称。

笔飞楼　在戬山之麓。王右军于此写《黄庭经》，笔从空中飞去。今其地有笔飞楼址。

樵风径①　在会稽平水。汉郑弘少时采薪，得一遗箭。顷之，有老人觅箭，还之，问弘何欲，弘知其神人，答曰："常患若耶溪载薪为难，愿朝南风，暮北风。"后果如其言。

【注释】

①樵风径：在今绍兴市东南。

雷门　即绍兴府城之五云门。《会稽志》：雷门上有大鼓，声闻洛阳。后鼓破，有二鹳从鼓中飞出，声遂不远。

兰渚　在绍兴府城南二十五里。晋永和九年上巳日，王右军与谢安、孙绰、许询辈四十一人会此修禊事。今传有流觞曲水、兰亭故址。

西陵　在萧山。一名固陵。范蠡治兵于此，言可固守，因名。

箪醪河　在绍兴府治南①。勾践行师日，有献壶浆者，跪而受之，取覆上流水中，命士卒乘流而饮。人百其勇，一战遂败吴国，因以名之。

【注释】

①原稿"在绍兴府治南"，当作"在绍兴府西"。

浴龙河　在绍兴西门外。宋理宗与弟芮，少时同浴于河。鄞人余天锡卧舟中，梦二龙负舟，起视之，则二小儿缘舟戏。问之，知是宗室，遂与史弥远言其异，卒嗣帝位。

沉酿埭　在山阴柯山之前。郑弘应举赴洛，亲友饯于此，以钱投水，依价量水饮之，各醉而去。

曹娥碑①　在曹娥江浒。汉上虞令度尚所立，尚弟子邯郸淳所撰，蔡邕题"黄绢幼妇外孙齑臼"，隐"绝妙好辞"四字。魏武问杨修曰："解否？"修曰："解。"魏武曰："卿勿言。"行三十里始悟，乃叹曰："吾不如卿三十里。"（按：魏武不曾过钱塘，所见碑应是拓本。）

〔明〕文征明《桃源问津图》（局部），手卷，纸本，设色，全卷578.3cm×23cm，藏于辽宁省博物馆

【注释】

①曹娥碑：是东汉年间人们为颂扬曹娥的美德，纪念她的孝行而立的石碑。曹娥（130—143），上虞（在今浙江绍兴）人，因其父曹盱堕江溺水而死，不得其尸。曹娥寻父尸不得，投江而死，五日后抱出父亲的尸体。时人称为孝女。

钱塘　梁开平四年，钱武肃王始筑捍海塘，在候潮门外，潮水昼夜冲击，版筑不就。王命强弩数百以射潮头，潮水东击西陵，海塘遂就。

桃源　晋时有渔人乘舟捕鱼，缘溪行，忘路远近，见洞口桃花，舍舟入。其中土地开朗，民居稠杂，鸡犬桑麻，怡然自乐。渔人惊问，云是先世避秦来此，遂与外隔。问今是何世，不知有汉，无论魏晋。渔人出，乃属曰："不足为外人道也。"

牛渚矶[①]　在姑孰[②]。水深不可测。相传其下多怪物，温峤燃犀角照之，须臾，见水族奇形怪状，有乘车马、著赤衣者。是夜，峤梦一人谓曰："与君幽明道隔，何事相窘？"峤觉而恶之。未几，以齿疾拔齿，中风而卒。

杜宇始凿巫峡，汉武帝凿曲江，张九龄凿梅岭。秦始皇厌天子气掘淮流，西入江（《禹贡》：东入海），始名秦淮。隋炀帝东游，穿河，自京口至余杭。六朝自云阳凿运渎，径至建康，始复禹通渠故道，穿通齐渠，为后世通漕转运。

【注释】

①**牛渚矶**：即采石矶，在今安徽省马鞍山市区西南。

②**姑孰**：一作姑熟，东晋时筑，故址在今安徽省马鞍山市当涂县，因城南临姑孰溪而得名。

泰山[①]　泰山上有金箧玉策，能知人年寿修短。汉武帝探策得十八，倒读曰八十。后寿果八十。

【注释】

①原稿无标题，今加。

八咏楼　在金华府府治西南，即沈约玄畅楼也。宋守冯伉更今名。

古蜀国　今成都府。蜀之先，自黄帝子曰昌意，娶蜀山氏女，生帝喾，乃封其支度于蜀。历夏商，始称王，首名蚕丛，次曰柏灌，次曰鱼凫。

八阵图　在新都牟弥镇。孔明八阵图凡三：在夔州者六十有四，方阵法也；在牟弥者一百二十有八，当头阵法也；在棋盘市者二百五十有六，下营法也。（又：沔之定军山下亦有之，夜常闻金鼓声。）

神女庙　在巫山。楚襄王游于高唐，梦一妇人曰："妾在巫山之阳，高丘之阻，朝为行云，暮为行雨。"比旦视之，如其言，遂立庙。

华表柱　辽阳城内鼓楼东，昔丁令威家此，学道得仙，化鹤来归，止华表柱，以味画表，云："有鸟有鸟丁令威，去家千岁今始归。城郭虽是人民非，何不学仙冢累累。"

麦饭亭　在滹沱河上，冯异进光武麦饭处。无蒌亭在饶阳，冯异进豆粥处。

柏人城[①]　在唐山。汉高祖过此，欲宿，心动，问县何名。曰："柏人。"高祖曰："柏人者，迫于人也。"不宿而去。

【注释】

①**柏人城**：在今河北省邢台市隆尧县西南。文中的"唐山"指唐山县，隆尧县曾用名。

孟姜石　山海卫长城北，石上有妇人迹，相传为秦时孟姜女寻夫之地。

九层台　《太平》按《说苑》：晋献公[①]筑九层台，其臣荀息谏曰："臣能累十二棋子如卵于上。"公曰："危哉。"遂止。其役遗址尚存。

【注释】

①**晋献公**：当为晋灵公。

虒祁宫　在曲沃。《左传》：晋作虒祁宫，而诸侯畔，谓此。卫灵公之晋，晋平公置酒于虒祁，令师涓奏靡靡之乐。师旷曰："此必得之濮上，乃亡国之声也，不可听！"

三冈四镇　俱在大同应州。赵霸冈在城东，黄花冈在城西，护驾冈在城南。安边镇在城东，大罗镇在城南，司马镇在城西，神武镇在城北。元好问诗："南北东西俱是名，三冈四镇护全城。"

桑林　在阳城。汤有七年①之旱，祷雨于此，至今多桑。
【注释】
①七年：《吕氏春秋》作"五年"。

天绘亭　在平乐府治。一日，郡守欲易名，忽从土中得片石，云："予择胜得此亭，名曰天绘。后某年月日，当有俗子易名清晖者。"遂已。

洛阳桥　在泉州府城东北，跨洛阳江，一名万安桥。郡守蔡襄建，长三百六十丈，广丈有五尺。先是海渡岁溺死者无算，襄欲垒石为梁，虑潮漫，不可以人力胜。乃遗檄海神，遣一吏往。吏酣饮，睡于海厓，半日潮落而醒，则文书已易封矣。归呈襄，启之，惟一"醋"字。襄悟曰："神其令我廿一日酉时兴工乎？"至期，潮果退舍。凡八日夕而功成，费金钱一千四百万。

社仓　在崇安。宋乾道中，县大饥，朱文公请于郡，得粟六百石赈给之。秋成，民偿粟于官，因乞留里中立社仓，夏贷冬收，以为常规。文公自作记。后请颁其法于天下。

五羊城　即广州府城。初有五仙人骑五色羊至此，故名。

梅花村 罗浮飞云峰侧。赵师雄[①]，一日薄暮，于林间见美人淡妆素服，行且近。师雄与语，芳香袭人，因扣酒家共饮。少顷，一绿衣童来，且歌且舞。师雄醉而卧。久之，东方已白，视大梅树下，翠羽啾啾，参横月落，但惆怅而已。

【注释】

①赵师雄：隋朝开皇年间人氏。

滕王阁 南昌府城章江门上。唐高宗子元婴封滕王时建。都督阎伯屿重九宴宾僚于阁，欲夸其婿吴子章才，令宿构序。时王勃省父经此与宴。阁请众宾序，至勃不辞。阎恚甚，密令吏得句即报，至"落霞秋水"句，叹曰："此天才也！"其婿惭而退。

岳阳楼 岳州西门，滕子京建楼，范希文记，苏子美书，邵竦篆，称四绝。

［元］夏永《滕王阁图》，24.7cm×24.7cm，藏于美国波士顿美术馆

巴丘山　岳州府城南。羿屠巴蛇于洞庭，积骨为丘，故名。

山　川

九山　会稽山、衡山、华山、沂山、岱山、岳山、医无闾山、霍山、恒山。

九泽　大陆泽、雷夏泽、彭蠡泽、云梦泽、震泽、荷泽、孟潴泽、溇泽①。

【注释】

①原稿中漏"具区泽"。"荷泽"疑有误，当写作"菏泽"。

五岳　东岳泰山，山东济南府泰安州。南岳衡山，湖广衡州府衡山县。中岳嵩山，河南河南府登封县。西岳华山，陕西西安府华阴县。北岳恒山，山西大同府浑源县。

九河①　曰徒骇、曰太史、曰马颊、曰覆釜、曰胡苏、曰简、曰洁②、曰钩盘、曰鬲津。

【注释】

①九河：古代黄河自孟津而北分为九道，故此得名。

②原稿"洁"当作"絜"。

五镇①　东镇沂山，东安公在沂州。南镇会稽山，永兴公在绍兴。中镇霍山，应圣公在晋州。西镇吴山，成德公在陇州。北镇医无闾山，广宁公在营州。

【注释】

①**五镇**：指五岳之外的五座山。

五湖^①　一洞庭，二青草，三鄱阳，四丹阳，五太湖。一曰五湖者，太湖之别名也，一名震泽，一名笠泽。

【注释】

①**五湖**：现多指洞庭湖、鄱阳湖、太湖、巢湖、洪泽湖。

四渎　四渎者，江、淮、河、汉^①是也。禹平水土，名曰四渎。《礼记》：天子祭天下名山、大川：五岳视三公；四渎视诸侯。

【注释】

①原稿"汉"当作"济"。文中"江"指长江，"河"指黄河。

四海　天地四方，皆海水相通，九戎、八蛮、九夷、八狄，形类不同，总而言之，谓之四海。渤澥者，又东海之别支也。

三岛　东海之尽谓之沧海，其中有蓬莱、方丈、瀛州三神山，金银为宫阙，神仙所居。

五山　渤海之东有大壑，名归墟，其中有岱舆、员峤、方壶、瀛州、蓬莱五山。

三江^①　三江者，松江、娄江、东江也。其分流处，曰三江口。

【注释】

①原稿无标题，今加。

三泖　在松江府。俗传近山泾者为上泖，近泖桥者为中泖，自泖桥而上萦绕百余里曰长泖，是谓三泖。

［清］袁耀《蓬莱仙境图》轴，纸本，设色，160cm×97cm，藏于故宫博物院

昆仑山　在西番^①。山极高峻，积雪至夏不消，延亘五百余里，黄河经其南。

【注释】

①**西番**：即西羌，族种最多，自陕西历四川、云南西徼外皆是。

黄河　在西番。其水从地涌出，百余泓，东北汇为大泽。又东流为赤宾河，合忽兰诸河，始名黄河。从东北至陕西、兰州，始入中国。元招讨使都实始穷河源。

华山 韩昌黎夏日登华山之岭，顾见其险绝，恐栗，度不可下，据崖大哭，掷遗书为诀。华阴令搭木架数层，绐其醉，以毡裹縋下之。

匡庐山[①] 在南康府。周时匡裕兄弟七人结庐隐此，故名。志中言有二胜，开元漱玉亭、栖贤三峡桥，内有白鹿洞，为朱晦庵读书处。今另设学校，以教习诸生。

【注释】

①**匡庐山**：即庐山。

武夷山 在崇安。高峰三十有六，道书第十六洞天，当有神人降此，自称武夷君。又《列仙传》：篯铿二子，长曰武，次曰夷，故名。

龙虎山 在贵溪。两石峙，如龙昂虎踞，即上清宫也。世为张道陵所居，上有壁鲁洞，即天师得异书处。

壄务（音权麾）**山** 在柏人城之东北。《尚书》言舜纳于大麓，迅雷风烈，弗迷。即此。

华不（不音夫，与"跗"同）**注**[①] 言此山孤秀，如花跗之注于水也。《九域志》云：大明湖望华不注山，如在水中。

【注释】

①**华不注**：山名，在山东历城县东北。

白岳山　在休宁县。一名齐云，岩上有石钟楼、石鼓楼、香炉峰、烛台峰，皆奇景。上供玄帝像，云是百鸟衔泥所塑，灵应异常，人称小武当。时时有王灵官响山鞭，声如霹雳。

镇江三山　一曰北固，一曰金山，一曰焦山。焦山者，汉末隐士焦光隐此，故名。上有《瘗鹤铭》，陶隐居所书，雷火断之，今坠江岸。

八公山　在寿州。淮南王安与宾客八公修炼于此。谢玄陈兵淝水，苻坚望见八公山草木，风声鹤唳，皆为晋兵。

天童山　在鄞县。晋僧义兴卓锡于此，有童子给役薪水，久之辞去，曰："吾太白神也，上帝命侍左右。"言讫不见。遂名太白山，又名天童山。

招宝山[①]　在定海。天气晴朗，朝鲜、日本诸国，一望可见。山中有棋子坪，以白饭撒之得白子，以黑豆撒之得黑子。

【注释】

①**招宝山**：原名候涛山，又名鳌柱山，在今宁波市境内。因其地处海口，"商舶所经、百轸交集"，改称招宝山，寓"招财进宝"之意。清康熙二十六年（1687）五月改舟山为定海山，设定海县，并改原定海县为镇海县。

翁洲山　在定海。徐偃王所居。勾践欲封夫差于甬东，即此地也。唐开元中置翁洲县[①]。

【注释】

①原稿"翁洲县"当作"翁山县"。

鸡鸣山　在应天府东，旧名鸡笼山。雷次宗开馆于此，齐高宗常就次宗受《左氏春秋》。

牛首山[①]　在祖堂之北，上有二峰相对，如牛角，故名。晋王导曰："此天阙也。"又名天阙山。

【注释】

①牛首山：又名牛头山，位于今南京市江宁区境内。南宋建炎三年（1129），岳飞于此大破金兀术。

摄山[①]　在应天府治东北。产摄生草。上有千佛岩、栖霞寺，即明僧绍舍宅。

【注释】

①摄山：又名栖霞山。在今江苏省南京市境内。

茅山　在句容[①]，初名句曲山。茅君得道于此，更今名。上有三峰，三茅君各占其一，谓之三茅峰。三峰之北，曰玉晨观，即所谓金陵地肺也。

【注释】

①句容：即今江苏省镇江市句容县。

莫愁湖[①]　三山门外。昔有妓卢莫愁家此，故名。

【注释】

①莫愁湖：位于今南京市水西门外。

天台山　上应台星高一万八千丈，周八百里，从昙花亭麓视石梁瀑布，如在天半上。有琼台玉阙诸景，旧名金庭洞天。

天姥山　在浙之新昌县。李太白梦游天姥，即此。近产茶，名天姥茶。

文公山　在尤溪。朱晦庵父松，为尤溪尉，任满，假馆于郑氏。建炎庚戌九月，朱子生，所对二山，草木繁密，野烧焚之，山形露出"文公"二字。

云谷山　在建阳。群峰上蟠，中阜下踞，虽当晴昼，白山坌入，则咫尺不可辨。朱文公作草堂其中，榜曰"晦庵"。

钟山　在分宜①。晋时，雨后有大钟从山峡流出，验其铭，乃秦时所造，故名钟山。后有渔人，山下得一铎，摇之，声如霹雳，山岳动摇。渔人惧，沉之水。或曰：此秦始皇驱山铎也。

【注释】

①**分宜：**即今江西省分宜县。

寒石山　唐寒山、拾得二僧居此。丰干和尚谓间丘太守曰："寒山、拾得，是文殊、普贤后身。"太守往谒之，二人笑曰："丰干饶舌。"遂隐入石中，不复出。

石镜山　在临安。有圆石如镜，钱镠少时照之，冠冕俨然王者。唐昭宗封为衣锦山。镠常于此宴故老，木石皆披锦绣。

宛委山　在会稽禹穴之前。上有石匮，大禹发之，得赤如日，碧如月，长一尺二寸。又传禹治水毕，藏金简玉字之书于此。

宝山　一名攒宫。在会稽县东南。宋高、孝、光、宁、理、度六陵在焉。元妖僧杨琏真伽发诸陵，唐珏潜收陵骨，瘗于兰亭山之冬青树下，陵骨得以无恙，独理宗头大如斗，不敢更换，元人取作溺器。我太祖得之沙漠，复归本陵，有石碑记其事。

［元］因陀罗《寒山拾得图》，纸本，墨画，35cm×49.5cm，藏于东京国立博物馆

越城中八山　卧龙、戢山、火珠、白马、峨眉、鲍郎、彭山、怪山。更有黄琢山，在华严寺后，人不及知。峨眉山，在轩亭北首民居之内，今指土谷寺神桌下小石为峨眉山者，非是。怪山在府治东南，《水经注》云：是山自琅琊东武海中一夕飞来，居民怪之，故曰怪山。上有灵鳗井，鳗大如柱，能致风雨。越王筑台其上，有观云气。

尾闾[①]　台州宁海县东，海中水湍急，陷为大涡者十余处，百凡浮物，近之则溺。

【注释】

①**尾闾**：古代传说中海水所归之处。

瓠子河 汉武帝元光三年，河决顿丘，复决濮阳，瓠子泛郡十六，发卒数万人塞瓠子河。天子自临决河，沉白马玉璧于河，筑室其上，名防宣宫①。

【注释】

①原稿"防宣宫"当作"宣房宫"。

钱塘潮 朝夕两至，初三日起水，二十日落水。每月十八潮大，八月十八潮尤大。有候潮歌曰："午未未未申，寅卯卯辰辰，巳巳巳午午，朔望一般轮。"

磻溪 在凤翔府宝鸡县。吕望钓此，得一鱼，腹有璜玉，文曰："周受命，吕氏佐。"今石上隐隐见两膝痕。

滟滪堆 在瞿唐峡口。有孤石，冬出水二十余丈，夏即没入土。人云："滟滪大如象，瞿唐不可上；滟滪大如马，瞿唐不可下。"以为水候。庾子舆奉父榇还巴东，至瞿唐，水壮。子舆哀号，峡水骤退，舟得安行。人为之语曰："滟滪如幞本不通，瞿唐水退为庾公。"

长江三峡 瞿唐峡与归峡、巫山峡，世称三峡，连亘七百里，重岩叠障，隐蔽天日，非亭午夜分，不见日月。《水经》云杜宇所凿。

烂柯山 衢州府城南。一名石室。道书谓青霞第八洞天。晋樵者王质入山，见二童子弈，质置斧而观。童子与质一物，如枣核，食之不饥。局终，示质曰："汝斧柯烂矣。"质归家，已百岁矣。

江郎山　在江山①。世传江氏兄弟三人登其巅，化为石，故名。山顶有池，产碧莲、金鲫。

【注释】

①**江山**：即今浙江省江山县。

金华山　府城北。金星与婺女星争华，故名。又名长山，周三百六十余里，其最胜者曰金华洞，道书第三十六洞天。

四明山　在余姚县。高三万八千丈，周二百一十里，由鄞小溪入，则称东四明；由余姚白水入，则称西四明；由奉化雪窦入，则直谓之四明。道经第九洞天也。峰凡二百八十有二，中有峰曰芙蓉，有汉隶刻石上，曰"四明山心"。其右有石窗。

天水池　在重庆江津县。邑人春月游此，竞于池中摸石祈嗣，得石者生男，得瓦者生女，颇验。

大瀼水　在奉节县。杜甫诗"瀼东瀼西一万家"，即此。郡人龙澄，尝于瀼中见一石盒，探取之，获玉印五，文字非世间篆籀。忽有神人诧曰："玉印乃上帝所宝，昔授禹治水，水治复藏名山大川。今守护不谨耳！可亟投元处。"澄如其言。后登上第。

牛心山①　龙安府城之东。梁李龙迁葬此。武后时凿断山脉。玄宗幸蜀，有老人苏垣奏：龙州牛山，国之祖墓，今日蒙尘，乃则天掘凿所致也。玄宗命刺史修筑如旧。未几，诛禄山。

【注释】

①**牛心山**：位于今辽宁省境内，距离锦州约15公里。

［清］黄易《太行秋色》，出自《嵩洛访碑图》册，纸本，墨笔，藏于故宫博物院

峨眉山　眉州城南，来自岷山，连冈叠障，延袤三百余里，至此突起三峰，其二峰对峙，宛若蛾眉。

磨针溪　彭山[1]象耳山下，相传李白读书山中，学未成，弃去。过是溪，逢老媪方磨铁杵，白问故，媪曰："欲作针耳。"白感其言，遂卒业。

【注释】

①**彭山**：即今四川省眉山市彭山县。

长白山　在开原东北千余里。横亘千里，其巅有潭，周八十里，深不可测，南流为鸭绿江，北流为混同江。

太行山　怀庆府城北。王烈入山，忽闻山北雷声，往视之，裂开数百丈，石间一孔径尺，中有青泥流出，烈取抟即坚凝，气味如香粳饭。

神农涧　在温县。神农采药至此，以杖画地，遂成涧。

卧龙岗　南阳府城西南。即诸葛亮躬耕处，有三顾桥。

丹水　在内乡县①。《抱朴子》云：水有丹鱼，先夏至十日，夜伺之，鱼皆浮水，赤光如火，取其血涂足，可步行水上。

【注释】

①**内乡县**：位于河南省西南部。

天中山　汝宁府城北。在天地之中，故名。自古考日影测分数，莫正于此。

金龙池　在平阳府城西南。晋永嘉中，有韩媪偶拾一巨卵，归育之，得婴儿，字曰"橛①"，方四岁。刘渊筑平阳城不就，募能城者。橛因变为蛇，令媪遗灰志后，曰："凭灰筑城，可立就②。"果然，渊怪之，遂投入山穴间，露尾数寸，忽有泉涌出，成此池。

【注释】

①原稿"橛"，《太平寰宇记》中作"橛儿"。

②原稿"志后""可立就"，依据上下文改为"志其后""城可立就"。

五台山　在五台县。五峰高出云汉，文殊师利所居。曰"清凉山"，即此。

尼山　曲阜接泗水邹县界。颜氏祷此，而孔子生。记云："颜氏升之谷，草木之叶皆上起；降之谷，草木之叶皆下垂。"

雷泽　在曹州①。泽中有雷神，龙身而人颊，鼓其腹则鸣。《史记》："舜渔于雷泽。"即此。

【注释】

①曹州：即今山东省菏泽市曹县。

鸣犊河　在高唐①。孔子将西见赵简子②，闻杀窦鸣犊，临河而叹。因名。

【注释】

①高唐：即今山东省聊城市高唐县。

②赵简子：即赵鞅，春秋末年晋国正卿。

濮水　濮州①上有庄周钓台。昔师延为纣作靡靡之乐。武王伐纣，师延自投濮水而死。后卫灵公夜止濮上，闻鼓琴声，召师涓听之。师涓曰："此亡国之音也。"

【注释】

①濮州：隋开皇十六年（596）置，治鄄城县（今山东鄄城县北旧城）。

牛山①　临淄。齐景公登牛山，流涕曰："美哉国乎！若何去此而死也？"艾孔、梁丘据皆从而泣，晏子独笑。公问故，对曰："使贤者不死，则太公、桓公常守之矣。勇者不死，则庄公、灵公常守之矣，吾君安得此位乎？至于君独欲常守，是不仁也。二子从而泣，是谄谀也。见此二者，臣所以窃笑。"公举觞自罚、罚二臣者。

【注释】

①牛山，又名鼎足山，位于山东省淄博市临淄区。

愚公谷 临淄愚公山之北。齐桓公逐鹿至此，问一老父："何以名愚公谷？"对曰："臣畜牸牛生犊，卖犊而买驹。少年谓牛不能生马，遂持驹去。邻人以臣为愚，故名。"

九华山 青阳，旧名九子山。李白谓"九峰似莲华"，乃更今名。刘梦得尝爱终南、太华，以为此外无奇；爱女几、荆山，以为此外无秀。及见九华，深悔前言之失也。

禹祁山 姑苏城西，相传禹导吴江以泄具区，会诸侯于此。

洞庭山 姑苏城西太湖中，一名包山，道书第九洞天。苏子美记："有峰七十二，惟洞庭称雄。"

孔望山 海州①。孔子问官于郯子，尝登此望海。
【注释】
①海州：即今江苏省连云港市东海县。

夹谷山 在赣榆。即孔子会齐侯处。

硕项湖 在安东。秦时童谣云："城门有血，当陷没。"有老姆忧惧，每旦往视。门者知其故，以血涂门，姆见之，即走。须臾，大水至，城果陷。高齐时，湖尝涸，城址尚存。

龙穴山 六安上有张龙公祠，记云：张路斯颍上①人，仕唐为宣城令，生九子，尝语其妻曰："吾龙也。蓼人郑祥远亦龙也，据吾池。屡与之战，不胜，明日取决，令吾子射系鬣以青绢者郑也，绛绢者吾也。"子遂射中青绢者，郑怒，投合肥西山死。即今龙穴。

【注释】

①原稿"颖上"疑有误，应为"颍上"。颍上，县名，在安徽省西北部。

巢湖　合肥。世传江水暴涨，沟有巨鱼万斤[①]，三日而死，合郡食之。独一姥不食。忽遇老叟，曰："此吾子也。汝不食其肉。吾可亡报耶？东门石龟目赤，城当陷。"姥曰往窥之。有稚子戏以朱傅龟目。姥见，急登山，而城陷，周四百余里。

【注释】

①沟有巨鱼万斤：《青琐高议》作"港有巨鱼，重万斤"。

滇池　云南府城南。一名昆明池，周五百余里，产千叶莲。《史记》："滇水源广末狭，有水倒流，故曰滇。"

金马山　云南府城东，世传金马隐现于上。往西则碧鸡山，峰峦秀拔，为诸山长。俯瞰滇池，一碧万顷。汉宣帝时，方士言益州有金马碧鸡可祭祷而致，乃遣王褒入蜀。

大庾岭　南雄府城北。一名梅岭。张九龄开凿成路，行者便之。上有云封寺、白猿洞。卢多逊南迁岭上，憩一酒家，问其姓，妪曰："我中州仕族，有子为宰相卢多逊挟私窜以死。我且寓此岭，候其来。"多逊仓皇避去。

罗浮山　在博罗。高三千六百丈，周三百余里，岭十五，峰四百三十二，洞八，大小石楼三，登之可望海。又有璇房瑶宫七十二所。《南越志》：罗浮第三十一岭半是巨竹，皆七八围，节长丈二，叶似芭蕉，谓之龙葱竹。

鳄溪　在潮州府城东。一名恶溪。溪有鳄鱼，身黄色，四足，修尾，状如鼍，举止疾，口森锯齿，往往为人害。鹿行崖上。群鳄鸣吼，鹿怖坠岸，鳄即蚕食。

石钟山　在湖口。下临深潭，微风鼓浪，水石相搏，响若洪钟。苏轼尝泛舟醉此。

麻姑山　在建昌府城西。上有瀑布、龙岩、丹霞洞、碧莲池，皆奇境也。周四百余里，中多平地可耕。道书三十六洞天之一。麻姑修炼于此。

曲江池　西安府城东南。汉武帝凿，每赐宴臣僚于此，池备彩舟，惟宰相学士登焉。宋子京尝夜饮曲江，偶寒，命取半臂[①]，十余宠[②]各送一枚，子京恐有去取，不敢服，冒寒而归。

【注释】
①半臂：短袖或无袖单上衣，后也专指背心。
②宠：宠婢。

岐山　一名天柱山。《禹贡》：导汧及岐。太王邑于岐山之下，文王时凤鸣岐山，皆此。

君子津　大同。古东胜州界上。汉桓帝时，有大贾赍金至，死此，津长埋之。贾子寻父丧至，悉还其金。帝闻之曰："君子也。"遂以名津。

柳毅井　在君山[①]。唐柳毅下第归，至泾阳，道遇牧羊妇，泣曰："妾洞庭君小女，嫁泾川次郎，为婢所谮，见黜至此，敢寄尺牍。洞庭之阴有大橘树，击树三，当有应者。"毅如其言。忽见一叟引至灵虚殿，取书以进。洞庭君泣曰："老夫之罪。"顷之，有赤龙拥一红妆至，即寄书女也。宴毅碧云宫，洞庭君弟钱唐君曰："泾阳嫠妇欲托高义为姻。"毅不敢当，辞去。后再娶卢氏，即龙女也。

【注释】

①君山：古称洞庭山、湘山、有缘山，在今湖南省岳阳市西南 15 公里的洞庭湖中。

泉 石

八功德水 一清、二冷、三香、四柔、五甘、六净、七不噎、八除病。北京西山、南京灵谷，皆取此义。

斛溪① 在连州②。一日十溢十竭。

【注释】

①斛溪：即"斛水"。

②连州：即今广东省连州市。

潮泉 在安宁州①。一日三溢三竭。

【注释】

①安宁州：中国古代行政区划名。元至元十二年（1275）以阿宁部改置，治今云南省安宁市。

漏勺 在贵阳城外。一日百盈百涸，应铜壶漏刻。

中冷泉 在扬子江心。李德裕为相，有奉使者至金陵，命置中冷水一壶。其人忘却。至石头城，及汲以献李。饮之，曰："此颇似石头城下水。"其人谢过，不敢隐。

惠山泉 在无锡县锡山。旧名九龙山，有泉出石穴。陆羽品之，谓天下第二泉。

趵突泉 在济南。平地上水趵起数尺，看水者以水之高下，卜其休咎。

范公泉 在青州府。范仲淹知青州，有惠政，溪侧忽涌醴泉，遂以范公名之。今医家汲水丸药，号青州白丸子。

妒女泉 在并州。妇女不得靓妆彩服，至其地必致风雨。

阿井水 在东阿县。以黑驴皮，取其水煎成膏，即名"阿胶"。

虎跑泉 在钱塘。唐元和十四年，性空大师栖禅其中，以无水欲去。有二虎跑山出泉甘冽，乃建虎跑寺。观泉者，僧为举梵呗，泉即瀱沸而出。

六一泉 在孤山之南。宋元祐六年，东坡与会勤①上人同哭欧阳公处也。勤上人讲堂初构，阙地得泉，东坡为作泉铭。以两人皆列欧公门下，此泉方出，适哭公讣，名以六一，犹见公也。参寥泉在智果寺。东坡泉在昌县。醉翁亭侧，亦有六一泉。

【注释】

①原稿"会勤"当作"惠勤"。

夜合石 新昌东北洞山寺水口，有二石，高丈余，土人言：二石夜间常合为一。

热石　临武有热石，状如常石，而气如炽炭，置物其上立焦。

松化石　松树至五百年，一夜风雷化为石质，其树皮松节，毫忽不爽。唐道士马自然指延真观松，当化为石，一夕果化。

望夫石　武昌山有石，状如人。俗传贞妇之夫从役远征，妇携子送至此，立望其夫而死，尸化为石。

醒酒石　唐李文饶①于平泉庄，聚天下珍木怪石，有醒酒石，尤所钟爱。其属子孙曰："以平泉庄一木一石与人者，非吾子孙也。"后其孙延古守祖训，与张全义争此石，卒为所杀。

【注释】

①李文饶：即李德裕，字文饶，唐代文学家、政治家。

赤心石　武后时争献祥瑞。洛滨居民，有得石而剖之中赤者，献于后，曰："是石有赤心。"李昭德曰："此石有赤心，其余岂皆谋反也！"

十九泉　在严滩钓台下。陆羽品天下泉味，谓此泉当居第十九。

一指石　在桐庐县缀岩谷间，以指抵之则动，故名。

鱼石　涪州江心有石，上刻双鱼，每鱼三十六鳞，旁有石秤石斗，现则岁丰。

龙井　在汤阴。相传孙登尝寓此。岁旱，农夫祷于龙洞，得雨。登曰："此病龙雨也，安能苏禾稼乎？"嗅之果腥秽。龙时背生疽，变一老翁，求登治，曰："痊当有报。"不数日，大雨，见石中裂开一井，其水湛然，即龙穿此以报也。

温泉　在汝州城西者，武后尝幸此。其侧又有冷泉。

顺天府汤山下有泉，四时常温，浴之愈疾。

遵化亦有汤泉。

阜平有二泉，一温一冷。

云南安宁温泉，色如碧玉，可鉴毛发。

骊山西绣岭下有温泉。

玉泉　在玉泉山下。泉出石罅间，因凿石为螭头，泉从螭口出，鸣若杂珮，色若素练，味极甘美，潴而为池，广可三丈，流于西湖，遂为燕山八景之一。

神农井　在长子①羊头山，即神农得佳谷处。

【注释】

①**长子**：县名，位于山西省东南部。

杜康泉　舜祠东庑下，康汲此以酿酒。或以中冷水及惠山泉称之，一升重二十四铢，是泉较轻一铢。

金鸡石　建德草堂寺之北，罗隐常过此，戏题曰："金鸡不向五更啼。"石遂迸裂，有鸡飞鸣而去。

玉乳泉　丹阳刘伯刍，论此水为天下第四泉。

绿珠井　在博白双角山下，梁氏女绿珠生此。汲饮者产女必丽色。

容县①有杨妃井，因妃生此而名。

郁林②有司命井，甘淡半之，可给阖境。

【注释】

①容县：今广西玉林市容县。

②郁林：郁林州，后改名为玉林市。

龙焙泉 建宁凤凰山下。一名御泉。宋时取此水造茶入贡。

仁义石 建阳二石对立，左曰仁，右曰义。

一滴泉 在广信南岩。泉自石窦中出，四时不竭。宋朱熹诗："一窍有灵通地脉，平空无雨滴天浆。"

谷帘泉① 南康府城西。泉水如帘，布岩而下者三十余派。陆羽品其味为天下第一。

【注释】

①谷帘泉：瀑布名，在庐山主峰大汉阳峰南面康王谷中（今星子县境内）。

玉女洞 蝥屋洞有飞泉，甘且冽。苏轼过此，汲两瓶去。恐后复取为从者所绐，乃破竹作券，使寺僧藏之，以为往来之信，戏曰"调水符"。

画山石 宁州①石上有文，灿然若战马状，无异画图。故名。

【注释】

①宁州：甘肃省宁县古称。

山鸡石 宝鸡陈仓山下有石，似山鸡状，晨鸣山巅，声闻三十里。

石泉　井陉有石泉，隋妙阳公主久疾，浴此遂愈。

瀑布泉　庐州开先寺。李白诗："挂流三百丈，喷壑数十里。"

醴泉　在新喻。黄庭坚尝饮此，叹曰："惜陆鸿渐辈不及知也。"题曰"醴泉"。

卓锡泉　在大庾岭。唐僧卢能被众僧夺衣钵，追至大庾岭，渴甚。能以锡卓石，泉涌清甘，众骇而退。

愈痞泉　鹤庆府①城东南，有温泉。每三月，郡人有痞疾者浴此即愈。

【注释】

①**鹤庆府**：明洪武十五年（1382）改鹤庆路置，治今云南省鹤庆县。

景　致

泰山四观　日观，鸡一鸣，见日始欲出，长三丈所。秦观，望见长安。吴观，望见会稽。周观，望见齐西北。

燕山八景　蓟门飞雨，瑶岛春阴，太液秋风，卢沟晓月，居庸叠翠，玉泉垂虹，道陵夕照，西山晴雪。

关中八景　辋川烟雨，渭城朝云，骊城晚照，灞桥风雪，杜曲春游，咸阳晚渡，蓝水飞琼，终南叠翠。

桃源八景　桃川仙隐，白马云涛，绿萝晴昼，梅溪烟雨，浔阳古寺，楚山春晓，沅江夜月，童坊晓渡。

姑孰十咏　姑孰溪、丹阳湖、谢公宅、凌歊台、桓公井、慈母竹、望夫石、牛渚矶、灵墟山、天门山。

潇湘八景　烟寺晚钟、沧江夜雨、平沙落雁、远浦归帆、洞庭秋月、渔村夕照、山市晴岚、江天暮雪。

越州十景　秦望观海、炉峰看雪、兰亭修禊、禹穴探奇、土城习舞、镜湖泛月、怪山瞻云、吼山云石、云门竹筏、汤闸秋涛。

西湖十景　两峰插云、三潭印月、断桥残雪、南屏晚钟、苏堤春晓、曲院荷风、柳浪闻莺、雷峰夕照、平湖秋月、花港观鱼。

雁荡山　顶有一湖，春雁归时，尝宿于此。内有七十七峰，在温州乐清县。谢康乐剔隐搜奇，足迹所不能到。至宋祥符，造玉清宫，伐木至此，乃始知名。

大龙湫　雁荡山西，有谷曰大龙湫，瀑布自绝壁泻下，高五千丈，随风旋转，变态百出。更有峰曰小龙湫，从岩洞中飞流而下，高三千丈。

玉甑峰　在乐清。峰峦奇巘，岩洞棱层，莹白如玉，世称白玉洞天。

崿浦　在嵊县剡溪，近画图山。会稽三赋"嵊县溪山入画图"，即此。

海市 登州海中，有云气如楼台殿阁、城郭人民、车马往来之状，谓之海市。苏轼知登州，被召将去，以不见海市为恨，祷于海神，次日遂见。

瓯江 在温州府城北。东至盘石村，会于海洋，是曰瓯江。常有蜃气结为楼台城橹，忽为旗帜甲马锦幔。

山市 在淄州焕山。相传嘉靖二十三年，县令张其辉过之，天将明，忽见山上城堞翼然，楼阁巍焕，俄有人物往来，与海市无异。

神灯 余姚龙泉山，当春夏烟雨晦冥，见神灯一二盏，忽然化为几千万盏，燃山熠谷，数时方灭。

火井 在阿速州①。烟来火出。投以竹木则焚。
邛有火井，以外火投之，生焰，光照数里。
【注释】
①阿速州：疑为"阿迷州"。阿迷州，即云南省红河州开远市。

山灯 四川蓬州，现凡五处。初不过三四点，渐至数十，在蓬山者尤异，土人呼为圣灯。
彭山北平山亦夜见五色神灯。

商山 商州。即四皓①隐处，一名商洛山。开元时，高太素避居山中，建六逍遥馆，曰晴夏晚云、中秋午月、冬日初出、春雪未融、暑簟清风、夜阶急雨。
【注释】
①四皓：即商山四皓，指秦末隐士东园公、夏黄公、绮里季、角里四人。

［清］王原祁《辋川图卷》（局部），纸本，设色，全卷 35.6cm×545.5cm，藏于美国大都会艺术博物馆

唤鱼潭　青神[①]中岩，即诺距罗尊者道场，上有唤鱼潭，客至抚掌，鱼辄群出。

【注释】

①**青神**：即今四川省眉山市青神县。

山庄　崇仁浮石岩，三岩鼎立，中贯一溪，可容舫。宋尚书何异辟为山庄，表其胜迹五十余所，题曰"三山小隐"。理宗书"衮庵"二大字赐之，异揭于方壶室。洪迈有记。

八镜台　在赣州府城上。东望七闽，南眺五岭。苏轼赋诗八章。

辋川别业　蓝田宋之问建，后为王维庄。辋水通竹洲花坞，日与裴秀才迪浮舟赋诗，斋中惟茶铛、酒臼、经案、绳床而已。为关中八景之一。

逍遥别业　骊山鹦鹉谷，韦嗣立建。中宗尝幸此，封为逍遥公。上赋诗勒石，令从臣应制。张说序云："丘壑夔龙，衣冠巢许。"

涅川八景　雪溪春涨，龙潭飞雨，楞伽晓月，静福寒林，巾峰远眺，秀岩滴翠，圭峰暮霭，岩湖叠巘。

卷三　人物部

帝　王（附后妃、太子、公主）

天皇始称皇，伏羲始称帝，夏、商、周始称王。神农，母安登感天而生，始称天子。文王始称世子。秦始皇始尊父庄襄王为太上皇。周制称王妃为王后。秦称皇帝，遂称皇后。汉武帝始尊祖母窦为太皇太后。魏称诸王母为太妃。晋元帝始称生母为皇太妃。

当宁　《礼记》：天子当宁而立。诸公东面，诸侯西面曰朝。宁，门屏间。

皇帝　古或称皇或称帝。秦始皇自谓德过三王，功高五帝，乃更号曰皇帝。命曰制，令曰诏，自称曰朕。（古者称朕，上下共之。咎繇与帝言称朕；屈原曰"朕皇考"。至秦独以为尊。）

［南宋］方椿年《神农伏羲像》，121.2 cm×78.1 cm，藏于美国华盛顿弗利尔美术馆

山呼[①]　汉武帝登嵩山，帝与左右吏卒咸闻呼万岁者三。后人袭之，遂名"山呼"。

【注释】

①山呼：也作"嵩呼""三呼"，封建社会臣子祝颂皇帝的一种礼节。

大宝　圣人之大宝曰位。何以守位，曰仁。

神器[①]　天下者，神明之器也。《王命论》曰：神器有命，不可以智力求。

【注释】

①神器：帝位。

龙飞　新主登极曰龙飞，取《易经》"飞龙在天，利见大人"。盖乾九五为君位，故云。《华林集》："位以龙飞，文以虎变。"

虎拜　群臣觐君曰虎拜。《诗经》："虎拜稽首，天子万寿。"谓召穆公虎既拜，受王命之辞，而祝天子以万寿也。

如丝如纶[①]　《礼记》："王言如丝，其出如纶。"注：纶，绶也。言王言始出之，小如丝；群臣举之，若绶之大。故皇帝之言谓之纶音。皇后之命又曰懿旨，懿，美也。

【注释】

①如丝如纶：比喻君王的言语，易出难收。

元首　《书经》："元首明哉，股肱良哉。"言君乃臣之元首，臣乃君之股肱，君明则臣自良。

麟趾龙种[①]　《诗经》："麟之趾，振振公子。"唐诗："元师归龙种。”俱誉宗藩也。

【注释】

①麟趾龙种：比喻子孙贤能。

玉牒　帝胄之谱名玉牒。韩文："明德镂白玉之牒。"又宗人府曰玉牒所。

邦贞国贰　《礼记》："一人元良，万邦之贞。"太子之谓也。高允曰："太子，国之储贰。"

日重光　崔豹《古今注》：汉明帝为太子时，乐人歌《诗》四章以赞美之，其一日重光，其二月重轮，其三星重辉，其四海重润。

逍遥晚岁　《唐书》：高祖谓裴寂曰："公为宗臣，我为太上皇，逍遥晚岁，不亦善乎？"

女中尧舜　高琼赞宋宣仁太后①曰："笃生圣后，女中尧舜。"

【注释】

①宣仁太后：即北宋高太后（1032—1093），英宗皇后，神宗时尊为皇太后。元丰八年（1085）哲宗年幼即位，尊高太后为太皇太后。高太后垂帘听政期间，起用司马光等为相，废除王安石新政，放逐变法派。由于高太后廉洁自奉，处事公正，所以当时朝政比较清明，她也因此被称为女中尧舜。

仪宾①　汉制：皇女皆封县公主，诸王女皆封乡亭公主，承王女、宗女者封仪宾、封郡马②。

【注释】

①仪宾：到明清时期则称亲王、郡王的女婿，谓其明习礼仪，可成为国王的上宾。

②原稿"郡马"当作"郡县"。

官家① 李侍读仲容侍真宗饮，命饮巨觥。仲容曰："告官家免巨觥。"上问："卿之称朕何谓官家？"对曰："五帝官天下，三王家天下，兼三五之德，故称官家。"

【注释】

①**官家**：古代对皇帝的称呼。

县官 《霍光传》称天子为县官。

华祝① 尧观于华，华封人曰："嘻！请祝圣人多富、多寿、多男子。"

【注释】

①**华祝**：即"华封三祝"，意思是华州人对上古贤者唐尧的三个美好祝愿，典出《庄子·天地》。

陛下 陛，阶也。天子必有近臣，执兵器陈于陛侧，以戒不虞。谓之陛下者，群臣与天子言，不敢指斥天子，故呼在陛下者而告之，因卑达尊之义也。上书亦如之。

乘篆握符 《东都赋》曰："圣王握乾符，阐坤珍，披皇图，稽帝文。"乾符，赤伏符篆也。坤珍，洛书也。皇图，图谶也。帝文，天文也。

行在 蔡邕《独断》谓天子以天下为家，车舆所至之处，皆曰行在。谓行幸之所在也。

天潢 《曹固表》："王孙公子，疏派天潢，宜亲宗室，强干弱枝。"

警跸 唐太宗即位，数骑射，孙伏伽谏曰："天子禁卫九重，出也警，入也跸。"警，戒肃也。跸，清道也。

璇宫椒房 帝少昊母星娥处于璇宫，以椒涂壁，取其温和，以辟恶气。一曰取椒实繁衍之义。

黄帝立四妃，夏增三三，为九嫔；殷增三九，为二十七世妇；周增九九，为八十一御妻。魏明帝置淑妃，宋武帝置贵妃，隋炀帝置德妃，唐置贤妃，汉武帝置婕妤，汉元帝置昭仪，汉光武置贵人，晋武帝置才人。

前星 《晋书·天文志》："心三星，天王正位也。中星曰明堂，天子位。前星为太子，后星为庶子。"

少海 《山海经》："元皋之上，南望幼海。"注：幼海，即少海也。天子比大海，太子比少海。

青宫 东明山有宫，青石为墙，门有银榜，以青石碧缕[1]，题曰"天地长男之宫"。故太子名青宫，又曰东宫。

【注释】

[1]原稿"缕"当作"镂"。

公主 天子嫁女，不亲主婚，命同姓诸侯主之，故称公主。若诸侯，则自主之，故称翁主。娶公主者，曰尚。娶翁主者，曰承。

周始称公主，汉始称姊妹长公主，武帝始称姑太长公主，唐宪宗始称王女县主，睿宗始封女代国。秦以后始称尚主，舅姑下于妇。王珪始制坐受妇礼。魏始拜尚主者驸马。驸马都尉本汉武帝置，掌御马。

女官 周始制女史，佐内治。汉制女官十四等，数百人。唐设六局、二十四司，官九十人，女史五十余人。

宗室 周公始置中士奠世系。唐玄宗始诏李衢、林宝撰玉牒百十卷。宋真宗始崇皇属籍。

周始建宗盟，选宗中之长为正。唐宗室始期亲加皇属，外任不著姓。宋神宗始换授，始外官加姓，始诏宗室应举。

五行迭王 太昊配木，以木德王天下，色尚青。炎帝配火，以火德王天下，色尚赤。黄帝配土，以土德王天下，色尚黄。少昊配金，以金德王天下，色尚白。颛顼配水，以水德王天下，色尚黑。

建元 古者只有纪年，未有年号。汉武帝建元元年，后王年号盖始于此。帝王改元亦未曾有。秦惠文十四年更为元年，是为改元之始。黄帝始制国号加有字，汉加大字。汉文帝始制年号用一字，武帝始用二字。

国祚 五帝：伏羲一百一十五年。神农一百四十年，传七世，共三百七十五年。黄帝一百年。少昊（鳷）八十四年。颛顼七十八年，帝喾七十年。帝挚九年。帝尧七十二年。帝舜六十一年。

三王：夏禹十七世，共四百五十八年。商汤二十八世，共六百四十四年。周三十七世，共八百七十三年。

秦三世，共三十九年。

西汉十一世，共二百三十一年。东汉十四世，共一百九十六年。蜀汉二世，共四十四年。

晋四世，共五十二年。东晋十一世，共一百五年。前五代共一百六十九年。

唐二十世，共二百九十年。后五代共五十六年。

北宋九世，共一百六十八年。南宋九世，共一百五十五年。

元十世，共八十九年。

皇明国祚　洪武三十一年，建文四年，永乐二十二年，洪熙一年，宣德十年，正统十四年，景泰八年，天顺八年，成化二十三年，弘治十八年，正德十六年，嘉靖四十五年，隆庆六年，万历四十八年，天启七年，崇祯十七年，共二百八十二年。历朝御讳太祖（元璋），惠宗（允炆），成祖（棣），仁宗（高炽），宣宗（瞻基），英宗（祁镇），景帝（祁钰），宪宗（见济），孝宗（佑樘），武宗（厚照），世宗（厚熜），穆宗（载垕），神宗（翊钧），光宗（常洛），愍宗（由校），思宗（由检）①。

【注释】

①原稿"二百八十二年""景帝""祁钰""见济""佑樘""厚熜""载垕""愍宗"，当作"二百七十七年""代宗""祁钰""见深""祐樘""厚熜""载垕""熹宗"。万历、天启之间脱漏"泰昌八至十二月"七字。

前五代　南朝宋刘裕八世，历六十年。齐萧道成七世，历二十三年。梁萧衍四世，历五十七年。后梁萧詧（昭明太子之子）三世，历三十三年。隋杨坚四世，历三十九年。北朝元魏拓跋珪十二世，历一百四十九年。西魏拓跋修四世，历二十四年。东魏拓跋善见一世，历十七年。北齐高洋（魏丞相高欢之子）五世，历二十九年。后周宇文觉（魏冢宰宇文泰之子）五世，历二十六年。

后五代　梁朱温二世，历十七年。后唐李存勖（本姓朱邪氏，沙陀人，先世事唐，赐姓李）四世，历十四年。后晋石敬瑭二世，历十一年。后汉刘暠初名知远，三世，历四年。北汉刘崇，高祖之弟四世，历三十年①。后周郭威，邢州人，传内侄柴荣，三世，历十年。

【注释】

①原稿"梁""石敬塘""刘崇"，当作"后梁""石敬瑭""刘旻"。

五胡乱华　汉刘渊，匈奴人也。后赵石勒，武乡羯人也。后秦姚弋仲，赤亭羌人也。前秦符洪①，氐人也。后燕慕容垂，鲜卑人也。总曰"五胡乱华"。

蜀汉之继东汉，非特名义而已，实炎祚之正统也。按《异苑》记：蜀有火井，汉室之盛则赫炽。桓灵之际火势渐微，孔明窥而复盛。至景曜元年，人以烛投之而灭，其年蜀并于魏，是亦一征也。

【注释】

①原稿"符洪"当作"苻洪"。

年号　西汉武帝（建元、元光、元朔、元狩、元鼎、大初、征和、后元）昭帝（始元、元凤、元平）宣帝（本始、地节、元康、神爵、五凤、甘露、黄龙）元帝（初元、永先、建昭、竟宁）成帝（建始、河平、阳朔、鸿嘉、永始、元延、绥和）哀帝（建平、元寿）平帝（元始）孺子婴（居摄、初始）东汉光武（建武、中元）明帝（永平）章帝（建初、元和、章和）和帝（永元、元兴）殇帝（延平）安帝（永初、元初、永宁、建元、延光）顺帝（永建、阳嘉、永和、汉安、建康）冲帝（永嘉）质帝（本初）桓帝（建和、和平、元嘉、永兴、永寿、延熹、永康）灵帝（建宁、熹平、光和、中平）献帝（初平、兴平、建安）后汉昭烈帝（章武）后帝（建兴、延熙、景曜、炎兴）①

西晋武帝（泰始、咸宁、泰康）惠帝（永熙、元康、永康、永宁、太安、永兴、光熙）怀帝（永嘉）愍帝（建兴）东晋元帝（建武、大兴、永昌）明帝（太宁）成帝（咸和、咸康）康帝（建元）穆帝（永和、升平）哀帝（隆和、兴宁）帝奕（太和）简文帝（咸安）孝武帝（宁康、太元）安帝（隆安、元兴、义熙）恭帝（元熙）②

【注释】

①原稿中"大初"当作"太初","元鼎""大初"之间漏列"元封","大初""征和"之间漏列"天汉""太始";"永先"当作"永光";"建平""元寿"之间漏列"太初元将";"初平"前漏列"永汉";"建安"后漏列"延康"。原稿中"建元""熹平"有误，应为"建光""喜平"。

②本段原为独立条目，今列为一条。原稿中"泰康"当作"太康"，后漏列"太熙";"永熙""元康"之间漏列"永平";"太安""永兴"之间漏列"永安""建武"。原稿"兴康"有误，应为"兴宁"。

南北朝　宋武帝（永初）少帝（景平）文帝（元嘉）孝武帝（孝建、大明）废帝（景和）明帝（泰始、泰豫）苍梧王（元徽）顺帝（昇明）齐高帝（建元）武帝（永明）明帝（建武）东昏侯（中兴）梁武帝（天监、普通、大通、中大通、大同、中大同、太清）简文帝（大宝）元帝（承圣）敬帝（绍泰、太平）陈武帝（永定）文帝（天嘉、天康）临海王（光大）宣帝（大建）后主（至德、祯明）①

【注释】

①原稿中"元嘉"后漏列"太初"，"景和"前漏列"永光";"苍梧王"宜作"后废帝";"武帝（永明）""明帝（建武）"之间漏列"郁林王隆昌""恭王（海陵王）延兴";"建武"后漏列"永泰";"东昏侯（中兴）"当作"东昏侯（永元）和帝（中兴）";"大宝"后漏列"豫章王天正";"承圣"后漏列"贞阳侯天成"。"临海王"当为"废帝"。"大建"当作"太建"。另，原稿中缺少北朝部分：北魏、东魏、西魏、北齐、北周共一百九十六年（386—581）。

隋代①　隋文帝（开皇、仁寿）炀帝（大业）恭帝（义宁）
【注释】
①本条原稿列入"南北朝"，今单列一条，加标题"隋代"。

唐代①　唐高祖（武德）太宗（贞观）高宗（永徽、显庆、龙朔、麟德、乾封、总章、咸亨、上元、仪凤、调露、永隆、开曜、永淳、弘道）**中宗**（嗣圣、神龙、景隆）**睿宗**（景云、太极）**玄宗**（开元、天宝）**肃宗**（至德、乾元、上元、宝应）**代宗**（广德、永泰、大历）**德宗**（建中、兴元）**顺宗**（永贞）**宪宗**（元和）**穆宗**（长庆）**敬宗**（宝历）**文宗**（太和、开成）**武宗**（会昌）**宣宗**（太中）**懿宗**（咸通）**僖宗**（乾符、广明、中和、光启、文德）**昭宗**（龙纪、大顺、景福、乾宁、光化、天复、天祐）**昭宣帝**（天祐）②

【注释】

①原稿无标题，今加。

②原稿中"景云"前漏列"文明"，"太极"后漏列"延和"，"开元"前漏列"先天"；"兴元"后漏列"贞元"。"景隆"当作"景龙"，景龙四年，殇帝（少帝李重茂）年号为"唐隆"；"太中"当作"大中"；"昭宣帝"当作"哀帝"。"宝应"原稿误作肃宗年号，应为代宗李豫年号（在"广德"前）。另，唐代有武周十五年（690—704），年号为：天授、如意、长寿、延载、证圣、天册万岁、万岁登封、万岁通天、神功、圣历、久视、大足、长安。

后五代 **梁太祖**（开平、乾化）**均王**（贞明、龙德）**唐庄宗**（同光）**明宗**（天成、长兴）**闵帝**（应顺）**潞王**（清泰）**晋高祖**（天福）**齐王**（开运）**汉高祖**（乾祐）**隐帝**（乾祐）**周太祖**（广顺）**世宗**（显德）**恭帝**（显德）①

【注释】

①原稿"乾化"后漏列"郢王凤历"，"贞明"前漏列"乾化"，"开运"前漏列"天福"，"乾祐"前漏列"天福"，"广顺"后漏列"显德"。原稿"天成"当作"天成"。"潞王"应为"末帝"。

宋太祖① **宋太祖**（乾德、开宝）**太宗**（太平兴国、雍熙、端拱、淳化、至道）**真宗**（咸平、景德、大中祥符、天禧、乾兴）**仁宗**（天圣、明道、景祐、宝元、康定、庆历）**英宗**（治平）**神宗**（熙宁）**哲宗**（元祐、绍圣、元符）**徽宗**（建中靖国、崇宁、大观、政和、重和、宣和）**钦宗**（靖康）

南宋高宗（建炎、绍兴）孝宗（隆兴、乾道、淳熙）光宗（绍熙）宁宗（庆元、嘉泰、开熙、嘉定）理宗（宝庆、绍定、端平、嘉熙、淳祐、开庆、景定）度宗（咸淳）恭宗（德祐）端宗（景炎）帝昺（祥兴）②

【注释】

①据文意，本条标题宜作"宋代"。

②原稿中"乾德"前漏列"建隆"，"庆历"后漏列"皇祐""至和""嘉祐"，"熙宁"后漏列"元丰"，"淳祐"后漏列"宝祐"。原稿"开熙"当作"开禧"。

元世祖①　元世祖（至元）成宗（元贞、大德）武宗（至大）仁宗（皇庆、延祐）英宗（至治）泰定帝（泰定、致和）明宗（天历）文宗（天历、至顺）顺帝（元统、至元、至正）②

【注释】

①据文意，本条标题宜作"元代"。

②原稿"至元"前漏列"中统"，"泰定帝（泰定、致和）"后漏列"天顺帝（天顺）"，"元统"前漏列"至顺"。

陵寝　盘古（青县）女娲（阌乡）伏羲（陈州）神农（曲阜）黄帝（中都）少昊（曲阜）颛顼（高阳）帝喾（滑县）高阳氏（东昌）华胥氏（蓝田）帝尧（东平）帝舜（永州）大禹（会稽）夏太康（太康）成汤（偃师）太甲（济南）殷中宗（内黄）商高宗（西华）周文武成康（咸阳）威烈王（河南）昭王（少室）秦始皇（骊山）汉高祖（长陵咸阳）文帝（西安）武帝（兴平）景帝（咸阳）宣帝（长安）光武（原陵孟津）明帝（洛阳）昭烈（成都）隋文（武功）晋元帝（江宁）晋十一帝陵（上元）吴大帝（钟山）吴景帝（太平）齐高武明（丹阳）梁武简文（丹阳）陈文帝（武功）陈高祖（高要）隋炀帝（扬州）唐高祖（三原）太宗（九嵕山）宪宗（满城）宣宗（景阳）中宗（偃师）西魏武帝（富平）石勒（顺德）宋太祖（昌陵）太宗（熙陵）真宗（定陵）仁宗（昭陵，俱巩县）南宋高、孝、光、宁、理、度（会稽）宋三陵（钦陵、庆陵、安陵，保定）宋端宗（厓山）徽宗（五国城）辽太祖（宁远卫）明洪武皇帝（孝陵，江宁）永乐（长陵）洪熙（献陵）宣德（景陵）正统（裕陵）成化（茂陵）弘治（泰陵）正德（康陵）嘉靖（永陵）隆庆（昭陵）万历（庆陵）泰昌（定陵）天启（德陵）崇祯（思陵，俱顺天天寿山）建文君（自滇还，迎入南内，号老佛，卒莽西山。碑曰"天下大师之墓"）

仪 制

黄屋左纛 黄屋①，黄盖也。左纛，以牦牛尾为旗纛，列之左也。

【注释】

①黄屋：古代帝王专用的黄缯车盖。

羽葆 聚五采羽为幢，建于车上，天子之仪卫也。

九旗① 画日月曰常，画蛟龙曰旂。通帛曰旃，杂帛曰物。画熊虎曰旗，画鸟隼曰旟，画龟龙曰旐。金羽曰旞，析羽曰旌。

【注释】

①九旗：指以不同徽号表示不同等级和用途的九种旗帜。

卤簿 车驾出行，羽仪导护，谓之卤簿。卤，大盾也，所以捍蔽，部位之次，皆著之于簿①。五兵盾在外，余兵在内。以大盾领一部之人，故名卤簿。

【注释】

①原稿"大盾""捍蔽""部位"，唐封演《封氏闻见记》卷五作"大楯""捍敌""部伍"。

服指卫至尊 武祖问髦头①之义，彭权对曰："《秦纪》云：国有奇怪，触山截水，无不崩溃，惟畏髦头。故使武士服之，卫至尊也。"

【注释】

①髦头：亦作"旄头"，说法有二：一指帝王仪仗中前驱者之冠服，二指古代帝王大驾出宫时披散头发走在前面的武士。

传国玺　秦始皇以卞和玉制传国玺，命李斯篆文。其文曰："受命于天，既寿永昌。"相传卞和玉制为三印，一传国玺，一天师印，一茅山道士印。

十二章　日、月、星、辰、山龙、华虫六者绘之于衣，宗彝①、藻、火、粉米、黼、黻绣之于裳，所谓十二章也。华虫，雉也。宗彝，虎蜼②。藻，水草。黼，若斧形，取其断也。黻，为两已相背，取其辨也。

【注释】

①宗彝：宗庙祭祀所用酒器。

②蜼（wèi）：一种长尾猿。

皇后六服　祎衣（祎音挥。色玄，刻绘为翚。从王祭先王之服。翚亦音辉。）揄狄（揄音遥。色青，刻绘为揄。从王祭先公之服。）阙狄（色赤。刻绘为之。从王祭群小祀之服。）鞠衣（色黄。告桑之服。）展衣（色白。以礼见王及宾客之服。）褖衣（色黑。进御见王之服。）

九门①　天子一关门，二远郊门，三近郊门，四城门，五皋门，六库门，七雉门，八应门，九路门。

【注释】

①九门：古制天子所居有九门，后泛指皇宫。

清中晚期黄缎绣金万地金龙彩绣"十二章"龙袍料，袍料全长 298cm，宽 151cm，藏于沈阳故宫博物院

丹墀 《西京赋》曰："右平左墄，青琐丹墀。"注：天子赤墀列为九级，中分左右，有齿介之，右则平之，令辇得上阶也。

尺一 天子诏曰尺一。汉制：简一尺一寸。中行说[①]教匈奴以尺二简报汉。

【注释】

①**中行说**：汉燕人，文帝时宦官。中行，复姓。

金根车① 天子所乘之车曰金根，驾六马。有五色安车，有五色立车，各一，皆驾四马，是为五时副车。

【注释】

①**金根车**：宋代称"桑根车"，因桑色如金。

鹤禁 太子所居之宫，白鹤守之，凡人不得辄入，故曰鹤禁。

九府圜法 圜法，即钱法也。天子九府，曰泉府、大府、王府、内府、外府、天府、职内、职金、职币，皆掌钱帛之府也。

五库 天子五库，曰车库、兵库、祭器库、乐器库、宴器库。

黼扆 天子坐则黼扆列在后，如背负之也。黼扆，形如屏风，画斧而无柄，设而不用，取金斧断割之义。

象魏 宫门双阙悬法象，其状巍然高大，曰象魏。

列土分茅 天子大社，以五色土为坛，封诸侯，各以其色与之，帱以黄土（黄取王者覆被四方之义），苴以白茅（白茅取其洁也），归而立社，谓之列土分茅。

枫宸① 汉宫殿前多植枫树，故曰枫宸。一名紫宸。

【注释】

①**枫宸**：后泛指帝王的殿庭。

罘罳（音环思）[1] 注：罘罳，伏思也。君退至内廷，思维机务，故曰罘罳。

【注释】

①罘罳：宫阙之疏屏。**音环思**：原稿不准确，宜作"音浮思"。

金马 汉武帝得大宛马，以铜铸其像，立于署门，名金马门。《扬雄传》："历金马，上玉堂[1]。"金[2]，翰林官称玉堂金马。

【注释】

①玉堂：玉堂殿，后世称翰林院为"金马玉堂"。

②此处依上下文，宜加"马"字。

黄牛白腹 公孙述[1]废铜钱置铁钱。蜀中童谣曰："黄牛白腹，五铢当复。"言王莽称黄，述自号白。五铢，汉钱也。言天下当复还刘氏。

【注释】

①公孙述（? —36）：字子阳，扶风茂陵（今陕西兴平县）人，两汉间政治人物。王莽时自立为蜀王，占据蜀郡。建武十二年（36）与光武帝部将吴汉交战，战败被杀。

两观 古者帝王每门树两观于其前，所以标表宫门也。其上可居，登之可以观远，故谓之观。

琼林、大盈 唐德宗起琼林、大盈等库，以储私钱。陆贽谏，不听。后朱泚之乱，罄于兵火。

泽宫 天子习射之地。泽，取择贤之义也。

水晶宫　大秦国中有五宫殿，皆以水晶为柱，故名水晶宫。

桥门　汉明帝幸辟雍[1]，冠带缙绅之人，环桥门而观者，以亿万计。

【注释】

①辟雍：亦作"璧雍"等，取四周有水，形如璧环为名，本为西周天子为教育贵族子弟设立的大学。

虎闱　晋武帝临辟雍，立国子监[1]以育士庶，名之曰虎闱，又名虎观。

【注释】

①国子监：元、明、清三代国家设立的最高学府和教育行政管理机构，又称"太学""国学"。

石渠　汉施雠，甘露中拜博士，与五经诸儒，论异同于石渠阁[1]。

【注释】

①石渠阁：汉代藏书阁名。

凤诏[1]　后赵石季龙，置戏马观，观上安诏书，用五色纸，衔于木凤口而颁行之。凤五色漆画，咮脚皆用金。

【注释】

①凤诏：天子诏书。

紫泥　阶州[1]武都紫水有泥，其色紫而粘，贡之，用封玺书，故诏诰曰紫泥封。

【注释】

①阶州：唐景福元年（892）将武州更名为阶州（州治仍旧城山），在今

甘肃武都一带。

黄麻　敕书旧用白纸，唐高宗以白纸多蠹，改用黄麻。拜除将相，其制书皆用黄麻。黄麻者，以黄蘖染纸，取其辟蠹也。

内官[1]　成周始为寺人。秦始皇初立中车府置令[2]。魏文帝置殿中制监。隋置内侍省，始以监为太监，加少监、监正。秦六局，置尚衣、尚冠等官。

【注释】

①内官：即宦官。

②原稿"中车府置令"当作"中车府令"，秦官名。

仪仗　神农始为仪仗，秦汉始为导护，五代始为宫中导从。黄帝制铖，秦始皇改为镊（即斧）。晋武帝制干枪，元帝加仪刀、仪镊、斑剑。

黄帝制麾、制曲盖。吕尚制华盖。黄帝始警跸。周制鸣鞭。黄帝制旗，天子出，大牙建于前。周制：树旗表门。陶毂始备岳渎、日星、龙象、大神诸旗。

尧始制车驾，周改鸾驾。

晋文公制左右虞候掖驾。汉武帝伙飞驾前。周公始制属车悬豹尾。唐始加豹尾于卤簿。

周公置记里鼓车。隋文帝制行漏车。秦始皇兼车服始饰器为金根车，上施华盖相风鸟，制辟恶车前导，更定大驾、法驾。周制：步辇以人组挽。秦始皇去其轮为舆，以人荷。汉制后宫羊车以人牵。宋制檐子以竿牵。汉制皇屋。宋制棕榈屋，即逍遥车。

汉武帝制十二障扇。唐玄宗制上殿索扇，阁则先奏，以宦官升陛执扇。

戒不虞[①] 《汉官仪》：属车八十一乘，作三行。《尚书》："御史乘之。"最后一乘悬豹尾于竿，豹尾过后，执金吾方罢屯解围，所以戒不虞也。

【注释】

①**戒不虞**：语出《易经》，指预防发生意外的事。

名　臣

六佐[①] 伏羲六佐：金提主化俗，鸟鸣主建福，视嘿主灾恶，纪通主中职，仲起主陵陆，阳侯主江海[②]。

【注释】

①**六佐**：六个辅佐伏羲的人。

②原稿"鸟鸣""视嘿""陵陆"，《圣贤群辅录》作"鸟明""视默""海陆"。

六相 轩辕[①]六相：风后、力牧、太山稽、常先、大鸿。得六相而天下治。

【注释】

①**轩辕**：黄帝。

八元（元善也） 高辛氏有才子八人：伯奋、仲堪、叔献、季仲、伯虎、仲熊、叔豹、季狸，天下之民谓之八元。

八恺（恺和也） 高阳氏有才子八人：苍舒、隤敱（音皑）、梼戬（音稠演）、大临、龙降、庭坚、仲容、叔达，天下谓之八恺。

四凶[①] 帝鸿氏有不才子曰浑沌（即驩兜），少昊氏有不才子曰穷奇（即共工），颛顼氏有不才子曰梼杌（即鲧），缙云氏有不才子曰饕饕（即三苗），谓之四凶。

【注释】

①四凶：指被舜流放的四个部落的首领。

五臣　舜有臣五人，禹、稷、契、皋陶、伯益。

九官　舜命九官，禹、契、稷、伯益、皋陶、夔、龙、垂、伯夷。

十乱[①]　武王有乱臣十人，太公望、周公旦、召公奭、毕公高、闳夭、散宜生、南公适[②]、荣公、太颠、邑姜。

【注释】

①十乱：指周武王时期十位具有治国平乱才能的大臣，后泛指辅佐皇帝的十个有才能的人。乱，治理。

②原稿"南公适"当作"南宫适"。

八士　周有八士，伯达、伯适、仲突、仲忽、叔夜、叔夏、季随、季骄。

四皓　东园公（姓辕名秉字宣明）、绮里季（姓朱名晖字文季）、夏黄公（姓崔名廓字少通）、甪里先生（姓周名述字元道），隐于商山，谓之商山四皓。

淮阳一老　汉应曜隐于淮阳，与四皓并征，曜独不至。时人语曰："商山四皓，不如淮阳一老。"

三良　秦子车氏三子，奄息、仲行、铖虎。秦穆公死，命以为殉，国人为赋《黄鸟》之诗以哀之。

十八元功　汉高祖封功臣十八人，萧何为首，曹参次之，其下张敖、周勃、樊哙、郦商、奚涓、夏侯婴、灌婴、傅宽、靳歙、王陵、陈武、王吸、苏欧、周昌、于护、蛊达[①]。

【注释】

①原稿"苏欧""于护"，《汉书·功臣表》当作"薛欧""丁复"。

麒麟阁十一人　汉宣帝以夷狄宾服，思股肱之美，乃图画其人于麒麟阁，共十一人，唯霍光不名，曰大司马、大将军博陆侯姓霍氏。其次张安世、韩增、赵充国、魏相、丙吉、杜延年、刘德、梁丘贺、萧望之、苏武。

云台二十八将　汉光武思中兴功臣，乃画二十八将于南宫云台，其位次以邓禹为首，次马成、吴汉、王梁、贾复、陈俊、耿弇、杜茂、寇恂、傅俊、岑彭、坚镡、冯异、王霸、朱祐、任光、祭遵、李忠、景丹、万修、盖延、邳彤、铫期、刘植、耿纯、臧宫、马武、刘隆，后又益以王常、李通、窦融、卓茂，共三十二人。马援以椒房不与。

十八学士　唐高祖以秦王世民功高，令开府置属，秦王乃开馆于宫西，延四方文学之士杜如晦、房玄龄、虞世南、褚亮、姚思廉、李玄道、蔡允恭、薛元敬、颜相时、苏勖、于志宁、苏世长、薛收、李守素、陆德明、孔颖达、盖文达、许敬宗，使库直阎立本图像，预其选者，时人谓之登瀛洲。

凌烟阁二十四人　唐太宗图其功臣于凌烟阁，长孙无忌、赵郡王孝恭、杜如晦、魏徵、房玄龄、高士廉、尉迟敬德、李靖、萧瑀、段志玄、刘弘基、屈突通、殷开山、柴绍、长孙顺德、张亮、侯君集、张公谨、程知节、虞世南、刘政会、唐俭、李世勣、秦叔宝，共二十四人。

三君（君者言一世之所宗也） 窦武、陈蕃、刘淑，为三君。

八俊（俊者言一世之英也） 李膺、荀昱、杜密、王畅、刘祐、魏朗、赵典、朱富[1]，为八俊。

【注释】

①原稿"朱富"以及"八及"条中"崔超""范未"、"八厨"条中"参周""王表"，《后汉书·党锢列传》中作"朱寓""翟超""范康""秦周""王考"。

八顾（顾者能以德行引人者也） 郭泰、范滂、尹勋、巴肃、宗慈、夏馥、蔡衍、羊陟，为八顾。

八及（及者言使人之所追从者也） 张俭、崔超、岑晊、范未、刘表、陈翔、孔昱、檀敷，为八及。

八厨（厨者能以财救人者也） 度尚、张邈、刘儒、胡毋班[1]、参周、蕃飨、王章、王表，为八厨。

【注释】

①原稿"胡毌班"当作"胡母班"。

八友 齐王之子开西邸延宾客，范云、萧琛、任昉、王融、萧衍、谢耽[1]、沈约、陆倕，并以文学见称，故曰八友。

【注释】

①原稿"谢耽"当作"谢朓"。

浔阳三隐 周续之入庐山，事远公；刘遗民遁迹匡山；陶渊明不应诏命。人称"浔阳三隐"。

竹林七贤　嵇康、阮籍、山涛、向秀、刘伶、王戎、阮咸为竹林七贤，日以酣饮为事。颜延之作《五君咏》，独述阮步兵、嵇中散、刘参军、阮始平、向尚侍，而山涛、王戎以贵显被黜。

竹溪六逸　李白少有逸才，与鲁中诸生孔巢父、韩准、裴政、张叔明、陶沔，隐于徂徕山，终日沉饮，号竹溪六逸。

虎溪三笑　惠远禅师隐庐山，送客至虎溪即止。一日，送陶渊明、陆静修①，与语道合，不觉过虎溪，因大笑。世传《三笑图》。

【注释】
①原稿"陆静修"当作"陆修静"。

何氏三高　梁何胤二兄求、点，并栖遁世，谓何氏三高。或乘柴车，或蹑草履，恣心所适，致醉而归。时人谓之通隐。

饮中八仙　李白、贺知章、李适之、汝阳王琎、崔宗之、苏晋、张旭、焦遂。杜甫有《饮中八仙歌》。

荀氏八龙　荀淑，颍川人，有八子，俭、绲（音魂）、靖、焘、汪、爽、肃、敷。县令范康曰：昔高阳氏有才子八人，遂署其里为高阳里。时人号荀氏八龙。

河东三凤　薛元敬与收及族兄德音齐名，世称河东三凤。收为长雏、德音为鸀鹭，元敬年少为鹓雏。

马氏五常　马良字季常，兄弟五人，并有才名。时人语曰："马

傅抱石《竹林七贤图》轴，纸本，设色，37.3cm×40.6cm，藏于故宫博物院

氏五常，白眉最良。"

香山九老 白乐天、胡杲、吉旼、郑据、刘真台、卢慎、张浑，年俱七十以上。狄兼谟、尹卢贞①未及七十，白香山重其品，亦拉入会，日饮于龙门寺。时人称"香山九老"。

【注释】

①狄兼谟：字汝谐，唐河东太原（今山西太原）人，生年不详，卒于会昌年间（841—846），是武则天时名臣狄仁杰的族曾孙。原稿"尹卢贞"当作"尹思贞"，尹思贞（640—716），长安（今属陕西省）人，唐代官至工部尚书，以执法公正无私、清廉而著称。

［明］钱穀《兰亭修禊图》卷，24.1 cm × 435.6 cm，藏于美国大都会艺术博物馆

洛社耆英　文潞公慕香山九老，乃集洛中年德高者为耆英会，就资圣院建大厦，曰耆英堂，命闽人郑奂画像其中，共十二人，文彦博、富弼、席汝言、王尚恭、赵丙、刘况、冯行已、楚建中、王谨言、张问、张焘、王拱辰。独司马光年未七十，潞公用香山狄兼谟故事，请温公入社。

白莲社 远公与十八贤同修净土，以书招渊明。答曰："弟子嗜酒，许饮即赴矣。"远公许之，遂造焉。勉令入社，渊明攒眉而去。谢灵运求入莲社，远公以灵运心杂，却之。

建安七才子 徐幹、陈琳、阮瑀、应场、刘桢、孔融、王粲，皆好文章，号建安七才子。

兰亭禊社 王右军兰亭修禊，与孙绰、许询辈四十二人，大会于此。是日不成诗，王大令辈一十六人，各罚酒三觥，如金谷酒数。

西园雅集十六人 苏东坡、王晋卿、蔡天启、李端叔、苏子由、黄鲁直、晁无咎、张文潜、郑靖老、秦少游、陈碧虚、王仲至、圆通大师、刘巨潜[①]，李伯时画《西园雅集图》，而米元章书记其上。

【注释】

①原稿"刘巨潜"当作"刘巨济"。

四杰 唐王勃、杨炯、卢照邻、骆宾王，皆以文章齐名天下，号为四杰。

铠脚刺史 唐大鼎守沧州，郑德本守瀛州，贾敦颐守冀州，皆有治名，故河北称为铠脚刺史。

易水三侠 燕丹送荆轲易水之上，高渐离击筑而歌，宋如意和之。《国策》《史记》俱无如意名。陶靖节《咏荆轲》诗，有"渐离击悲筑，宋意唱高声"，与《水经注》俱有之。

五马[①] 南齐柳元伯之子五人，皆领五州，五马参差于庭。殷文圭启云："荀家门内罗列八龙，柳氏庭前参差五马。"

【注释】

①五马：代指太守。

窦氏五龙 宋窦仪字可象，蓟州渔阳人。父禹钧在周为谏议大夫，五子曰仪、俨、侃、偁、僖，相继登科。时人谓之窦氏五龙。又曰燕山五桂。

汉三杰 张良、韩信、萧何。

程门四先生 谢良佐、游酢、吕大临、杨时。

四贤一不肖 范仲淹、余靖、尹洙、欧阳修，谓之四贤。高若讷谓之一不肖。

睢阳五老 宋冯平与杜衍、王焕章①、毕世长、朱贯，咸以耆德挂冠，优游桑梓间。暇日宴集，赋诗云："醉游春圃烟霞暖，吟听秋潭水石寒。"时人谓之"睢阳五老"。

【注释】

①原稿"王焕章"应作"王涣"。

昭勋阁二十四人 宋理宗宝庆二年，图功臣神像于昭勋阁，赵普、曹彬、薛居正、石熙载、潘美、李沆、王旦、李继隆、王曾、吕夷简、曹玮、韩琦、曾公亮、富弼、司马光、韩忠彦、吕颐浩、赵鼎、韩世忠、张浚、陈康伯、史浩、葛邲、赵汝愚，凡二十四人。

二十四孝 大舜耕田，汉文尝药，曾参啮指，闵损推车，子路负米，董永卖身，剡子鹿乳，江革行佣，陆绩怀橘，山南乳姑，吴猛

[北宋] 佚名《睢阳五老图》，绢本，设色，原卷现分五幅，每幅 39.9cm×32.7cm，分别藏于美国华盛顿弗利尔博物馆（冯平像、王涣像）、英国耶鲁大学博物馆（朱贯像、杜衍像）、美国纽约大都会博物馆（毕世长像）

饱蚊，王祥卧冰，郭巨埋儿，杨香搤虎，寿昌寻母，黔娄尝粪，老莱戏彩，蔡顺拾椹，黄香扇枕，姜诗跃鲤，王裒泣墓，丁兰刻母，孟宗泣竹，庭坚涤皿。

三珠树[①]　王勃六岁能文，与兄勔、勮竞爽。杜易简奇之曰："此王氏三珠树也。"勃凡命草，先磨墨数升，引被覆面而卧，忽起书之，不加点窜，人谓之腹稿。

【注释】

①**三珠树**：原为神话中树名，后人常用作别人兄弟的赞辞。

北京三杰　唐富嘉谟与吴少微、魏谷倚者，并负文辞，时称"北京三杰"。天下文章浮俚不竞，独少微、嘉谟本经术，雅厚雄迈，人争慕之。号吴体。

五子科第　黄汝楫，方猎[①]犯境，汝楫出财物二万缗，赎被掠士女千人。夜梦神告曰："上帝以汝活人多，赐五子科第。"其后子开、阁、闶、闻、闾，皆登科。

【注释】

①原稿"方猎"有误，当作"方腊"。

四豪　列国赵平原君胜，齐孟尝君田文，楚春申君黄歇，魏信陵君无忌，称"四豪"。

张氏五龙　南北朝张镜与严延之邻居，延之每酣饮，喧呼不绝，而镜寂无言声。一日与客谈，延之从篱落取胡床坐，听辞言清远，心服之。谓客曰："彼中有人。"自是不复酣叫。镜兄弟五人俱名士，时号"五龙"。

河东三绝　唐徐洪，蒲州司兵参军。时司户韦暠善判，司工李登善书，洪善属辞，号"河东三绝"。

兖州八伯　羊曼，祜从孙，任达嗜酒，与阮放等八人友善，时称阮放为宏伯，郗鉴为方伯，胡毋辅之为达伯，卞壸为裁伯，蔡谟为朗伯，阮孚为诞伯，刘绥为委伯，而曼为踏伯①，号"兖州八伯"，又号为"八达"。

【注释】

①原稿"刘缓""踏伯"，当作"刘绥""鳌伯"。

五忠　刘韐，崇安人，其先自京兆徙闽，子孙仕宋，得谥"忠"者五人，世号"五忠"。刘氏以学士使金，金人留之，自缢，谥忠显。长子子羽官枢密，首荐吴玠、吴璘可大用，中兴战功居多，子羽之力也。

九牧①林氏　唐林披，官太子詹事。子九人，俱刺史，号"九牧林氏"，而藻、蕴尤知名。

【注释】

①**九牧**：九州之长。

八子并通籍① 明许进仕至吏部尚书，谥襄毅。子诰南，户部尚书，谥庄敏；赞，大学士，谥文简；论，兵部尚书。其八子并通籍，海内莫京②焉。

【注释】

①**通籍**：称初做官，意为在朝中已经有了名籍。

②**京**：大。

一门仕宦 宗资，南阳人，世居宛。一门仕宦，至卿相者三十四人，东汉时无与比者。

附：奸佞大臣

历代奸佞 夏帝启元年，有扈氏无道，威侮五行，怠弃三正。启征之，大战于甘，灭之。

夏帝相权归后羿，为羿所逐。羿臣寒浞杀羿自立，而弑帝相。相后缗，有仍国君之女，方娠，奔归有仍，生少康。夏之旧臣靡举兵杀浞而立少康焉。

周成王幼，周公摄政。管叔、蔡叔、霍叔流言曰："公将不利于孺子。"既而与武庚同反，周公乃作《大诰》，奉王命以讨平之。

吴太宰伯嚭受越赂，而许越行成，复谗杀伍员，以亡吴国。

晋大夫魏斯、赵籍、韩虔，三分晋地。田氏伐姜而有齐国，皆周天子坏礼，而宠命之也。

秦李斯请，史官非秦记皆烧之，偶语《诗》《书》者弃市，以古非今者族，所不烧者医药、卜筮、种树之书。若欲有学法令，以吏为师。制曰："可。"遂坑儒四百六十余人。始皇崩于沙丘，赵高与斯诈为遗诏，废死太子扶苏，立胡亥为太子，是为二世。高恃恩专恣，恐斯以为言，族诛斯，而自为丞相。及章邯军败，恐罪其身，乃与其婿咸阳令阎乐，谋弑二世于望夷宫，立子婴为秦王。子婴与其子二人刺杀高，夷其三族。

楚项王将丁公逐窘汉王彭城西，短兵接，汉王急，顾谓丁公曰："两贤岂相厄①哉！"丁公乃还。汉王即帝位，丁公谒见。帝以狗②军中，曰："丁公为项王臣不忠，使项王失天下。"遂斩之。

汉田蚡为丞相，骄侈极欲，金玉、妇女、狗马、声乐、玩好，不可胜计。入奏事，所言皆听。荐人或起家③至二千石，权移人主。上曰："君除吏④尽未？吾亦欲除吏。"尝请考工地为宅，武帝曰："君何不遂取武库？"是后乃稍退。

赵人江充初为赵敬肃王客，得罪亡，诣阙告赵太子阴事。太子坐废，上召充与语，大悦，拜为直指绣衣使者，使督察贵戚。近臣与太子有隙，因言上疾，祟在巫蛊。于是上以充治巫蛊狱。充云："于太子宫得木人尤多，又有帛书，所言不道。"持太子甚急。太子发长乐宫卫卒收捕充等，斩之。太子亦自经。后武帝感田千秋言，族灭充家。

汉昭帝初，左将军上官桀亦受遗诏辅少主，其子安有女，即霍光外孙，安因光欲内之，光以其幼，不听。安遂因帝姊盖长公主内入宫为婕好，月余立为皇后，于是怨光而德盖主。知燕王旦以帝兄不得立，亦怨望，乃令人诈为燕王上书，欲共执退光。书奏，光不敢入。上召光入，免冠顿首，上曰：将军冠！朕知是书诈也，将军无罪。将军调校尉未十日，燕王何以知之？是时帝年十四，左右皆惊，而上书者果亡。后谋令长公主置酒请光，伏兵格杀之，因废帝。会盖主舍人知其谋以告，捕桀安等族诛之。盖主亦自杀。

汉元帝以史高领尚书事，弘恭、石显典枢机。萧望之等建白，以为宜罢中书宦官，应古不近刑人之义。由是大与高、恭、显忤。恭、显因奏望之与周堪、刘更生朋党，请召致廷尉。上初不允，强而可其奏。望之饮鸩自杀。上闻之惊，拊手曰："曩固疑其不就狱，果然杀吾贤相！"

汉成帝委政王凤，悉封诸舅，王谭、王商、王立、王根、王逢时为列侯。谷永阴欲自托于凤，乃曰："骨肉大臣有申伯⑤之志，无重合安阳博陆之乱。"以推颂之。时上书言灾异之应，多讥切王氏专政所致。上亲问张禹，禹曰："灾变之意，深远难见，新学小生乱道误人。"戴永嘉断曰："王氏代汉，始于杜钦、谷永，成于张禹、孔光，终于刘歆。此数子皆号称儒者，以贤良直谏为名，以通经学古为贤，假托经术，缘饰古义，以售奸邪，以济谀佞，依凭宠禄，以苟富贵，相与误国如此，曾鄙夫小人不若也！"

汉平帝五年五月，策命安汉公王莽以九锡⑥。十二月，莽因腊日上椒酒，置毒酒中。帝有疾，莽作策请命于泰畤，愿以身代，藏策金縢，置于前殿，敕诸公莫敢言。⑦已而帝崩，群臣纪逡、郁越、郁相、唐林、唐遵、扬雄、谷永、刘歆、孔光等奏太后，请安汉公摄皇帝位，诏曰："可。"寻即真天子位。定号曰新，僭位十八年，汉兵杀之。

汉章帝宠任窦宪，宪以贱直请夺沁水公主田园，寻以争权刺杀都卿侯畅。窦太后使击匈奴赎罪，以致兄弟专权。和帝与中常侍郑众密求故事，勒兵收捕，迫宪自杀。窦氏虽除，而寺人之权从兹盛矣。

汉安帝崩，阎太后临朝，欲久专国政。与阎显等定策，立幼年济北惠王子懿，未几，薨。中常侍孙程、王康等十九人，谋迎济阴王即皇帝位，是为顺帝。诛阎显，迁太后，封孙程等皆为列侯，世称十九侯。

汉顺帝崩，太子炳立，才二岁，梁太后临朝，在位一年。征渤海孝王子缵即位，年八岁，生而聪慧，尝因朝会，目梁冀曰："此跋扈将军。"冀闻恶之，置毒于煮饼而弑之，在位一年。冀迎蠡吾侯志即帝位，是为桓帝。梁冀一门，前后七侯、三皇氏、六贵人、二大将军，尚公主者三人，其余卿、将、尹、校五十七人。冀专擅威柄，凶恣日积，威行内外，天子拱手，不得有所亲与。桓帝不平，乃与中常侍单超、徐璜等议，诛杀之。封单超等五人为县侯，世谓之五侯。是时梁氏虽除，五侯肆虐，贤人君子忠愤激烈，卒成党锢之祸矣。

汉桓帝无子，窦太后立解渎亭侯苌之子宏，是为灵帝。时中常侍曹节、王甫等共相朋结，诬事太后，太后信之。陈蕃、窦武疾焉。会有日食之变，武乃白太后诛曹节等，太后犹豫未忍。曹节召尚书，胁使作诏板，拜王甫为黄门，令持节捕收武等。武不受诏，执蕃送北寺狱杀之。王甫将虎贲、羽林等合千余人围武，武自杀。宦官愈横流毒。缙绅、忠臣、义士骈首就戮。灵帝崩，皇子辩即位，何太后临朝。中军校尉袁绍劝太后兄何进悉诛宦官，进白太后，不听。绍等又为画策，召四方猛将，使并引兵向阙，以胁太后。进然之。召董卓将兵诣京，卓未至，进为中常侍张让等矫诏所杀。袁绍闻进被杀，乃勒兵捕诸宦者，无少长杀尽之。张让势迫，遂将帝与陈留王协出谷门。让投河而死。董卓至，以王为贤，废帝而立陈留王协，是为献帝。董卓擅政，浊乱宫禁，关东州郡皆起兵以讨卓。卓遂迁都以避，乃烧焚宫庙官府，劫迁天子入都长安。司徒王允、司隶校尉黄琬，使吕布诛卓，百姓歌舞于道。

王允欲悉诛卓党，卓部将李傕、郭汜等攻长安，杀王允。杨奉、韩暹奉车驾至雒阳。曹操劫迁于许，挟天子以令诸侯，杖杀伏后，久蓄无君之心，畏于名义，欲学周文王，以欺后世。子丕始篡位，奉汉帝为山阳公，汉室遂亡。

蜀汉宦官黄皓便辟佞慧，后主爱之。初畏董允，不敢为非。允卒，而陈祗代允为侍中。祗与皓相表里，皓始预政。魏司马昭大兴入寇，姜维奏：遣左右车骑张翼、廖化督诸军分护阳安关口，及阴平之桥头，以防未然。黄皓信巫鬼，谓敌终不自致，启帝寝其事，群臣莫知。邓艾果冒阴平险僻而入，汉兵不意魏兵卒至，百姓扰扰。谯周劝帝出降，国遂亡。

魏曹爽用何晏、邓飏、丁谧之谋，迁太后于永宁宫，专擅朝政。司马懿称疾，不与政事，阴与其子昭谋诛爽及晏、飏等，而自操国柄。懿卒，以其子师为大将军。师废主芳，迎立高贵乡公髦。师卒，封其弟昭为晋公，加九锡。魏主髦见威权日去，不胜其忿，曰："司马昭之心，路人所知也。吾不能坐受废辱，今日当自出讨之。"遂拔剑升辇，率殿中宿卫、苍头、官僮，鼓噪而出，为昭党贾充、成济刺殒于车下。追废髦为庶人，迎立常道乡公璜为主。昭卒，子炎嗣晋王篡位，奉魏主为陈留王。自懿及炎，其弑逆不道，比操之处献帝尤甚，人谓之"天报"。

孙吴孙琳废主亮为会稽王，迎立琅琊王休。休殂，侄皓立。皓骄愎残虐，深于桀纣，降于晋，封归命侯。贾充谓皓曰："闻君在南方凿人目，剥人面皮，此何等刑也？"皓曰："人臣有弑其君及奸回不忠者，则加此刑耳。"充默然深愧。

晋世祖后父杨骏交通请谒，势倾内外。世祖崩，惠帝立。贾后凶悍，欲干预政事，而为骏所抑，遂构骏以谋反，杀之，废太后。寻贾后毒杀太子。赵王伦、孙秀等起兵杀后，赵王篡位。齐王冏等起兵讨伦，杀之，乘舆反正。齐王既得志，骄奢擅权，中外失望。河间王颙、成都王颖等，起兵讨齐王冏，杀之，以颖为太弟。河间王将张方废太弟颖，更立豫章王炽为皇太弟，是为怀帝，后为刘聪所执而遇害。

东晋王敦与刘隗、刁协构难，欲除君侧之患。上疏罪状，举兵据石头，吾不复得为盛德事矣。元帝命刁协、刘隗、戴渊帅众攻石头，协、隗俱败。帝令公卿百官诣石头见敦，以敦为丞相，都督中外诸军事。吕猗说敦收周、戴渊，杀之，不朝天子，竟还武昌。明帝元年，敦疾甚，司徒导率子弟为发哀，众以为信死，于是腾诏下敦府，列敦罪恶。敦见诏甚怒，而病转笃，不能自将，以兄含帅众五万，奄至江宁。明帝帅诸军袭击，大破之，敦寻卒。敦党悉平。乃发敦瘗出尸，跽而斩之。

晋成帝二年庾亮以苏峻在历阳终为祸乱，下诏征之。峻不应命，知祖约怨望，与其连兵讨亮。率众至蒋陵，攻青溪、卞壶死之，因风纵火烧台省，亮奔走浔阳。峻兵入台城，府藏一空。温峤、陶侃、郗鉴等起兵讨峻。峻闻四方兵起，逼迁帝于石头。侃等攻峻，杀之，祖约奔后赵。

晋帝奕五年，大司马桓温阴蓄不臣之志，尝抚枕叹曰："男子不能流芳百世，亦当遗臭万年。"及枋头[8]之败，威名顿挫，郗超谓温曰："明公不为伊、霍之举者，无以立大威权。"温然之。遂诣建康，宣太后令，废帝奕为东海王，立会稽王昱，是为简文帝。温卒，使弟冲领其众。冲既代温居任，尽忠王室。

晋烈宗时，南郡公桓玄负其才地，以雄豪自处。朝廷疑而不用。年二十三，诏拜太子洗马，后出补义兴太守，郁郁不得志，叹曰："父为九州伯，儿为五湖长。"遂弃官归。后篡安帝位，登御坐，而床忽陷，群臣失色。殷仲文曰："将由圣德深厚，地不能载。"玄大悦。后为刘裕破斩之。

刘宋徐羡之、檀道济等废宋王义符，寻弑之。太子劭弑君义隆。寿寂之弑君业[9]。萧道成弑苍梧王，昱弑顺帝准。

齐西昌侯鸾弑君昭业，迎立昭文，寻复废为海陵王，而自即位，是为明帝。太子宝卷立，为萧衍所弑。

梁武帝为侯景所饿死。简文帝纲为侯景所弑。世祖绎降魏被弑。敬帝为陈霸先所弑。

隋杨广杀兄谋为皇太子，后弑父坚而自立。后巡狩扬州，天下兵起。内史侍郎虞世基以帝恶闻贼盗，诸郡县有告败求救者，世基辄抑损不以闻。由是盗贼遍海内，陷没郡县，帝皆弗之知也。后为宇文化及所弑。

隋晋阳宫监裴寂与晋阳令刘文静等谋，夜醉李渊，以晋阳宫人侍渊，劫渊起兵。

唐太宗尝止树下，爱之，宇文士及从而誉之不已。太宗正色曰：

"魏征尝劝我远佞人，我不知佞人为谁。意疑是汝，今果不谬！"

唐太宗太子承乾，喜声色田猎，所为奢靡。魏王泰多艺能，有宠于上，潜有夺嫡之志。太子知之，阴养刺客纥干、承基等，谋杀魏王泰。会承基坐事系狱，上变，告太子谋反，敕中书门下参鞫之，反形已具，废为庶人，侯君集等皆伏诛。乃立晋王治为皇太子。

唐高宗欲立太宗才人武氏为后，褚遂良固执不可。上问于李勣，曰："陛下家事，何必更问外人？"许敬宗宣言于朝，曰："田舍翁多收十斛麦，尚欲易妇，况天子立一后，何预诸人事，而妄生异议乎？"遂废王皇后、萧淑妃为庶人，命李贲玺绶，册皇后武氏。

唐武太后因宗室大臣怨望，欲诛戮威之，乃盛开告密之门。胡人索元礼因告密擢为游击将军，令按制狱。元礼性残忍，推一人，必令引数十百人。又周兴、来俊臣之徒效之，纷纷继起，共撰《罗织经》数千言，教其徒网罗无辜。中外畏此数人甚于虎狼。后周兴罪流岭南，在道为仇家所杀。索元礼为太后杀之，以慰人望。

唐侍御史傅游艺，上表请改国号曰周，太后可之。乃御则天楼，赦天下，以唐为周。以豫王旦为皇嗣，赐姓武氏。游艺期年之中，历衣青绿朱紫，时人谓之四时仕宦。

唐杨再思为相，专以取媚。司礼少卿张同休，易之、昌宗之兄也，尝召公卿宴乐，酒酣，戏再思曰："杨内史面似高丽。"再思欣然起为高丽舞，举座大笑。

唐中宗使韦后与武三思双陆⑩，而自居傍，为之点筹，三思遂与后通。武氏之势复振。

唐中宗宴近臣，国子祭酒祝钦明自请作八风舞⑪，摇头转目，备诸丑态。钦明素以儒学著名，卢藏用语人曰："祝公五经扫地矣。"

唐杨洄又谮太子瑛、鄂王瑶、光王琚潜构异谋，玄宗召宰相谋之。李林甫对曰："此陛下家事，非臣等所宜预。"上意乃决，废瑛、瑶、琚为庶人，赐死城东驿。大理卿徐峤奏：今岁天下断死刑五十八人，大理狱院由来相传杀气太盛，鸟雀不栖，今有鹊巢其树，于是百

［唐］李昭道《明皇幸蜀图》，绢本，设色，55.9cm×81cm，藏于台北故宫博物院

官以几致刑措^⑫，上表称贺。上归功宰辅，赐李林甫爵。晋国公牛仙客、豳国公落华阳曰："明皇一日杀三子，而李林甫以刑措受赏，谗谀得志，天理灭矣！安得久而不乱乎？"

　　唐安禄山为虏所败，张守珪奏请斩之。上惜其才，敕令免官。张九龄固争曰："禄山失律丧师，于法不可不诛。且臣观其貌有反相，不杀必有后患。"上曰："卿勿以王夷甫识石勒，枉害忠良。"竟以为节度使，出入禁中。因请为贵妃儿，颇有丑声闻于外，上不之疑。时委政李林甫，林甫媚事左右，排抑胜己，口有蜜而腹有刀，养成天下之乱。禄山以林甫狡猾逾己，亦畏服之。及杨国忠为相，禄山视之蔑如也。由是有隙。然禄山虽蓄异，以上待之厚，欲俟上晏驾而后作乱。会国忠欲其速反以取信于上，数以事激之，禄山遂反。

唐肃宗张后，初与李辅国相表里，专权用事。晚年更有隙，欲杀辅国，废太子。内射生使程元振与辅国谋，迁张后于别殿，寻杀之。丁卯上崩，代宗即位，恶李辅国专横，以其有杀张后之功，不欲显诛之。夜遣盗入其第，窃辅国之首及一臂而去。

唐代宗宠任程元振。吐蕃入寇，元振不以闻，子仪请兵，元振不召见，致上仓卒幸陕州。吐蕃入长安，剽掠府库市里，焚庐舍，京师中萧然一空。上发使征诸道兵，李光弼等皆忌元振居中，莫有至者。中外切齿莫敢言。太常博士柳伉疏其迷国误朝，上以元振有保护功，但削其官爵，放归田里而已。

观军容宣慰处置使鱼朝恩，专典禁兵，宠任无比，势倾朝野。上令元载为方略，擒而缢杀之。元载自诛鱼朝恩，上宠用以为中书侍郎，专横无比。寻赐自尽。有司籍载家财，胡椒至八百石，他物称是。

唐德宗悦卢杞，擢为门下侍郎。杞欲起势立威，引裴延龄为集贤直学士，亲任之。潜杀杨炎，独擅国柄，浊乱朝政，以致有姚令言、朱泚之叛逆。出幸奉天，泚复攻围奉天经月。李怀光倍道入援，败泚于醴泉。泚引兵遁归长安。怀光数与人言卢杞、赵赞、白志贞之奸佞，且曰："吾见上，当请诛之。"杞闻而惧，奏上，诏怀光直引兵屯便桥，与李晟刻期进取长安。怀光自以数千里竭诚赴难，咫尺不得见天子，怏怏引兵去。后上从容与李泌论即位以来宰相，曰："卢杞忠清强介，人言其奸邪，朕殊不觉。"泌曰："此乃杞之所以为奸邪也。倘陛下觉之，岂有建中之乱乎？"

唐宪宗疑李绛、裴度俱朋党，而于李吉甫、程异、皇甫镈则不之疑。盖绛、度数谏，吉甫、异、镈顺从阿谀，而不觉其欺也。范氏曰：汉之党锢始于甘陵二部相讥，而成于太学诸生相誉。唐之朋党始于牛僧孺、李宗闵对策，而成于钱徽之贬。皆由主德不明，君子小人杂进于朝，不分邪正忠谗出黜陟之，而听其自相倾轧，以养成也。

唐穆宗时，李逢吉用事，所亲厚者，张文新、李仲言、李续之、李虞、刘栖楚、姜洽及张权舆、程昔范，又有从而附丽之者八人，时人目为八关、十六子。有所求请，先赂关子，后达逢吉，无不得所欲也。

唐文宗时，李德裕、李宗闵各有朋党，互相济援。上患之，每叹曰："去河北贼易，去朝中朋党难。"

唐文宗九年，初，宋申锡获罪，宦官益横，上内不能堪，与李训、郑注谋诛之。训、注因王守澄以进，先除守澄，则宦官不疑。乃遣中使李好古就第赐鸩，杀之。守澄出葬浐水，郑注请令内臣尽集浐水送葬，因阖门令亲兵斧之，使其无遗。训与其党谋曰："如此事成，则注专有其功，不若先期诛宦者，已而并注去之。"壬戌，上御紫宸殿。韩约奏；左金吾厅事石榴树，夜有甘露。先命宰相两省视之。训还奏非真。上顾仇士良，帅诸宦者往视。至，左仗风吹幕起，见执兵者甚众，诣上告变。训遽呼金吾卫士上殿。宦者扶上升舆，决后殿罘罳，疾趋北出。卫士纵击宦官，死伤者十余人。训知事不济，脱走。士良等命禁兵出，杀金吾吏卒千六百余人、诸司吏民千余人，王涯、贾餗、舒元舆皆收系，斩之。明日，训、注皆被杀，族其家。自是天下事皆决于北司，宰相行文书而已。

唐僖宗专事游戏，以宦官田令孜为中尉，政事一委之，呼为阿父。

唐昭宗为散骑常侍郑綮为礼部侍郎同平章事。綮好诙谐，多为歇后诗，讥嘲时事。上以为有所蕴，命以为相，闻者大惊，堂吏往告之。綮笑曰："诸君大误，使天下更无人，未至郑綮。"吏曰："特出圣意。"綮曰："果如是，奈人笑何？"既而贺客至，綮摇首言曰："歇后郑五作宰相，时事可知矣！"累让不获，乃视事。未几，致仕去。

唐昭宗二年，王行瑜、韩建将兵犯阙，称韦昭度、李溪作相不合众心，杀昭度、溪于都亮驿。李克用举兵讨行瑜，斩之。

唐昭宗以崔胤为相。胤与上谋诛宦官，宦官惧。中尉刘季述、王仲先等阴谋废立，乃引兵哭入宣化门。季述乃扶上适少阳院，以银挝画地，数上罪数十，锁锢之，矫诏立太子裕。胤密遣人说神策指挥使孙德昭，擒述等斩之，迎上复位。胤以宦官典兵，终为肘腋之患，乃称被密诏命朱全忠以兵入讨。全忠遂发大梁。中尉韩全诲闻之，劫帝幸凤翔。朱全忠进攻凤翔，李茂贞出战，屡败。储峙[13]已竭，上鬻御衣及小皇子衣于市以充食。茂贞请诛韩全诲等，与全忠和，并杀宦官七十余人，奉车驾还长安。复以崔胤同平章事。胤复奏剪宦官之根。朱全忠以兵驱第五可范以下数百人于内侍省，尽杀之。出使者诏所在收捕诛之，止黄衣幼弱三十人，留备洒扫。寻全忠密表崔胤专权，诛之。迁上至洛阳，使蒋玄晖弑昭宗，而立昭宣帝以篡之。

周太师冯道卒。道少以孝谨知名，唐庄宗世始贵显，自是累朝不离将相、三公、三师之位。为人清俭宽容，人莫测其喜愠，滑稽多智，浮沉取容。尝著《长乐老叙》，自述累朝荣遇之状，人皆以德量推之。

周恭帝元年正月，陈桥兵变，拥赵匡胤还汴，自仁和门入。时早朝未罢，闻变，亲军指挥韩通谋率众御之，军校王彦升逐焉。通驰入其第，未及，阖门为彦升所害，妻子俱死。将士拥范质、王溥等至，匡胤流涕而言六军相迫之由，质等未及对，列校罗彦环挺剑厉声曰："我辈无主，今日必得天子。"质等相顾，不知所为。溥降阶先拜，质不得已亦拜，遂奉匡胤入宫，召百官至。晡时班定，犹未有禅诏，翰林承旨陶谷出诸袖中，遂用之，以登极。

宋太宗七年，贬秦王廷美为西京留守。初，昭宣太后遗命太祖传位于太宗。太宗传之廷美以及德昭。及德昭不得其死，德芳相继夭殁，廷美始不自安。柴禹锡因上变以摇之，帝意不决，召赵普谕以太后遗旨。普对曰："太祖已误，陛下岂容再误！"廷美遂得罪。

开宝皇后宋氏崩，群臣不成服。翰林学士王禹偁对客言，后尝母仪天下，当遵用旧礼。坐谤讪，责知滁州。

宋真宗之相吕氏曰："景德以前多君子，祥符以后如王钦若之闭门修斋，丁谓之潜结内侍，雷允恭与钱惟演擅权于外，而冯拯、曹利用相与为党，陈尧叟之附和天书，皆小人也。"

宋仁宗谓辅臣曰："王钦若久在政府，观其所为，真奸邪也。"王曾对曰："钦若与丁谓、林特、陈彭年、刘永珪同恶，时称五鬼，奸邪憸伪，诚如圣谕。"

宋仁宗朝，国子监直讲石介以韩琦、范仲淹等同时登用，而欧阳修、蔡襄等并为谏官，夏竦既罢，乃作庆历圣德诗，有曰："众贤之进，如茅斯拔，大奸之去，如距斯脱。"大奸，指竦也。初，介曾奏记于富弼，责以行伊、周之事。夏竦怨介斥己，欲因是倾弼等。乃使女奴阴习介书，习成，遂改"伊、周"曰"伊、霍"，又伪作介为弼撰废立诏草，飞语上闻。弼与仲淹惧。适闻契丹伐夏，遂请行边。介亦不自安，乃请外，得濮州通判。

宋杜衍好荐引贤士，群小咸怨，御史中丞王拱辰之党尤嫉之。衍婿苏舜钦时监进奏院，循前例祀神，以伎乐娱宾。拱辰闻之，欲因是倾衍，乃讽御史鱼周询举劾其事，被斥者十余人，皆知名之士。拱辰喜曰："吾一网打尽矣。"

宋神宗立，制置三司条例司，议行新法，诏陈升之、王安石领其事，以苏辙、吕惠卿检详文字，章惇为条例官，曾布检正中书五房公事。吕诲疏安石十事，苏辙谏青苗法。安石欲止。会京东转运使王广渊乞留本道钱帛贷民获息事，与青苗法合，于是决意行焉。及秀州判官李定被召至京，即谒安石。安石立荐于上。帝问青苗法何如，定曰："民甚便之。"于是诸言新法不便者，帝皆不听。

宋神宗罢曾公亮。时人有"生老病死苦"之喻，谓安石为生，亮为老，唐介死，富弼议论不合称病，赵抃无如安石何，惟称"苦苦"而已。刘深源曰："王安石之进始于曾公亮，吕惠卿之进亦始于公亮。盖曾公亮始欲结党以排韩琦，而不知小人易进而难退，变法之祸，公亮可逃其罪耶？"

宋邓绾通判宁州，知王安石得君专政，乃条上时事，且言陛下得伊、周之佐，作青苗、免役等法，民莫不歌舞圣泽成不世之良法。复贴书安石，极颂其美，由是安石力荐于帝，而遂集贤校理，寻为侍御史判司农事。乡人在都者，皆笑且骂。绾曰："笑骂从他笑骂，好官我还为之。"

宋王安石子雱，为人栗悍阴刻，无顾忌，性甚敏。未冠，举进士。与父谋曰："执政子虽不预事，而经筵可处。"安石欲帝知自用，乃以雱所作策论天下事三十余篇达于帝。邓绾、曾布又力荐之。遂召拜为崇政殿说书。一日，安石与程颢语，雱囚首跣足，携妇人冠以出，问："父所言何事？"曰："以新法为人所阻，故与程君议之。"雱大言曰："枭韩琦、富弼之首于市，则法行矣。"安石遽曰："儿误矣！"

宋知谏院唐坰，奏十二疏论时事，皆留中，不出。坰于百官起居日扣陛请对曰："臣所言皆大臣不法，请一一陈之。"遂大声宣读，几六七十条治要，以安石专作威福，曾布等表里擅权，天下但知惮安石威权，不复知有陛下；文彦博、冯京知而不敢言；王珪、王韶曲事安石，无异厮仆；元绛、薛向、陈绎，安石颐指气使，无异家奴；张璪、李定为安石牙爪，张商英乃安石鹰犬；至诋安石为李林甫、卢杞。神宗屡止之，坰慷慨自若，读已，下殿再拜而退。安石讽阁门纠其渎乱朝仪，贬潮州别驾。

宋王安石罢相，知江宁，因荐韩绛、吕惠卿以自代，时号绛为传法沙门，惠卿为护法善神。惠卿既得志，忌安石复用，遂逆闭其途，出安石私书，有"勿令上知"之语，凡可以害安石者，无所不用其智。韩绛颛处中书，事多稽留不决，数与惠卿争论，度不能制，密请帝复用安石。帝从之。安石承命，即倍道而进，七日至汴京，惠卿寻罢。

宋以蔡确参知政事。宰相吴充数为帝言新法不便，欲稍去甚者，确阻之，法遂不变。确善观人主意，与时上下，以王安石谏，居大位，而士大夫交口笑骂，确自以为得计。

宋哲宗亲政，杨畏上疏，乞绍述先政。初，吕大防称畏敢言，且先密约畏助己，竟超迁畏为礼部侍郎。畏首叛大防，上言神宗更法，以垂万世，乞早讲求，以成绍述之道。帝即询以故臣孰可召用。畏即疏章惇、吕惠卿、邓温伯、李清臣等，帝深纳而尽用之。惇遂引其党蔡卞、林希、黄履、来之邵、张商英、周秩、翟思、上官均等居要地，协谋朋奸，报复仇怨，罗织贬谪元祐宰执及刘奉世以下三十人有差，请发司马光、吕公著冢，斫棺暴尸。帝问许将，将对"非盛德事"，帝乃止。又恐元祐旧臣复起，结内侍郝随为助，媒孽⑭宣仁欲危帝之事，自作诏书，请废宣仁为庶人。皇太后号泣，为帝言曰："吾日侍崇庆，天日在上，此语曷从出？且帝必如此，亦何有于我！"帝感悟，取惇、卞奏，就烛焚之。明日，再具状坚请，帝曰："卿等不欲朕入英宗庙乎？"抵其奏于地。

宋徽宗复召蔡京为翰林学士。先是供奉官童贯顺承得幸，诣三吴访书画，京谄附之。由是帝属意用京。会韩忠彦与曾布交恶，布谋引京自助，故有是命。寻帝欲相京，邓洵武献《爱莫助图》，言必欲继志述事，非蔡京不可。帝以图示温益，益欣然请相京，而籍异论者。于是善人皆不见容。复追贬元祐党，籍司马光等四十四人官，以京为尚书右仆射。京籍元祐及元符末执宰司马光等、侍从苏轼等、文臣程颢等、武臣王献可等、宦者张士良等百二十人为奸党，请帝书之，刻石于端礼门。又颁蔡京所书党人碑，刻石于州县。

宋徽宗垂意花石，以朱勔领应奉局花石纲。凡士庶之家，一石一木稍堪玩者，即领健卒直入其家，用黄帕覆之，加封识焉，指为御前之物。及发行，必撤屋抉墙以出。人不幸有一物小异，共指为不祥，惟恐芟夷之不早。又篙工柂师倚势贪横，凌轹州县，道路以目。

宋中书侍郎林摅于集英殿胪唱贡士姓名，不识甄、盎字。帝笑曰："卿误耶。"摅不谢而诋同列，御史论黜之。

宋以王黼为少宰，加蔡京子攸开府仪同三司，二人有宠，进见无时，得预宫中秘戏。攸尝劝帝以四海为家，遂数微行。因令苑囿皆仿浙江，为白屋及村居野店，多聚珍禽异兽。都下每秋风静夜，禽兽之声四彻，宛若山林陂泽之间，识者知其不祥之兆。蔡攸权势既与父相轧，由是京、攸各立门户，遂为仇敌。

宋徽宗用童贯为检校司空。贯与黄径臣、卢航表里为奸，进方士林灵素，大兴道教，纷创殿宇，每设大斋，费缗钱数万，谓之千道会。道箓院上章，册帝为教主道君皇帝。贯又荐李良嗣于朝，约女真攻辽，遂至二帝北狩。

金人奉册宝至，立张邦昌为楚帝，北向拜舞，受册即位。阁门舍人吴革率内亲事官数百人，皆先杀其妻子，焚所居，举义金水门外。范琼诈与合谋，令悉弃兵仗，乃从后袭之，杀百余人，捕革并其子，皆杀之。是日风霾，日昏无光，百官惨沮，邦昌亦变色。唯吴开、莫俦、范琼等欣然，以为有佐命功。

宋高帝闻金粘没喝入天长军，即被甲乘骑驰至瓜州，得小舟渡江，惟护圣军卒数人，及王渊、张浚等从行。汪伯彦、黄潜善方率同列听浮屠克勤说法，或有问边耗者，犹以"不足畏"告之。堂吏大呼曰："驾已行矣！"二人相顾，仓皇策马南驰，居民争门而出，死者相枕籍，无不怨愤。司农卿黄锷至江上，军士以为左相潜善，骂之曰："误国误民，皆汝之罪！"锷方辩其非是，而首已断矣。

扈从统制苗傅、刘正彦作乱，奉皇子魏国公旉即位，请隆祐太后临朝，尊高宗为睿圣仁孝皇帝，居显宁，大赦，改元。张浚乃草檄声傅、正彦之罪，与韩世忠、张俊、刘光世、吕颐浩合兵进讨。傅等忧恐，不知所为，乃听朱胜非言，率百官请复帝位。勤王师至北阙，苗、刘南走，擒诛之。

宋高宗以王德为淮西都统制，统刘光世军，郦琼副之。琼、德不相下，列状交讼于都督府及御史台，乃召德还建康。参谋吕祉密奏，乞罢琼兵柄。书吏漏语于琼，怒以众叛降刘豫。祉死之。

宋秦桧同宰执入见，独留不出，言于帝曰："臣僚畏首尾，多持两端，不足与断大事。若陛下决欲讲和，乞专与臣议。"帝许之。三日，桧复留身奏事，复进前说，知帝意不移，遂排赵鼎、刘大中，而一意议和，然犹以群臣为患。中书舍人勾龙如渊为桧谋曰："相公为天下大计，盍不择人为台谏，使尽击去，则事定矣。"桧大喜，即擢如渊，劾异议者。兀术遗桧书曰："汝朝夕以和请，而岳飞方为河北图，必杀飞，使可和。"桧亦以飞不死，终梗和议，已必及祸，故力谋杀之。遂讽张俊、罗汝楫、万俟卨等，矫诏杀飞于大理寺狱。桧居相位凡十九年，劫制君父，倡和误国，一时忠臣良将诛锄略尽。临终犹兴大狱，诬赵汾、张浚、胡寅、胡铨等五十三人谋逆。狱成，而绘病亟，不能书，获释。桧无子，取妻兄王焕孽子熺养之。南省擢熺为进士第一，桧以为嫌，以陈诚之为首，以其策专主和议云。后孙埙修撰实录院，祖、父、孙三世同领史职，前此未之有也。

宋孝宗立，以辛次膺同知枢密院事。初，次膺力谏和议，为秦桧所怒，流落二十年。及帝召为中丞，若成闵之贪饕，汤思退之朋比，叶义问之奸阘，皆为其一时论罢。思退终身比于和议，恐不成，讽右正言尹穑论浚跋扈。张浚请解督府去。朝廷遂决弃地求和之议。太学生张观等七十二人上书论思退奸邪误国，乞斩之以谢天下。诏贬永州，忧惧而死。

宋宁宗即位，韩侂胄恃定策功，欲窃国柄，谋于京镗，引李沐为左右正言，奏赵如愚以同姓居相位，将不利于社稷，乃出汝愚知福州，朝廷大权悉归侂胄。御史胡纮乞禁伪学之党，侂胄复命沈继祖诬论朱熹十罪，落职罢祠，窜其徒蔡元定于道州。赵师睪、张釜、程松谄事侂胄，闻者莫不鄙之。侂胄专政十四年，宰执、侍从、台谏、藩阃，皆其门庑之人，天子孤立于上，威行宫省，权震宇内。其嬖姜张、谭、王、陈，皆封郡国夫人，号四夫人。每内宴则与妃嫔杂坐，恃势骄倨，掖庭皆畏之。侂胄力主恢复，以金人欲罪首谋，锐意出师，中外忧惧。侍郎史弥远入对，力陈危迫之势，请诛侂胄以安邦。皇后杨氏素怨侂胄，亦使荣王具疏。帝乃命后兄杨次山与弥远共图之。翼日，侂胄入朝，令殿前司夏震以兵三百，拥侂胄至玉津园侧，殛杀之，枭其首，并苏师旦之首，畀金人，金乃罢兵。

宋史弥远为相，权势熏灼。皇子竑心不能平，尝书于几上，曰："弥远当决配八千里。"弥远闻之，大惧。宁宗有疾，无子，弥远矫诏立沂王嗣子贵诚为皇太子，更名昀。帝崩，白后立昀，称遗诏封竑济阳郡王，出居湖州，寻杀之。弥远用梁成大、莫泽、李知孝为鹰犬，凡忤弥远意者，三人必相继击之。由是名人贤士排斥殆尽，人目为三凶。帝德弥远立己，恩宠终其身焉。

宋理宗用史嵩之开督府，竭国用，而无成功，论者甚众。及以父丧去位，诏起复之。太学生黄恺伯等百四十人上书谏，不报。武学生刘耐知帝向意用嵩之，遂叛诸生而逢迎之。时范钟领相事，讽京尹赵与𥲅逐游士。诸生闻之，作卷堂文，以辞先圣。嵩之自知不为公论所容，上疏乞终丧制。

宋度宗即位，以己为太子贾似道有功，加似道太师，封魏国公。每朝，帝必答拜，称之曰"师臣"而不名，朝臣皆称为周公。诏以十月一朝。时襄樊围急，似道日坐葛岭，起楼台亭榭作"半闲堂"，延羽流，塑像肖己于中，取宫人叶氏及娟尼有美色者为妾，穷奢极欲，日肆淫乐。尝与群妾踞地斗蟋蟀，所狎客戏之曰："此军国重事耶？"又酷嗜宝玩，建多宝阁，一日一登玩，有言边事者，辄加贬斥。丧师失地，殆无虚日，秘不上闻。及鄂州既破，诏似道都督诸路军马，大溃，贬似道于循州安置。监押官会稽尉郑虎臣至建宁开元寺，侍妾尚数十人，虎臣悉屏去之；夺其宝玉，撤轿盖，暴行秋日中，令舁轿夫唱杭州歌谑之，窘辱备至。至漳州木绵庵，虎臣讽令自杀，似道不从。虎臣曰："吾为天下杀似道，虽死何憾！"遂拘似道之子于别室，即厕上拉似道胸，杀之，殡于庵侧。

元顺帝性柔少断，伯颜、哈麻相继弄权，朝政日紊，遂至于亡。

【注释】

①相厄：互相迫害。

②狥（xùn）：同"徇"，对公众宣示。

③起家：旧时指被征召出任官职。

④除吏：除去旧官职，担任新官。

⑤申伯：周宣王妻舅，谢氏始祖，南申国（在今河南省南阳市）开国

君主。

⑥**九锡**：古代帝王赐给有功或有权势的诸侯大臣的九种礼器，是最高礼遇的表示。具体为：车马、衣服、乐则、朱户、纳陛、虎贲、弓矢、铁钺、秬鬯。

⑦**泰畤**：古代帝王祭祀天地五帝的固定场所。**策**：通"册"，帝王封赏或罢免臣下，记其语于简册。**金縢**（téng）：指匣用金封口。

⑧**枋头**：古地名，在今河南浚县。

⑨原稿"弑君业"当作"弑君子业"，指南朝宋前废帝刘子业。

⑩**双陆**：即"博陆"，古代从国外传入的博具，早已失传。

⑪**八风舞**：舞名。见《资治通鉴·唐纪》。

⑫**刑措**：没有人犯法，刑法搁置不用。措，搁置。

⑬**储峙**：积蓄、存备。

⑭**媒孽**：挑拨是非，陷人于罪。

明代奸臣①　明洪武朝，胡惟庸、蓝玉；永乐朝，纪纲；正统朝，王振；天顺朝，石亨、石彪、曹吉祥、门达；成化朝，汪直、王越、陈钺、戴缙；成化朝，李孜省；弘治朝，李广、杨鹏；正德朝，刘瑾、陆完、江彬、许泰、刘晖、钱宁、张忠、朱泰；嘉靖朝，陶仲文、严嵩、严世蕃、丁汝夔、赵文华、鄢懋卿、罗龙文、仇鸾、陆炳；万历朝，庞保、刘戍；天启朝，魏忠贤、客氏、崔呈秀、田尔耕；崇祯朝，周延儒、袁崇焕、杜勋、马士英。

【**注释**】

①原稿无标题，今加。

卷四　考古部

姓　氏

仓颉，姓侯刚氏。(见《古篆文》注)许由，字武仲。(见《庄子》释文)尧，姓伊祁。少昊，名挚，字青阳。帝喾，名夋。成汤，字高密。(见《帝王世纪》)皋陶，字庭坚。孤竹君，姓墨，名台。(见《孔丛子》注)伯夷，名允，一名元，字公信。叔齐，名智，字公达。(见《论语》疏)中子，名仲达。(见周昙咏史诗)彭祖，姓篯(音戋)，名铿。(见《论语》疏)其子胥余。(见《庄子》司马彪注)老子父，名乾，字元果。(见《前凉录》)老子初生时，名玄禄。(见《玄妙内品》)管叔，名度。(见《史记》注)易牙，名亚。(见孔颖达疏)逢蒙之弟，名鸿超。杨朱之弟，名布。(见《列子》)伯乐，姓孙，名阳。师旷，字子野。(见《庄子》疏)君陈，为周公之子、伯禽之弟。《周书》有《君陈篇》。(见《坊记》注)鬼谷子，姓王，名诩，河南府人。(见《姓氏考》)公孙弘，字次卿。(见邹长蒨书)杜康，字仲宁。(见魏武《短歌行》注)孟轲，字子舆(见《汉书》并《孔丛子》），又字子居。（见《圣证论》）庄周，字休。（见《列子》注）孙叔敖，名饶。（见《孙叔敖碑》）计然，一名研，一名倪；又姓辛，字子文。（见《史记》索隐）文种，字子禽。（见《吴越春秋》）陈仲子，字子终。（见甫皇谧《高士传》）汉高祖父太公，名崑（见《后汉书》注），又名煜，字执嘉。（见《帝王世纪》）昭灵后，名含。高祖兄仲，名喜。曾参，字敬伯。申公，名培。（见《史记》注）项伯名缠，字伯。（见《汉书》注）叔孙通，名何。（见《楚汉春秋》）壶关三老，姓令胡，名茂。（见荀悦《汉纪》）杨王孙，名贵。（见《西京杂记》）佽非，亦名荆轲。（见《续博物志》）伏生，名胜，字子贱。（见西汉碑）文翁，名党，字仲翁。（见张崇文《历代小说》）张宗，字诸君。杜茂，字诸公。（见《陈忠传志》）杨子云所称李士元者，名弘。（见《蜀秦宓传》）郑子真，名朴。严君平，名遵。（见王贡《两龚传》注）施延，字君子。（见《后汉书》注）田生，字子春。（见《楚汉春秋》）侯苞，字辅子。（见《论衡》）丁公，名固。（见《楚汉春秋》）卫夫人，名铄，字茂漪。（见《翰墨志》）绿珠，姓梁，白州人。（见《绿珠小传》）吕安，字仲悌。居苗，姓应，场从弟。（俱见《文选》注）花卿，名惊定。（见《旧唐书》）僧一行，姓张，名璲。（见《续博物志》）窦滔，字连波。（见《武后纪》）神和子，姓屈突，名无为，字无不为，张咏布衣时遇之。（见《张咏传》）失马塞翁，姓李（见《高谷诗序》）。

辨　疑

禹陵　大禹东巡，崩于会稽。现存陵寝，岂有差讹？且史载夏启封其少子无馀于会稽，号曰"於越"，以奉禹祀，则又确确可据。今杨升庵争禹穴在四川，则荒诞极矣。升庵言石泉县之石纽村，石穴深杳，人迹不到，得石碑有"禹穴"二字，乃李白所书，取以为证。盖大禹生于四川，所言禹穴者，生禹之穴，非葬禹之穴也。此言可辨千古之疑。

"甘罗十二为丞相"　古今大误。《史记》云：甘罗事吕不韦。秦欲使张唐使燕，唐不肯行。罗说而行之，乃使罗于赵。赵王郊迎，割五城以事秦。罗还报秦，封为上卿，不曾为丞相。相秦者是甘罗之祖甘茂。封罗后，遂以茂之田宅赐之。

共和　幽王既亡，有共伯和者摄行天子事，非二相共和也。（见《姓氏考》）

子产字子美（见《左传》注）　东坡放鱼诗："不怕校人①欺子美。"注者疑是杜少陵，则误矣。

【注释】

①校人：周代官名，这里指管理池沼的小吏。

蒙正住破窑　吕蒙正①父龟图与母不合，并蒙正逐之。贫甚，投迹龙门寺僧，凿山岩为龛以居。今传奇谓同妻住破窑，殊为可笑。

【注释】

①吕蒙正（944—1011）：字圣功，河南洛阳人，北宋贤相，著有《破窑赋》《命运赋》等。

日落九乌　乌最难射。一日而落九乌，言羿之善射也。后以为羿射落九日，非是。

汉寿　在四川保宁府广元县。汉封关公为汉寿亭侯。汉寿，邑名。亭侯，爵名。后人称寿亭侯者，误。

五大夫松　秦始皇登泰山，风雨暴至，避于松树之下，封其树

［明］商喜《关羽擒将图》，绢本，设色，200cm×237cm，藏于故宫博物院

为"五大夫"。五大夫，秦官第九爵。今人有误为五株松者，非也。

夏国　扬州漕河东岸有墓表，题曰"夏国公墓道"。夏音虎，与夏字相类，少一发笔，下作"又"。行人遂误为夏国公。盖明顾公玉之封号，赐地葬此也。

饭后钟　王播，字明敫。少孤贫，客游扬之木兰院，寄食僧斋。僧颇厌薄，乃斋罢而后击钟。播怒题诗于壁。今以为吕蒙正事，则非也。

马前覆水 太公望妻马氏，弃夫而去，后见太公富贵求归。命收覆水。今指为朱买臣，非。

女儿乡 吴败越，句践与夫人入吴，至此产女而名。今误传范蠡进西施于吴，与之通而生女，殊为可笑。

析 类

有同时同姓名者 两曾参：一曾参杀人，而致曾子之母投杼[1]。两毛遂：一毛遂堕井，而致平原君之痛哭[2]。

【注释】

① "两曾参"句，事见《战国策·秦策二》。

② "两毛遂"句，事见《西京杂记》。

异世则两鲁秋胡 列国一鲁秋胡，因妇采桑，调其妻，投水死。汉一鲁秋胡，求聘翟氏女，翟公误传调妻事，以为薄行，而不许婚。俱可笑也。

其次如国师刘秀，以名应图谶，为王莽所杀；而诛王莽者为光武，亦刘秀。莽遣太师安新公王匡，攻更始定国上公王匡，不胜，为所执杀。唐李尚书益与宗人益者[1]，俱赴饮，据上坐。因笑曰："今日两副坐头俱李益。"代宗用韩翃制诰。宰相以平卢幕府员外及江淮刺史请。上书："春城无处不飞花，用此韩翃[2]。"而员外得之，事皆奇。

其他同时者：汉时两韩信，俱高帝时，一封楚王，一封韩王。三邵平：一故秦东陵侯；一为齐王上柱国；一齐相。两恢，俱武帝时，一浩侯；一大行，谋诱匈奴者也[3]。两王臧，武帝朝。一，二年以郎中令自杀；一，六年为太常。两王商，俱成帝外戚。一为丞相、乐昌侯；一为大司马、成都侯。两王章，俱哀帝④时，一，河平三年以太仆为右将军，六年复为太常；一，四年以京兆尹直言死。两王崇，俱平帝时，一新甫侯，故丞相嘉子；一大司空、扶平侯。魏两王烈，一字彦方，有隐德；一字长体⑤，有道术。鲁两王浑⑥，一为凉州刺史，系戎之父；一为司徒，系济之父。两王澄，一即济之弟，封侯；一即戎从弟，荆州都督。两孙秀，一吴降将；一赵王伦嬖臣。俱拜骠骑将军，封公。两周抚，一为王敦将；一为彭城内史诛。梁两王琳，一散骑常侍；一德州刺史。唐两李光进，俱代宗朝，一为光弼弟；一为光颜兄。俱蕃将，赐姓，为节度使，封公。唐两李继昭，俱昭宗时，一为孙德昭；一为符道昭。俱赐姓名，降朱梁，为使相。宋两王著，俱太祖时，一以文学典制；一以书学待诏。金两讹可，俱大将。

稍先后者：吴两公子庆忌，一王僚子，一夫差末年将。楚两庄跻，一庄王时大盗；一庄王裔孙，将军，平滇自王者。汉两王莽，一右将军；一大司马，篡位者。两王凤，一大司马、大将军，一更使⑦成国上公。两王谭，一宜春侯，一平阿侯。两徐幹，一都护班超司马，一丞相曹操掾。晋两刘毅，一光禄大夫，一卫将军。两张禹，一丞相，一太傅，俱封侯。两解系，一见《陶璜传》，一自有传。两王铠⑧，一武帝舅，一安帝时丹阳尹。元两伯颜，一太傅淮阳王，一大丞相秦王。两萧钧，一萧鸾子，梁武时中书郎；一萧瑀从子，唐太宗时率更令。

【注释】

①**宗人益者**：指太子庶子李益。

②**韩翃**：字君平，唐南阳（今河南邓县）人，大历十才子之一，以驾部郎中知制诰。时另有韩翃，为刺史。

③**两恢**：疑"两刘恢"，一为赵共王刘恢，另一刘恢待考证。**大行**：古代接待宾客的官吏。

④**哀帝**：疑为"成帝"之误，因"和平"是成帝的年号之一。

⑤原稿"长体"当作"长休"。

⑥**鲁两王浑**：当作"晋两王浑"。

⑦**更使**：当作"更始"，西汉末年淮阳王刘玄年号（23—25）。

⑧**王铠**：疑"王恺"之误。两王恺俱为晋人。

异代而相类者[1]　两王肃，曹魏中领军，为魏制礼；元魏尚书令，亦为魏制礼。两王殷，朱梁[2]时者以节度使叛诛；后周太祖时者亦以节度使叛诛。两王彦章，梁大将，为晋擒；吴统军，为楚擒。两王珪，唐侍中；宋左仆射、门下侍郎。两王溥，一唐懿宗时；一周世宗时，俱宰相。仙人有两王乔，其一即子晋也；其一为柏人令，天坠玉棺以葬者。僧有两智永，一梁书僧，一宋画僧。两辨才，一唐藏《兰亭》真本者，一宋与苏子瞻友者。光武时，固始侯[3]李通；魏武时，都亭侯李通。卫大夫王孙贾，齐大夫王孙贾。魏徐邈，字景山，见重武帝，为侍中。晋徐邈，字仙虎[4]，见重武帝，为中书舍人。魏将军张辽；汉兖州刺史张辽，字叔高。汉中郎将江革，梁御史中丞江革。梁李膺为蜀使至郡，武帝悦之，问曰："今李膺何如昔李膺？"晋文公有咎犯，平公有咎犯，善隐任政。李密[5]以祖母老辞官，后魏李密以母老习医，又隋李密封蒲山公。则天时王方庆为相；又王方庆领尚药奉御。高宗初张昌宗，为修文馆学士；则天末张昌宗，为春官侍郎。

【注释】

①**异代而相类者**：指不同时代姓名俱同，事件相类的人。

②**朱梁**：指五代后梁太祖朱温。

③原稿"固始侯"，疑似有误。

④**仙虎**：疑似"仙民"之误。

⑤原稿"李密"前宜补"晋"字，晋李密字令伯，武阳人。

父子同名者二人　隋处士罗靖，父亦名靖；魏大将安同，父名屈，子亦名屈。

有数世同之字者①　王彪之、临之、纳之、淮之、舆之、进之，凡六世；王胡之、茂之、裕之、瓒之、秀之，凡五世；王羲之、献之、靖之、悦之，凡四世；王晏之、昆之、陋之，徐达之、湛之、聿之，凡三世；胡毋辅之、谦之；吴隐之、瞻之；颜悦之、恺之，凡两世；俱仍"之"字②。

【注释】

①原稿无标题，今加。

②原稿"舆之""昆之""达之""聿之"当作"与之""崑之""逵之""书之"。

古今事有绝相类者　圣主时投水，人知有卞随务光，而不知有北宫无择。骑青牛，人知有老子，而不知有封达。生空桑，人知有伊尹，而不知有孔子。白鱼入舟，人知有周武王，而不知有宋明帝。河渐①永合，人知有汉光武之滹沱，而不知有慕容德之黎阳。凤雏，人知有庞统，而不知有顾邵。献胙加毒，以谗赐死，人知有晋献公子申生，而不知有秦孝文王子西蜀侯恽。思妾令方士致魂，人知汉武之于李夫人，而不知宋武之于殷淑仪。治阿②誉闻而阿不治，人知齐宣王之大夫，而不知景公之晏子。梦寐求相，人知高宗之傅说，而不知文王之臧丈人。题壁作龙蛇歌，人知有晋文之介子推③，而不知晋文之舟子侨。秦许楚地而背之，人知张仪之于楚怀王，而不知冯章之于楚王。先食不死之药，而以巧言免死，人知方朔之于汉武帝，而不知中射之士之于楚王④。倚柱读书，雷震不辍，人知有夏侯玄，而不知有诸葛诞。

一字值百金，人知《淮南子》，而不知《公孙子》。妻弃夫，人知朱买臣，而不知太公望。

沉江负父，人知孝女曹娥，而不知赵祉女光络。掘地得石椁，人知有滕公，而不知有卫灵飞廉。看竹不问主人，人知有王徽之，而不知有袁粲。获偷侍儿人试文不杀，因以赐之，人知有杨素之于李靖，

［明］倪端《聘庞图》，藏于故宫博物院

而不知有蔡兴宗之于孙敬玉。侍儿环执饮馔，人知有王武子，而不知有杨国忠、孙晟。国忠、晟，又俱号肉台盘。羊羹不遍致败，人知华元之于御斟，而不知中山王之于司马子期。乳生潼⑤，人知有元德秀，而不知有李善。彩衣娱亲，人知有老莱，而不知有伯俞。智囊，人知有晁错，而不知有樗里子鲁匡。读《易》至损益而叹，人知有向平，而不知有孔子。佩六国印，人知有苏秦，而不知有栾大。以石为虎，射之没羽，人知有李广、李远，而不知有熊渠子。逐兔堕马，折胁而殂，人知有齐主高演，而不知燕主慕容皝。倒用印，人知有段秀实之阻朱泚，而不知有李崧之安蜀。一日杀二烈，人知有袁绍之于臧洪、陈容，而不知有张敬儿之于边荣、程邕之。能使人主前席，人知有贾谊，而不知有商鞅、苏绰。

饮千日酒，至期发冢而醒，人知有刘玄石，而不知有赵英。御屏隔座，人知有汉郑弘第、王伦，而不知有吴纪亮、纪骘。杯中蛇影，人知有乐广，而不知有南皮令应柳乐弓应弩。杀孝妇，大旱三年，人知有前汉之东海，而不知有后汉之上虞。万石君，人知有石奋，而不知有秦袭、张文。留犊事，人知有时苗，而不知有羊偏⑥。食脱粟，人知有公孙弘，而不知有晏婴。钱神论，人知有鲁褒，而不知有胡毋民、成公绥。记半面人，人知有杨愔，而不知有应凤。陈蕃下榻，人知有徐稚，而不知有周球。雪中高卧，人知有袁安，而不知有胡定。梦赠笔，人知有江淹，而不知有王彪之、王珣、纪少瑜、陆倕、李白、和凝、李峤、马裔孙。噀酒救火，人知有栾巴，而不知有樊英、邵信臣、郭宪、佛图澄、武丁。入水戮蛟，人知有周处，而不知有澹台子羽、荆佽飞、丘䜣。羊车游后宫，以盐水洒地，人知有隋晋武，而不知有宋文。御膳中有发，自数三罪以免死，人知晋平公之疱人，而不知光武之陈正。因病尝粪，人知勾践之于吴夫差，而不知郭弘霸之于魏元忠。以酒赐妒妇，饮之无恙，人知太宗之于房玄龄，而不知庄宗之于任圜。即席尽器饮酒，归而尚醒，称所得器，人知裴弘泰之于裴钧，而不知潘炕之于朱梁太祖。下第献燕诗，座主以明年登第，人知有章孝标，而不知有於化成。刻石高山深谷，人知有杜预，而不知有颜真卿。赐行酒人炙，人知有顾荣，而不知有何逊、阴锷。一箭落双雕，人知有斛律光，而不知有拓跋干、高骈。锦缆事，人知有隋炀，而不知有甘宁。燃脐膏为烛，人知有董卓，而不知有满奋。还带，阴德至相位，人知有裴中令，而不知白中令。少孤门生废《蓼莪》，人知有王裒，而不知有顾欢。发冢，类远祖貌，人知有萧颖士之于鄱阳王，而不知有吴纲之于长沙王。入山，妻二仙女而归，人知有天台之刘晨、阮肇，而不知有剡县之袁相、根硕。因食辨劳薪，人知有荀勖，而不知有师旷。强索妾，人知有孙秀、武承嗣，而不知有阮佃夫。闻鼓角声加敬，人知有范云之于梁武，而不知有到仲举之于陈武。誓墓[⑦]不仕，人知有王羲之，而不知有何偃。通它心[⑧]观，人知有国忠师之于大耳三藏，而不知有普寂之于柳中庸。祭赛忘书刀在庙，鲤鱼为送，人知有马当山之王昌龄，而不知有宫亭湖之祐客。弈棋覆局，人知有王粲，而不知有到溉。制千字文，人知有周兴嗣，而不知有萧子范。赠柳妾，人知有韩翃，而不知有李还古。即位御床陷地，人知有桓玄，而不知有侯景。误食澡豆，人知有王敦，而不知有陆畅。殡逆旅书生，人知有王忱，而不知有鲍子都、廖有方。桥神貌丑，以足潜画之，人知有定州之张平子[⑨]，而不知有忖留神之鲁般。

　　骆驼负水，养鱼军中，人知有宋孙仁祐，而不知有隋虞孝仁。杀负心仆，人知有张咏，而不知有柳开。赐金莲烛归院，人知有苏轼，而不知有王珪。晋平公出言不当，师旷举琴撞之，跌袵宫壁。魏文侯出言不当，师经举琴撞之，中旒溃。（一见《淮南子》，一见刘向《说苑》）燕太后不肯以少子质齐，因陈翠爱子之说而许。赵太后不肯以少子质秦，因左师触龙爱少子之说而许。（一见《赵世家》，一见《战国策》）高齐神武不贵慕容绍宗，以留文襄。唐文皇暂出李勣，以留高宗。（俱见《本纪》）申鸣援枹而进战，为贼杀其父，功成而自杀。赵苞援枹而进战，为贼杀其母，功成而呕血死。（一见《说苑》，一见《后汉书》）医诊脉晋平公，而曰："君之病在膏之下，肓之上。"秦武王示扁鹊病，而曰："君之病在耳之前，目之上。"谓皆以色致也。（一见《左传》，一见《战国策》）东方朔知赤物为怪哉，饮酒十石。李章武知铁斧为厌物，饮血三斗。（一见《搜神记》，一见《酉阳杂俎》）怀素习书数亩芭蕉。郑虔习书数屋柿叶。（俱见《法书录》）孙膑刖足于魏，而为齐师。司马喜刖足于宋，而为中山相。（一见本传，一见《吕氏春秋》）王济以钱千万与王恺赌射八百里牛，一胜而探牛心。尔朱文略以好婢与高归彦赌射千里马，一胜而截马头。（一见《晋书》，一见《北齐书》）鄂千秋明萧何功高，立封侯。公孙戎明樊哙不反，立封二千户。（一见《萧何传》，一见《王莽传》）兖州刺史李恂，郡园小麦、胡麻，悉付从事。扬州刺史费遂，郡园小麦、胡麻，悉付从事。（一见《东观记》，一见谢承《后汉书》）⑩孙权得诸葛恪，而以老桑熟龟精。张华得雷焕，而以老桑辨狐精。（一见《搜神记》，一见《集异志》）汉郭林宗遇雨，巾折角，人遂为折角巾。周独孤信驰马，帽微侧，人遂为侧帽。（一见《后汉书》，一见《北史》）严峻为吴大帝诵《孝经·仲尼居》，张辅、吴昭以为鄙生，请诵《君子之事上章》。陆澄为齐武帝诵《孝经·仲尼居》。王卫军俭以为博而寡要，请诵《君子之事上章》。（一见《吴志》，一见《南齐书》）吴大帝梦人以笔点额，熊循贺以当作主；齐文宣梦人以笔点额，王昙哲贺以为当作主，俱遂即位。（一见吴祚《国统志》，一见《齐书》）

　　魏文帝为王时，梦日堕地，分为三分，已得一分，纳诸怀中。陈文帝微时，梦亦然。后俱为三分之主。（一见《谈薮》，一见《陈本纪》）张茂先白鹦鹉梦为鸷鸟搏。杨太真白鹦鹉亦梦为鸷鸟搏。（一见《异苑》，一见《明皇杂录》）欧阳率更⑪见索靖碑，初看曰："浪得虚名。"次日看，曰："名下定无虚士。"坐卧其下，十日不能去。阎立本见张僧繇画，亦然。（俱见《宣和书画谱》）⑫杨司空素出见客，挟侍姬红拂，因奔李靖。郭汾阳子仪出见客，亦挟侍姬红绡，因奔崔千牛。（一见《虬髯客传》。一见《昆仑奴传》）饱蚊温席，人知有吴猛，而不知汉时番禺之有罗威。

【注释】

①**河澌**：解冻时河里流的水。

②**治阿**：治理东阿的地方官。后泛指有才能，治理有方的官吏。治，治理。

③**介子推**：当作"介之推"。

④**方朔**：即东方朔。**中射之士**：宫中侍卫。

⑤原稿"乳生潼"有误，应写作"乳生潼"。

⑥原稿"羊偏"当作"羊篇"。

⑦**誓墓**：旧时成辞官归隐，发誓不再出仕。

⑧**它心**：疑为"宅心"。

⑨**张平子**：张衡。**忖留神**：神名。

⑩原稿"《东观记》"当作"《东观汉记》"。谢承《后汉书》，在班固之后、范晔以前，编著后汉史的有约十八家，共一〇四九卷，其中谢承《后汉书》一三〇卷。

⑪**欧阳率更**：即欧阳询。

⑫依文意，原稿中此处宜加"见客挟姬"句。

卷五　伦类部

君　臣

在三之义　晋武公伐翼，杀哀侯，止栾子曰："苟无死矣，吾令子为上卿。"辞曰："成闻之：'人生于三，事之如一'。父生之，师教之，君食之。"

无忘射钩　管仲将兵遮莒道，射桓公，中带钩。后鲁桎梏管仲送于齐。齐忘其仇以为相。谓桓公曰："愿君无忘射钩，臣无忘槛车。"

前席　贾谊为长沙王傅，文帝征之至。入见，上问鬼神之事，谊具道所以然；至夜半，文帝前席听之。

温树　孔光领尚书事，典枢机十余年，守法度，修政事，不苟合。或问："温室省中①树皆何木也？"光答以他语。其谨密如此。

【注释】

①温室：汉殿名，武帝建。省中：宫禁之中。

下车过阙　卫灵公与夫人南子夜坐，闻车声辚辚，至阙而止，过阙复有声。公问为谁，夫人曰："此必蘧伯玉①也。妾闻礼下公门，式路马。伯玉，贤大夫也，敬于事上，必不以暗昧废礼。"视之果然。

【注释】

①蘧伯玉：名瑗，孔子弟子。

枯桑八百　诸葛亮谓后主曰："成都有枯桑八百株，薄田十五顷，子孙衣食自足。臣决不长尺寸，使库有余帛，廪有余粟，以负陛下。"

醴酒不设　楚元王敬礼穆生，每食必设醴酒。一日不设，穆生曰："醴酒不设，王意怠矣。"遂去。

一动天文　李泌谓肃宗曰："臣绝粒无家，禄位与茅土皆非所欲，为陛下运筹帷幄，收复京城，但枕天子膝睡一觉，使有司奏客星犯客座①，一动天文足矣。"

【注释】

①原稿"客座"有误，当改成"帝座"。

封留　张良，其先五世相韩。秦灭韩，良即弃家，求刺客报韩仇，不果。乃佐高帝灭秦。定天下，大封功臣，令良自择万户。良曰："臣初从帝于留，封留足矣。"寻弃人间事，从赤松子辟谷。吕后强食之，曰："人生一世间，如白驹过隙，何至自苦如此！"

御手调羹　唐玄宗召李白至见金銮殿，论当世事，奏颂一篇。帝赐食，亲手为调羹。

［明］杜大绶（旧传）《唐明皇招饮李白图》卷，藏于美国波士顿美术博物馆

御手烧梨　唐肃宗常夜召颖王①等二弟，同于地炉罽②毯上坐。时李泌绝粒，上自烧二梨，手擘之以赐泌。颖王恃恩固求，上不与曰："汝饱食肉，先生绝粒，何乃争耶？"

【注释】

①原稿中两处"颖王"均写作"颕王"。

②罽：一种毛织品。

盐酒同味　崔浩论事，语至中夜，太宗大悦，赐浩缥醪①酒十斛，水晶戎盐②一两，曰："朕味卿言，若此盐酒，故与卿同此味也。"

【注释】

①缥醪：酒名。缥，淡青色。

②水晶戎盐：也作"水精戎盐"。水晶盐即"水精盐"，因产于戎地而得名。

学士归院 唐令狐绹在翰林日，夜入对禁中。宣宗命以乘舆金莲烛送还院，院吏望见，以为天子来，俄传呼云："学士归院。"

撤金莲炬 苏轼任翰林，宣仁高太后召见便殿曰："先帝每见卿奏疏，必曰：'奇才，奇才！'"因命坐赐茶，撤金莲宝炬送院。

登七宝座 唐玄宗于勤政殿，以七宝装成大座，召诸学士讲论古今，胜者升座。张九龄论辩风生，首登此座。

昼寝加袍 韦绶在翰林，德宗常至其院，韦妃从幸。会绶方寝，学士郑欲驰告之，帝不许。时适大寒，帝以妃蜀锦袍，覆之而去。

金箸表直 唐开元时，宋璟为相，朝野归心。时侍御宴，帝以所用金箸赐之，曰："非赐汝箸，以表卿直也。"

药石报之 唐太宗时，中书高季辅上封事，特赐钟乳一剂，曰："卿进药石之言，故以药石报之。"

世执贞节 于忠[1]迁散骑常侍，尝因侍宴，宣武赐之剑杖，举酒属忠曰："卿世执贞节，故恒以禁卫相委。昔以卿行忠，赐名曰忠。今以卿才堪御侮，以所御剑杖相锡。"

【注释】

①于忠：字思贤，北魏人氏，因迎立孝明帝而执朝政。

一门孝友 崔郸缌麻①同爨，兄弟六人，至三品。邠、郸、郾凡为礼部五、吏部再，唐兴无有也。居光德里。宣宗曰："郸一门孝友，可为士族法。"因题曰"德星堂"，里为"德星里"，以旌之。

【注释】

①缌麻：丧服名。用较细熟麻布制成，是"五服"中最轻的一种，服期三个月。原稿在"崔郸"后宜加"四世"二字。

亲手和药　曹彬疾革，真宗亲问，手为和药，仍赐白金万两。问以从事，答曰："臣无事可言。臣二子璨与玮，材器可取。臣若内举，皆堪为将。"真宗问以优劣，答曰："璨不如玮。"

相门有相　王训年十六，召见文德殿，应对爽彻。梁武帝目送之，曰："可谓相门有相。"

有古人风　刘查为东宫舍人，昭明太子以瓠食器赐之，曰："卿有古人风，故遗卿古人之器。"

赐灵寿杖　孔光字子夏，经学尤明，举方正，为谏议大夫。兄弟妻子燕，语不及朝省政事。赐灵寿杖，归老于第。

剪须和药　李勣既忠力，帝谓可托大事。尝暴病疾，医曰："用须灰可治。"帝乃自剪须以和药。及愈，入谢，顿首流血。帝曰："吾为社稷计，何谢为？"

赐胡瓶　《汉纪》：李大亮为金州司马，有台史见名鹰，讽大亮献之。大亮密表曰："陛下绝畋猎久矣，使者犹求鹰，信陛下意邪？乃乖昔旨。如其擅求，是使非其才。"太宗报书曰："有臣如此，朕何忧？古人以一言之重订千金，今赐胡瓶一，虽亡千镒，乃朕所自御。"又赐荀悦《汉纪》曰："悦议论深博，极为政之体。公宜绎味之。"

赐二铭　马燧帝赐《宸扆》《台衡》①二铭，以言君臣相成之美，勒石起义堂，帝榜其颜，以宠之。

【注释】

①《宸扆》《台衡》：分别喻帝王、大臣。

诗夺锦袍　宋之问与杨炯分直习艺馆。武后游终南门①，诏从臣赋诗。左史东方虬诗先成，后赐锦袍。之问俄顷献，后览之嗟赏，更夺袍以赐之。

【注释】

①原稿"终南门"，《新唐书》作"洛南龙门"。

赐玉堂①字　淳化中，翰林苏易简献《续翰志》二卷，太宗赐御诗二章，又飞白书"玉堂之署"四字赐之。

【注释】

①玉堂：汉宫殿名。

赐金龙扇　宋张咏为御史中丞，时真宗令进所著述，帝称善，取所执销金龙扇赐之，曰："美卿金日献文事。"

赐酴醾酒　唐李吉甫盛赞天子。李绛曰："今日西戎内讧，烽燧相接，正陛下求治之时，何得仅以赞颂为言？"帝入谓左右曰："绛言骨鲠，真宰相也。"遣使赐酴醾酒。

用读书人　宋太祖建元，命毋袭旧号，遂命"乾德"。一日，宫中见古镜有"乾德"字，怪问臣下，俱不能知。独窦仪①对曰："昔蜀王有此年号，此必蜀中宫女带来者。"问之果然。上叹曰："宰相须用读书人。"

【注释】

①原稿"窦仪"，《归田录》作"陶穀"。

［唐］阎立本《历代帝王像》之《汉光武帝刘秀像》，绢本，水墨，设色，全卷51.3cm×531cm，藏于美国波士顿美术博物馆

朕之裴度 宋庆历中，贝州兵乱，师久无功。参知政事文彦博请行凯旋，上劳之曰："卿，朕之裴度也。"

禁中颇牧 唐毕诚为翰林学士，羌人扰河西，宣宗召访边事，诚论破羌状甚悉。上曰："颇、牧[1]近在禁中。"

【注释】

① **颇、牧**：指战国时期赵国名将廉颇、李牧。

朕之汲黯①　宋田锡②，天性骨鲠，奏经史中治体之要三十篇。真宗手诏褒奖，每见锡，色必矜庄。帝自谓曰："田锡是朕之汲黯。"

【注释】

①汲黯：字长孺，西汉濮阳（今濮阳西南）人，汉代著名的直谏之臣。

②田锡：字表圣，太平兴国年间进士。

巾车①**之恩**　冯异朝京师，光武诏曰："仓卒芜蒌亭，豆粥溥沱河，麦饭厚恩久不报。"异曰："臣欲国家无忘河北之难，臣不敢忘巾车之恩。"

【注释】

①巾车：巾车乡。冯异任新莽颍郡掾时，化装外出巡视属县，在巾车乡被刘秀兵捉住，刘秀赦免了他。《后汉书·冯异传》上说，冯异与刘秀一个"不忘巾车之恩"，一个"不忘河北之难"，谱写出一段君臣遇合的佳话。

尚书履声　汉郑宗①为尚书仆射，数谏，上纳用之。每闻其革履声，曰："我识郑尚书履声。"

【注释】

①原稿"郑宗"当作"郑崇"。郑崇，字子游，汉高密大族，世与王家相嫁娶。汉哀帝时擢为尚书仆射。

软脚酒　唐郭子仪自同州归，代宗诏大臣就宅作软脚局①，人出钱三千。

【注释】

①软脚局：欢迎远归之人的娱乐性聚会。"软脚酒"等同于"接风洗尘酒"。

佐朕致太平　王旦，祐次子，器诚①远大，真宗尝目送之曰："佐朕致太平者，必斯人也。"

【注释】

①原稿"祐次子"当作"祐次子","器诚"当作"器识"。

儒与吏不及 明王兴宗初为皂隶，洪武特命为金华知县。李丞相言："隶也，奈何为令？"上曰："兴宗勤而不贪，又善处事，儒与吏不及也，何有于县？"后苏乏守，上曰："莫如兴宗。"用之，有善政。

风度得如否 唐玄宗每访士，必曰："风度得如九龄①否？"

【注释】

①**九龄**：即张九龄。

文武魁天下 宋薛奕，兴化人，中武举第一。时同郡徐铎亦冠文科，神宗赐以诗，有"一方文武魁天下，万里英雄入彀中"之句。后于国变死难。

奖谕赐食 明王来巡按苏松，奉敕同侍郎周忱考察官吏，制词有请上裁语，来曰："贪官污吏当去，宜即去之。奏请迟留，民益受弊矣。"三杨①览奏曰："王来明达治体。"遂易与之。由是贪暴望风引去。有巨珰②陈武，奉太后懿旨，散经江南，要索百端，人人畏之。来收其榜，谓与诏书不合，拟劾之。珰哀祈得免。及还，诉于上。上问顾佐曰："苏州巡按为谁？"佐曰："王来。"上曰："记之。"及代还，佐引以奏，上加奖谕，赐食光禄。

【注释】

①**三杨**：指明代杨士奇、杨荣、杨溥三人，三人俱能文章，历事成祖、仁宗、宣宗、英宗四朝，号"三杨"。

②**巨珰**：大宦官。珰，汉代宦官帽子上的装饰物，后代指宦官。

赐金奉祀 汉朱邑官至大司农，卒。天子惜之，曰："朱邑退食自公，无疆外之交，可谓淑人君子。"赐其子黄金百斤奉祀。

有唐忠孝　韩思复儿时，母为语父亡状，呜咽欲死。举茂才高第，家益贫，杜瑾以百缣饟思复，方并日食，而百缣完对不发。累迁襄州刺史，治行名天下。及卒，上手题其碑，曰"有唐忠孝韩长山之墓"。

骨格必寿　明宋讷，士至祭酒，严立学规。学录金文徵嗛冢宰余炝移文[①]，以老致仕。及陛辞，上讯知其故，诛炝及文徵，讷居职如故。上恒谓讷骨格必寿，命画工绘其像。年八十余，终于官。上自制文祭之。后每思讷，举为教国子者法。命仍官其子复祖为司业。

【注释】

①**学录**：官名，宋朝始置，明清皆设之。原稿"之"疑为"衍"。

冢宰：周代官名，位列六卿之首，后来也代称吏部尚书。

不避艰险　昭烈与关羽、张飞，寝则同床，恩若兄弟。而稠人广座，侍立终日，随备周旋，不避艰险。

〔明〕戴进《三顾草庐图》轴，绢本，设色，172.2cm×107cm，藏于故宫博物院

遂从不去　张良聚少年百人，道遇沛公。良数以《太公兵法》说沛公，沛公善之，尝用其策。良为他人言，皆不省。良曰："沛公殆天授。"故遂从不去。

鱼之有水　刘备见诸葛亮于隆中，凡三往而始得，情好日密，关羽、张飞不悦。备解之曰："孤之有孔明，犹鱼之有水也。"

安刘者必勃　汉高祖疾甚，吕后问曰："陛下百岁后，萧相国死，谁可代之？"曰："曹参可。"问其次，曰："王陵可。然少戆，陈平可助之。陈平智有余，然难以独任。周勃重厚少文，然安刘氏者必勃也，可令为太尉。"

赐周公图　汉武帝以子弗陵年稚，察群臣，唯奉车都尉霍光忠厚，可任大事。乃使黄门画周公负成王朝诸侯以赐光。上病笃，霍光涕泣问曰："如有不讳，谁当嗣者？"上曰："君未谕前画意耶？立少子，君行周公之事。"

去襜帷　汉刺史郭贺，官有殊政，明帝赐以三公之服黼黻冕旒，敕行部去襜帷，使百姓见其容服，以章有德。

一见如旧友　苻坚自立为秦天王，尚书吕婆楼荐王猛于坚。坚召猛，一见如旧友，语及时事，大悦，自谓如刘玄德之遇孔明也。

父　子

弄璋弄瓦[①]　《诗经》：吉梦维何？维熊维罴。男子之祥，维虺维蛇。女子之祥，乃生男子，载衣之裳，载弄之璋。乃生女子，载衣之褐，载弄之瓦。

【注释】

①弄璋弄瓦：旧时称生男为"弄璋"，意谓希望将来有玉一样的品德；称生女为"弄瓦"，意谓希望将来能胜任女工活计。璋，玉器。瓦，纺锤。

诞日弥月　《诗经》：载生载育，时维后稷，诞弥①厥月。

【注释】

①诞弥：生日。

岳降①　《诗经》：崧高维岳，峻极于天②。维岳降神，生甫及申。

【注释】

①岳降：谓德当岳神之意，而子孙有显德。后遂以"岳降"称颂诞生或诞辰。

②原稿"峻极于天"当作"骏极于天"。

悬弧设帨①　男子生，桑弧蓬矢②，以射天地四方，欲其长而有事于四方也。《礼记》：男子生，设弧于左；女子生，设帨于门右。

【注释】

①悬弧：指生男。设帨：设置佩巾以为生女的符记。

②原稿"蓬矢"及下文"设弧于左"，《礼记》作"蓬矢六""设弧于门左"。

初度①　《离骚》云："皇览揆余初度兮，肇锡余以嘉名。"

【注释】

①初度：指生日之时，后指生日。

添丁　唐卢仝生子，名添丁。宋贾耘老，子亦名添丁。耘老生子之妾，名双荷叶。

汤饼[1]会　生子三朝宴客，曰汤饼会。刘禹锡送张盟[2]诗："尔生始悬弧，我作座上宾。引箸举汤饼，祝词生麒麟。"

【注释】

①**汤饼**：指今天的汤面。

②原稿"张盟"有误，当作"张盟"。

拿周　曹彬始生周岁，父母罗百玩之具，名曰睟盘，观其所取以见志。彬左手提戈，右手取印，后果为大将封王。

太白后身　郭祥正母梦李太白，而生祥正，有诗名。梅尧臣曰："功夫三才如此，真太白后身也。"

玉燕投怀　张说梦生。一玉燕飞入怀中，有孕，生说，后为宰相，封燕公。

九日山神　三衢陈主簿妻，梦一伟人来谒，怪问之，告曰："吾九日山神也。"已而生子，有异征。因合"九日"二字，名旭。后避庙讳，改升之。神宗朝拜相。

灵凤集身　《南史》：王昙逸母[1]，梦灵凤集身，有孕，又闻腹中啼声。僧宝志曰："生子当如神仙宗伯。"

【注释】

①原稿"王昙逸母"当作"王昙选妻"。

金凤衔珠　南昌许逊，母梦金凤衔珠堕掌而生。晋初为旌阳令，得异人术，周游江湖，悉斩蛟蜃，除民害。精修山中，年一百三十六。举家飞升。

授五色珠　宋乐史，母梦异人授五色珠而生。史力学能文，举进士第一，立朝有声，著《太平寰宇记》。

五日生　田文以五月五日生。其父婴欲弃之，母窃举。及长，谓婴曰："君相齐久矣，齐不加广而私家赀累巨万，门下不见一贤者。文窃怪之。"婴乃礼文，使治家，通宾客。

梦邓禹　宋范祖禹生，母梦一丈夫被金甲，至寝所，曰："吾汉将邓禹也。"祖禹生，遂以为名。

梦枫生腹　唐张志和母，梦枫生腹上而产志和。母亡，不复仕。自号烟波钓徒。

电光烛身　宋宗泽母刘，梦天大雷，电烛其身，翌日举泽。少有大志，累功拜副元帅，起兵勤王，大破金兵。

梦贤人至　谢灵运父不宜子，乃于杜明甫舍寄养。是夕，梦有贤人至。及晓，乃灵运也。武林山有梦儿亭。

右胁生　老子姓李，名耳，字伯阳，谥聃，母怀之八十一岁①，从右胁生，因号老子。

［明］文征明《老子像》，纸本，水墨，24cm×149cm，藏于大连旅顺博物馆

【注释】

①原稿"八十一岁"，《太平广记》作"七十二岁"。

梦虎行月中　滕元发母，梦虎行月中，堕其室，而元发生。九岁能诗。举进士，治边，威行西夏。

真英物　桓温生，未暮，而温峤见之，曰："此儿有奇骨。"及闻其声，曰："真英物也。"父彝以峤所赏，故名温。豪爽有风概，累功进大司马。

龟息①　李峤母以峤问袁天纲，答曰："神气清秀，恐不永耳。"请伺峤卧而候其鼻息，乃贺曰："此龟息也，必贵而寿。"

【注释】

①龟息：道教语。谓呼吸调息如龟，不饮不食而能长生。一说，以为龟睡时，气由耳出，因此长生。

梦长庚　李白母娠时，梦长庚星现，幼名长庚，后改曰白。

产有异光　虞允文产之日，户外有异光，识者知其为大器。十岁赋诗，多惊人语。

将校有梦　杨玠，璨子，未生时，将校有梦，神自靖州来，号蜀威将军者。暨玠生，貌状如之。袭职，著边功。

钟巫山之秀　扬雄之父寓巫山而生雄，论者为钟十二峰之秀。

皆名将相　陈省华官谏议大夫，陈抟尝谓省华曰："君之子皆名将相也。"后省华谢政家居，三子并衣金紫扶杖。长尧叟，世称贤相；

次尧佐，官太子太师；季尧咨，官节度使，善射，世称小由基。

孕灵此子 五代王承肇母崔氏，梦山神牵五色兽逼其衣，遂生承肇。有异僧见而抚之，曰："老僧所居周公山，佳气减半，乃孕灵此子耶？"后节制洛州，以功名著。

父辱子死 彭修年十五，侍父出行，为盗所劫，修拔刀向盗，曰："父辱子死，汝不畏死耶？"盗惊曰："童子义士，毋逼之。"遂遁去。

一子不可纵 刘挚儿时，父居正课以书，朝夕不少间。或谓："君止一子，独不加恤耶？"居正曰："正以一子，不可纵也。"

事父犹事君 殷渊刚介多大节，从父宦游，父行事未当，必辩论侃侃。尝言事父犹事君，不以谀谄为恭。后死"闯贼"难。

娶长妻 冯勤祖父偃，长不满七尺，自耻短陋，乃为子伉娶长妻，生勤，八尺三寸。

一门七业 刘殷有七子，五子各授一经，一子授太史公《史记》，一子授《汉书》，一门之内，七业俱兴。北州之学，殷门为盛。

胎教 孟子少时，问："东家杀猪何为？"母曰："啖汝！"既而悔曰："吾闻胎教，割不正不食，席不正不坐。今适有知而欺，是教之不信。"乃买猪肉啖之。

七子孝廉 赵宣妻杜泰姬生七男，教之曰："中人性情，可上下也。昔西门豹佩韦以自宽，宓子贱佩弦以自急，汝曹念哉！"后七子皆辟孝廉，而元珪、稚珪更以令德著。

各守一艺　邓禹有子十三人，各守其艺，闺门雍睦。累世宠贵汉庭者，凡百余人。

儿必贵　王珪母李氏尝曰："儿必贵，未知所与游者何人？"适玄龄、如晦造访，母大惊曰："二客皆公辅器，汝贵不疑矣。"

苏瓌有子　苏颋①父瓌同李峤拜相。一日，召二子进见，帝曰："苏瓌有子，李峤无儿。"

【注释】

①苏颋（670—727）：字廷硕，京兆武功县（今陕西省武功县）人。唐玄宗宰相，封许国公。善于文学，与燕国公张说齐名，时称"燕许大手笔"。

是父是子　吕昭知沁州，临行，父老持金相赠。昭曰："吾无刘宠之爱，敢为父老留一钱哉！"却不纳。子旦初第，昭诫之曰："苟酌贪泉①，死不歆祀。啮冰茹蘖②，是父是子。"

【注释】

①贪泉：古代一眼著名的泉水名，地处广东省南海县。古时传说饮此水者，"廉士皆贪"。

②茹蘖：吃草。

父子四元　伦文叙弘治乙未会元，三子以谅、以训、以诜皆成进士。以谅乡试第一，以训会试第一，以诜殿试第二。父子居四元，为科名盛事。

一如其父　范仲淹知耀、邠二州，皆有善政。赵元昊叛，知永兴军时，称小范老子胸中有数万甲兵。子纯礼，亦知永兴，为政一如其父。

一褐寄父　邝垫仕副使，尝市一褐寄父。贻书问：何处得此褐，毋以不义污我。家教严，故垫制行最清谨。

天上麒麟[①]　杜诗："徐卿二子生绝奇，感应吉梦相追随。孔子释氏亲抱送，并是天上麒麟儿。"

【注释】

①**天上麒麟**：典出《陈书》卷二十六《徐陵列传》，后遂以"天上麒麟"来称赞他人之子有文才。

厉人[①]**生子**　昔有厉人夜半举子，急持灯烛之，盖恐肖己也。

【注释】

①**厉（lài）人**：癞病之人。

三迁　孟子少时，居近墓，乃好为墓间之事。孟母曰："非所以教吾子也。"乃去。居市廛，孟子又好为贸易之事。母曰："此非所以教吾子也。"复去。居学官之傍，孟子乃设俎豆，揖攘[①]进退。孟母曰："此可以教吾子矣。"遂居之。

【注释】

①原稿"揖攘"当作"揖

［明］吴伟《孟母三迁》，藏于上海博物馆

让"。揖让，古代宾主相见的礼节。

和熊[①]　柳公绰妻韩氏，常[②]粉苦参、黄连和熊胆为丸，赐其子仲郢等夜学含之，以资勤苦。

【注释】

①依此条内容，宜将原稿标题改为"和熊胆"。和熊胆即合和熊胆，比喻母能教子。

②今依文意，宜在"常"字后面补一"命"字。

画荻[①]　欧阳修四岁而孤，郑氏[②]教之。家贫，乏纸笔，以荻画地学字。后成大儒，官至观文殿大学士。

【注释】

①**画荻**：后世多用以称颂母教。

②原稿"郑氏"前宜加"母"字。

截髪　陶侃孤贫，孝廉范逵尝过，仓卒无以款待。母湛氏乃截髪以易酒，又撤所卧草荐，锉以喂马。逵见卢江守张夔称之。夔召侃领枞阳令。

跨灶　灶上有釜，故子过于父，谓之跨灶。盖父与釜同音，借以相喻也。

凤毛[①]　宋谢凤子超宗，善文词，作《殷妃诔》。帝叹赏曰："超宗殊有凤毛。"杜诗："欲知世掌丝纶美，池上于今有凤毛。"

【注释】

①**凤毛**：赞誉人之子有文采。

双珠[①]　后汉韦康、韦诞俱有时名。孔融语其父端曰："不意双珠近出老蜂②。"

【注释】

①**双珠**：指二人并美。

②原稿"近出"当作"递出"，"老蜂"有误，应为"老蚌"。

豚犬　曹操见孙权，叹曰："生儿当如孙仲谋，如刘景升儿子豚犬耳！"

老牛舐犊　杨彪子①为曹操所杀。操后见彪，曰："何瘦之甚！"曰："愧无日䃅先见之明，犹怀老牛舐犊之爱。"操为之改容。

【注释】

①依上下文，原稿"子"后宜补一"修"字。

伯道无儿　邓攸字伯道，石勒之乱，挈妻子及弟子绥以逃，度不能两全，乃弃子存侄，后卒绝嗣。时人语曰："皇天无知，使伯道无儿。"

萱堂　萱草一名宜男，妊妇佩之即生男。故称母为萱堂。《诗·伯兮》章："焉得萱草，言树之北①"。

【注释】

①原稿"萱草""北"，《诗·卫风·伯兮》中作"谖草""背"。谖草，忘忧草，背，北堂。此条本谓母亲的居室，转称母亲，即谖堂。

椿庭　《庄子》云："上古有大椿，以八千岁为春，八千岁为秋。"今人称父曰椿庭。

乔梓　乔木高而仰，父道也。梓木实而俯，子道也。故称父子曰乔梓。

楂梨 张敷小字楂①，父邵小字梨。宋文帝戏之曰："楂何如梨？"敷曰："梨是百果之宗，楂何敢比！"

【注释】

①原稿"楂"字，《宋书》中均作"查"。

菽水承欢① 子路曰："伤哉贫也！生无以为养，死无以为礼也。"孔子曰："啜菽，饮水，尽其欢，斯之谓孝。"

【注释】

①**菽水承欢**：典出《礼记注疏》。菽，豆类的总称；菽水，豆和水，指最平凡的食品；承欢，博取欢心，特指侍奉父母。用豆子和水来奉养父母，博取父母的欢心。

为母杀鸡 后汉茅容，郭林宗访之，留宿。旦日，容杀鸡为馔，林宗以为己设。已而，供奉其母。林宗拜之，曰："卿贤乎哉！"因劝之学，以成其德。

自伤未遇 晋赵至年十二，与母道旁看令上任。母曰："汝后能如此不？"至曰："可尔耳。"早闻父耕叱牛声，释书而泣。师问之，曰："自伤未遇，而使老父不免勤苦。"

风木之悲① 春秋皋鱼宦游列国，归而亲故，泣曰："树欲静而风不息，子欲养而亲不在②！"遂自刎死。

【注释】

①**风木之悲**：比喻亲人亡故不能待养。

②原稿"不在"，《韩诗外传》作"不待"。

毛义捧檄 毛义以孝行称。府檄至，以义为安阳令。义捧檄而喜动颜色，张奉薄之。后义母亡，遂不仕。奉叹曰："往日之喜，盖为母也。"

为母遗羹　颍考叔[1]为封人，郑庄公赐之食。食舍肉，曰："小人有母，皆尝小人之食矣，未尝君之羹，请以遗之。"

【注释】

①原稿"颖考叔"当作"颍考叔"。

倚闾而望　王孙贾事齐闵王，王出走，贾不知其处。其母曰："汝朝出而晚归，则吾倚门而望；汝暮出不归，则吾倚闾而望。汝今事王，王出走，汝不知其处，汝尚何归？"

对使伏剑　王陵归汉，项羽取陵母置军中，以招陵。陵母私送使者曰："汉王长者，吾儿毋以老妾故持二心，妾以死送。"遂伏剑而死。

封还官物　陶侃少为县吏，常监鱼池，以鱼鲊遗母。母封鲊责之，曰："尔以官物遗我，反增我忧耳！"拒却之。

勿以母老惧　刘安世除谏官，白母曰："朝廷使儿居言路，须以身任国，脱有祸谴，如老母何？"母曰："谏官为天子诤臣，汝父欲为而弗得。汝幸居此，当捐身报主，勿以母老惧流放耳。"

对食悲泣　陆续系洛阳。母往馈食，续对食悲泣。使者问故，曰："母来不得见耳。"问："何以知之？"曰："吾母切肉未尝不方，断葱以寸为度，此必母所缳也。"使者以闻，特赦之。

暴得大名　陈婴者，故东阳令史。东阳少年杀其令，欲立婴为王。母曰："吾自为汝家妇，未闻汝先有贵者。今暴得大名，不祥。"婴乃属汉。

人不可独杀　严延年为河南守，母从东海来，适见报囚，乃大惊，不肯入。延年叩首谢。母曰："天道神明，人不可独杀。我不意垂老见壮子被刑戮也！"岁余，果败。

击堕金鱼　陈尧咨秩满归。母问有何异政，对曰："荆南当孔道，过客以儿善射，莫不叹。"母曰："忠孝辅国，尔父之训也。尔不能以善化民，顾专卒伍一人之技。"因击以杖，堕其金鱼①。

【注释】

①金鱼：配饰金鱼符。

得与李杜齐驱　汉诛党人，诏捕急。范滂白母曰："仲博孝敬，足供养，滂从龙舒君①九原，存亡得所。惟大人割不忍之恩。"母曰："汝得与李杜②齐驱，死亦何恨！令名寿考，可兼致乎？"

【注释】

①龙舒君：指范滂之父范显。

②李杜：指与范滂同时期的李膺、杜密，二人共因党锢之祸入狱，称"李杜"。

吾知善养　尹焞尝应举，发策有诛元祐诸臣议。焞不对而出，归告其母。母曰："吾知汝以善养，不知汝以禄养也。"

能为滂母　苏轼生十岁，母程氏亲授以书，闻古今成败，辄能领其要。程读《范滂传》，慨然叹息。轼请曰："轼若为滂，母能许之否？"程曰："汝能为滂，我独不能为滂母耶？"

口授古文　虞集母杨氏归虞汲。宋末兵乱，汲挈家奔岭外，无书可携读。母口授集《左传》、欧苏文。卒以文章名世，皆母训也。

得父一绝　唐宋之问父名令文，富文词，且工书。有力绝人，世谓之三绝。后之问以文章显，之悌以骁勇闻，之逊精草隶，各得父一绝。

父子谥文　明倪谦与子同入史局，谦终南礼部尚书，子岳终南吏部尚书。父谥文僖，子谥文毅。父子谥文，世以为荣。

父长号　何遵幼阅范滂母事，告母曰："儿设为滂，大人能慨然为滂母乎？"母笑而许之。后为工部主事，谏武宗南巡，荷校①暴午门外，五日杖死。廷杖日，父铎在里，有乌悲鸣而前，心异之。比闻工部有以言获罪者，父长号曰："遵其死夫！"已而果然。

【注释】

①**荷校**：背着囚器。

以屏隔座　三国纪亮与子瞥俱仕吴，亮为尚书令，瞥为中书令，每朝会，以云母屏隔座，时论荣之。

教忠　周狐突，晋大夫。怀公时，突子毛及偃从重耳如秦。公执突曰："子来则免。"对曰："子之能仕，父教之忠，古之道也。今臣子从公子亡，若又召之，教之贰也。"卒就死。

当有五丈夫子　商瞿①同年有梁鳣者，年三十，未举子，欲出其妻。瞿曰："未也！吾齿三十八无子，吾母为吾更娶。夫子曰：'无忧也。瞿过四十当有五丈夫子。'果然。吾恐子自晚生，且未必妻过也。"居二年，而梁有子。

【注释】

①**商瞿**：字子木，春秋时期鲁国人，孔子弟子。

不如一经　韦玄成，贤之子，与萧望之诸儒辩五经同异于石渠阁。汉元帝朝拜相，守正持重不及父，而文采过之。邹、鲁谚曰："遗子黄金满籝，不如一经。"

义继母　齐二子之母，宣王时有死于道者，吏执其二子，兄曰："我杀之。"弟曰："非兄也，我杀之。"吏以告王，王召问其母，母泣对曰："杀其少者。"王问故，母曰："少者妾之子。长者前妻之子，其父临终，嘱妾善视。今杀兄活弟，是以私废公也。背言忘信，是欺死也。"王高其义，皆赦之。

他日救时宰相　于忠肃父与如兰为方外交①。忠肃弥月，如兰赴汤饼之会，摩其顶，曰："此他日救时宰相也。"
【注释】
①**方外交**：指与僧人结成朋友。

墨庄①　宋刘式殁，惟遗书数千卷，夫人陈氏指谓诸子曰："此乃父墨庄也。"其后诸子及孙并起高第，为时名臣。
【注释】
①**墨庄**：指藏书非常多。

各授一经　宋田阚行高学博，游成均二十年，不遇，浩然归隐。子九人，各授一经，俱登第。时称义方①者，必曰田氏。
【注释】
①**义方**：所宜之道。

箕裘　《礼记》：良冶之子，必学为裘；良弓之子，必学为箕①。

【注释】

①**良冶、良弓**：指善于冶金和造弓的人，后以“箕裘”比喻祖先的事业。

亲导母舆　唐崔邠为太常卿，亲导母舆入太常署，公卿皆避道。

附：各方称谓

蜀人称父曰郎罢。吴人呼父曰爹（音遮），呼祖曰阿爹，又有呼曰公爹。有呼父曰爷（音涯），有呼父曰爸（音霸）。有呼父曰㸙（音播）。辽东人呼父曰阿嘛，母曰峨娘。湖南人呼母曰哎祖。有呼父曰阿叭，母曰阿宜。江淮人呼母曰社。李长吉呼母曰孆。吴人呼母曰媣（音寐）。羌人呼母曰姐。江湖有呼母谓媞（音侍）。青、徐人呼兄曰阿荒。荒，大也。又曰兟（音选）。越人呼兄曰况。楚人呼姊曰媭，呼妹曰媦（音位）。江淮人呼子曰崽（音宰），呼女曰娪（音悟）。又有呼子曰男，女曰媛（音嫫）。越人呼子曰媠。吴人呼子曰伢（音牙）。楚人呼妻母曰㚶（音氏）。东齐人呼婿曰倩。呼贱役曰傖。妇人呼夫之兄曰兄公，称夫之妹曰女伀（音中）。呼姊妹之子曰出（音翠）。自称曰姎（音盎），犹称我也。称舅母曰妗。齐人呼姊曰㜷（音稍）。

夫　妇（附妾）

举案齐眉　梁鸿至吴，依皋伯通庑下，为人赁舂。妻孟光具食，举案齐眉。伯通异之，曰：“彼佣，能使其妻敬之如此，非凡人也。”以礼遇之。

归遗细君[①]　东方朔割肉怀归，武帝问之，曰：“归遗细君。”

【注释】

①细君：东方朔之妻。东方朔自比于诸侯，谓其妻为小君，后以"细君"代称妻。

糟糠 光武姊湖阳公主新寡，欲下嫁宋弘。帝语弘曰："贵易交，富易妻，人情乎？"弘对曰："贫贱之交不可忘，糟糠之妻不下堂。"帝顾主曰："事不谐矣。"

断机① 乐羊子游学，未三月而归，其妻引刀断机，曰："君子寻师，中道而归，何异断斯织乎？"羊子乃发愤卒业。

【注释】

①断机：断织，后用为勉励学习之喻。

二乔 周瑜从孙策攻皖，得乔公两女，皆有殊色。策自纳大乔，瑜纳小乔。策谓瑜曰："乔公二女虽流离，得吾二人为婿，亦足为欢。"

有兄之风 孙权妹，刘先主初在荆州，孙权以妹妻之。妹才捷刚猛，有诸兄之风，侍婢百余人，皆执刀侍立。先主每入，心常凛凛。

妇有四德① 许允妇貌丑，允曰："妇有四德，卿有几德？"妇曰："妾之所不足者色耳。士有百行，卿有几行？"允曰："皆备。"妇曰："君好德不如好色，何谓皆备？"允大惭，礼之终身。

【注释】

①妇有四德：东汉班昭《女诫》中有记载，"四德"指"德、容、言、功（工）"。

执巾栉① 《左传》：晋太子圉质于秦，秦妻之，将逃归。嬴氏曰："寡君使婢子执巾栉，以固子也。纵子私归，弃君命也，不敢从。"

【注释】

①执巾栉：指妻妾。

奉箕帚　单父人吕公好相人，见刘季①状貌，异之，曰："仆阅人多矣，无如季相！仆有弱息女，愿为箕帚妾。"

【注释】

①刘季：刘邦。

吾知丧吾妻　刘庭式尝聘乡人女。及登第，女丧明，家且贫甚，乡人不敢复言。或劝改聘，庭式叹曰："心不可负！"卒娶之，生数子。死哭之恸。苏轼时为州守，问曰："哀生于爱，爱生于色。足下爱何从生？哀何从出乎？"庭式曰："吾知丧吾妻而已。"轼深感其言。

画眉　张敞为京兆尹，为妇画眉。有司奏闻。上问之，对曰："夫妇之私，有过于此者。"上弗责。

牛衣①对泣　王章家贫无被，卧牛衣中，与妻涕泣。妻怒曰："京师贵人，谁逾仲卿者，不自激昂，乃反涕泣，何鄙也！"后果之京兆。

【注释】

①牛衣：给牛保暖的护被，用麻或草织成。

剔目　房玄龄布衣时，病且死，谓妻卢氏曰："吾病不起，卿年少，不可寡居，善事后人。"卢泣入帷中，剔一目以示信。玄龄疾愈，后入相，礼之终身。

织锦回文　窦滔妻苏氏，字若兰，苻坚时滔拜安南将军，镇襄阳，携宠姬赵阳台以行。苏悔恨，因织锦为回文，题诗二百余首，纵横反复皆为文章，名曰《璇玑图》，以寄滔。

不从别娶 宋黄龟年①为侍御史，劾秦桧，遂夺桧职。初，邑簿李朝旌许妻以女。既登第，而朝旌已死，家甚贫，或劝其别娶，不从。

【注释】

①黄龟年：字德劭，福州人。

小吏名港 汉庐江小吏焦仲卿妻，为姑所逐，自誓不嫁。其母屡逼之，遂投水死。仲卿闻之，亦自缢。今府境有小吏港，以仲卿名。

相思树 韩凭妻封丘息氏，康王夺之，凭自杀。息与王登台，遂投台下死，遗书于带，愿以尸骨赐凭。王弗听，使人埋之，冢相望也。信宿，有交梓本生于二冢之旁，旬日而枝成连理，鸳鸯栖其上，交颈悲鸣。宋人哀之，号曰相思树。

知礼 季敬姜，鲁大夫公甫穆伯①之妻也。子文伯相鲁，退朝。敬姜方绩，文伯曰："以歜之家，而犹绩乎？"敬姜叹曰："夫民，劳则思，思则善心生；逸则淫，淫则忘善，忘善则恶心生。……吾惧穆伯之绝祀也！"及文伯卒，敬姜朝哭穆伯，暮哭文伯。仲尼闻之，曰："季氏之妇知礼矣！"

【注释】

①公甫穆伯：季悼子之孙，穆伯之子，名歜。

作诔 柳下惠卒，门人欲诔之。妻曰："将诔夫子之德耶？则二三子不如妾知之也。"乃作诔。

谥康 黔娄先生卒，曾西往吊，见其尸覆布被，手足不尽敛。

曾西曰：“邪①引其被则敛矣。”妻曰：“邪而有余，不若正而不足。死而邪之，非先生意也。”曾西曰：“何以为谥？”妻曰：“先生不戚戚于贫贱，不汲汲于富贵，其谥曰康，可乎？”曾西叹曰：“惟斯人也，而有斯妇。”

【注释】

①邪：通“斜”。

预结贤士　晋大夫伯宗好以直辩凌人，人恶之。妻曰：“危可立待也！何不预结贤士，以州犁①托焉。”伯宗乃得毕羊而交之。未几，伯宗以谮死。毕羊送州犁于荆，幸免。

【注释】

①州犁：即伯州犁，晋大夫伯宗之子。

柏舟　共姜，卫世子舟伯①妻。共伯蚤折，父母欲夺而嫁之，以死自誓，作《柏舟》诗。

【注释】

①原稿“舟伯”有误，应改为“共伯”。据考证，共伯并未早死，此条所述与史实不符。

共隐终身　王霸少与令狐子伯善，后子伯相楚。其子为郡功曹，尝诣霸。霸子耕于野，投耒见客。颜色惭沮。客去，霸卧不起。妻问故，霸曰：“彼子容服都，儿曹有惭色。父子恩深，不觉自失耳。”妻曰：“子伯之贵孰与君之高？奈何忘凤志而惭儿女子乎？”霸起而笑曰：“有是哉！”遂共隐，终其身。

女宗　鲍苏仕卫三年，而娶外妻。其妻养姑甚谨。其姒①曰：“子可以去矣。”答曰：“妇人从一为贞，以顺为正，岂有专夫室之爱为贤哉？”事姑愈谨。宋公表其闾曰“女宗”。

【注释】

①姒：古代称年长的妾为"姒"，称年轻的妾为"娣"。

封发　唐贾直言坐事贬岭南。妻董氏名德贞，年甚少。诀曰："死生未期，汝可亟嫁。"贞不答，引绳束发，封以帛，使直言署曰："非君①不可解！"直言贬二十年乃还，帛如故。

【注释】

①依文意，原稿"君"字后宜补"手"字。

受羊埋之　羊舌①子好直，不容于晋，去三室之邑。邑人攘羊而遗之，羊舌子不受。妻叔姬曰："不如受而埋之。"羊舌子曰："何不飨盼与鲋？"姬曰："不可。南方有鸟为吉乾，食其子，不择肉，子多不义。今盼与鲋童子也，随大人而化，不可食以不义之肉。"乃盛以瓮，埋垆阴。后攘羊事败，吏发视之，羊尚存。曰："君子哉！羊舌子不与攘羊矣。"

【注释】

①羊舌：复姓。

弓工妻　晋繁人之妻也。平公使繁为弓①，三年乃成。公引射而不穿一札，将杀之。其妻请见，曰："妾夫造弓，劳矣！君不能射，反以杀人。妾闻射之道，左手如拒，右手如附；右手发之，左手不知。"公用其言，而射穿七札，立释繁人。

【注释】

①原稿"使繁为弓"，宜作"使繁人为弓"。

迎叔隗　晋文公与赵衰子奔狄，狄人隗氏入二女，公纳季隗，以叔隗妻衰，生盾。及反国，文公又以女赵姬妻之，生三子。赵姬请迎盾与其母，衰不敢从。姬曰："得宠忘旧，安富室而弃贱交，不可。

君其迎之。"衰乃迎叔隗于盾于狄。

提瓮出汲 桓氏字少君，鲍宣就少君父学，父奇其清苦，以女妻之，装送甚盛。宣不悦。少君悉屏去侍从服饰，更布素，与宣共挽鹿车①归里。拜帖②，即提瓮出汲，修妇道。

【注释】

①鹿车：古时候的一种小车。

②原稿"拜帖"，《后汉书》作"拜姑"。

御妻 晏子出，其御之妻从门间窥其夫，意气扬扬自得。既而归，妻请去，曰："晏子身相齐国，名显诸侯。观其志常有以自下者。子为人御，自以为足，妾是以求去也。"御者乃重自抑。晏子怪而问之，以实对，荐为大夫。

效少君① 马融女适汝南袁隗，礼初成，隗曰："妇奉箕帚则已，何乃珍丽？"对曰："慈亲爱重，不敢违命，君若慕鲍宣之高，妻亦效少君之事。"

【注释】

①少君：桓少君，鲍宣之妻。

破镜 乐昌公主下嫁徐德言。陈亡，德言与主破镜，各分其半。后主为杨素所得，德言寄诗云："镜与人俱去，镜归人未归。"乐昌得诗，悲泣不已。素怆然，召德言还之。

造庐而吊 杞梁死国事，丧归，齐庄公遇于途，欲吊。其妻曰："君以吾夫之死为有罪，则不敢辱君之吊；如以为无罪，则先人有敝庐在，何吊于途？"公乃造其庐而吊焉。

琴心 司马相如与临邛令善。富人卓王孙闻令有贵客，为具召之。酒酣，令请相如抚琴。时卓王孙女新寡，窃听。相如以琴心挑之，文君遂夜奔，相如与之归成都。

白头吟 司马相如将聘茂陵女为妾，卓文君作《白头吟》以自绝，相如感之，乃止。

妒妇津 刘伯玉妻段氏悍妒，闻其夫诵《洛神赋》，投洛水死。后人名其地为妒妇津。有妇人渡此者，必湿其衣妆。

四畏堂 王文穆作"三畏堂"。夫人悍妒。杨文公戏曰："可改作四畏堂。"公问故，曰："兼畏夫人。"

狮子吼 陈季常妻柳氏悍妒，客至，或闻诟詈声。坡公诗戏之曰："谁似龙丘居士贤[1]，谈空说有夜不眠。忽闻河东狮子吼，柱杖[2]落手心茫然。"

【注释】

①原稿"谁似龙丘居士贤"一作"龙丘居士亦可怜"。

②原稿"柱杖"当作"拄杖"。

恐伤盛德 谢太傅[1]刘夫人性妒，常帷诸妓作乐，太傅暂见，便下帷。太傅索更一开，夫人拒之，曰："恐伤盛德。"

【注释】

①谢太傅：即谢安。

鸩庚[1]止妒 梁武帝平齐，获侍儿千余，都后愤恚成疾。左右曰："《山海经》云，食鸩庚止妒。"后食之，妒果减半。

［元］赵孟頫《洛神赋》（局部），纸本，小楷书册页，藏于故宫博物院

【注释】

①鸧庚：黄莺。

炊扊扅①　百里奚为秦相，堂上作乐，有浣妇自言知音，援琴歌曰："百里奚，五羊皮，忆别时，烹伏雌，炊扊扅，今当富贵忘我为？"寻问之，乃其妻也。

【注释】

①庋庨（yǎn yǐ）：门闩。相传百里奚贫困时，曾用门闩作柴火烧饭。

周姥①**撰诗**　谢太傅欲置伎妾，命兄子往劝夫人，因言《关雎》《螽斯》不妒之诗。夫人问谁为此诗，云是周公。夫人曰："周公是男子，周姥撰诗，当无是语。"

【注释】

①周姥：周公之妻。

何由得见　桓温尚南康公主，经年不入其室。一日，温与司马谢奕饮，奕以酒逼温，温逃入主所。奕遂升厅事，引一直兵共饮，曰："失一老兵，得一老兵，何怪也！"主谓温曰："君若无狂司马，我何由得见！"

羞墓　朱买臣刈薪自给，妻求去，买臣笑曰："我年五十当富贵。"妻恚曰："如公等，终饿死沟中耳！"买臣不能留。无何，拜会稽太守，乘传入吴，见故妻从夫治道，载之后车。妻愧死，葬于嘉兴，呼为"羞墓"。方正学有诗云："青草塘边土一丘，千年埋骨不埋羞。丁宁嘱咐人间妇，自古糟糠合到头。"

秋胡挑妻　鲁秋胡娶妻五日，官于陈。后归，见采桑女子，下车挑之，曰："力田不如逢年，力桑不如见郎。吾有黄金，愿以与子。"妇不受，归。及见其夫，乃挑我者也，遂数胡罪，而沉于河。

难做家公　郭汾阳子暖与升平公主诟詈，暖曰："汝倚父为天子耶？我父薄天子而不为耳！"主入奏，子仪囚暖入待罪。代宗曰："不痴不聋，难做家公。小儿女闺阃之言弗听。"

妒不畏死 唐任环①为兵部尚书，太宗赐宫女二人，妻柳氏妒之，欲烂其发使秃。太宗赐酒曰："饮之立死，不妒不须饮。"柳氏拜敕曰："诚不如死！"举卮饮尽。太宗谓环曰："人不畏死，卿其奈何！"二女令别室安置。

【注释】

①原稿"任环"疑似"任瓌"。任瓌，字玮，唐高祖时授榖州刺史。

鼓盆① 庄子妻死，惠子吊之。庄子方箕踞，鼓盆而歌。惠子曰："不太甚乎？"庄子曰："人且僵然寝于巨室，而我且嗷嗷然随而哭之，自以为不通乎正命，故止之也。"

【注释】

①鼓盆：本意指敲瓦罐子，代指丧妻。

牝鸡司晨① 周武王曰："牝鸡无晨。牝鸡之晨，惟家之索。今商王受，惟妇言是用。"

【注释】

①牝鸡司晨：旧时比喻妇人专权。

加公九锡 王导惧内，乃以别馆畜妾。夫人知之，持刀寻讨。导飞辔出门，以左手扳车栏，右手提尘尾柄以打牛，狼狈而前。蔡司徒谟曰："朝廷欲加公九锡。"王信以为实。蔡曰："不闻余物，惟闻短辕犊车，长柄尘尾。"王大羞愧。

何况老奴 桓温平蜀，以李势妹为妾，妻闻，拔刀袭之。李方梳头，发垂委地，姿貌端丽，乃徐结发，敛手向妻，曰："国破家亡，无心至此。若能见杀，犹生之年！"神情闲正，辞气凄惋。妻乃掷刀，前抱之曰："我见犹怜，何况老奴？"遂善视之。

如夫人[①] 齐侯好内，多内宠，内嬖如夫人者六人。

【注释】

①**如夫人**：原意同于夫人，后即以称别人的妾。

解白水诗 管仲妾名婧。桓公出游，宁戚扣牛角而高歌。公使管仲迎之，戚曰："浩浩乎白水。"管仲不知所谓。婧曰："古有白水之诗，曰：'浩浩白水，倏倏[①]之鱼。君来召我，我将安居？'此戚之欲仕也。"管仲大悦，以报桓公，遂相齐。

【注释】

①**倏倏**：光彩鲜明的样子。

居燕子楼 关盼盼，张建封侍姬也[①]。建封殁，盼盼独居燕子楼十余年。一日，得白乐天和诗，泣曰："自我公薨，妾非不能死，恐世以我公重色，有从死之妾，而玷公也。"遂怏怏不食而卒。但吟云："儿童不识冲天物，漫托青泥污雪毫。"

【注释】

①此句有误。据清人汪立名《白香山年谱》，关盼盼是张建封之子张愔的小妾。

何惜一女 周颛母姓李，字络秀，颛父浚，为安东将军，出猎遇雨，过李氏。会其父兄他出，络秀与一婢具数十人馔，甚精办，而不闻人声。浚怪，使人觇之，独见一女子美甚。浚固求为侍妾。父兄初不许，络秀曰："门户衰微，何惜一女！"遂许之，生颛及嵩。

抱骨赴水 赵淮妾，长沙人。元将使淮招李廷芝[①]，淮至城下，大呼曰："廷芝，男子死耳，无降也！"将怒杀之，掳其妾。妾伪告将曰："妾夙事赵运使，今死不葬，不忍忘情。愿往埋之，即事公无憾。"乃聚薪焚淮骨，置缶中，自抱骨赴水死。

【注释】

①原稿"李廷芝"，《宋史》作"李庭芝"。

察妾忧色　袁升五旬无子，往临安置妾。既得妾，察其有忧色，问故。妾曰："吾故赵太守女也，家四川，且贫，母卖妾为归葬计耳。"升即送还，并倾囊以赠。妻曰："君施德如此，何患无子！"次年生韶，为浙西使。孙洪，官郡司马。

不如降黄巢　王铎镇渚宫，以拒黄巢，兵渐逼。先是赴任，多带姬妾，夫人不知。忽报夫人离京在道。谓从事曰："黄巢渐以南来，夫人又自北至，且日情味，何以安处？"幕僚戏曰："不如降了黄巢！"

讽使出妻　宋夏执中，姊为孝宗后，累官节度。初执中与其微时妻至京，后讽使出之，择配贵族。执中诵宋弘语以对，后遂止。

六十未适　南北朝顾协少时，将聘舅女，未成婚，而母亡。免丧后，不复娶。至六十余，此女犹未他适，协义而迎之，卒无嗣。

遣妾献诗　陈陶操行高洁，累辟不起。严谟守南昌，欲试之，遣小妾莲花往持，陶竟夕不纳。妾献诗曰："莲花为号玉为腮，珍重尚书遣妾来。处士不生巫峡梦，空劳云雨下阳台。"陶答云："近来诗思清于水，老去风情薄似云。已向升天得门户，锦衾深愧卓文君。"

计赚解后　沈襄父炼，疏劾严嵩父子，被谪。复诬入白莲邪教，戮之原籍。逮襄部讯，并解其妾。抵山东，起早下于客店，妾密语襄曰："君至京，必无生理，盍以计脱，以存宗祧。妾拼一死，与之图赖，或得免落奸相之手。"于是绐之，曰："此地有吏部某为我父同年，在都时曾贷我父三百余金，索来可作路费，亦可以余者赠尔两人为还乡需，不识可行否？"二差以其有妾为质，去其手刑，易其衣巾。一差守妾于店，一差押之同往。行不一里，其差腹疼登厕，襄逸去。差至所谓吏部家，与襄所言迥异。奔回客店，云襄脱逃，吓妾吐真。妾乃号叫曰："我夫妻耐苦到此，京师已近，满望事白生还。汝受严氏嘱，潜杀我夫，汝必还我夫尸！我以身殉，决不甘屑弱女流又遭汝之污辱。"闻者酸鼻，告之。当道亦疑为严氏所谋，将妾寄养尼庵，日比^①二差还尸。拖延二载，严氏败，襄出为父陈冤，恩蒙赠荫。妾亦受封，与襄白首告终。

【注释】

①比：催索。

名分定矣　嘉靖己丑，瑞州孝廉刘文光、廖暹同上公车，皆下第，欲归。廖倩媒买妾，拉刘同往选择，相中一女，下定订期。其女问曰："二位相公何者聘妾？"廖暹戏指刘曰："是这刘相公娶你。"刘亦大笑，女乃对刘肃拜而进。次日备礼往娶，女见仪状大骇，曰："刘君娶我，何以帖出廖某？"媒告以实，女变色曰："作妾虽然微贱，亦关夫妻父子之道，岂可轻指他人以为戏，我已拜刘，名分定矣！"父母婉转再四，誓死不从。廖追悔无及，劝刘纳之。刘力不继，约以下科。后刘正室逝世，娶女为正。

各送半臂　宋子京夜饮曲江，偶寒，命取半臂，十余宠各送一枚。子京恐有去取，不敢服，冒寒而归。

臼中炊釜　江淮王生善卜，有贾客张瞻将归，梦炊臼中。问王生，生曰："君归不见妻矣。臼中炊，无釜也。"瞻归而妻已卒。

覆水难收　姜太公初娶马氏，读书不事产业，马求去。太公封于齐，马求再合。太公取水一盆倾于地，令妇收水，惟得其泥。太公曰："若能离更合，覆水岂难收？"

婿

红丝 唐郭元振，美丰姿。宰相张嘉贞欲纳为婿，曰："吾五女，各持一丝于幔后。子牵之，得者为妇。"元振牵一红丝，得第三女。

厮中骐骥 《南史》：杜广初为刘景厮卒，及与景语，景大惊曰："久负贤者！"告其妻曰："吾为女求婿二十年，不意厮中有骐骥。"遂以女妻之。

屏间孔雀 唐高祖皇后窦氏父毅曰："此女有奇相，不可轻许人。"因画二孔雀于屏，求婿者令射二矢，阴约中目。高祖最后至，各中一目，遂归于帝。

玉镜台 晋温峤姑有女，属峤觅婿。峤自有婚意，曰："但得如峤何如？"姑曰："何敢希汝比也？"复一日，峤云："已得婿矣。门第不减峤。"因下玉镜台一枚，姑喜。婚毕，姑女披纱扇，抚掌笑曰："我固疑是老奴，果如所卜！"

再娶小姨 欧阳公与王拱辰同为萧简肃公婿，欧公先娶其长，拱辰娶其次。后欧公再娶其幼女，故欧公有"旧女婿为新女婿，大姨夫作小姨夫"之戏。

东床坦腹 郗鉴使门生求婚于王导，导东厢下遍观子弟门生，归谓郗曰："王氏诸子弟，咸自矜持。唯一人，在东床坦腹卧，食胡饼，独若不闻。"鉴曰："此正佳！"访问，乃羲之，遂妻以女。

快婿 后魏刘延明，十四就博士郭瑀学。弟子五百余人，瑀有女选婿，意在延明。设一座，曰："吾有女，欲觅一快婿，谁坐此者？"延明奋衣坐，曰："延明其人也。"瑀遂妻之。

乘龙 魏黄尚与李元礼俱为司徒，俱娶太尉桓叔元女。时人谓桓叔元女俱乘龙，言得婿如龙也。

岳丈 青城山为五岳之长，名丈人山，故称妇翁曰岳丈。又云泰山有丈人峰，故称泰山。

岳公泰水 欧阳永叔常云：今人呼妻父为岳公，以泰山有丈人峰。呼妻母为泰水，不知出何书也。

冰清玉润 晋卫玠，妻父乐广，皆有重名。议者以为妇翁冰清，女婿玉润。

天缘[1] 蒙氏有女，欲为择配。女曰："王择配，非天婚也。我欲倒骑牛背，任牛所之，即嫁之。"王从其请。至一委巷，牛侧其角而入，见一樵者，女曰："此吾婿也。"王怒绝女。一日，婿问："首饰是何物？"曰："金也。"婿曰："吾樵处甚多。"载归，皆金砖。王难之曰："汝能作金桥银路，吾当来访。"果作以迎王。王叹曰："信天缘也。"后名其地曰辘角庄[2]。

【注释】

①原稿"天缘"，《滇载记》作"天婿"。

②**辘角庄**：地名，在今云南省大理白族自治州。

门多长者辙 张负女孙五嫁而夫辄死，平欲娶之。负曰："平虽贫，门多长者辙。"卒与之。诫曰："无以贫故，事人不谨。"

佳婿　唐杨於陵补句容主簿，时韩滉节制金陵，杨以属吏谒，滉异之。谓其妻柳氏曰："夫人欲择佳婿，无有如杨主簿者！"遂以女妻之。

翁婿登相府　范文正一见富弼①器之，曰："王佐才也。"适晏元献谓文正曰："吾一女，烦君为择婿。"文正曰："必求国士，无如富弼者！"元献妻之。后弼与元献共登相府，盖异观也。

【注释】

①富弼：字彦国。至和初，与晏殊（元献）并为相。

此必国夫人①　宋马亮知夔州。时吕蒙亨为属吏，子夷简在焉，亮一见，许妻以女。妻怒，亮曰："此必国夫人也。"人服其鉴。

【注释】

①国夫人：这里指大臣之妻。

兄　弟（附子侄）

田氏紫荆　田真、田广、田庆兄弟同居，紫荆茂盛。后议分析，树即枯槁。兄弟不复议分，树乃茂盛如故。

昆玉　陆机陆云兄弟二人，生于华亭，人比之昆冈出玉，因名昆玉。

三间瓦屋　蔡司徒在洛，见陆机兄弟住参佐廨中，三间瓦屋，士龙住东头，士衡住西头。士龙为人文弱可爱，士衡长七尺余，声作钟声，言多慷慨。

难兄难弟 陈元方子群，陈季方子忠，各论其父功德，争之不能决，咨于太丘，太丘曰："元方难为兄。季方难为弟。"

手足 袁绍二子谭、尚，父死争立，治兵相攻。王修谓曰："兄弟者，手足也。人将斗，而断其右臂，曰我必胜可乎？"二子不从，为曹操所灭。

折矢 吐谷浑阿柴有子二十人。疾革，令诸子各献一箭，取一箭授其弟慕利延，使折之，利延折之。取十九箭使折之，利延不能折。乃叹曰："孤则易折，众则难摧。若曹识之！"

尺布斗粟 淮南厉王与汉文帝兄弟，徙蜀道死。民谣曰："一尺布，尚可缝，一斗粟，尚可舂，兄弟二人不相容。"

分痛 宋使晋王有病，太祖亲往视之，自为灼艾，晋王觉痛，太祖亦取艾自灼，以分其痛[①]。

【注释】

①此条事见《宋史·太祖纪》，灼艾分痛，后比喻兄弟友爱。

皆有文名 罗愿兄颢、吁、颉、颂，弟頖，皆有文名，朱熹特称之。

大小秦 唐秦景通与弟暐，皆精《汉书》，号大秦、小秦。凡治《汉书》者，非出其门，谓无师法。

束带未竟 刘班，瓛弟。瓛尝隔壁夜呼之，班下床著衣立，然后应。兄怪其久，曰："顷束带未竟。"其操立如此。

龙虎狗　诸葛瑾仕吴，弟亮仕蜀，弟诞仕魏。时谓蜀得龙，吴得虎，魏得狗。

棠棣[1]碑　贾敦颐为洛州司马，洛人为刻碑市旁。弟敦实又为长使，洛人亦为立碑其侧，号"棠棣碑"。

【注释】

①棠棣：比喻兄弟。

三张　晋张载博学，能文章，尝作《剑阁铭》，武帝命镌之剑阁。弟协少有隽才，为河间内史；亢亦娴词赋。时号"三张"。

三魏　魏允中南乐人，兵使王元美赏识之。丙子秋试，元美偕同官饮使院，戒阍吏曰："小录至，非魏允中元毋传鼓。"夜半鼓发，相与欢叫，已，与其兄允贞、弟允孚皆举进士。时人号曰"三魏"。

自缚请先季死　王琳年十余岁，父母俱亡。遭乱，乡邻逃窜，惟琳兄弟独守冢庐，号泣不去。弟季出，遇赤眉，将杀之。琳自缚，请先季死。"贼"矜而放之。

时称四皓　徐伯珍少孤贫，以箬叶学书，杜门十九年，淹贯经史，累召不出。兄弟四人俱白首，时称四皓。

人所难言　刘正夫官左司谏。徽宗方究蔡邸狱，正夫入对，引淮南"斗粟""尺布"之谣。上意遂解，谓正夫曰："兄弟之间，人所难言。卿能及此，不觉感动。"

［五代南唐］王齐翰（款）《四皓图》卷（局部），手卷，绢本，水墨，
全卷 124.1cm×161.6cm，藏于美国大都会艺术馆

俱九岁贡 宋王应辰年九岁，以能诵九经、作《春秋》《语》《孟》义，兼通子史，贡于礼部。后数年，其弟应申亦九岁贡礼部。

一母所生 吴思邈兄弟六人，先以父名析居①。及父卒，泣告其母曰："吾兄弟别处十余年，今多破产。一母所生，忍使苦乐不均耶？"复共居。

【注释】

①原稿"吴思邈""父名"当作"吴思达""父命"。吴思达，元蔚州人，开平主簿。

金友玉昆 辛攀父奭，尚书郎，兄鉴、旷，弟宝、迅，皆以才识知名。秦雍为之语曰："五龙一门，金友玉昆。"

相煎太急 曹丕欲杀其弟植，植赋诗曰："煮豆燃豆萁，豆在釜中泣。本是同根生，相煎何太急！"

火攻伯仲　周颢弟嵩，因醉詈其兄，曰："兄才不及弟，横得重名！"然蜡烛投之。颢颜色无忤，徐曰："阿奴火攻，诚出下策。"

姜被①　后汉姜肱与弟重海、重江②各娶，兄弟相恋，不忍别。作一大布被，寝则兄弟与共。人称其友爱。

【注释】

①姜被：即"姜肱共被"，指姜肱兄弟同被而寝，以慰继母之心。

②原稿"重海""重江"，《后汉书》作"仲海""季江"。

花萼集　李义山兄弟①俱以文章著，同为一集，号《李氏花萼集》。

【注释】

①原稿"李义山兄弟"当作"李义兄弟"。李义，字尚真，唐睿宗时累迁吏部侍郎，与兄尚一、尚贞俱以文著名。

贾氏三虎　后汉贾彪兄弟三人，并有高名，而彪最优。故天下称之曰："贾氏三虎，阿彪最优①。"

【注释】

①原稿"贾氏三虎，阿彪最优"，《后汉书》作"贾氏三虎，伟节最怒"。贾彪字伟节。

二惠竞爽　左昭公三年①，齐公孙灶卒。晏子曰："惜也！子旗不免，殆哉！二惠竞爽犹可，又弱一个，姜其危哉！"

【注释】

①原稿"左昭公三年"，即《左传·昭公三年》。

双璧　陆�昗与弟恭之，并有时誉。洛阳令①见之，曰："仆已年老，幸睹双璧。"

【注释】

①洛阳令：即贾桢。

佳子弟　王右军少时为从伯敦、导所器，常谓右军曰："汝是吾家佳子弟，当不减阮主簿。"

吾家麒麟　晋顾和族叔荣，见其总角志气不凡，曰："此吾家麒麟，兴吾宗者，必此子也。"

我家龙文　《北史》：杨愔幼聪慧绝人，其叔奇之，曰："愔也，将相器。"常语人曰："此儿驹齿未落，已是我家龙文；更十岁，当求之千里之外。"

犹子　卢迈进中书侍郎，再娶无子。或劝蓄姬媵，迈曰："兄弟之子，犹子也，可以主后。"

千里驹　苻朗，苻坚从兄之子，坚常称之曰："吾家千里驹也。"

乌衣子弟　晋王氏子弟多居乌衣巷，一时贵盛。人称之曰乌衣子弟。

小阮　竹林七贤，阮咸为阮籍兄子，故称小阮。

大小王　东阳王承出守东阳，多惠政。弟幼亦东阳守。时朱异用事，车马填门。魏郡申英指异门曰："此中辐辏，惟势是趋。不能屈者，大小王东阳耳。"

臣叔不痴　王湛雅抱隐德，不知者以为痴。兄子济往省，见床头有《周易》，因共谈《易》，剖析精微，出济意外，乃叹曰："家有名士，三十年不知！"武帝尝问济："卿家痴叔死未？"对曰："臣叔不痴。"又问："谁比？"曰："山涛以下，魏舒以上。"

芝兰玉树　谢玄为叔父东山所器重。安常谓子侄曰："子弟亦何豫人事？正欲使之佳。"玄曰："譬如芝兰玉树，欲使其生于庭阶耳。"

屐齿之折　谢太傅与客围棋，俄而谢玄淮上信至，展书毕，摄放床下，了无喜色，下棋如故。客问之，徐答云："小儿辈遂已破贼。"既罢，还内，过户限，不觉屐齿之折。

三桂堂　宋王之道刚直，尚风节，与兄之义、之深同科名，颜其堂曰"三桂"。尝梦帝命之曰："以尔有功，堂录其后。"子十人，仕者九人。

刻鹄类鹜　马援戒其子侄曰：龙伯高敦厚周慎，吾愿汝曹效之。杜季良豪侠好义，吾不愿汝曹效之。效伯高不得，犹为谨敕之士，所谓刻鹄不成，尚类鹜者也。效季良不得，陷为天下轻薄子，所谓画虎不成，反类狗者也。

析产取肥　汉许武以二弟晏、普未显，欲使成名，乃析产为三，自取肥田广宅，二弟无后言，人皆称其克让。晏、普并举孝廉，武乃会宗人，泣言析产故，悉以田宅归晏、普，一郡叹服之。

兄弟感泣　何文渊知温州府。民有兄弟争财而讼者，文渊判其状，曰："只缘花底莺声巧，致使天边雁影分。"兄弟感泣亲睦。

兄弟争牛　张苌年汝南郡守。有兄弟分一牛争讼不能决者，苌年赐以己牛一头，使均之。于是境中相戒，咸敦敬让。

翕和堂　韩祥与弟补同登进士，俱以德行文章显名。宋理宗书"翕和堂"以赐之。

弟请抵罪　唐陆南金官太子洗马。尝匿卢崇道，捕当重法。弟璧请抵罪，御史怪之。璧曰："母未葬，妹未归，兄能办之。我生无益，不如死。"御史义之，并免。

兄惟一子　许荆兄子世，尝报仇杀人，怨者操刃攻之。荆跪曰："世无状，咎在荆。兄惟一子，死则绝嗣，荆愿代之。"怨家曰："许掾郡中贤者，吾何敢犯？"遂委去。

急即扑杀　李勣勣疾，子弟固以药进。勣曰："我山东田夫尔，位极三台，年将八秩，非过分耶？"命置酒奏乐，列子弟，谓弟弼曰："我见房、杜诸公，苦作门户，为后人计，并遭痴儿破家。我有如许独犬，将付汝；若不率教，急即扑杀。"

叔　嫂

戛羹　汉高祖微时至丘嫂家，嫂方食羹，厌叔至，阳云羹尽辚釜①。已而视釜有羹，由是怨嫂。后乃封其子为戛羹侯。

【注释】
①原稿"辚釜"，一作"轹釜"，用勺刮釜发出声音。

为叔解围　谢道韫适王凝之。叔献之与客议论，词理屡屈。道韫遣婢白献之，为小郎解围，乃于帐后与客辩议，客愧服而去。

亦食糠覈① 陈平家负郭穷巷，以敝席为门。或谓平曰："何食而肥？"嫂曰："亦食糠覈耳，有叔如此，不如无有。"伯闻而逐其妇。

【注释】

①糠覈：米麦的粗屑。

嫂不为炊 苏秦出游，大困而归，妻不下机，嫂不为炊。及为从约长，佩六国相印，秦之妻嫂，俱侧目不敢仰视，俯伏侍取食。秦乃笑谓嫂曰："何前倨而后恭①也？"嫂委蛇蒲伏，以面掩地而谢曰："见季子位高而金多也。"

【注释】

①原稿"后恭"，《战国策》作"后卑"。

姊　妹

聂政姊 聂政刺韩相侠累，因自皮面抉目①，自屠出肠。韩人暴尸购其名。其姊往哭之曰："是轵深井里聂政也。以妾在故，自刑以绝其迹。妾敢畏死以泯贤弟之名！"遂死于政尸之旁。

屈原姊女婺，闻屈原放逐，来归，喻令自宽。乡人冀其见从，因名曰姊归。故《离骚》云："女婺之婵媛兮，申申其詈予。"

【注释】

①皮面抉目：用刀割面皮挑眼睛。

李勣姊 唐李勣性友爱，其姊病，尝自为粥，而燎其须①。姊戒止之。答曰："姊且疾，而婺且老，虽欲进粥，尚几何？"

【注释】

①原稿"燎其须"前宜加"釜燃辄"。

班超妹　汉曹寿妻曹大家①，闻超在绝域，妹为上书，乃征超还。

【注释】

①**曹大家**（gū）：即班昭（约49—约120），东汉史学家，名姬，字惠班，扶风安陵人。史学家班彪之女，班固、班超之妹。

宋太祖姊　赵匡胤将北征，闻军中欲立点检为天子，走告家人。太祖姊方在厨，引面杖逐之，曰："丈夫临大事，可否当自决。乃来恐吓妇女耶？"太祖即趋出。

姚广孝姊　姚广孝以靖难功，封荣国公，谒其姊姚婆。姚婆阖门麾出之，曰："做和尚不了，岂是好人？"终拒不见。

骆统姊　络统值岁饥减食。姊问故，曰："士大夫糟糠不足，我何心独饱！"姊助粟若干，统一日散尽。

李燮姊　固女①。闻父危，泣曰："李氏灭矣！"密遣弟燮诣父门生王成而告之曰："君执义先公，有古人之节。今以六尺委君，李氏存灭在此矣。"遂变服入徐，而成卖卜于市，阴相往来。比燮赦还，姊相对而恸，因戒之曰："先公正直，为汉忠臣，虽死之日，犹生之年。慎勿以一言加梁氏。"闻者悲感。

【注释】

①原稿"固女"前宜加"李文姬"，东汉名臣李固之女，名文姬，贤而有智，嫁同郡赵伯英。

季宗妹　季儿者，季宗之妹，任延寿之妻也。延寿怨季宗而阴杀之。赦免，季儿振衣求去。延寿曰："汝其杀我！"季儿曰："杀夫

不义，事兄之仇亦不义。与子同枕席，而杀吾兄，又纵兄之仇，何面目戴天履地乎？"乃告女曰："吾义不可留，又无所往。汝善视两弟！"遂自经。

师徒 先辈

北面[①]　唐崔日用请武甄言《春秋》疑义，甄条举无留语。日用曰："吾请北面。"

【注释】

①**北面：** 古代学生向北行敬师礼。

函丈[①] 《礼》:"若非饮食之客,则布席,席间函丈。"

【注释】

①函丈:出自《礼记·曲礼上》:"席间函丈。"意思是老师讲席与学生坐席之间要留出一丈的空地。后以"函丈"作为对老师或前辈长者的尊称。

夏楚[①] 夏与榎同,山楸木也。榎形圆,楚形方,以二物为朴,以警其惰慢,使之收敛威仪也。

【注释】

①夏(jiǎ)楚:同"榎楚",教师使用的教鞭,后泛指体罚学童的工具。楚,荆条。

解颐 汉匡衡深明经术,诸儒为之语曰:"无说诗,匡鼎来。匡说诗,解人颐。"

绛帐[①] 汉马融教授诸生,常有千数,坐高堂,施绛纱帐,前授生徒,后列女乐。

【注释】

①绛帐:指师门、讲席之敬称。

负笈[①] 汉苏章负笈寻师,不远千里。

【注释】

①负笈:游学。笈,书篮。

立雪 游酢、杨时为伊川先生弟子。一日,侍先生侧,先生隐几而卧。二生不敢去,候其寤,则门外雪深尺余矣。

坐春风[①]**中** 朱公琰[②],名光庭,见明道先生于汝州。归语人曰:"光庭在春风中坐了一月。"

【注释】

①**坐春风**：言师之善教。

②原稿"朱公琰"当作"朱公悇"。

舌耕①　汉贾逵通经，来学者不远千里，广有赠献，积粟盈仓。或云："逵非力耕，乃舌耕也。"

【注释】

①**舌耕**：一般用来赞誉那些孜孜不倦地教育民众的人士，后指教书谋生。

牧豕　后汉孙期少为诸生，通《京氏易》《古文尚书》。家甚贫，牧豕于泽中。学者皆执经垄畔，以追随之。

白首北面①　贾琼曰："文中子十五为人师。陈留王孝逸，先达之傲者矣。然而白首北面，岂以年乎？"

【注释】

①**白首北面**：谓年老犹拜师受业，形容好学不倦。

人师难遭　童子魏照①求入事郭林宗，供洒扫。林宗曰："当精义讲书，何来相近？"照曰："经师易获，人师难遭。欲以素丝之质，附近朱蓝。"

【注释】

①原稿"魏照"，《资治通鉴》作"魏昭"。

青出于蓝　《荀子》：学不可已。青出于蓝，而青于蓝；冰出于水，而寒于水。

师何常　《北史》：李谧初师事孔璠，后璠还就谧请业。同门生语曰："青成蓝，蓝谢青。师何常？在明经。"

一字师 张咏诗云："独恨太平无一事，江南闲杀老尚书。"萧楚才曰："恨字未妥，应改幸字。"咏曰："子，吾一字师也。"

东家丘 汉邴原就学于孙崧，崧曰："子近舍郑君（郑玄），而蹑屩至此，岂以郑为东家丘耶？"原曰："人各有志，所向不同。君谓仆以郑为东家丘，则君以仆为西家之愚夫矣。"崧谢。（《家语》：孔子西家有愚夫，不识孔子为圣人，乃曰："彼东家丘，吾知之矣。"）

吾道东 汉郑玄事马融，学有得。及辞归，融喟然谓门人曰："吾道东矣①！"

【注释】

①**吾道东矣：**谓自己的学说、治学方法得人传授推广。

吾道南 宋杨龟山师明道先生。及归，送之出门，谓坐客曰："吾道南矣①。"

【注释】

①**吾道南矣：**程颢赞杨时之语，言己道将因杨时而南传。

《易》已东 汉卜宽①学《易》于田何，学既有成，宽东归。何喜谓弟子曰："吾《易》已东矣！"

【注释】

①原稿"卜宽"当作"丁宽"。

关西夫子 后汉杨震明经博览，为诸儒所宗，号曰"关西夫子"。

南州阙里 兖州曲阜县阙里，孔子所居之地。朱熹居建阳，有考亭，明经论道，诸士子号"南州①阙里"。

【注释】

①**南州**：泛指南方。

教授河汾　晋王通教授于河汾之间，弟子自远至者甚众。累征不起。赵郡李靖、清河房玄龄、巨鹿魏征，一时王佐之才，皆出其门。

师友渊源　古人学问必有渊源，杨恽一□①迥出当时流辈，则司马迁外甥②也。

【注释】

①原稿此处字迹缺失，不详。

②原稿说法有误，应是外孙。

吾道之托　黄幹字直卿。朱熹曰："直卿志坚思苦，与之处，甚有益。"遂以女妻之。熹病革，出所著书授幹，曰："吾道之托在此。"

此吾老友　蔡元定，八岁能诗。及长，登泰山绝顶，日惟啖荠，于书无所不读。朱熹扣其学，大惊曰："此吾老友也，不当在弟子列。"

通家　孔融年十岁，闻李膺有重名，造之。膺问："高明父祖常与仆周旋乎？"融曰："然。先君孔子与君家老子①，同德比义而相师友，则融与君累世通家也。"

【注释】

①原稿"与君家老子"，《后汉书》中作"与君先人李老君"。

父执　《曲礼》曰："见父之执（执，父同志之友也），不谓之进不敢进，不谓之退不敢退，不问不敢对。"

识荆 李白与韩荆州书曰："白闻天下谈士言曰：生不用封万户侯，但愿一识韩荆州。何令人之景慕至此哉！"

山斗 韩昌黎以六经之文为诸儒倡。自愈殁后，其学盛行，学者仰之如泰山北斗。

函关紫气 老子将度函谷关，关吏尹喜望见紫气，知有神人来。果见老子骑青牛薄板车过关，喜拜之。老子教喜炼气，授以《道德》五千言。

倒屣 蔡邕闻王粲在门，倒屣迎之。粲至，年既幼弱，容貌短小，一座尽惊。邕曰："此王公孙也，有异才，吾不如也，吾家书籍文章，尽当与之。"

下榻 徐穉字孺子，豫章人。陈蕃为豫章太守，罕所接见，惟设一榻以待孺子，去则悬之。穉屡荐不仕。郭林宗称为南州高士。

御李 李膺性简亢，无所交接。荀爽常谒膺，因为其御，既还，喜曰："今日乃得御李君。"

李郭仙舟 郭泰游洛阳，与河南尹李膺相友善。后归乡里，衣冠①送至河上，车骑数千。泰与膺同舟而济，众宾望之，以为神仙。世称"李郭仙舟"。

【注释】

①原稿"衣冠"，《后汉书》作"衣冠诸儒"。

北海樽 孔北海性宽容好客，及退闲职，宾客日盈其门，常叹曰："座上客常满，樽中酒不空，吾无忧矣。"

千里命驾 晋吕安服嵇康高致，每一相思，辄千里命驾赴之。

高轩过 李贺，七岁能文，韩愈、皇甫湜过之，贺作《高轩过》诗以谢之。

投辖 汉陈遵，每大饮，宾客满堂，辄闭门取客车辖投井中，虽有急，不得去。

附骥 《公孙述传》：苍蝇之飞不过数步，附托骥尾得以绝群。

披云 晋卫瓘见乐广，奇之，命子弟造焉，曰："此人，冰壶濯魄，见之莹然，若披云雾而睹青天。"

景星凤凰① 韩愈遗李勃书曰："朝廷士引领东望，若景星凤凰始见，争先睹之为快。"
【注释】
①景星凤凰：比喻贤才。

鄙吝复萌 汉黄宪，陈蕃尝谓周举曰："旬日间不见黄叔度，鄙吝之私复萌于心矣。"

朋 友

莫逆 子祀、子舆、子犁、子来，四人相与语曰："孰知死生存亡之一体，吾与之友矣。"四人相视而笑，莫逆于心，相与为友。

友道君逆　周宣王将杀其臣杜伯，而非其罪。伯之友左儒争之于王，九复之，而王不听。王曰："汝别君而异友也。"儒曰："君道友逆，则顺君以诛友；友道君逆，则顺友以违君。"王杀杜伯，左儒死。

倾盖　孔子之郯（音谈，国名），遭程子于途，倾盖而语，终日甚相浃洽，顾谓子路曰："取束帛以赠先生。"

雷陈①　后汉雷义与陈重为友，义举茂才，让于重，刺史不听。遂佯狂，被发走，不应命。乡里为之语曰："胶漆虽谓坚，不如雷与陈。"
【注释】
①雷陈：亦作"雷陈胶漆"，谓朋友交谊深厚。

侨札之好　季札见郑子产①，如旧相识，与之缟带，子产献纻衣。后称交契者，谓之侨札之好。
【注释】
①郑子产：春秋郑大夫公孙侨。

杵臼定交①　后汉公孙沙穆游太学，无资粮，乃变服客佣，为吴祐赁春，祐与语，大惊，遂定交于杵臼之间。
【注释】
①杵臼定交：后世多用"杵臼交"来指不计身份而结交来的朋友。

刎颈交　陈馀年少，父事张耳，两人相与为刎颈之交，后乃有隙。

如饮醇醪 程普尝以气凌周瑜，瑜未尝有愠色，承奉愈谨。普自惭，投分于瑜曰："与公瑾交，若饮醇醪，不觉自醉①。"

【注释】

①若饮醇醪，不觉自醉：后世多用"饮醇自醉"借喻谦让服人。

廉庆 廉范与洛阳庆鸿为刎颈交。时人称曰："前人管鲍，后有廉庆。"

管鲍分金 管仲与鲍叔相友善。仲曰："吾困时，尝与鲍叔贾，分财则吾多自与，鲍叔不以我为贪，知我贫也。生我者父母，知我者鲍叔也。"

停云 陶元亭①诗叙："停云，思亲友也。"故称知交谓之停云。

【注释】

①原稿"陶元亭"有误，应为陶元亮。

旧雨 言旧交也。杜工部云："卧病长安旅次，多雨，寻常车马之客，旧，雨来，新，雨不来。"

题凤 嵇康与吕安善。后安来，值康不在，嵇喜延之，不入，题凤字而去。喜以告康，康曰："凤字，凡鸟也。"

指囷① 鲁肃以散财赈穷，结交俊杰。周瑜过肃，并告资粮。肃家有两囷米，各三千斛。肃乃指一囷与瑜，瑜惊异之，遂相与结亲。

【注释】

①指囷：后多作为慷慨济助朋友危难的典故。

弹冠结绶① 王吉与贡禹为友，萧育与朱博为友，交相荐达。

长安人语曰："王贡弹冠，萧朱结绶。"

【注释】

①弹冠结绶：比喻做官。

更相为仆　宋韩亿、李若谷未第时，俱贫。赴试京师，仅有一毡一席，割分之。每出谒，更相为仆。李先登第，韩为负箱，至长社，分钱而别。后韩亦登第。

尔汝交　祢衡逸才飘举，少与孔融作尔汝交。时衡未满二十，而融已五十，敬衡才秀，共结殷勤。

【注释】

①尔汝交：亲密之交。

忘年交　张铿有重名，陆贽年十八，往见，语三日，奇之，称为忘年之交。

金兰簿①　戴弘正每得一密友，则书于简编，焚香以告祖考，号金兰簿。

【注释】

①金兰簿：登记结拜兄弟姓名、年龄、籍贯等的簿册。

三友一龙　华歆与邴原、管宁相善，时号三友为一龙，谓歆为龙头，原为龙腹，宁为龙尾。

雉坛　五代时，三人为朋，筑坛，以丹鸡①、白犬歃血而盟，曰："卿乘车，我戴笠，他日相逢下车揖。我步行，卿乘马，他日相逢马当下。"

【注释】

①原稿"丹鸡"当作"丹雉"。

总角之好① 孙策曰："公瑾与孤有总角之好，骨肉之分。"

【注释】

①**总角之好**：幼时至交。

耐久朋 唐魏元同与裴炎缔交，能保终始。时人号为耐久朋。

平生欢 后汉马援与公孙述同里闬①相善，以为当握手，欢如平生。

【注释】

①**闬**：巷口。

青云交① 江淹曰："袁叔明与我，有青云交，非直衔杯酒而已。"

【注释】

①**青云交**：指与仕宦相交。

班荆① 楚声子与伍举相善，遇之郑郊，布荆于地，共食而言也。

【注释】

①**班荆**：指朋友相遇，共坐谈心。

范张鸡黍 范式、张劭①为友，春时京师作别，式曰："暮秋当拜尊堂。"至期，劭白母，杀鸡以俟。母曰："巨卿相距千里，前言戏耳。"劭曰："巨卿信士。"言未毕，果至。升堂拜母，尽欢而别。

【注释】

①原稿"张劭"，据《搜神记》应为"张邵"。

系剑冢树　季札出使过徐，徐君好季札剑，口不敢言。季札知之，使上国①，未献。还，至徐。徐君已死，乃解剑系其冢树而去。季札交情，不以生死易念。

【注释】

①**上国**：晋国。

生死肉骨①　蓬子冯曰："吾见申叔夫子，所谓生死而肉骨者也，敢忘报哉！"

【注释】

①**生死肉骨**：使死人复生，白骨长肉，形容恩惠极大。

口头交　孟郊诗："古人形如兽，皆有大圣德。今人表似人，兽心安可测！虽笑未必和，虽哭未必戚。但结①口头交，肚里生荆棘。"

【注释】

①原稿"但结"，孟郊作"面结"。

交若醴　《庄子》：君子之交淡如水，小人之交甘若醴，君子淡以亲，小人甘以绝。

贫交行　杜诗："翻手作云覆手雨，纷纷轻薄何须数？君不见管鲍贫时交，此时令人弃如土。"

面朋面友　颜克志面交如携手，见利即解携而去也。杨子曰："朋而不心，面朋也；友而不心，面友也。"同类曰朋，同志曰友。

绝交恶声　燕乐毅书："古之君子，交绝不出恶声；忠臣去国，不洁其名。"

五交 刘孝标《广绝交论》，谓势交、论交、穷交、量交、贿交，此五交皆不能恤贫，故绝之也。

识半面 汉应奉尝诣袁贺，贺闭半户，出半面视奉，奉即去。故与人曾相见者，曰识半面。

无逢故人 公孙弘食故人高贺脱粟饭，覆以布被。贺曰："何用故人富贵为？脱粟布被[1]，我自有之。"弘内厨五鼎，外膳一肴，诈也。弘曰："宁逢恶宾，无逢故人。"

【注释】

①**脱粟布被**：衣食粗劣。

怀刺漫灭 祢衡尚气刚傲，自荆州北游许都，书一刺怀之，字灭而无所遇。或曰："何不从陈长使者为达乎？"衡曰："君使我从屠沽儿辈耶！"

负荆请罪 蔺相如为赵上卿，位在廉颇右。颇曰："我见相如，必辱之。"相如望见颇，引车避之。左右以为耻。曰："强秦不敢加兵于赵者，以吾两人耳。今两虎相斗，势不俱生。吾先国家之急而后私仇。"颇闻之，肉袒负荆，至门谢罪。

翟公书门 《郑当时传》：翟公为廷尉，宾客填门。及废，门外可设雀罗。后复为廷尉，客欲往，翟公大书其门，曰："一死一生，乃见交情。一贫一富，乃知交态。一贵一贱，交情乃见。"

布衣交 李孔修自号抱真子，混迹阛阓，人莫之识。陈献章见之，曰："此非俯首当世人也。"平居冠管宁帽，衣朱深衣，惟攻《周易》。一日，输粮至县，令异其容止，问姓名，不答，第拱手。令叱曰："何物小民，乃拱手耶！"再拱手。令怒，笞之五，竟无言而出。令疑焉。徐得其情，乃大敬礼之。吴延举藩臬于粤，引为布衣交。卒无子，尚书霍韬葬之西樵山。

呼字定交　服虔字子慎，善《春秋》。闻崔烈集门人都讲，乃匿姓名，赁诸生作食。每当讲时，窃听。稍共诸生叙其短长。烈疑是虔。明早往，及未寤，便呼："子慎！子慎！"虔不觉惊应，遂定交。

死友　羊角哀、左伯桃往楚，道遇雪，度不能俱生，乃并衣与角哀，伯桃入树死。角哀至楚，为大夫，王备礼葬伯桃。角哀自杀以殉。

奴　婢

纪纲之仆[1]　《左传》：晋侯迎夫人嬴氏以归，秦伯送卫于晋三千人，实纪纲之仆。
【注释】
　①纪纲之仆：干练的人才。

渔童樵青　唐肃宗赠高士张志和奴婢二人，志和配为夫妇，名曰渔童、樵青。人问其故，曰："渔童使捧钓收纶，芦中鼓枻。樵青使刈兰薪桂，竹里煎茶。"

海山使者　晋陶侃家僮百余人，惟一奴不喜言语，尝默坐。侃一日出郊外，奴执鞭随，胡僧见而惊，礼之曰："海山使者也。"侃异之。至夜，失其所在。

读书婢　郑玄家奴婢皆读书，一婢不称指，玄使人曳跪泥中。

须臾，一婢问曰："胡为乎泥中？"曰："薄言往愬，逢彼之怒。"

慕其博奥　萧颖士性褊无比，畜一佣仆杜亮，每一决责，便至力殚。亮养创平复，为其指使如故。或劝之去，答曰："岂不知，但慕其博奥，以此恋恋不能去耳。"

温公二仆　司马温公家一仆，三十年，止称"君实秀才"。苏学士来谒，闻而教之，明日改称"大参相公"。温公惊问，仆实告。公曰："好一仆被苏东坡教坏了。"温公一日过独乐园，见创一厕屋，问守园者从何得钱。对曰："积游赏者所得。"公曰："何不留以自用？"对曰："只相公不要钱。"

臧获　海岱之间骂奴曰臧，骂婢曰获。盖古无奴婢，犯事者被臧，没入官为奴；妇女逃亡，获得者为婢。

措大①　奴婢之称，有曰厮养，有曰苍头，有曰卢儿，有曰奚童，有曰钳奴，有曰措大。措大者，以其能举措大事也。
【注释】
①**措大**：旧指寒酸失意的读书人。

开阁驱婢　王处仲尝荒恣于色，体为之疲，左右谏之，曰："吾乃不觉耳。如此甚易。"乃开后阁，悉驱诸婢出，任其所之。

追婢　阮咸先幸姑家鲜卑婢。及居母丧，姑当远徙，竟将婢去。咸借客驴，著重服，自追之，累骑而返，曰："人种不可失！"（婢即阮孚之母。）

银鹿　唐颜真卿家僮名曰银鹿。欧阳公云："银鹿鼎来。"

便了　汉王子渊名褒，从成都杨惠买夫时，户下有一髯奴，名便了，决卖万五千，与立券，约从百使役①。

【注释】

①原稿"户下""百使役"，当作"户丁""百役使"。

长须赤脚　韩愈寄卢仝诗云："玉川先生洛城里，破屋数间而已矣。一奴长须不裹头，一婢赤脚老无齿。"又东坡云："常呼赤脚婢，雨中撷园蔬。"

掌笺婢　唐潞州节度使薛嵩，有侍婢红线，嵩使掌笺表，号内记室。

吹篪婢　后魏河涧王①有婢曰朝云，善吹篪。诸叛，王使朝云假为姬吹篪，皆流泪，思乡而去。

【注释】

①原稿"河涧王"有误，应为"河间王"。河间王，元琛，《魏书》有传。

桃叶　晋王献之爱妾名桃叶，尝渡秦淮口，献之作歌送之。今名曰桃叶渡。（献之有歌曰：桃叶复桃叶，渡江不用楫。但渡无所苦，我自来迎接。）

雪儿歌　唐李密宠姬名雪儿，每宾客，有辞章奇丽者，付雪儿协律歌之。故号雪儿歌。

绛桃柳枝　韩退之二侍姬，名绛桃、柳枝。退之初出使未归，柳枝窜去，家人追获。及镇州，有云："别来杨柳街头树，摆乱春风只欲归。惟有小桃园里在，柳花不发侍郎回。"自是专属意绛桃。

樊素小蛮　白乐天两婢，一名樊素，一名小蛮。有云："樱桃樊素口，杨柳小蛮腰。"

瓦剌辉　明太祖驸马梅殷仆也。谭深、赵曦谋杀驸马，文皇帝杀此二臣，瓦剌辉取心肝以祭驸马，痛哭而殉。

仆地泼毒酒　卫国主父为周大夫，不归者三年。其妻巫氏与人通。一日，主父回。其妻虑事败，以毒酒饮^①，命婢葵枝行酒。葵枝知其谋而忖曰："从主母而杀主人，不可谓义；受主母托而破其状，则害主母，不可谓忠。"乃故仆于地，而泼其酒。主父反以婢为不敬，而重责之，葵枝受而不怨。

【注释】

①原稿"以毒酒饮"后宜补"之"。

李元苍头　李善，汉李元之苍头也。元尽室疫死，惟孤儿续始生数旬，而资财巨万，诸奴欲谋续，分其财。善潜以续出亡，隐瑕丘界中，亲自乳哺。及长，诉叛奴于官，悉杀之。时钟离意为瑕丘令，上书以闻，光武拜善及续并太子舍人。善还旧里，脱冠解带，扫元墓门修祭，泣数日乃去。

定国侍儿　王巩字定国，坐苏轼党，贬宾州。轼临北归，别巩，出侍儿柔奴进酒。轼问柔奴："岭南应是不好？"柔奴曰："此心安处，便是吾乡。"轼因作《定风波》一词以赠。

卷六　选举部

制　科

宾兴① 《周礼·地官·大司徒》：以乡三物教万民而宾兴之。一曰六德：智、仁、圣、义、忠、和；二曰六行：孝、友、睦、姻、任、恤；三曰六艺：礼、乐、射、御、书、数。

【注释】

①**宾兴**：周代举贤之法。谓乡大夫自乡小学荐举贤能而宾礼之，以升入国学。

槐花黄 科举年，举子至八月皆赴科场。时人语曰："槐花黄，举子忙。"

棘围 《通典》：礼部阅试之日，严设兵卫，挤①棘围之，以防假滥。五代和凝知贡举时，进士喜为喧哗以动主司。放榜②，则围之以棘，闭省门，绝人出入。凝撤棘围，开省门，而士皆肃然无哗。所取一时英彦，称为得人。

【注释】

①原稿"挤"，《通典》作"梐"。梐，（用柴木）堵塞。

②原稿"放榜"前宜补加"主司每"，下文"一时英彦"前宜补"皆"字。

乡贡进士　唐《选举志》：唐制取士之科，多因隋旧。其大略有二：由学校曰生徒，由州县曰乡贡，皆升于有司而进退之①。其科目，有秀才，有明经，有进士。

【注释】

①原稿"其大略有二"句，《新唐书·选举志》作："然其大要有三。由学馆者曰生徒，由州县者曰乡贡，……此岁举之常选也。其天子自诏者曰制举，所以待非常之才焉。"

观国之光①　《易经·观》：卦六四爻，观国之光。利用宾于王象，曰观国之光，尚宾也。

【注释】

①**观国之光**：指参观别国或别处的政教风俗。

试士沿革　汉文帝始取士以策，武帝加问经义，左雄加章奏。武帝始取士以词赋，唐太宗加律判及射。玄宗取士以诗赋，德宗加论及诏诰。宋仁宗始加试经义，时王安石始去声律对偶。哲宗始诏专习经义，始废诗赋。唐太宗始制乡试会试。宋始定秋乡试，春礼部会试。唐玄宗始移贡举礼部典试。唐初郎官试。宋真宗始诏礼部三年一贡试。唐中宗始设三场。汉文帝始亲策士。唐武后策问贡士于洛城殿，始殿试。宋太祖始御殿复试。先是武后复试，崔沔后间行之。宋太宗始临轩，宰臣读卷。仁宗始殿试贡士，不黜落。宋孝宗始进士引射，有陞甲①。唐武后始制武举。宋始印给试题。唐高祖始贡院设兵卫，搜衣服，稽察出入棘围。武后始弥封②，始糊名。宋真宗始席舍。后唐始禁怀挟。唐玄宗始严乡贯，禁举人冒籍。萧何试学童，诵九千字以上为史。左雄奏年十二通经为童子郎始制童科。汉文帝始纳粟。宋仁宋始置太学三舍。汉武帝始制补博士弟子，称秀才。元魏始制生员。唐高祖始制秀才，州县类考。后魏令公卿子弟入学。唐睿宗令举人下第听入学。宋开宝六年，因徐士廉诉知举不公，帝御讲武殿复试，亲试自此始。及第人赐绿袍、靴、笏，赐宴赐诗，自兴国二年吕蒙正榜始。分甲次，赐同进士出身，自兴国八年宋白、王世则榜始。唱名自雍熙二年梁灏榜始。封印试卷，自咸平三年始。置誊录、弥封、复考、编排，皆自祥符八年始。唐制：礼部试举人，夜以三鼓为限。宋率由白昼，不复继烛。

【注释】

①陛甲：疑为"殿戟"，指古代卫士执戟立于殿阶下两侧。

②弥封：指把试卷上填写姓名的地方折角或盖纸糊住，以防止舞弊。

关节　士子行贿，请求试官，曰关节。明朝杨士奇主试，有柱联曰："场列东西，两道文光齐射斗；帘分内外，一毫关节不通风。"

甲乙科　汉平帝时，岁课甲科四十人为郎中，乙科二十人为太子舍人，丙科四十人补文学掌故。

通籍　举子登科后，禁门中皆有名籍，可恣意出入也。

正奏特奏　科甲为正奏，恩贡为特奏。

金榜题名　崔实①暴卒复生，见冥司列榜，将相金榜，其次银榜，州县小官并是铁榜。今人得第，谓之金榜题名。

【注释】

①原稿"崔实"当作"崔绍"。

银袍鹄立 隋唐间试举人，皆以白衣卿相称之，又曰白袍子。试日，引于院中，谓银袍鹄立①。

【注释】

①原稿"银袍鹄立"疑有误，应为"银袍鹤立"。银袍，白袍。

乡 试

天府贤书 《周礼·地官·乡大夫》：三年则大比德行道艺，而兴贤者、能者，乡老及乡大夫以礼礼宾①。厥明，乡老、乡大夫群吏献贤能之书于王，王再拜受之，登于天府。

【注释】

①原稿"礼宾"后宜补加"之"字。

鹿鸣宴 《诗·鹿鸣》篇，燕群臣嘉宾之诗也。贡院内编定席舍，试已，长吏以乡饮酒礼，设宾主，陈俎豆，歌《鹿鸣》之诗。

孝廉 汉制举人皆名孝廉，不由科目始也。曹操亦举孝廉。

破天荒 荆州应试举人，多不成名，为"天荒解"。刘蜕以荆州解及第，时号为"破天荒"。

郁轮袍 王维善琵琶，岐王使为伶人，引至公主第，独奏新曲，号《郁轮袍》。因献怀中诗，王惊曰："皆我素所诵习，尝谓是古人佳作，乃子为之耶！"因命更衣，引之客座。召试官至第，遣宫婢传教，作解头及第。

会　试

南宫　唐开元中，谓尚书省为南省，门下、中书为北省。南宫，礼部也。旧以礼部郎中掌省中文翰，谓之南宫舍人。后之赴春榜，曰赴南宫。

知贡举　唐《选举志》：玄宗开元二十四年，考功员外郎李昂与贡举，诋诃进士李权文章，大为权所陵诟。帝以员外郎望轻，遂移贡举于礼部，以侍郎主之，永为例。礼部进士自此始。

玉笋班　唐李宗敏[①]知贡举，所取多知名士，世谓之玉笋班。
【注释】
①原稿"李宗敏"当作"李宗闵"。

朱衣点头　欧阳修知贡举，考试阅卷，常觉一朱衣人在座后点头，然后文章入格。始疑传吏，及回视，一无所见，因语同列而三叹。常有句云："文章自古无凭据，惟愿朱衣暗点头。"

文无定价　韩昌黎应试《不迁怒、不贰过》题，见黜于陆宣公。翌岁，公复主试，仍命此题；韩复书旧作，一字不易，公大加称赏，擢为第一。

奏改试期　宋朝科试在八月中，子由忽感寒疾，自料不能及矣。韩魏公知而奏曰："今岁制科之士，惟苏轼、苏辙最有声望。闻其弟辙偶疾，如此人不得就试，甚非众望，须展限以待之。"上许之。直待子由病痊，方引就试，比常例迟至二十日。自后科试并在九月。相国吕徽仲不知其故，东坡乃为吕言之，吕曰："韩忠献之贤如此哉！"

同试走避 二苏初赴制科之召，同就试者甚多。相国韩公偶与客言曰："二苏在此，而诸人亦敢与之较试，何也？"于是不试而去者十八九。

屈居第二 嘉祐二年，欧阳修知贡举，梅尧臣得苏轼《刑赏论》以示修，修惊喜，欲以冠多士，疑门生曾巩所作，乃置第二。

龙虎榜 唐贞观[①]八年，陆贽主试，欧阳詹举进士，与韩愈、李绛、崔群、王涯、冯宿、庾承宣[②]联第，皆天下名士，时称"龙虎榜"。

【注释】

①原稿"贞观"有误，应为"贞元"。

②查据史料，同科及第者漏"李观"，应补之。

殿　试

状元 唐武后天授元年二月，策问贡士于洛阳殿前。状元之名，盖自此始。

淡墨书名 唐人进士榜必以夜书，书必以淡墨。或曰名第者阴注阳受，以淡墨书，若鬼神之迹也。

胪传 集英殿唱第日，皇帝临轩，宰臣进三名卷子[①]，读于御案前，用牙棍点读。宰臣拆视姓名，则曰某人。鸿胪寺承之，以传于阶

［明］佚名《十同年图》卷，绢本，设色，48.5cm×257cm，藏于故宫博物院

这是一幅中国明朝弘治年间的十位朝廷重臣的群像，十人均为英宗天顺八年（1464）甲申科进士，有同年之谊

下，卫士六七人，齐声传其名而呼之，谓之传胪。

【注释】

①原稿"宰臣进三名卷子"，《梦溪笔谈》作"宰臣进一甲三名卷子"。

糊名　唐初择人以身、言、书、判，六品以下集试，选人皆糊名，令学士考判。

临轩策士　宋熙宁三年，吕公著知贡举，密奏曰："天子临轩策士，用诗赋，非举贤求治之意。令廷试，乞以诏策，咨访治道。"自是上御集英殿亲试，乃用策问。

天门①放榜　范仲淹判陈州时，郡守母病，召道士伏坛，奏章终夜不动。至五更，谓守曰："夫人寿有六年。"守问奏章何久，曰："天门放明年春榜，观者骈道，以故稽留。"问状元，曰："姓王，二

字名，下一字涂墨，旁注一字，远不可辨。"明春，状元王拱寿，御笔改为拱辰。

【注释】

①天门：旧时指天帝居所的宫门，又称紫微宫。

湘灵鼓瑟　钱起宿驿舍，外有人语曰："曲终人不见，江上数峰青。"起识之。及殿试《湘灵鼓瑟》诗，遂赋曰："善鼓云和瑟，常闻帝子灵。冯夷徒自舞，楚客不堪听，雅调凄金石，清音发杳冥。苍梧来暮怨，白芷动芳馨。流水传湘曲，悲风过洞庭。"末联久不属。忽记此二语，足之。试官曰："神句也。"遂中首选。

志不在温饱　王曾初举进士，省试礼部、廷对皆第一。人或曰："状元中三场，一生吃着不尽。"曾曰："某生平志不在温饱。"

琼林宴　宋太平兴国八年①，宋白等及第，赐宴琼林苑，后遂为定制。又曰自吕蒙正始。

【注释】

①原稿"八年"当作"二年"。

泥金报喜　《天宝遗事》：新及第，以泥金帖子附家书报捷，谓之泥金报喜。

雁塔题名　唐韦肇及第，偶于慈恩寺雁塔上题名，后人效之，遂为故事。自神龙以来，杏林宴后于雁塔题名，同年中推善书者记之。他时有将相，则易朱书。

曲江宴　曲江在西安府，唐朝秀士登科第者，赐宴曲江。每年三月三日，游人最盛。

蕊榜　世传：大罗天放榜于蕊珠宫，故称蕊榜。

一榜京官　宋太祖幸西都。张齐贤以布衣献《十策》，语太宗曰："我到西都得一张齐贤，异时可作宰相。"太宗即位，放进士榜，欲置齐贤高等，而有司落名三甲榜末，上不悦。及注官，一榜尽除京官。

夺锦标　唐卢肇、黄颇皆宜兴①人，同举乡试，郡守独厚钱颇。明年，肇状元及第归，郡守延肇观竞渡，有诗："向道是龙君不信，果然夺得锦标归。"守大惭。

【注释】

①原稿"宜兴"当作"宜春"。

释褐①　宋兴国二年②，始赐吕蒙正等释褐加袍带。后遂为例。

【注释】

①释褐：脱去平民衣服。喻始任官职。

②原稿"兴国二年"当作"太平兴国二年"。

烧尾宴 唐士人得第，必展欢宴，谓之烧尾宴。谓鱼化为龙，必烧其尾。

赐花 唐懿宗开新第，宴于同江，乃命折花于金盒，令中使驰之宴所，宣口敕曰："便令簪花饮宴。"无不为荣。

红绫饼馂 唐僖宗幸南内兴庆池，泛舟，方食饼馂。时进士在曲江，有闻喜宴。上命御府依人数各赐红绫饼馂。所司以金盒进，上命中官驰以赐。故徐演诗云："莫欺老缺残牙齿，曾吃红绫饼馂来。"①

【注释】
①原稿"御府""徐演"当作"御厨""徐夤"。

柳汁染衣 李固行古柳下，闻弹指声曰："吾柳神也，用柳汁染子衣矣。得蓝袍，当以枣糕祀我。"未几，及第。

英雄入彀 唐太宗贞观中私幸端门，见进士缀行而出，喜曰："天下英雄入吾彀中矣！"时人语曰："太宗皇帝真长策，赚得英雄尽白头。"

取青紫① 汉夏侯胜曰："士患不明经术耳，经术一明，取青紫，如俯拾地芥耳。"

【注释】
①**取青紫**：获得高位显官。汉制，印绶之色，公侯为紫，九卿为青。

席帽离身 宋初士子犹袭唐俗，皆曳袍垂带，出则席帽自随。李巽累举不第，乡人曰："李秀才不知怎时席帽离身？"及第后，乃遗乡人诗曰："为报乡闾亲戚道，如今席帽已离身。"

一日看遍长安花 王维①登第，得意之甚，有"一日看遍长安花"之句。

【注释】

①原稿"王维"有误，应为"孟郊"。

踏李三 王十朋正榜第一，李三锡副榜第一。时有戏正榜尾者，曰："举头虽不见王十，伸脚犹能踏李三。"

五色云见 韩忠献弱冠举进士，名在第二。方唱名，太史奏曰："下五色云见。"遂拜右司谏，权知制诰。

青钱学士 唐张鷟举制科甲第，员半千①称：鷟文辞犹青铜钱，万选万中。时号"青钱学士"。

【注释】

①员（yùn）半千：人名。本名余庆，字荣期，唐全节人，历事五君，有清白节。

登科谢诗 王寄幼有声场屋①间，为李文定客。文定薨于位，章圣临奠，见屏间有诗云："雁声不到歌楼上，秋色偏欺客路中。"爱之，召见。占对称旨，特许赴殿试。既登科，有谢诗云："不拜春官为座主，亲逢天子作门生。"

【注释】

①场屋：科场。

读卷贺得士 开庆间，王应麟充读卷官。至第七卷，顿首曰："是卷古谊若龟鉴，忠肝如铁石，臣敢以得士贺。"遂擢第一，乃文天祥也。

门 生

春官①桃李 唐刘禹锡寄王侍郎放榜诗："礼闱新榜动长安，九陌人人走马看。一日声名遍天下，满园桃李属春官。"

【注释】

①**春官**：古官名，颛顼氏时的五官之一，春官以大宗伯为长官，掌理礼制、祭祀、历法等事。

谢衣钵 《摭言》：状元以下，到主司宅，缀行而立，敛名纸通呈，与主司对拜。执事云："请状元请名第。第几人，谢衣钵。""衣钵"，谓与主司名第同者，或与主司先人名第同者，谓之谢衣钵。

传衣钵 范质举进士，主司和凝爱其才，以第十三人登第，谓质曰："君文宜冠多士，屈居第十三者，欲君传老夫衣钵耳。"后和入相，质亦拜相。

沆瀣一气 杜审权知贡举，收卢处权。有戏之者曰："座主审权，门生处权。"祥符①二年，崔沆收崔瀣，说者谓："座主门生，沆瀣一气。"

【注释】

①原稿"祥符"当作"乾符"。

头脑冬烘 郑侍郎薰主试，疑颜标为鲁公之后，擢为状元。及谢主司，知其非是，乃悔误取。时人嘲之曰："主司头脑太冬烘，错认颜标是鲁公。"

好脚迹门生　唐逢吉①知贡举，榜未发而拜相，及第士子皆就中书省见座主。时人谓好脚迹门生。

【注释】

①原稿"逢吉"疑似"李逢吉"。

陆氏荒庄　唐崔群知贡举归，其妻劝令置田。群曰："予有美庄三十所。"妻曰："君非陆贽门人乎？君主文柄，约其子不令就试，贽如以君为良田，则陆氏一庄荒矣。"

门生门下见门生　唐裴皞官仆射，宰相马胤孙、桑维翰皆其所取士。胤孙知贡举，引新进①诣皞，皞作诗曰："门生门下见门生。"世以为荣。维翰尝过皞，皞不迎不送。或问之，曰："我见桑公于中书，庶僚也；桑公见我于私第，门生也。何送迎之有？"

【注释】

①原稿"新进"，《五代史》作"新进士"。

天子门生　宋赵逵，绍兴中对策当旨，擢第一，独忤秦桧意，外除。帝问逵安在，授校书郎①，单车赴阙。关吏迎合桧，搜逵，囊中仅书籍耳。比桧卒，迁起居郎。帝曰："卿知之乎？始终皆朕自擢。桧一语不及卿，以此信卿不附权贵，真天子门生也。"

【注释】

①原稿"校书郎"当作"秘书郎"。

下　第

点额①　《三秦记》：龙门跳过者，鱼化为龙；跳不过者，暴腮点额。

【注释】

①**点额**：旧时比喻应试落第。

康了① 柳冕应举，多忌，谓"安乐"为"安康"。榜出，令仆探名，报曰："秀才康了！"

【注释】

①**康了**：即"落了（榜）"。古时"乐"与"落"同音，后世常用"康了"代指考试落榜。

曳白 天宝二年，以御史中丞张倚之子奭为第一，议者蜂起。玄宗复试，终日不成一字，谓之曳白。

孙山外 孙山应举，缀名榜末。朋侪以书问山得失，答曰："解名尽处是孙山，馀人更在孙山外。"

我辈颜厚 刘蒉对策，极得罪宦官。考官冯宿等见蒉策叹服，而畏宦官，不敢收取。榜出，物论嚣然。李郃①曰："刘蒉下第，吾辈登科，能无颜厚？"

【注释】

①原稿"李邰"，《新唐书》作"李郃"。

红勒帛 刘几屡试第一，好为险怪之语，欧公恶之。场卷有曰："天地轧，万物茁，圣人发。"欧公曰："此必刘几。"批曰："秀才辣，试官刷。"一大朱笔横抹之，谓红勒帛。后数年，又为御试。考官试"尧舜性仁"赋曰："静以延年，独高五帝之寿；动而有勇，形为四凶之诛！"公大称赏，及唱名第一，乃刘几易名刘辉。公愕然久之。

花样不同 卢全下第出都，逆旅有人嘲之曰："如今花样不同，且自收拾回去。"

倒绷孩儿① 苗振第四人及第，召试馆职。晏相曰："宜稍温习熟。"振曰："岂有三十年②老娘而倒绷孩儿者乎？"既试，果不中。公曰："苗君果'倒绷孩儿'矣！"

【注释】

①**倒绷孩儿**：接生婆把初生婴儿裹倒了。比喻一向做惯了的事因一时疏忽而弄错了。

②原稿"三十年"后宜补加"为"字。

大器晚成 《老子》云："大器晚成。"汉马援失意，其兄马况谓援曰："汝大器晚成。"

眼迷日五色 唐李程试《日五色》题，呈卷杨於陵。杨称许当作状元，而榜发无名。杨持卷示主司，主司懊恨，因谋之於陵，擢状元。后李廌①为东坡客，坡知贡举，廌下第，东坡送之诗曰："平生漫说古战场，过眼终迷日五色。"

【注释】

①原稿"李廌"当作"李廌"。

举子过夏 《遁斋闲览》：长安举子，六月后落第者不出京，谓之过夏，多借静坊庙院作文，曰夏课。

文星暗 唐大中间，天官奏云："文星暗，科场当有事。"后经三科皆复试，复多落第。考官皆罚俸。

操眊矂① 《国史补》：进士籍而入选，谓之春关。不捷而醉饱，谓之操。匿名造谤，曰无名子。

【注释】

①操眊瞍：谓落第而纵酒食。眊瞍，因失意而烦恼。

傍门户飞 唐元和中，士人下第，多为诗刺试官。独章孝标作《归燕诗》以上庾侍郎，曰："旧垒危巢泥已落，今年故向社前归。连云大厦无栖处，更傍谁家门户飞？"

荐 举

征辟 凡访求遗佚，有诏召之曰征，郡国举擢曰辟。三代官由访举。汉始诏刺史守相得专辟。隋炀帝始州县僚属选举，一由吏部。唐玄宗始文武选，分属吏、兵两部。

劝驾① 汉高帝诏曰："贤士大夫有肯从我游者，吾能尊显之。……其有称明德者，长吏必身劝，为之驾。"

【注释】

①劝驾：后称劝人任职或做某事。

计偕① 汉武帝元光五年，诏征吏民有明当世之务，习先圣之术者，县次续食②，令与计偕。

【注释】

①计偕：称举人赴京会试。

②续食：相继供给食用。

鹗荐① 后汉祢衡始冠，孔融爱其才，与为友，上表荐之曰："鸷鸟累百，不如一鹗；使衡立朝，必有可观。"

【注释】

①鶚荐：推荐有才能的人。

先容① 《邹阳传》："蟠木根柢，轮困离奇。为万乘器者，以左右为之先容也。"

【注释】

①先容：引申为事先为人介绍。

公门桃李 唐狄仁杰荐张柬之为宰相，又荐夏官侍郎姚崇、监察御史桓彦范、太平州刺史敬晖数人，皆为名臣。或谓仁杰曰："天下桃李尽属公门。"仁杰曰："荐贤为国，非为私也。"

药笼中物 元行冲谓狄仁杰曰："下之事上，譬之富家积贮以自资也。脯脂膬胰，以供滋膳；参术芝苓，以防疾病。门下充为味者多矣，愿以小人充备一药石。①"仁杰叹曰："君正吾药笼中物，不可一日无也。"

【注释】

①原稿"脯脂""芝苓""充为味"，《新唐书》作"脯腊""芝桂""充旨味"。

道侧奇宝 韩愈荐樊宗师于袁滋相公书曰："诚不忍奇宝横弃道侧。"

向阳花木 范文正公知杭州，苏鳞为属县巡简①。城中官弁往往皆获荐，独鳞在外邑，未见收录，因公事入府，献诗曰："近水楼台先得月，向阳花木早为春。"文正见而荐之。

【注释】

①原稿"苏鳞"有误，应为"苏麟"。"巡简"当作"巡检"，巡检，武官名。

夹袋① 吕蒙正夹袋中有折子，每四方人谒见，必问有何人才。客去，即识之。朝廷求贤，取诸夹袋以应。

【注释】

①**夹袋**：俗谓掌权者存记后备人才。

明珠暗投 《邹阳传》：明月之珠，夜光之璧，以投于道，莫不按剑相顾盼，无因而至前也。

相见之晚 主父偃上书阙下，朝奏，暮召。时徐乐、严安上书言世务。上召三人，曰："公等安在？何相见之晚也！"

齿牙余论① 《南史》：谢朓好奖予人才。会稽孔珪有才华，未贵时，孔珪尝令草让表以示朓，朓嗟吟良久，手自折简荐之，谓珪曰："士子声名未立，应共奖成，无惜齿牙余论。"

【注释】

①**齿牙余论**：微末的赞扬言辞，比喻不费力的奖励的话。

铅刀一割 晋以谯王永①为湘州刺史，行至武昌，敦与之宴，谓永曰："足下雅素佳士，恐非将相才也。"永曰："公未见知耳，铅刀岂无一割之用？"

【注释】

①原稿"谯王永"疑有误，据《晋书·王敦传》应改为"谯王承"。

四辈督趋 唐《马周传》：中郎将常何言："臣客马周，忠孝人也。"帝即召之。未至，又遣四辈督趋之。

举贤良 汉武帝建元初，始诏天下举贤良方正、直言敢谏之士。又用董仲舒议，令郡县岁举孝廉各一人，限以四科：一曰德行高洁，志节清白；二曰学通行修，经中博士；三曰明习法令，足以决疑，按章复问，文中御史；四曰刚毅多略，遭事不惑，明足决断，材任三辅。县令四科取士，终汉世不变。

举茂才　后汉安帝元嘉初，尚书令左雄上言：郡国强仕，自今孝廉年不满四十，不得察举，皆请诣公府，诸生试经学、文吏课笺奏。若有茂才异行，自可不拘年齿。帝从之。

滥　爵

麒麟楦①　唐杨炯每呼朝士为麒麟楦，或问之，炯曰："今之扮麒麟者，必修饰其形，覆之驴上，象貌宛然；及去其皮，还是驴耳。无德而朱紫，何以异是！"

【注释】

①麒麟楦：比喻虚有其表。

白版侯　唐武后时，封侯者众，铸印不给，遂有以白版封侯者。

斜封官　唐太平公主与安乐等七公主皆开府①，而主府官属皆滥用，悉出屠贩，纳资求官，降墨敕②，斜封授之，故号斜封官。

【注释】

①开府：古代高级官吏设置府署，自选僚属的制度。

②墨敕：亦作"墨勒"。由皇帝亲笔书写，不经外廷盖印而直接下达的命令。

铜臭　汉灵帝鬻官爵。崔烈进钱五百万为司徒。常问其子钧曰："吾居三公，外议若何？"钧曰："大人少有英称，历位卿守，论者但嫌其铜臭耳。"

斗酒博梁州　汉孟沱以一斗葡萄酒遗张让，得梁州刺史。东坡诗云："伯一斗酒博梁州。"①

【注释】

①原稿"孟沱""梁州"当作"孟佗""凉州"。

烂羊头关内侯　更始刘圣公纳赵萌女为后，委政于萌，日夜饮宴后庭，群小膳夫，滥受美爵。长安人语曰："灶下养，中郎将。烂羊胃，骑都尉。烂羊头，关内侯。"

貂不足，狗尾续　晋赵王伦篡位，同谋者越阶次，奴隶厮奴，亦加爵位。每会，貂蝉①盈座。时人语曰："貂不足，狗尾续。"

【注释】

①貂蝉：汉代侍从官员帽上的装饰物，旧时指达官贵人。

弥天太保　更始时，官爵太滥，有弥天太保、遍地司空之称。

櫂榷①碗脱　武后时滥用人，时人为之语曰："櫂榷侍御史，碗脱校书郎。"四齿耙为櫂榷，言用官之滥，如用耙齿椎聚之多。碗，小盂也。碗脱之形模，言个个相似也。

【注释】

①原稿"櫂榷"当作"櫂推"，极言滥员之多，可以用耙推。

官　制

三公三孤　三公：太师、太傅、太保。三孤：少师、少傅、少保。师，天子所师。傅，傅相天子。保，保护天子。

六卿　吏部曰太宰、冢宰，户部曰大司徒，礼部曰大宗伯，工部曰大司空，兵部曰大司马，刑部曰大司寇。

六官　吏部曰天官，户部曰地官，礼部曰春官，兵部曰夏官，刑部曰秋官，工部曰冬官。

以龙纪官　优羲以龙纪官：春官曰苍龙，夏官曰赤龙，秋官曰白龙，冬官曰黑龙，中官曰黄龙。

以火纪官　神农以火纪官：春官为大火，夏官为鹑火，秋官为西火，冬官为北火，中官为中火。

以云纪官　黄帝始以云纪官：春官曰青云，夏官曰缙云，秋官曰白云，冬官曰黑云，中官曰黄云。

以鸟纪官　黄帝后以鸟纪官：祝鸠氏为司农，睢鸠氏为司马，司鸠氏为司空，爽鸠氏为司寇，鹘鸠氏为司事。

以民事纪官　颛顼氏以民事纪官：以少昊之子重为木正，曰勾芒；该为金正，曰蓐收；修熙相代为水正，曰玄冥；炎帝之子为土正，曰勾龙；颛顼之子为火正，曰祝融。勾龙能平水土，后世祀以配社。

太尉仆射　太尉，秦官也，等于三公，掌兵。左右仆射，亦秦官也，等于六卿。

九锡　一大辂，玄牡。二驷马，衮冕之服，赤舄副之。三轩，县之乐，六佾之舞。四朱户以居。五纳陛以登。六虎贲之士三百人。七斧钺各一。八彤弓。一彤，矢百。旅弓十，旅矢千。九秬鬯。一卣，珪瓒副之。

勒名钟鼎　《周礼·司勋职》："铸鼎铭勋。"言有功勋者，铸器以铭之也。

纪绩旗常　《周礼》：王命君牙曰："惟乃祖乃父，服劳王家，厥有成绩，纪于太常。"太常者，王之旌旗也。有功者书焉，以表显也。

砺山带河　汉高帝定天下，剖符封功臣，刳白马而盟之，封爵之誓曰："使黄河如带，泰山若砺。国以永存，爰及苗裔。"

丹书铁券　汉高与功臣剖符作誓，丹书铁券，金匮石室，藏之宗庙。

尚宝[①]　天子玉玺龙章，王后玉玺凤章，亲王金宝龟钮，勋爵金印麟钮，总兵银印虎钮，布政银印，府州县铜印，御史铁印。

【注释】

①尚宝：负责掌守宝玺、符牌等的官。

六部称号[①]　礼部曰祠部、仪部、膳部。户部曰民部、版部、金部、仓部。兵部曰驾部。刑部曰比部。工部曰水部、虞部。此称自唐朝始。

【注释】

①原稿缺"吏部"部分。

都御史 左都御史，以其为御史之率，故曰御史大夫。巡抚都御史，以其为宪台之长，故曰御史中丞。

大九卿 六部尚书、都察院、通政、大理寺卿，谓之大九卿。

小九卿 太常、太仆、光禄、鸿胪、上林苑等卿，翰林院、国子监祭酒、顺天府尹，谓之小九卿。

执金吾 汉武帝改秦中尉，更名曰执金吾。盖吾者，御也。执金刀以御非常者也。又曰：金吾，鸟名，取以辟除恶鸟。

率更令① 师古曰："掌知漏刻，故曰率更。"（率，音律。）
【注释】
①**率更令**：古官名。秦置，汉因之，为太子属官，掌漏刻。

三独坐 光武诏御史中丞与司隶校尉、尚书令会同，并专席而坐，京师号曰"三独坐"。

三老五更① 后汉永平二年，三雍成，拜桓荣为五更。晋某年，天子幸太学，命王祥为三老。三老、五更总是一人，与《尚书》四岳一例。
【注释】
①**三老五更**：古代设三老五更，以尊养老人。

四姓小侯 汉外戚樊、郭、阴、马四姓非列侯，故曰小侯。

诰敕 人臣五品以下，其父母与妻封赠之命曰敕命，其宝用敕命之宝，受封者曰敕封。五品以上，其祖父母、父母与妻封赠之命曰诰命，其宝用诰命之宝，受封者曰诰封。

封赠　人臣父母与妻生前受封者曰敕封、诰封，人称之曰封君；死后受封者曰敕赠，人称之曰赠君。

母妻封号　凡品级官员封及其母妻者，正从一品，母妻封一品夫人；正从二品，母妻封夫人；正从三品，母妻封淑人；正从四品，母妻封恭人；正从五品，母妻封宜人；正从六品，母妻封安人；正从七品，母妻封孺人。

文官补服①　一二仙鹤与锦鸡，三四孔雀云雁飞，五品白鹇惟一样，六七鹭鸶鸂鶒宜，八九品官并杂职，鹌鹑练雀与黄鹂。风宪衙门专执法，特加獬豸迈伦夷。

【注释】

①补服：补服，明清时的官服。因其前胸及后背缀有用金线和彩丝绣成的补子，故称。通常文官绣鸟，武官绣兽。各品补子纹样，均有规定。

武官补服　公侯驸马伯，麒麟白泽裘，一二绣狮子，三四虎豹优，五品熊罴俊，六七定为彪，八九是海马，花样有犀牛。

文勋阶　文正一品，初授特进荣禄大夫，升授加授俱特进光禄大夫、左右柱国，月俸八十七石。从一品，初授荣禄大夫，升授加授俱光禄大夫、柱国，月俸七十二石。正二品，初授资善大夫，升授资政大夫，加授资德大夫、正治上卿，月俸六十一石。从二品，初授中奉大夫，升授通奉大夫，加授正奉大夫、正治卿，月俸四十八石。正三品，初授嘉议大夫，升授通议大夫，加授正议大夫、资治尹，月俸三十五石。从三品，初授亚中大夫，升授正中大夫，加授大中大夫、资治少尹，月俸二十六石。正四品，初授中顺大夫，升授中宪大夫，

清缂丝八宝麒麟纹补子，边长均 30cm，藏于沈阳故宫博物院

加授中议大夫、替治尹，月俸二十四石。从四品，初授朝列大夫，升授、加授俱朝议大夫、赞治少尹，月俸二十石。正五品，初授奉议大夫，升授、加授俱奉政大夫、修正庶尹，月俸十六石。从五品，初授奉训大夫，升授、加授俱奉直大夫、协正庶尹，月俸十四石。正六品，初授承直郎，升授承德郎，月俸十石。从六品，初授承务郎，升授儒林郎（儒士出身）、宣德郎（吏员才干出身），月俸八石。正七品，初授承仕郎，升授文林郎（儒士出身）、宣议郎（吏员才干出身），月俸七石五斗。从七品，初授从仕郎，升授征仕郎，月俸七石。正八品，初授迪功郎，升授修职郎，月俸六石六斗。从八品，初授迪功佐郎，升授修职佐郎，月俸六石。正九品，初授将仕郎，升授登仕郎，月俸五石五斗。从九品，初授将仕佐郎，升授登仕佐郎，月俸五石。未入流[①]，月俸三石。

【注释】

①**未入流**：隋代自一品至九品官称为"入流"，不入九品的官吏称为"流外"；明清时期，"从九品"之外的官员品级，称为未入流。

武勋阶 正一品，初授特进荣禄大夫，升授、加授俱特进光禄大夫、右柱国。从一品，初授荣禄大夫，升授、加授俱光禄大夫、柱国。正二品，初授骠骑将军，升授金吾将军，加授龙虎将军、上护军。从二品，初授镇国将军，升授定国将军，加授奉国将军、护军。正三品，初授昭勇将军，升授昭毅将军，加授昭武将军、上轻车都尉。从三品，初授怀远将军，升授定远将军，加授安远将军、轻车都尉。正四品，初授明远将军，升授宣威将军，加授广威将军、上骑都尉。从四品，初授宣武将军，升授显武将军，加授信武将军、中骑都尉。正五品，初授武德将军，升授武节将军，加骁骑尉。从五品，初授武备将军，升授武毅将军，加飞骑尉。正六品，初授昭信校尉，升授承信校尉，加云骑尉。从六品，初授忠显校尉，升授忠武校尉，加武骑尉。正七品，初授忠翊校尉，升授忠勇校尉。从七品，初授毅武校尉，升授修武校尉。正八品，初授进义校尉，升授保义校尉。凡月俸俱与文官同。

品级正从一品 正一品：太师，太傅，太保，宗人令，左右宗正，左右宗人，左右都督。从一品：少师，少傅，少保，太子太师，太子太傅，太子太保，都督同知。

正从二品 正二品：太子少师，太子少傅，太子少保，尚书，都御史，都督佥事，正留守，都指挥使，袭封衍圣公。从二品：布政使，都指挥同知。

正从三品 正三品：太子宾客，侍郎，副都御史，通政使，大理寺卿，太常寺卿，詹事，府尹，按察使，副留守，都指挥佥事，指挥使。从三品：光禄寺卿，太仆寺卿、行太仆寺卿，苑马寺卿，参政，都转运盐使，留守司指挥同知，宣慰使。

正从四品　正四品：佥都御史，通政，大理寺少卿，太常寺少卿，太仆少卿，少詹事，鸿胪寺卿，京府丞，按察司副使，行太仆寺少卿，苑马寺少卿，知府，卫指挥佥事，宣慰司同知。从四品：国子监祭酒，布政司参议，盐运司同知，宣慰司副使，宣抚司宣抚。[1]

【注释】

①原稿"太仆少卿""宣抚司宣抚"，当作"太仆寺少卿""宣抚司宣抚使"。

正从五品　正五品：华盖、谨身、武英殿大学士，文渊、东阁、春坊大学士，翰林院学士，庶子，通政司参议，大理寺丞，尚宝司卿，光禄寺少卿，六部郎中，钦天监正，太医院使，京府治中，宗人府经历，上林苑监正，按察司佥事，府同知，王府长史[1]，仪卫，正千户，宣抚司同知。从五品：侍读侍讲学士，谕德，洗马，尚宝[2]、鸿胪少卿，部员外郎，五府经历，知州盐运司副使，盐课提举，卫镇抚，副千户，仪卫，副招讨，宣抚司副使，安抚使安抚。

【注释】

①**王府长史**：明代有王府长史司，设左、右长史。

②**尚宝**：这里指明朝尚宝司少卿。

正六品　大理寺正，詹事，丞，中允，侍读，侍讲，司业，太常寺丞，尚宝司丞，太仆寺，行太仆寺丞，主事，太医院判，都察院经历，京县知县，府通判，上林苑监副，钦天监副，五官正，兵马指挥[1]，留守司、都司经历，断事，百户，典仗，审理正，神乐观提点，长官司副招讨，宣抚佥事，安抚同知，善世正。从六品：赞善，司直郎，修撰，光禄寺丞、署正，鸿胪寺丞，大理寺副，京府推官，布政司经历、理问，盐运司判官，州同知，盐课司提举，市舶司、河梁副提举，安抚司副使。

【注释】

①原稿"兵马指挥"当作"兵马司指挥"，负责巡捕盗贼。

正七品 都给事中，监察御史，编修，大理寺评事，行人司正，五府、都察院都事，通政司经历，太常寺博士、典簿，兵马副指挥①，营膳司所正，京县丞，府推官，知县，按察司经历，留守司、都司都事、副断事，审理，安抚司佥事，蛮夷长官。从七品：翰林院检讨，左右给事中，中书舍人，行人②司副，光禄寺典簿、署丞，詹事府、太仆寺主簿，京府经历，灵台郎，祠祭署奉祀，州判官，盐课司副提举，布政司都事，副理问，盐运司、卫、宣慰、招讨司经历，蛮夷副长官。

【注释】

①原稿"兵马副指挥"当作"兵马司副指挥"。

②**行人**：官名，官员多为进士出身，掌传旨、册封等事。

正八品 国子监丞，五经博士，行人，部照磨，通政司知事，京主簿，保章正，御医，协律郎，典牧所提领，营缮所副，大通关宝钞、龙江司提举，卫知事，府经历，县丞，煎盐司提举，按察司知事，宣慰都事，王府典宝、典簿、奉祀、良医、典膳正、纪善，讲经，至灵元符崇真宫灵官。从八品：清纪郎翰林院典籍，国子监助教、典簿、博士，光禄录事、监事，鸿胪寺主簿，京府、运司知事，挈壶正，祠祭署祀丞，布政司照磨，王府典膳、奉祀、典宝、良医副，宣慰司经历，神乐观知观，崇真宫副灵官，左右觉义，玄义。

正九品 校书，侍书，国子监学正，部检校，鸿胪寺署丞，五官监候、司历，营缮所丞，典牧所、会同馆、文思院丞、承运、宝钞广运、广积、赃罚、十字库，颜料、皮作、鞍辔、宝源局、织染所、京府织染局大使，龙江宝钞副提举，府知事，县主簿，长史司主簿、典仪正、典乐，牧监正，茶马大使，赞礼郎，奉銮、宣抚、安抚知事。

从九品：侍诏，司谏，通事舍人，正字，詹事府录事，司务，学录，典籍，鸣赞，序班，司晨，漏刻博士，司牧大使，牧监副，圉长，太医院、提举司、盐课司、州所吏目，军储、御马、都督府、门仓、军器局大使，承运、宝钞广运、广积、赃罚、十字库副使，典牧所、会同馆、文思院副使，广盈、太仓银库、太仆寺、京府库、都税、宣课、柴炭司大使，颜料、皮作、鞍辔、宝源局、织染局、京府织染局副使，草场大使，孔、颜、孟子孙教授，按察司检校，府、宣抚司照磨，典仪，副教授，伴读，都司、运司、府、京卫，宣抚、宣慰司学教授，司库司、府仓、杂造、织染司、税库司大使①，司狱，巡检，茶马副使，正术，正科，都纲，都纪，太常寺同乐，教坊司韶舞，司乐。

【注释】

①原稿"税库司大使"疑作"税课司大使"。

未入流　孔目，国子监掌馔，学正，教谕，训导，兵马、断事、长官司吏目，司牲、司牧副使，府检校，县典史，军器局、柴炭司副使，递运所大使，驿丞，河泊所闸坝官，关大使，牧监，录事，郡长，提控，案牍，都督府、御马、军储、门仓副使，广盈库、都课、都税、税课司副使，茶盐课司使，府州县卫所仓场大使、副使，盐运司、府卫提举，司所州县库大使、副使，司府州军器、织染、杂造局副使，宣德仓、司竹、铁冶、河州、辽阳、青州府、乐安税课司大使，茶运批验所、巾帽针工局、庆远裕民司大使、副使，司库副使，盐仓、税课、钞纸、印钞、铸印、抽分竹木、惠民金银场、惠民局、水银朱砂场局、生药库、长史司仓、库大使、副使，县杂造局副使，典术，典科，训术，训科，副都纲，都纪，僧正，道正，僧会，道会。

仕途 隋炀帝始置进士科取士。唐始缙绅①必由科目，始重资格。汉二千石满三载，任同产子一人为郎。秦始试吏入仕，汉丙吉、龚胜是也。始纳粟拜爵，始皇因旱蝗，汉武帝沿之。至灵帝时，富者先入钱，贫者赴官倍输。尧始考功。魏崔亮始限年。汉制久任如古。晋宋始制守宰六期为满。汉左雄始孝廉核年满四十察举。宋叙官阀②，有官年、实年。后周始制举主连坐。汉顺帝制，选用不得互官，谓姻家乡里人不交互为官。今隔选。唐太宗制，大功不得连职。今回避。唐高宗始给告身③，即给札。唐武后始设门籍④。籍，朝参奏事，待诏官出入，每月一易之。伊尹始致仕。汉制，二千石吏予告、赐告⑤。唐制，致仕五品以上表，六品以下转奏。唐太宗许子弟十九以下父兄随任。宋太祖诏群臣父母迎养。

【注释】

①**缙绅**：旧时官宦的装束，转用为官宦的代称。缙也写作"搢"，插。绅，束在衣服外面的大带子。

②**官阀**：官阶门第。

③**告身**：委任官职的文凭。即官告，或作官诰，授官凭信，似后代任命状。

④**门籍**：指悬挂宫殿门前的一种记名牌，主要是身份与地位的象征，也指师生隶属关系。

⑤**予告、赐告**：汉朝官吏休假制度，官吏休假称"告"，二千石以上官吏经考课居最，法令可带职休假，则称予告。予告不得归家，但居官不视事；赐告则准予告假。

宰相 参政（下丞相一等）

历代置相 颛顼置乐正。黄帝七辅。汤六傅。伏羲置二相。秦献公置左右二卿，称丞相。庄襄王改相国。唐庄宗置丞相兼枢密。唐中宗始置大学士。五代置文明殿大学士，始为宰相兼职。宋真宗置资政殿学士，班翰林上。汉武帝置秘书令，置太史令。汉桓帝置秘书监。唐太宗始置宰相，监修国史。唐德宗始宰相政事，诏迭秉笔。

通明相　汉翟方进为丞相，智能有余，兼通文法吏事，以儒术缘饰法律，人号通明相。

救时宰相　唐姚崇拜相，问齐澣曰："予为相，何如管晏？"澣曰："管晏之法，虽不能施于后世，犹可以终其身。公所为法，随复更之，只可为救时宰相。"

知大体　汉丙吉不问横道死人，而问牛喘。吏谓失问。吉曰："宰相不亲细事，民斗伤命，则有司存。方今春月牛喘，恐阴阳失调，宰相职司燮理阴阳①，是以问之。"人称其知大体。

【注释】

①**燮理阴阳**：揭示了国家治理的最高原则，就是要阴阳平衡，不能有所偏颇；宰相就是要在大政方针的制定上，在用人设官的决策上，阴阳平衡，顺畅和谐。燮，调和；理，理顺。

伴食相　唐卢怀慎为相，自以才能不及姚崇，政事皆推委不与，人讥其为伴食宰相①。

【注释】

①**伴食宰相**：指无能的宰相。

纱笼中人　唐卜者胡芦生，卜筮甚验，李藩常问之，生曰："公乃纱笼中人。"藩不解所以。后有异僧言：凡宰相，冥司必潜以纱笼护之，恐为异物所扰。藩默喜卜者言，果拜相。

琉璃瓶覆名　五代唐废帝择相，问左右，皆言卢文纪、姚颉有声望。帝因悉书清望官名，纳琉璃瓶中，夜焚香祝天，以箸挟之，得卢文纪，欣然相之。

金瓯覆名　唐玄宗卜相，皆书其名，纳之金瓯，名曰瓯卜①。一曰，书崔琳等名，问太子曰："此宰相名，若谓谁？"太子曰："非崔琳、卢从愿乎？"上曰："然。"

【注释】

①瓯卜：谓择相。

枚卜①　古天子卜相，必书清望官名，纳金瓯或琉璃瓶中，焚香祝天，以箸挟之，得其名，即拜相，故曰枚卜，又曰瓯卜。

【注释】

①枚卜：古代以占卜法选官，因以指选用官员。明代特指选大臣入内阁办事。

鱼头参政　宋鲁宗道为参政，时枢密使曹利用恃权骄横，公屡折之帝前。时贵戚用事者，莫不惮之，称为鱼头参政。

骰子选　宋丁谓作参政，或率杨文公贺之，谓曰："骰子选耳，何足道哉！"

尚书　部曹　卿寺

古纳言①　唐玄宗用牛仙客为尚书，张九龄谏曰：尚书，古之纳言，多用旧相居之。仙客，本河、湟一使典耳，拔升清流，齿班常伯，此官邪也。

【注释】

①**纳言**：即"纳言士"，古官名。

天之北斗 李固疏：陛下有尚书，犹天之有北斗。北斗为天之喉舌，尚书为陛下之喉舌。

六卿 隋文帝始定六部，本汉光武分署六曹。吏曹职起伏羲。汉光武为选部。魏始名吏部，始居诸曹右。户曹职起黄帝。吴始为户部。唐武后始以户部居礼部右。礼曹职起颛顼之秩宗。隋始为礼部。兵刑曹职起黄帝。隋始为兵部、刑部。工曹职起少昊。晋起部。隋始为工部。宋神宗复唐故事，以吏、户、礼、兵、刑、工为次序。

尚书 秦遣吏至殿中文书，始号尚书。后汉始专席。魏三品，陈加至一品。

侍郎 隋炀帝置六曹侍郎。副尚书名始秦。

郎中 汉置尚书郎，分掌尚书事，名始秦。

员外 隋文帝命尚书六曹增置员外郎，名始汉。

主事 隋炀帝置主事副员外郎，名始汉武帝。

司务 宋置六部司务。

九卿 夏后氏始置九卿。汉设九卿，不以官名，但称九寺。梁武帝始加卿字。后魏始置少卿，以卿为正卿。

大理寺　黄帝立士师，有虞为士师。夏始称大理。秦置大理正，今卿；置廷尉正，今寺正。魏置少卿。晋武帝置丞。隋炀帝置评事。

太常寺　本周官春官之职。秦称奉常。汉改太常，名始有虞。后汉置卿。秦置丞。魏文帝置博士。汉武帝置郎，置司乐，置协律。隋置郊社署，今天地坛祠祭署。唐置簿。

太仆寺、苑马寺，职始周官，梁置簿，汉置监。

光禄寺　本秦置，郎中令掌宫掖。汉为光禄勋。梁始改光禄卿。北齐兼膳羞。隋始专掌。唐始署珍羞官，因隋。隋始署大官名，因秦始署良酝[1]，即汉汤官，掌酝，本周官酒正酺入置。

【注释】

①**良酝：** 明代官署名，属光禄寺。

鸿胪寺　汉武帝置大鸿胪，梁武帝除"大"字，本秦典客、周大行人[1]。

【注释】

①**大行人：** 官名。

国子监　周以师氏、保氏教养国子，始名国子。晋武帝始立国子学。隋炀帝始改国子监。汉始定祭酒，衔名本周。隋炀帝置司业并周职。汉武帝置博士，名始秦。晋武帝置教。隋炀帝置丞。北齐高洋置簿。宋神宗置录。

宫詹　学士　翰苑

东宫官　秦始皇置詹事，汉因掌太子家。唐玄宗置少詹事，并辅导东宫。周公置左右庶子。唐高宗置左右谕德、赞善。隋文帝置内允，即中允。北齐置门下、典书二坊。秦始皇置洗马，先导太子。晋始为詹事属官，掌图籍。汉兰台置校书。北齐置正字。

翰林 伏羲始立史官。唐玄宗置修撰、编修、简讨[1]。宋文帝置学士。后魏置太子侍讲。唐玄宗置侍讲学士、侍读学士、侍讲、侍读、待诏。汉武帝置博士。宋置孔目。

【注释】

①原稿"简讨"当作"检讨"，官名。

玉堂 宋苏易简充承旨，多振举翰林故事。太宗为飞白书院颜曰"玉堂"，及以诗赐之。太宗曰："此永为翰林中一美事。"易简曰："自有翰林，未有如今日之荣也！"

木天 《类苑》：秘书阁下穹隆高敞，谓之木天。

鳌禁 宋公白、贾公黄中，皆先达巨儒，同在鳌禁。

内相 唐陆贽博学弘词，入翰林。德宗重其才，呼先生而不名。虽外有宰相主大议，贽常居中参议，号曰"内相"。

摛文堂 宋真宗[1]政和五年，御书摛文堂榜，赐学士院。

【注释】

①原稿"宋真宗"疑误，应为"宋徽宗"。

五凤齐飞 宋太宗时，贾黄中、宋白、李至、吕蒙正、苏易简，同时拜翰林学士。扈蒙云："五凤齐飞入翰林。"

北门学士　唐刘祎之，少以文词称，迁右弘文馆直学士。上元中，与万元顷[1]等召入禁中，参决政事，时称"北门学士"。

【注释】

①原稿"万元顷"当作"元万顷"。

八砖学士　唐李程为学士。常规：学士入院，以阶前日影为候。程性懒，日过八砖乃至，时号"八砖学士"。

谏　官

忠言逆耳　沛公见秦宫室之富，欲留居之。樊哙谏曰："凡此奢丽之物，皆秦所以亡也，公何用焉？愿还灞上。"不听。张良曰："忠言逆耳利于行。"乃还。

真谏议　萧钧为谏议大夫，永徽中，争[1]盗库财死罪，曰："因罪当死，但恐天下谓陛下重货轻法，任喜怒杀人。"帝曰："真谏议也。"

六科给事中，名始秦，汉置给事黄门，职始秦，置谏大夫，唐分

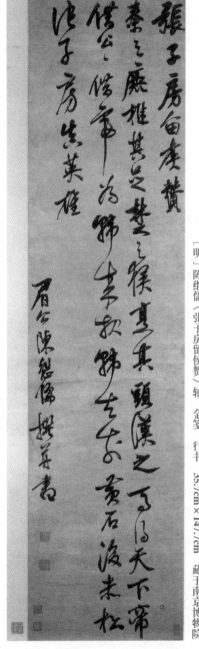

［明］陈继儒《张子房留侯赞》轴，金笺，行书，35.7cm×147.7cm，藏于南京博物院

为左右。

【注释】

①争：通"诤"，直言规谏。

真谏官　唐李景伯为谏议。中宗侍宴，命诸臣为回波诗①。众皆以诡言媚上。景伯独为箴规语以讽，帝不怿。中书令萧至忠曰："景伯乐不忘规，真谏官也。"

【注释】

①原稿"中宗侍宴""回波诗"，当作"中宗宴侍臣""回波词"。回波词，词牌名。

碎首金阶　唐敬宗好游畋，刘栖楚为拾遗，出班苦谏，以额叩龙墀，血流被面。

铁补阙　唐乾宁中杨贻德为谏议，正直敢言，不避权幸。人目为"铁补阙"。

殿上虎　宋刘安世正色立朝，面折廷诤。每犯雷霆之怒，则执简却立，俟天威少霁，复前极论，必得请乃已。人称之曰"殿上虎"。

蛮章　宋任伯雨性刚鲠，持论劲直。为谏官仅半载，所上一百疏，皆系天下治体，号"蛮章"。

鲁直　鲁宗道为右正言，风闻弹疏，真宗厌之，自讼罢去。他日上追念其言，御笔题曰"鲁直"。

朝阳鸣凤　唐高宗时，自韩瑗、褚遂良死，内外以言为讳。高宗造奉天宫，李善感始上书，极言之。时人谓之朝阳鸣凤。

立仗马① 李林甫专权，恐谏官言事，谓之曰："诸君见立仗马乎？终日无食三口料，及其一鸣辄斥，虽欲勿鸣，其可得乎？"

【注释】

①立仗马：本指做仪仗的马，后比喻遇事不敢直言进谏的官员或占着职位不做实事的官员。

拾齿 宋张霭，太祖方弹雀后苑，霭亟请入奏事。及见所奏乃常事耳，上怒，霭曰："窃谓急于弹雀。"上以斧柄撞其齿，齿堕，徐拾之。上曰："欲讼朕耶？"霭曰："臣何敢讼陛下？但有史官在耳。"

古忠臣 宋邹浩官右正言，极论章惇误国，未报而刘后立。复反，复廷净，被窜。史谓之古忠臣。浩与阳翟、田画善，初，刘后立，谓人曰："邹志完不言，可以绝交矣。"浩既得罪，画迎诸途，正色曰："使志完隐默居京师，遇寒疾不汗，五日死矣，岂独岭海之外能死人哉？"

抵家复逮 杨爵言朝廷政事有失人心，而致危乱者五，系狱数年始得释。会复有谏者，上曰："吾固知释爵，妄言者立至矣！"复就逮。时爵抵家方一日，忽锦衣校至，校佯曰："吾便道省公耳。"爵笑曰："吾固知之。"与校同饭，饭已，曰："行乎？"校曰："盍一人为别？"爵立屏间曰："朝廷有旨见逮，吾行矣。"再系狱，逾年乃出。

为朕家事受楚毒 章纶疏陈修德弭灾十四事。又请复汪后于中宫，以正壶仪；复沂王于东宫，以正国本。诏逮狱，廷杖不死。英宗复辟，叹曰："纶好臣子，为朕家事受楚毒。"拜礼部侍郎。

碎朕衣矣 陈禾劾童贯弄权，反复不置，徽宗欲起，禾引帝衣，请毕其奏。衣裾落。帝曰："正言碎朕衣矣！"禾曰："陛下不惜碎衣，臣岂惜碎首以报！"内侍请易衣，帝却之，曰："留以旌直臣。"

惮黯①威棱　武帝尝曰："甚矣，黯之戆也！""古有社稷臣，黯近之矣。"黯前奏事，帝不冠，不敢见。淮南王谋逆，惮黯威棱，遂寝。

【注释】

①黯：汲黯。

贲育①不能过　唐魏征，太宗朝谏议大夫，状貌不扬，有胆气，犯颜敢谏，虽上怒甚，而征神色自若，议者谓贲育不能过。

【注释】

①贲育：分别指战国时期的勇士孟贲和夏育。

瓦为油衣　谷那律博洽群书，褚遂良称曰"九经库"。从太宗出猎，遇雨，因问："油衣若何而不漏耶？"那律曰："以瓦为之，当不漏。"上嘉其直。

谪死　陈刚中性慷慨，敢论事。胡铨以劾桧贬。刚中启曰："知无不言，愿借尚方之剑！不遇故去，卿乘下泽之车。"桧怒，遂与张九成同谪，客死，贫不能葬。士论惜之。

小官论大事　曹辅为秘书正字。徽宗多微行，辅上疏极谏。太宰余深曰："辅小官，何敢言大事？"辅对以"大官不言，故小官言之。官有大小，爱君之心则一"。遂编管郴州。

忠良鲠直　陈谔负抗直声，举劾权贵无所避。上呼为"大声秀才"。尝忤旨，命坎瘗奉天门外，七日不死，赦还，搏击愈甚。历任中外，所至能其官，终为忌者致贬。上一日问"大声官儿"何在，直署辅导使人得闻过。乃召还，上书"忠良鲠直"四字赐之，示宠异焉。

直声震天下 海瑞为南平教谕，谒上官，止长揖，曰："参师席，不可屈膝也。"主户部政，疏谏下狱，直声震天下。

劾严嵩得惨祸 沈錬疏劾严嵩父子为奸，窜名白莲教中，僇于边。杨继盛论嵩专权误国五奸十大罪，弃东市。

劾逆而受酷刑死者：万璟廷杖死；高攀龙投水死；杨琏、左光斗、周顺昌、缪昌期、周宗建、黄尊素、魏大中被逮，诏狱拷掠死；邹维连谪戍死，俱江浙人。

御 史

白简① 晋傅玄为御史，每有奏劾，或值日暮，捧白简，整簪带，竦诵不休，坐以待旦。贵游慑服，台阁风生。

【注释】

①**白简**：这里指弹劾的奏章。

乌台 汉成帝时，御史府列柏树，有野乌数千栖其上，故称乌台，亦称"柏台"。

法冠绣衣 《汉书》：法冠，御史冠也，本楚王冠也。秦灭楚，以其君冠赐御史也。绣衣御史，汉武帝所置。法冠一名"獬豸冠"。

独击鹘 宋王素既升台宪，风力愈劲。尝与同列奏事，上有不怿，众皆引去，素方论列是非，俟得旨，乃退。帝叹曰："真御史也。"人皆目为"独击鹘"。

石御史 唐刘思立举进士，高宗擢为御史，执法不阿，弹劾权贵，人号"石御史"。

骢马 后汉桓兴①为侍御史，直言无所忌讳。常乘白马，京师惮之，为语曰："行行且止，避骢马御史。"
【注释】
①原稿"桓兴"当作"桓典"。

铁面御史 宋赵抃少孤贫，举进士，及为殿中侍御，弹劾不避权贵，号为"铁面御史"。

豸直 汉《舆服志》：大驾属车八十一乘，皆尚书台省官所载，最后一乘，侍御史所乘，独悬豸尾，故名"豸直"。

节度胆落 唐敬宗朝，夏州节度使李佑入朝，违诏进奉，御史温造弹之。佑趋出待罪，股栗流汗，谓人曰："吾夜逾蔡州，擒吴元济，未尝心动，今日胆落于温御史矣。"

埋轮当道 后汉张纲为御史。安帝时，遣八使按行风俗，纲独埋其车轮于洛阳都亭，曰："豺狼当道，安问狐狸？"遂劾大将军梁冀兄弟。

头轫乘舆 申屠刚，建武初拜侍御史，延臣畏其鲠直。时陇蜀未平，上欲出游，刚力谏，不听。以头轫①乘舆，马不得前。
【注释】
①**头轫**：指用头触车。

贵戚泥楼 汉李景让为御史大夫，刚直自持，不畏权幸。内臣贵戚有看街楼阁，皆泥之，畏其弹劾。

劾灯笼锦[①] 宋唐介为御史，劾文彦博知益州日以灯笼锦媚贵妃，致位宰相，请逐彦博。仁宗怒，谪介英州别驾。

【注释】

①灯笼锦：锦上织成灯笼的形状。

炎暑为君寒 唐岑参《送侍御韦思谦》诗曰："闻欲朝金阙，应须拂豸冠。风霜随雁去，炎暑为君寒。"

天变得末减 杨瑄，天顺初为御史，劾曹吉祥、石亨怙宠擅权。后为曹、石文致坐死。将刑，会大风拔木，吹正阳门下马牌于郊外，得末减。子源为五官监候，以占候上言指斥刘瑾。瑾怒曰："尔何官，亦学为忠臣乎？"杖而戍之。刘瑾之乱，大臣科道同日勒令致仕四十八人，以其名榜示天下。源之同乡御史熊卓与焉。

使 臣

一介行李 《左传》：子员曰："君有楚命，亦不使一介行李，告于寡君。"

一乘之使 韩信破赵，欲移兵击燕，武涉说信曰：不如发一乘之使，奉咫尺之书以使燕，燕必从风而靡。

堂堂汉使 苏武使匈奴，匈奴胁武令拜，武不从。以刀临之，

傅抱石《苏武牧羊图》，纸本，设色，62cm×84.8cm，藏于故宫博物院

武曰："堂堂汉使，安能屈膝于四夷哉！"

埋金还卤[①]　　唐杜暹使卤，以金遗遏，固辞。左右曰："公使绝域，不可失戎心！"乃受焉，阴埋幕下。已出境，乃移文，俾取之，突厥大惊。

【注释】

①卤：原作"虏"，因避忌而改。

口伐可汗　　唐突厥攻太原，郑元璹持节往劳。既至，虏以不信咎中国。璹随语折让无所屈。徐乃数其背约，突厥愧赧，引兵还。太宗赐书曰："知卿口伐可汗，边火息燧。朕何惜金石赐于卿哉！"

斩楼兰　龟兹、楼兰二国常杀汉使，傅介子谓霍光曰："楼兰、龟兹反复，不诛无所惩。"霍光使介子行。介子赍金币，以赐外国为名。楼兰①贪汉宝物，求见。介子与饮，陈物示之。王饮醉，介子使壮士刺杀之，谕以"王负汉罪"，遂将王首还诣阙。上嘉其功，封义阳侯。

【注释】

①依文意，原稿"楼兰"后宜加"王"字。

少年状元　宋王拱辰，至和二年聘契丹，见其主于混同江设宴垂钓，每得鱼，必酌酒饮客，亲鼓琵琶侑觞，谓其相曰："此南朝少年状元也。"

臣不生还　曹利用契丹议和，假崇仪副使奉书以行。真宗曰："契丹如贪岁币，非国家细事，或求不厌，当以理绝之。"利用答曰："虏若妄有所求，臣不敢生还。"

执节不屈　张骞以使通大夏，还为校尉，封博望侯。后为将军，使大夏，穷河源。杨子渊骞篇："张骞、苏武之奉使也，执节没身，不屈王命，虽古之名使，其犹劣诸！"

郡　守

使君①　京府使君陈尹东郊。汉武帝因更名内史为京兆尹，置丞，置治中。宋太祖置通判推官，本唐节度使，属有推官判官。

【注释】

①**使君**：汉代称呼太守刺史，汉以后用做对州郡长官的尊称。

五马 《遁斋闲览》：汉时朝臣出使以驷马，为太守增一马，故称"五马"。

刺史 《唐志》：武德中，改太守曰刺史。天宝中又改刺史曰太守。

郡守 魏文侯始置郡守。秦始皇置郡丞，即今同知。汉置州牧，景帝更太守。宋高宗始称知府，始改唐郡称府。

黄堂 《吴郡志》：吴郡太守所居之堂，乃春申君所居之殿也。数火，涂以雌黄，故曰"黄堂"。

驱蚊扇 唐袁光庭典守名郡，有异政。明皇谓宰辅曰："光庭性逐恶，如扇驱蚊。"[1]

【注释】

[1] 原稿"袁光庭""光庭"当作"袁光廷""光廷"。袁光廷，唐天宝年间进士。

五袴 汉廉范为蜀郡太守，除火禁，百姓便之，歌曰："范叔度[1]，来何暮？不禁火，民安作。昔无襦，今五袴。"

【注释】

[1] 原稿"范叔度"，《后汉书》作"廉叔度"。

麦两岐[1] 汉张堪为渔阳太守，击匈奴，开稻田千万顷，劝农，致殷富。百姓歌曰："桑无附枝，麦秀两岐。张君为政，乐不可支。"

【注释】

[1] **麦两岐**：一麦生两穗，丰年之兆。

禾同颖 梁柳浑①为吴兴太守，嘉禾同颖，一茎两穗。

【注释】

①原稿"柳浑"当作"柳恽"。柳恽，南朝人，为人好学，工诗，精于医术。

水晶灯笼① 赵宋张中庸为详州②刺史，洞察民伪。民号为"水晶灯笼"。

【注释】

①水晶灯笼：比喻知事之明。

②原稿"详州"疑为"杭州"。

照天蜡烛 田元均治成都有声，民有隐恶，辄摘发①之。蜀人谓之"照天蜡烛"。

【注释】

①原稿"摘发"当作"擿发"。擿发，揭发。

卖刀买犊 汉龚遂为渤海太守，民有带刀剑者，遂令卖剑买牛，卖刀买犊。

独立使君 五代裴侠守河北，入朝，周太祖命独立，曰："裴侠清慎奉公，为天下之最。有如侠者，与之俱立。"众默然。朝野叹服，号"独立使君"。

［元］佚名《嘉禾图》轴，190.2cm×67.9cm，藏于台北故宫博物院

天下长者　汉文帝谓田叔曰："公知天下长者乎？"田叔请其人。帝曰："云中太守孟舒是也。"

召父杜母　汉召信臣为南阳太守，兴利除害，吏民信爱，号为"召父"。杜诗亦为南阳守，性节俭，而政治清平。南阳为之语曰："前有召父，后有杜母。"

愿得耿君　汉耿纯为东郡太守，多善政，盗贼清宁。内召去任，百姓思慕不已。光武驾过东郡，百姓数千随车驾，云："愿复得耿君。"

借寇　汉寇恂为颍川①太守，光武召为执金吾。后光武幸颍川，百姓遮道，曰："愿复借寇君一年。"乃留镇之。

【注释】

①原稿中两处"颖川"有误，均为"颍川"。

魏郡岑君　后汉岑熙为魏郡太守，视事三年，人歌之曰："我有枳棘，岑君伐之。我有蟊贼，岑君遏之。犬不吠夜，足下生牦。"

平州田君　唐田仁会为平州太守，岁旱，自暴以祈雨，时雨大至，年遂丰登。人歌曰："父母育我兮田使君，挺精神兮上天闻。"

大小冯君　汉冯立徙西河上郡太守，与兄冯野王相代。民歌之曰："大冯君，小冯君，兄弟继踵相因循。聪明贤知恩惠民，政如鲁卫德化均，周公康叔犹二君。"

二邦争守　宋杜衍知乾州，未期，安抚使察其治行，以公权凤翔。二邦之民争于界上，一曰："此我公也，汝夺之！"一曰："今我公也，汝何有焉？"

一龟一鹤 宋赵任成都，携一龟一鹤以行。其再任也，屏去龟鹤，止一苍头。执事张公裕赠以诗云："马谙旧路行来滑，龟放长沙不共来。"

卧治淮阳 汉武帝拜汲黯为淮阳太守，黯伏谢不受印。帝曰："君薄淮阳耶？吾以淮阳军民不相得，欲借卿之郡，卧而治之耳。"乃进黯以诸侯相秩，居淮阳。

良二千石 汉宣帝曰："庶民所以安其田里，而无叹息愁恨之心者，政平讼理也；与我共此者，其良二千石乎！"

承流宣化 董仲舒曰："今之郡守县令，民之师帅，所以承流宣化。"

褰帷 贾琮为冀州刺史行部①，升车言曰："刺史当远听广视，纠察美恶，何可反垂帷幄以自蔽乎？"乃命御者褰帷。

【注释】

①行部：汉制，刺史巡行所属部域，考核政绩。

露冕 郭贺为荆州刺史，治有殊政。明帝巡狩，赐以三公之服，敕行部去露冕，使百姓见之，以彰有德。

儿童竹马 郭伋，字细侯，拜并州牧。行部西河，有数百小儿，骑竹马，迎于路次。问曰："儿曹何来？"对曰："闻使君到，喜，故来迎耳。"

河润九里①　郭伋为颍川太守，召见，帝劳之曰："郡得贤能太守，去帝城不远，河润九里，冀京师并受其福也。"

【注释】

①**河润九里**：恩泽及人，如河水之滋润土地。

虎北渡河　后汉刘琨①初为江陵令，县有火灾，琨叩头反风，火随灭。守弘农，虎负子渡河而去。帝嘉之，征为光禄勋，召问："反风灭火及虎北渡河，行何德政而致此？"琨对曰："偶然耳。"帝叹曰："长者之言也！"

【注释】

①原稿"刘琨"当作"刘昆"。

别利器①　虞诩为朝歌长时，贼数千人攻杀长吏，故旧皆吊。诩曰："不遇盘根错节，何以别利器乎？"

【注释】

①**别利器**：识别杰出的人才。

二天　后汉苏章为冀州刺史，有故人为清河令，以赃败，章乃设酒款之。故人喜曰："人有一天，我独有二天。"章曰："今夕，苏孺文与故人饮酒，私情也。明日，冀州刺史白奏事，公法也。"遂举正其罪，郡界肃清。

治行第一　汉黄霸为颍川太守，户口岁增，治行为天下第一。是时凤凰神雀数集郡国，颍川尤多。赐爵关内侯，黄金百斤。

开鉴湖　汉马臻为会稽太守，开鉴湖，得田九千余顷。豪右恶之，告臻开河发掘古冢无数。征下狱，遣官复按，诡称并不见人，云是鬼讼。臻竟被戮。其后越民承河之利，立祠祀之。

一钱清　后汉刘宠为会稽太守，多善政。将去，父老赍钱送之，曰："明府下车以来，狗不夜吠，民不识吏。今当迁去，聊为赆送。"宠为选一大钱受之。今号其地曰"钱清"。

鱼弘四尽　梁鱼弘尝语人曰："我为郡守有四尽，水中鱼鳖尽，山中麋鹿尽，田中米谷尽，村中人庶尽。"

清恐人知　《魏志》：胡质为常山太守，在郡九年，吏民便安，将士用命。子威厉操清白，尝省其父，告归，赐其绢一匹。威跪曰："大人清白，不审于何得此绢？"质曰："是吾俸禄之余。"威乃受之。官至前将军、青州刺史。对武帝曰："臣父清，恐人知；臣清，恐人不知。"

酌泉赋诗　吴隐之有清操，由晋陵太守转广州刺史。至石门，酌贪泉，赋诗曰："古人云①水，一歃怀千金。试使夷齐饮，终当不易心。"清操不渝，屡被褒饰。子延之为太守，延之弟及子为郡县者，皆以廉慎为门法。

【注释】
①依文意，原稿"云"字后应加"此"字。

常悬蒲鞭　崔祖思仕齐，为青、冀二州刺史，在政清勤，而廉卑下士，常悬一蒲鞭，而未尝用。去任之日，士人思之，为立祠。

清风远著　崔光伯为北海太守，明帝诏曰："光伯自莅海沂，清风远著，可更用三年，以广风化。"

清廉石见　虞愿，会稽人，为晋安太守。海边有越王石，常隐云雾。相传云清廉太守乃得见，愿往观之，清彻无所隐蔽。

万石①秦氏　后汉秦彭与群从同时为二千石者五人，三辅号曰万石秦氏。迁山阳太守，百姓怀爱，莫有欺犯。转颍守，有凤凰麒麟、嘉禾甘露之瑞，集其郡境。

【注释】

①**万石**：汉代三公的别称。

得如马使君　马默为登州知府，士民爱戴。其后苏轼起知是郡，父老迎于路，曰："公为政爱民，得如马使君乎？"轼异之。

邓侯挽不留　邓攸清和平简，贞正寡欲。授吴郡太守，载米之郡，俸禄无所受，惟饮吴水而已。后去郡，百姓数千人留牵攸船，不得进。吴人歌曰："恍如打五鼓，鸡鸣天欲曙。邓侯挽不留，谢令推不去。"

六驳食兽　张华原兖州刺史，折狱明恕，囹圄一空。先是境内有猛兽为民患，华原下车，甄山中忽有六驳食兽，民害顿除。

虎去蝗散　宋均为九江守。郡多虎暴，民患之。均至，下令曰："勤劳张捕，非忧恤之本也。其务退奸贪，进良善，除一切槛阱！"虎皆渡江而东。时楚沛飞蝗蔽天，入九江界者辄散去。

冰上镜中　王巍知苏州，民歌之曰："吏行冰上，人在镜中。"

民颂守德　陶安为饶州知府，民谣曰："千里榛芜，侯来之初。万姓耕辟，侯去之日。"又曰："湖水悠悠，侯泽之流。湖水有塞，我侯之德。"

合浦还珠 孟尝为合浦太守。合浦产珠，居人采珠易米。时二千石贪污，珠徙去。及尝至，廉洁化行，一年，去珠复还。

州 县（附幕、判、丞、簿、尉、吏）

知州 宋置知州，名因唐始。舜有州牧。宋太祖置州通判。

知县 周置县正。秦孝公置县令、丞。唐宣宗始置知县。宋仁宗置县丞。隋炀帝置主簿。

上应列宿 后汉馆陶公主为子求郎，不许，赐钱十万①缗。明帝谓群臣曰："郎官上应列宿，出宰百里，苟非其人，则民受其殃矣！"
【注释】
①原稿"赐钱十万"，《后汉书》作"赐钱千万"。

凫舄 唐宪宗时①，王乔为叶县令，有神术。每朔望朝，帝怪其来速，不见车骑，密令太史伺之。言其临至，有双凫从南飞来，举罗张之，但得双舄。诏尚方②视之，则向年所赐尚书履也。
【注释】
①原稿"唐宪宗时"，《后汉书》作"东汉时"。
②尚方：官署名，主造皇室所用刀剑等兵器及玩好器物。

良令 《韩子》：晋公问赵武曰："中牟，三国之股肱，邯郸之肩髀也。寡人欲得一良令，其谁可？"武曰："邢伯可。"

中牟三异 后汉鲁恭为中牟令，蝗不入境，司徒袁安遣使往察之。值恭息桑阴下，有雉在旁，使者谓小儿曰："何不捕之？"曰："雉将雏。"乃语恭曰："公为政有三异：积德禳灾，一异；仁及禽兽，二异；童子有仁心，三异。"

琴堂 宓子贱治单父①，喜弹琴，身不下堂而单父治。唐诗云："百里春风回草野，一轮明月照琴堂。"

【注释】

①**单父**：古县名，治所在今山东单县。

花满河阳 潘岳为河阳令，公余值①桃李花，人称曰"花满河阳"。

【注释】

①原稿"值"当作"植"。

神君 唐乔智明①为隆虑令，县民爱之，号为神君。黄浮为童阳令，亦号神君。

【注释】

①原稿"唐乔智明"当作"晋乔智明"。

圣君① 晋曹摅补临淄令，纵死囚归家，克日而还，一县叹服，号曰"圣君"。

【注释】

①**圣君**：这里指德高之人。

慈父 唐房谦①为长葛令，治为天下第一。百姓号为慈父。擢司马，县民泣曰："房明府今去，吾属何以生为？"乃立碑颂德。

【注释】

①原稿"房谦"有误，当为"房彦谦"。房彦谦，房玄龄之父。

陈太丘 汉袁绍①问陈元方曰："卿家君在太丘，远近称之，何所履行？"元方曰："强者绥之以德，弱者抚之以仁。"杜诗云："姚公美政谁与②，不减当年陈太丘。"

【注释】

①原稿"袁绍"，《后汉书》作"袁隗"。

②此处原稿漏一"传"字。

元鲁山 唐元德秀为鲁山令，诚信化人，士夫高其行，称之元鲁山。

治县谱 齐傅僧绰①、子琰并为山阴令，父子并著奇绩。世谓傅氏有治县谱，子孙相传，不以示人。

【注释】

①原稿"傅僧绰"当作"傅僧祐"。

莱公柏 宋寇准知巴东县，手植双柏于县庭，民以比甘棠，谓之莱公柏。

鲁公浦 宋真宗朝，鲁宗道为海盐令，疏治东南旧港口，导海水至邑下，人以为利，号鲁公浦。

晋阳保障 晋赵简子使尹铎为晋阳，将行，请曰："以为茧丝乎，抑为保障乎？"简子曰："保障哉。"

花迎墨绶 唐岑参《送宇文舍人出宰元城》诗："县花迎墨绶，关柳拂铜章。别后能为政，相思淇水长。"

第一策　刘玄明①历建康、山阴令，治每为天下第一。傅翙代之，问玄明曰："愿闻旧政。"对曰："作令无他术，惟日食一升米饭而莫饮酒，此第一策也。"

【注释】

①原稿"刘玄明"及下文"傅翙"疑有误，应为"刘玄靖""傅翙"。

公田种秫　陶潜为彭泽令，县有公田，悉令种秫，曰："吾常得醉于酒足矣。"

民之父母　王士弘为海宁①知县，有惠政，祷甘霖，除虎害。邑人歌曰："打虎得虎，祈雨得雨。岂弟君子，民之父母。"

【注释】

①原稿"海宁"当作"宁海"。

辟荒　温县知县沃墅，令民垦辟荒芜，树艺桑枣。百姓歌曰："田野辟，沃公力。衣食足，沃公育。"

思我刘君　刘陶，顺阳长，多惠政，以疾免。民思而歌之曰："悒然不乐，思我刘君。何得复来，安我下民①。"

【注释】

①原稿"何得复来，安我下民"，《后汉书》作"何时复来，安此下民"。

进秩还治　周健知全州，任满，民诣阙请留，进秩还治。杨士奇赠以诗，有云："归到清湘三月暮，郊南骑马劝春耕。"

三善名堂　沈度为余干令，父老以三善名其堂：一曰田无废土，二曰市无游民，三曰狱无宿系。

雀鹿之瑞 吴在木知余干，有白雀青鹿之瑞。民歌曰："吴在木，政严肃，恶者忧羁囚，善者乐化育。鸟有白翎雀，兽有青毛鹿，不见大声急走人，昔之屡空今皆足。"

张侯 张说为德兴令，民颂之曰："张侯张侯，敷政优游。农乐其业，禾麦有秋。"

侯御侯食 何正为萍乡令，民歌之曰："寇至侯御之，民饥侯食之。"

入幕之宾 晋郗超①为桓温参军，谢安、王坦之诣新亭论事，温令超卧帐中听之，风动帐开。安笑曰："郗生可谓入幕之宾矣。"

【注释】

①原稿"郄超"及下文"郄生"有误，当作"郗超""郗生"。

莲花幕 《南史》：王俭用庾果之为卫将军长史，萧沔与俭书曰："盛府元僚，实难其选；庾景行泛绿水芙蓉，何其丽也！"①时人以入俭府为莲花幕。

【注释】

①原稿"庾果之""萧沔""泛绿水芙蓉"当作"庾杲之""萧缅""泛绿水，依芙蓉"。

解事舍人 唐齐瀚，开元初姚崇擢为中书舍人。论驳诏诰，皆援证古谊。朝廷大政，必资之①。时号解事舍人。

【注释】

①原稿"必资之"，《新唐书》作"必以咨之"。

判决无壅 《南史》：孔凯①除长史，醉日居多，而明晓政事，醒时判决，未尝有壅。人曰："孔公一月二十九日醉，胜世人二十九日醒也。"

【注释】

①原稿"孔凯"当作"孔觊"。

髯参短簿 晋桓温辟王珣为主簿，郗超为参军。超多须髯，珣体短小。人语曰："髯参军，短主簿，能令公喜，能令公怒。"

沧海遗珠 狄仁杰为汴州参军，以吏诬诉，即讯。黜陟使阎立本异其才，谢曰："仲尼称观过知人。君可谓沧海遗珠矣。"荐授并州法曹参军。高宗幸汾阳宫，道出妒女祠。俗言：盛服过者致风雷之变。更发卒数万，改驰道。仁杰曰："天子之行，风伯清尘，雨师洒道，何妒女避耶！"止其役，帝壮之。出为宁州刺史。

亲耕劝农 裘贤通判潮州，为政勤，爱民笃。尝出劝农，释冠带，执农具以耕，其妻馌之。其年大熟，人皆以为劝农所致。

不宽不猛 杨玙为高邮判，民颂曰："为政不宽还不猛，处心无党更无偏。"

好官人 杨瑾知华亭，秩满，父老为二旗以钱，题其上曰："农人不为题诗句，但称一味好官人。"

老吏明 何为松江司李①，知府王衡赠诗云："关门共惜寒毡苦，断狱争夸老吏明。"

【注释】

①司李：官名。

第一家 陶安字主敬，明太祖留参幕府，尝榜其门曰："国朝谋略无双士，翰苑文章第一家。"

筑围堤 王斌，龙阳丞，为民筑堤，无旱潦灾。民歌之曰："王父母，筑围堤。民乐业。我无饥。"

祷神毙虎 王昇，桐城县丞。时黄蘗山虎白昼噬人，祷于神，虎忽自毙。

余不负丞 唐崔斯立为蓝田丞。始至，喟然曰："丞哉，丞哉！余不负丞，而丞负余。"庭有老槐四行，南墙巨竹千挺，斯立痛扫溉对，树二松，日吟哦其间，有问者，辄对曰："余方有公事，子姑去。"

替府 裴子羽为下邳令，张晴为县丞，二人俱有声气，而善言语，论事移时。吏人相谓曰："县官甚不和，长官道雨，替府称晴，以此终不得合也。"

廉吏重听 汉黄霸为令，许丞年老，病聋，吏白欲逐之，霸曰："许丞廉吏，虽老，尚能拜起，重听何妨！"

清静无欲 后汉张玄迁陈仓县丞，清静无欲，专心经史。

仇香 后汉仇览，陈留人。考城令王涣闻览以德化人，署为主簿。涣谓曰："主簿得无少鹰鹯之志耶？"览曰："以为鹰鹯，不如鸾凤。"涣曰："枳棘非鸾凤所栖，百里岂大贤之路！"

鸿渐之宾 《白氏六帖》：凤栖之位，鸿渐之宾。

千里驹 韦元将为郡主簿，杨虔称曰："韦主簿有长城风①，昂昂然千里驹也。"

【注释】

①**长城风**：喻国家栋梁的风度。

关中三杰　朱光庭调万年主簿，邑人谓之明镜。时程伯淳鄠县簿，张三甫武功簿，与光庭均有才名，故关中号为"三杰"。

才拍翰林肩　黄山谷《送谢主簿》诗云："官栖仇香结，才拍翰林肩。"

米易蝗　孙觉为合肥簿，值岁旱，课民捕蝗。觉言民方艰食，捕得蝗若干，官以米易之，捕必尽力。守悦，推其法行之，竟不损禾。

少府　李白《赠瑕丘王少府》，杜甫《赠华阳李少府》。唐朝县尉多称少府。

黄绶　唐朝县尉之绶黄色。陈之昂《送齐少府序》：黄绶位轻，而青云望重。

梅仙　西溪梅福为南昌县尉，上疏言事不用，遂弃官，一朝携妻子去九江，不知所终。后为吴门市卒。

聪明尉　唐魏奉古为雍丘尉。尝公宴，有客草序五百言。奉古曰："此旧作也。"朗背诵之。草序者默然。奉古徐笑曰："适览记之，非旧习也。"由是知名。人号"聪明尉"。

铁面少府　宋杨王休，调台州黄岩尉。邑有豪民，武断一方，具得其奸状，白于郡，黥隶他州。闾里欢称为"铁面少府"。

五色丝棒　曹操年二十，举孝廉为郎，除洛阳北部尉。入尉廨，缮治四门，造五色棒，悬门左右。犯罪者，不避豪强，皆棒杀之。京师敛迹。

金滩鹨鶒①　唐河南伊间②县前水中，每僚佐有入台省者，先有滩出，石砾金砂。牛僧孺为尉，一日报滩出，有老吏观之曰："此必分司御史。若是西台，当有双鹨鶒至。"僧孺祝曰："既有滩，何惜鹨鶒？"语未竟，一双飞下。不旬日，召拜西台御史。

【注释】

①鹨鶒：水鸟名，俗称"紫鸳鸯"。

②原稿"伊间"当作"伊阙"。

郑尉除奸　郑虎臣会稽尉也，解贾似道安置循州，侍妾尚数十人，虎臣悉屏去，夺其宝玉，撤轿盖，暴烈日中，令舁轿夫唱杭州歌谑之，窘辱备至。至漳州木绵庵，虎臣讽令自杀，似道不从。虎臣曰："吾为天下杀此贼，虽死何憾！"遂囚似道子于别室，即厕上拉似道椎杀之。

霹雳手　唐裴琰之为同州司户，年少，刺史李崇义轻之。州中积年旧案数百，崇义促之判决。琰之命吏书数人递纸笔，须臾，剖断毕。崇义惊曰："公何忍藏锋，以成鄙人之过？"由是大知名。人称霹雳手。

廉自高　刘子敏由御史左迁侯官典史，自署曰："禄薄俭常足，官卑廉自高。"

刀笔　萧曹出身刀笔。古者用版牍，吏书以刀削书之，故吏称刀笔功名。

学 官

学校 有虞氏始立国学。汉文翁守蜀，起学宫，始天下皆立学。后魏文帝始立郡县学。唐高祖始诏国学立周孔庙。高宗始敕天下皆立庙，特祀孔子，初并祀周公。舜始制释奠、释采①。魏正始七年，始祀孔子于太学，前此皆祀于阙里释奠。晋武帝始皇太子释奠。隋四仲月上丁释奠。魏曹芳始以颜子配飨。唐太宗加左丘明等配享。宋神宗加孟子配享。

【注释】

①释奠：古代在学校设置酒食以奠祭先圣先师的一种典礼。**释采**：古代入学时祭祀先圣先师的一种典礼。

儒学 宋神宗各府置教授，掌教诸生，始战国博士祭酒。汉武帝置博士于京师，文学于郡国。及唐太宗诏天下惇师①为学官。

【注释】

①惇师：良师。

取法为则 胡瑗尝为湖州学官，言行而身化之，使诚明者达，昏愚者厉，而顽傲者革。其为法严而信，为道久而尊。自景祐、明道以来①，学者有师，惟瑗与孙复、石介三人。庆历四年，建太学于京师，有司请下湖州取瑗教学之法以为则，召为诸生官教授。

【注释】

①原稿"自景祐、明道以来"当作"自明道、景祐以来"。

卷七 政事部

经 济

平米价 赵清献公，熙宁中知越州。两浙旱蝗，米价涌贵，饥死者相望。诸州皆榜衢路，立告赏，禁人增米价。公独榜通衢，令有米者增价粜之，于是米商辏集，米价顿贱。

禁闭籴① 抚州饥，黄震奉命往救荒，但期会富民耆老以某日至。至则大书"闭籴者籍，强籴者斩"八字揭于市，米价遂平。

【注释】

①原稿"闭籴"当作"闭粜"。

但笑佳禾 张全义见田畴美者，辄下马，与僚佐共观之。召田主，劳以酒食，有蚕麦善收者，或亲至其家，呼出老幼，赐以茶彩衣物。民间言张公不喜声伎，独见佳麦良蚕乃笑耳。由是民竞耕蚕，遂成富庶。

击鼓剿贼　魏李崇，为兖州刺史。兖旧多劫盗，崇令村置一楼，楼悬鼓，盗发之处，乱击之。旁村始闻者，以一击为节，次二，次三。俄顷之间，声闻百里，皆发人守险，由是贼无不获。

断绝扳累　薛简肃公帅蜀，一日置酒大东门外。中有戍卒作乱，既而就擒，都监走白诸公，命只于擒获处斩决。民间以为神断，不然，妄相扳引，受累必多矣。

擢用枢密　都指挥使张旻被旨选兵，下令太峻，兵惧，谋为变。上召二府议之。王旦曰："若罪旻，则自今帅臣何以御众？急捕谋者，则震惊都邑。陛下数欲任旻枢密，今若擢用，使解兵柄，反侧①者自安矣。"上曰："王旦善处大事，真宰相也。"
【注释】
　①反侧：违背法度。

分封大国　汉患诸侯强，主父偃谋令诸侯以私恩，自裂地封其子弟，而汉为定其封号。汉有厚恩，而诸侯自分析弱小云。

征卤①封禅　张说以大驾东巡，恐突厥乘间入寇，议加兵备边。召兵部郎中裴光庭谋之。光庭曰："四夷之中，突厥最大，比屡求和亲，而朝廷勿许。今遣一使，征其大臣从封泰山，彼必欣然承命。突厥来，则戎狄君长无不皆来，可以偃旗息鼓，高枕而卧矣。"说曰："善，吾所不及。"即奏行之。
【注释】
　①原稿"卤"当作"虏"。

［明］周臣《流民图》（局部），纸本，水墨，全卷 31.9cm×244.5cm，藏于美国克里夫兰艺术博物馆

预给岁币　契丹奏请岁给外别假钱币。真宗以示王旦。公曰：夷狄贪婪，渐不可长。可于岁给三十万内各借二万①，仍谕次年额内除之。契丹得之，大惭。次年，复下有司："契丹所借金帛六万，事微末，依常数与之，以后永不为例。"

【注释】

①原稿"二万"，《宋史》作"三万"。

责具领状　王阳明既擒宸濠，囚于浙省。时武庙南幸，驻跸留都。中官诱令阳明释濠还江西，俟圣驾亲往擒获，差中贵至浙省谕旨。阳明责中贵具领状，中贵惧，事遂寝。

竞渡救荒　皇祐二年，吴中大饥。范仲淹领浙西，发粟及募民存饷，为术甚备。吴人喜竞渡，好为佛事。淹乃纵民竞渡，太守日出宴于湖上，自春至夏，居民空巷出游。又召诸佛寺主僧谕之曰："饥岁工价至贱，可以大兴土木之役。"于是诸寺工作并兴。又新仓廒①吏舍，日役千夫。两浙大饥，唯杭宴然。

【注释】

①原稿"新仓廒"，《梦溪笔谈》作"新敖仓"。

比折除过① 韩琦知郓州，京中素多盗，捕法以百日为限，限中不获，抵罪。琦请获他盗者听，比折除过，故盗多获。

【注释】

①**比折除过**：给警吏限定日期令其拘捕人犯称"比"，如不能如期捕获而获其他犯人者，当将功补过，称"比折除过"。

中官毁券 梅国桢①知固安，有中官操豚蹄为飨，请征债于民。国桢曰："今日为君了此。"急牒民至，趋令鬻妻偿贵人债，伪遣人持金买其妻，追与偕入，民夫妇不知也。桢大声语民曰："非尔父母官立刻拆尔夫妻，奈贵人债，义不容缓；但从此分离；终身不复见矣！容尔尽言诀别。"阳为堕泪。民夫妇哀恸难离。中官为之酸楚，竟毁券而去。

【注释】

①原稿"梅国桢"当作"梅国祯"。

宣敕毙奸 况钟知苏州，初视事，阳为木讷，胥有弊蠹，辄默识之。通判赵忱，肆慢侮钟，亦不之校①。既期月，一旦，宣敕召府中胥悉前，大声言："某日某事窃贿若干，然乎？某日，某如之！"群胥骇服，不敢辩。立掷杀六人，肆诸市。复出属官贪者五人，庸懦者十余人。由是吏民震悚，革心奉命。民称之曰况青天。

【注释】

①**校**：计较。

积弊顿革　刘大夏为户部侍郎，理北边粮草。尚书周经谓曰："仓场告乏，粮草半属京中贵人子弟经营。公素不与此辈合，此行恐不免刚以取祸。"大夏曰："处天下事以理不以势，定天下事在近不在远，俟至彼图之。"既至，召边上父老日夕讲究，遂得其要领。一日，揭榜通衢曰："某仓缺几千石，每石给官价若干，封圻内外官民客商之家，但愿告报者，粮自十石以上，草自百束以上，俱准告，虽中贵子弟，不禁也。"不两月，公有余积，民有余财。盖往时来告者，粮必限以千百石，草必限以十万束方准，以至中贵子弟为市包买，以图利息。自大夏此法立，有粮草之家皆自往告报，不必中贵包买足数，然后整告也。几十年积弊，一朝顿革。

筑墙屋外　许逵为乐陵令，时流寇势炽，逵预筑墙城浚隍，使民各筑墙屋外，高过其檐，仍开墙窦如圭，仅可容人。家令二壮者执刀俟于窦内，其余人各入队伍，设伏巷中，洞开城门。贼至，旗举伏发，贼火无所施，兵无所加，尽擒斩之。自是贼不敢近乐陵境。

承命草制　梁储在内阁时，秦王疏请陕之边地，益其封疆。朱宁、江彬等受其贿，助之请，上许之。兵部及科道执奏不听，大学士杨廷和当草制，引疾不出。上震怒，内臣至阁督促储曰："如皆引疾，孰与事君？"遂承命草上制曰："昔太祖皇帝著令曰：'此土不畀藩封，非吝也！念此土广且饶，藩封得之，多蓄士马，饶富而骄，奸人诱为不轨，不利宗社。'今王请祈恳笃，朕念亲亲，畀地不吝。务得地宜益谨，毋收聚奸人，毋多养士马，毋听奸人劝为不轨，震及边方，危我社稷，是时虽欲保全亲亲，不可得已。王慎之，毋忽！"上览制，骇曰："若是，其可虞，其弗与！"事遂寝。

平定二乱　张佳胤因浙兵减粮，辱巡抚为乱，受命视师两浙。

将抵杭，复闻市民因受役不均，聚众焚劫乡绅，有亡赖丁仕卿者为首倡。佳胤促驾曰："速驱之，尚可离而二也。"到台，召营兵为乱者抚之曰："汝曹终岁有守卫功，前抚减粮诚误。今市井亡赖亦为乱，彼无他劳，不可以汝曹为例，可为我捕之，功成不独论赎，且有赏也。"众踊跃听命，遂薄乱民，败之，擒捕丁仕卿等，立会诸司讯之，得其挟刃而要金帛者五十余人，皆枭之，余悉放归。于是诸亡赖皆帖然解散。佳胤乃复营兵饷，密廉其倡乱者名，因捕数人曰："汝为乱首，吾故欲贷汝，天子三尺不贷汝！"遂斩之，因驰使遍赦七营，曰："乱者已服辜。今以尔有功天子，不欲尽诛。汝当尽力报国！"不五日，二乱平定。

转赐将士　李正己为平卢节度使，畏德宗威名，表献钱三十万缗，上欲受之，恐见欺，却之则无辞。崔祐甫请遣使慰劳淄、青将士，因以正己所献钱赐之，使将士人人感上恩；又诸道闻之，知朝廷不重货财。上悦从之，正己大惭服。

一军皆甲　段秀实为邠州都虞候。行营节度郭晞纵士卒为暴，秀实列卒取十七人，断首注槊上，植市门外，一军皆甲。秀实诣军门，曰："杀一老卒，何甲也？吾戴吾头来矣。"因让晞，晞谢过。邠州由是无祸。

各自言姓名　大将田希鉴附朱泚，泚败。李晟以节度使巡泾州，希鉴郊迎，晟与之并辔而入，道旧甚欢也，希鉴不复疑。晟于伏甲而宴，宴毕，引诸将下堂曰："我与汝曹久别，可各自言姓名。"于是得为乱者三十余人，数其罪，杀之。顾希鉴曰："田郎不得无过。"并立斩。

为三难　鲜于侁，字子骏。方新法行，诸路骚动。侁奉使九载，独公心处之。苏轼称上不害法、中不伤民、下不废亲为"三难"。司马光当国，除京东转运，曰："子骏，福星也。"

平原自无 史弼为平原相时，举钩党，惟平原独无。诏书前后迫切，从事①坐传舍责曰："青州六郡，其五有党，平原何治而得独无？"弼曰："先王疆理天下，画界分境，水土异齐，风俗不同。五郡自有，平原自无，胡可相比？若承望上司，诬陷良善，则平原之人，户可为党，相有死而已，所不能也！"

【注释】

①从事：即"从事史"，官名，主督促文书，察举非法。

烛奸

责具原状 李靖为岐州刺史，或告其谋反，高宗①命一御史案之。御史知其诬罔，请与告事者偕行数驿，诈称失原状，惊惧异常，鞭挞行典，乃祈求告事者别疏一状，比验与原不同，即日还以闻，高祖大惊，告事者伏诛。

【注释】

①原稿"高宗"当作"高祖"。

验火烧尸 张举，为句章令。有妻杀其夫，因放火烧舍，诈称夫死于火，其弟讼之。举乃取猪二口，一杀一活，积薪焚之，察死者口中无灰，活者口中有灰。因验夫口，果无灰，以此鞫之，妻乃服罪。

市布得盗 周新按察浙江，将到时，道上蝇蚋近马首而聚，使人尾之，得一暴尸，惟小木布记在，取之。及至任，令人市布，屡嫌不佳，别市之，得印志者，鞫之，布主即劫布商贼也。

旋风吹叶　周新坐堂问事，忽旋风吹异叶至前，左右言城中无此木，独一古寺有之，去城差远。新曰："此必寺僧杀人埋其下也，冤魂告我矣！"发之，得妇尸，僧即款服。

帷钟辨盗　陈述古令浦城。有失物，莫知为盗者，乃绐曰："某所有钟能辨盗，盗摸则钟自鸣。"阴使人以煤涂而帷之。令囚人摸帷，一囚手无煤，讯之果服。

折芦辨盗　刘宰为泰兴令。民有亡金钗者，唯二仆妇在，讯之，莫肯承。宰命各持芦去，曰："不盗者，明日芦自若；果盗，明旦则芦长二寸。"明旦视之，则一自若，一去芦二寸矣。讦之，盗遂服。

遣妇缚奸　陆云为浚义①令，有杀人不得其主者。云囚其妻十许日，密令人尾其后，属曰："其去不远十里，当有男子候之与语，便缚至。"既而果然。问之，乃与妇私通，共杀其夫，闻出狱探消息，惮近县，故远相候耳。一县称为神明。

【注释】
①原稿"浚义"，《晋书》作"浚仪"。

捕僧释冤　元绛摄上元令。有甲与乙被酒相殴，甲归卧，夜为盗断足，妻执乙诣县，而甲已死。绛谓其妻曰："归治而夫丧，乙已服矣。"阴使迹其后，见一僧迎之私语。即捕僧，乃乘机与其妻共杀甲者。

井中死人　张昇知润州，有报井中死人者，一妇人往视曰："吾夫也。"昇令其亲邻验之，井深莫可辨。曰："众不能辨，妇人何遽知其为夫？"即付所司鞫之，果其妇与奸夫所谋者。

食用左手　王维熙盐城尉，有群饮而毙者，俱不伏罪。脱其械而与饮食，问一人曰："汝用左手，而死者伤右^①，尚何拒？"囚无辩，而拟抵。

【注释】

①原稿"伤右"当作"伤右肋"。

盗首私宰　叶宾知南安，有盗截牛舌，其主以闻。宾阳叱去，阴令屠之。即有首私宰耕牛者，宾曰："截牛舌者汝也。"果服。

留刀获盗　刘崇龟为广州刺史。有少年泊舟江滨，见一妙姬倚闾，殊不避，少年挑之，曰："黄昏到宅。"是夕，果启扉待之。少年未至，一盗入扉，姬不知，即身就之。盗疑见执，遂刺姬死，遗刀而逃。少年后至，践其血，仆地，扪之，见死者，急出。明日，其家随血迹至江岸，岸上人云："夜有某客船去矣。"捕者追获，具实吐之，观其刀乃屠家物。崇龟下令曰："某日演武，大犒士，集合境庖丁。"既集，复曰："已晚。留刀于厨。"阴以杀人刀换下。比明，各来请刀^①，独一屠不认。因诘之，曰："此非某刀，乃某人刀耳。"命擒之，则已窜矣。崇龟以合死之囚代少年，侵夜毙于市。窜者知囚已毙，不一二夕归家，遂就擒服罪。

【注释】

①请刀：领刀。

命取佛首　程颢^①为主簿，僧寺有石佛，岁传佛首放光，士民竞往。颢戒曰："俟后现，当取其首。"就观之，光遂止。

【注释】

①原稿"程颢"当作"程珦"。程珦，程颢之父。

识猴为盗　杨绘知兴元。有盗库缣者，绘迹踪之，不类人所出入。乃呼戏沐猴者，一讯而服。

闻哭知奸　国侨，字子产，尝晨出，闻妇人哭，使吏执而讯之，则手绞其夫者也。吏问故，子产曰："凡人于所亲爱也，始病而忧，临危而惧，已死而哀。今哭夫已死，不哀而惧，是以知其有奸也。"

河伯娶妇　西门豹为邺令，俗故信巫，岁月河伯娶妇以攫利，选室女以投于河。豹及期往视，指女曰："丑！烦大巫先报河伯，如其不欲，还当另选美者。"呼吏投巫于河。少顷，曰："何久不复我？"又投一人往速。群奸惊惧，乞命。从此弊绝。

哭夫不哀　严遵为扬州行部，闻道旁女子哭，而声不哀，问之，云："夫遭火死。"遵使舆尸到，令人守之，曰："当有物往。"更日，有蝇聚头所。遵令披视，铁锥贯顶，乃以淫杀其夫者。

命七给子　张咏知杭州。有子与婿讼家产者，婿言：舅终，子才三岁，遗书令异日三分付子，婿得其七。咏曰："汝妇翁，智人也，以七与子，子死矣。"命三给婿，七给子。

怒逮妇人　王克敬为两浙运使[1]，有逮犯私盐者，以一少妇至，克敬怒曰："岂有逮妇人于百里外，与吏卒杂处者，污教甚矣！"自后不许。著为令。

【注释】

[1] 原稿"两浙运使"当作"两浙盐运使"。

断丝及鸡　傅琰山阴令，有卖针、卖糖老妪，争团丝诉琰，琰令挂丝于柱，鞭之，微视有铁屑，乃罚卖糖者。又二野父争鸡，问何以饲鸡，一云豆，一云粟。破鸡得粟，罪言豆者。民称傅圣。

老翁儿无影　丙吉知陈留，富翁九十无男，娶邻女，一宿而死，后产一男，其女曰："吾父娶，一宿身亡，此子非吾父之子。"争财久而不决。丙吉云："尝闻老翁儿无影，不耐寒。"其时秋暮，取同岁儿解衣试之，老翁儿独呼寒，日中果无影，遂直其事。

断鬼石①　石璞，江西副使。时有民娶妇三日，婿与妇往拜岳家。婿先妇，妇后，失之，遍索不获。妇翁讼婿杀女，婿不胜榜掠，自诬服。璞犹疑杀人而弃尸，必深怨者为之。彼新婚燕好，胡乃尔尔。夜斋沐焚香，祝曰："此狱关纲常，万一妇与人私，而夫枉死，且受污名，于理安乎？神其以梦示我！"果梦神授一"麥"字。璞曰："此两人夹一人也，狱有归矣！"比明，令械囚待时行刑。囚未出，璞见一童子窥门内，乃令人牵入，曰："尔羽客，胡为至此，得非尔师令侦某囚事耶？"童子大惊，吐实，乃二道士素与妇通，见匿之麦丛中。人因号曰断鬼石。

【注释】

①原稿无标题，今加。

视首皮肉　民有利侄之富者，醉而拉杀之于家。其长男与妻相恶，欲借奸名并除之，乃斩妻首，并拉杀之，首以报官。时知县尹见心迎上司于二十里外，闻报时已三鼓，见心从灯下视其首，一首皮肉上缩，一首不然。即诘之曰："两人是一时杀否？"答曰："然。"曰："妇有子女乎？"曰："有一女，方数岁。"见心曰："汝且寄狱，俟旦鞫之。"别发一票，速取某女来。女至，则携入衙，以果食之，好言细问，竟得其情，父子服罪。

法验女眉及喉　刘鸣谦守杭州，有刘氏女所居浅陋，邻少年张窥其艾，夜跃上楼，穴窗入。女大呼贼，父惊起，邻少年不能脱，执而髡之。少年昆弟号于众曰："伊父实以女伥而又阱之。"女闻之，拊膺曰："天乎！辱人至于此。"遂自缢。张乃贿其父金，当谳诉女已承污，特羞奸露耳。鸣谦得女贞烈、父受金状，乃令以法验女眉及喉，实处子。与从事刘公讯治之，张伏法。百姓谣曰："两刘哲，一刘烈，江河海流合。"

花瓶水杀人　汪待举守郡部。民有饮客者，客醉卧空室中。客夜醉渴，索浆不得，乃取花瓶水饮之。次早启户，客死矣。其家讼之，待举究中所有物，惟瓶中浸旱莲花而已。试以饮死囚，立死，讼乃白。

识　断

斩乱丝　高洋内明而外晦，众莫能知，独欢异之，曰："此儿识虑过吾。"时欢欲观诸子意识，使各治乱丝，洋独持刀斩之，曰："乱者必斩。"

立破枉狱　陆光祖为濬令。濬才士卢梗被前令枉坐重辟，数十年相沿，以其富不敢为之白。陆至，访实，即日破械出之，然后闻于台使者。使者曰："此人富有声。"陆曰："但当问其枉不枉，不当问其富不富。不枉，夷、齐无生理；果枉，陶朱无死法。"使者甚器之。后行取[1]为史部，黜陟自由，绝不关白台省。

【注释】

①行取：明制，地方官知县、推官，科目出身三年考满者，经地方高级官员保举和考选，由吏部、都察院协同注拟授职，称为行取。

即斩叛使　胡兴为赵府长史。汉庶人将反，密使至，赵王大惊，将执奏之。兴曰："彼举事有日矣！何暇奏乎？万一事泄，是趣之叛。"一日尽歼之。汉平，宣庙闻斩使事，曰："吾叔非二心者！"赵遂得免。

监国解纷　张说有辨才，能断大议。景云初，帝谓侍臣曰："术家言，五日内有急兵入宫，奈何？"左右莫对。说进曰："此谗谋动东宫耳！陛下若以太子监国，则名分定，奸胆破，蜚语塞矣。"帝如其言，议遂息。

断杀不孝　张晋为刑部，时有与父异居而富者，父夜穿垣，子以为盗也，瞷其入，扑杀之，取灯视之，父也。吏议：子杀父，不宜纵；而实拒盗，不知其为父，又不宜诛。狱久不决。晋判曰："杀贼可恕，不孝当诛。子有余财，而使父贫为盗，不孝明矣！"竟杀之。

刺酋试药　曹克明有智略，真宗朝累官十州都巡检。酋蛮来献药一器，曰："此药凡中箭者傅之，创立愈。"克明曰："何以验之？"曰："请试鸡犬。"克明曰："当试以人。"取箭刺酋股而傅以药，酋立死。群酋惭惧而去。

杖逐桎梏　黄震为广德通判。广德俗有自带枷锁求赦于神者，震见一人，召问之，乃兵也。即令自招其罪，卒曰："无有。"震曰："尔罪必多，但不可对人言，故告神求赦耳。"杖而逐之。此风遂绝。

一钱斩吏　张咏在崇阳，一吏自库中出，鬓边一钱，诘之，乃库中钱也。咏命杖之，吏勃然曰："一钱何足道！乃杖我耶？"强项不屈。固命杖之。吏曰："尔能杖我，不能杀我。"咏判云："一日一钱，千日千钱，绳锯木断，水滴石穿。"自杖剑下阶斩其首，申府自劾。崇阳人至今传之。

强项令　董宣为洛阳令，湖阳公主家奴杀人，宣就主车前取杀之。主诉于帝，帝令宣谢主，宣不拜。帝令捽伏，宣以手据地不俯。帝敕曰："强项令去！"

南山判　武后时，李元纮迁雍州司户。太平公主与僧争碾硙①，元纮判与僧。长史窦怀贞大惧，促纮改判。纮大署判尾曰："南山可移，此判终无摇动也。"

【注释】

①碾硙：石磨。

腕可断　唐韩偓，宰相韦贻范母丧，诏还位，偓当草制，言贻范居丧不数月使治事，伤孝子心。学士使马从皓逼偓草之，偓曰："腕可断，制不可草！"

麻出必坏　唐德宗欲相裴延龄，阳城为谏议，曰："白麻出，我坏之①！"恸哭于廷，龄遂不得相。

【注释】

①原稿"白麻出，我坏之"，《新唐书》作"城当取白麻坏之"。白麻，代指诏书，唐代天子诏书用白麻纸。

判诛舞文　柳公绰为节度使，行部至乡县，有奸吏舞文诬其县令贪者。县令以公素持法，必杀贪官。公绰判曰："赃吏犯法法在，奸吏犯法法亡。"竟诛舞文者。

铁船渡海　贾郁性峭直，不能容过。为仙游令，及受代，一吏酗酒，郁怒曰："吾再典此邑，必惩此辈。"吏扬言曰："造铁船渡海也。"郁后复典是邑，吏盗库钱数万，郁判曰："窃铜镪以肥家，非因鼓铸；造铁船而渡海，不假炉锤。"因决杖徙之。

其情可原　孙唐卿判陕州，民有母再嫁而死，乃葬父，遂盗母之丧而祔葬之。有司论以法，唐卿曰："是知有孝，不知有法，其情可原。"乃判释之。

问大姓主名　周纡①为洛阳令。下车，先问大姓主名，吏数闾里豪强以对。纡厉声怒曰："本问贵戚若马、窦等辈，岂能知此卖蔡佣乎？"于是京师肃然。

【注释】

①原稿"周纡"及下句"卖蔡佣"，当作"周纡""卖菜佣"。

引烛焚诏　李沆为平章。一夕，真宗遣使持手诏欲以刘美人为贵妃，沆对使者引烛焚诏，附奏曰："但道臣沆以为不可。"其议遂寝。

天何言哉　真宗耻澶渊之盟，听王钦若天书之计，而行封禅。待制孙奭言于帝曰："以臣愚所闻，天何言哉？岂有书也？"帝默然。

礼宜从厚　李宸妃薨，太后欲以宫人礼治丧于外，吕夷简为首相，奏礼宜从厚。后怒曰："相公欲离间吾母子耶！"夷简曰："他日太后不欲全刘氏乎？"时有诏，欲凿宫城垣以出丧。夷简乃谓内侍罗崇勋曰："宸妃诞育圣躬，而丧不成礼，异日必有受其罪者，莫谓夷简今日不言也。当以后服殓，用水银。"崇勋驰告太后，乃许之。后荆王元俨为帝言："陛下乃李宸妃所生，妃死以非命。"帝因恸号累日，下诏自责，幸洪福寺祭告，易梓宫，亲启视之。妃以水银，故玉色如生，冠服如皇后。帝叹曰："人言其可信哉！"待刘氏加厚。

奏留祠庙　张方平判应天府。时司农遵王安石鬻祠庙于民法，方平托刘挚为奏曰:"阏伯迁商丘,主祀香火,为国家盛德,所乘历世尊为大祀。微子宋始封之君,开国此地,是本朝受命建业所因。又有双庙,乃唐张巡、许远孤城死贼,能捍大患。今若令承买小人规利,冗亵渎慢,何所不为!岁取微细,实伤国体。欲望留此三庙,以慰邦人崇奉之意。"疏上,帝震怒,批牍尾曰:"慢神辱国,无甚于斯!"于是天下祠庙皆得罢卖。

收缚诬罔 隽不疑为京兆尹。有男子乘牦车,诣北阙,自谓卫太子。诏列侯公卿以下杂职视。至者莫敢言。不疑后至,叱从吏收缚。曰:"昔蒯聩出奔,辄拒而不纳,《春秋》是之。卫太子得罪先帝,亡不即死,今来自请,此罪人也。"遂送诏狱。上与霍光嘉之,曰:"公卿大臣当用有经术明于大谊者。"验治,得奸诈,坐诬罔不道,要斩[1]。

【注释】

①要斩:腰斩。

捕脯小龙 程颢为上元主簿,有善政。茅山池有小龙,得见者奉以神,民走若狂。颢捕而脯之。

汰僧为兵 宋胡旦通判昇州。时江南初平,汰李氏所度僧,十减六七。旦曰:"彼无田庐可归,将聚而为盗。"乃悉黥为兵。以同时所汰尼僧配之。

俟面奏 寇天叙以应天府丞摄尹事。时武宗南巡,权嬖鸥张索贿,拂其意,祸且立至。天叙曰:"与其行贿改节,不若得罪去官。"凡有所需,直阻之,曰:"俟面奏,旨与则与,皆莫谁何!"驻跸九阅月,费且不资,而民不病。

破柱戮奸 李膺拜司隶校尉,时小黄门张让弟朔为野王令,贪残无道，畏膺威严，逃还京师，匿于兄家合柱中。膺知其状，率吏卒破柱取朔，付洛阳狱。受辞毕，即杀之。自此诸黄门常侍皆鞠躬屏气。时朝廷日乱，纲纪颓弛，而膺独持风裁，以声自高，有景仰之者。

清 廉

冰壶 杜诗："冰壶玉鉴①悬清秋。"姚元崇所作《冰壶》，言其洞彻无瑕，澄空见底。杜诗清廉，有类于是。

【注释】

①原稿"玉鉴"及下句《冰壶》，当作"玉衡"《冰壶诫》。

斋马 唐冯元叔历浚仪、始平尹，单骑赴任，未常①以妻子之官。所乘马，不食民间刍豆。人谓之斋马。

【注释】

①未常：未尝。

廉能 《周礼·天官》：以听官府之六计弊①群吏之治，一廉善，二廉能，三廉敬，四廉正，五廉法，六廉辨。

【注释】

①弊：考核。

冰清衡平① 华康直知光化，丰稷知谷城，廉而且平。时人歌之曰："华光化，丰谷城，清如冰，平如衡。"

【注释】

①冰清衡平：德行纯美如冰之清，公平如秤之衡。

釜中生鱼 晋范丹①字史云，桓帝时为莱芜长。人歌之曰："甑中生尘范史云，釜中生鱼范莱芜。”

【注释】

①原稿“晋范丹”当作“汉范丹”。

留犊　魏时苗，为寿春令。始至官，乘簿笨车①、黄牸牛、布被囊。岁余，牛生一犊。及去，留其犊，谓主簿曰：“令来时，本无此犊，犊是淮南所生，故留之。”明交河令叶好文，亦留三犊与贫民为耕。

【注释】

①原稿“簿笨车”当作“簿奉车”。奉，车上篷。

酹酒还献　后汉张奂，为安定属国都尉。有羌人献金、马者，奂召主簿张祁入，于羌前，以酒酹地曰：“使马如羊，不以入厩；使金如粟，不以入怀。”悉以还之，威化大行。

食馔一口　北齐彭城王攸自沧州召还，父老相率具馔，曰：“殿下惟饮此乡水，未尝百姓馔，聊献疏薄。”攸食一口。

臣心如水　前汉成帝时，郑崇为尚书，好直谏，贵戚多潜之。上责崇曰：“君门如市，何以欲禁绝贵戚？”崇对曰：“臣门如市，臣心如水。”

清乎尚书之言　后汉钟离意，为尚书令。交趾太守张恢，坐赃伏法，以资物陈于帝前，诏颁赐群臣。意得珠玑，悉以委地。帝怪之，答曰：“孔子忍渴于贪泉，曾参回车于胜母，恶其名也。赃秽之资，诚不敢拜受。”上叹曰：“清乎尚书之言！”

乘止一马　朱敬则为卢州刺史，代还，无淮南一物，所乘止一马。

酌水奉饯 隋赵范①为齐州别驾。入朝，父老送之，曰："公清如水，请酌一杯水以奉饯。"

【注释】

①原稿"赵范"有误，应为"赵轨"。

郁林石① 吴陆绩为郁林太守，罢归无装，舟轻不能过海，乃取一大石置舟中以归。人号郁林石。

【注释】

①**郁林石**：即廉石，后用为居官清廉的典故。

只谈风月 徐勉迁吏部尚书，常与门人夜集，有为人求官者，勉曰："今夕只可谈风月，不宜及公事。"

市肉三斤 海瑞为淳安令。一日，胡总制语三司诸道曰："昨闻海令市肉三斤矣，可往察之。"乃知为母上寿所需也。

一文不直 薛大楹主南昌簿，尝标其门曰："要一文，不直一文。"

原封回赠 吴让知临桂县，不三年，超升庆远知府。南丹诸土官各馈金为贽，让却不受，口占绝句遗之，曰："贪泉爽酌吾何敢，暮夜怀金岂不知？寄语丹州贤太守，原封回赠莫相疑。"

书堂自励 陈幼学知湖州，书于堂曰："受一文枉法钱，幽有鬼神明有禁；行半点亏心事，远在儿孙近在身。"

画菜于堂 徐九经令句容，及满去，父老儿稚挽衣泣曰："公幸训我！"公曰："惟俭与勤及忍耳。"尝图一菜于堂，题曰："民不可有此色，士不可无此味。"至是，父老刻所画菜，而书勤俭忍三字于上，曰："徐公三字经。"

御书褒清　程元凤官拜右丞相兼枢密。御书"清忠儒硕昭光"六字褒之。

清白太守子　王应麟守徽州，其父扙尝守是郡，父老曰："此清白太守子也。"

刘穷　刘玺，龙骧卫人。少业儒，长袭世职，居官廉洁，人呼为"青菜刘"，或呼为"刘穷"。继推总漕运，上识其名，喜曰："是刘穷耶？可其奏。"

清化著名　韦谀少好文学，群言秘要之义，无不综览。后仕石季龙，历守七郡，咸以清化著名。

廉让之间　范柏年初见宋明帝，言及广州贪泉，因问："卿州复有此水不？"答曰："梁州惟有文川武乡、廉泉让水。"又问："卿宅何处？"曰："臣所居廉让之间。"帝嗟其善答。

清白遗子孙　郑述祖仕齐，为兖州刺史。其父亦尝为此州。百姓歌之曰："大郑公，小郑公，相去五十载，风教尚有同。"及病，曰："一生富贵足矣！以清白之名遗子孙，死无所恨。"

清有父风　柳玭，仲郢子，为岭南节度副使。廨中桔熟，既食，乃纳直于官。拜御史大夫，清直有父风。

悬鱼[①]　羊续，南阳守。入境，即微服间行，凡令长贪洁，吏民良猾者，皆廉知其状，一郡震竦。府丞以生鱼献，受而悬之庭柱。其后进，妻率子秘入郡舍，不纳，妻怒检室中，惟衾盐菜而已。

【注释】

①悬鱼：典出《后汉书·羊续传》，后作为官吏廉洁的代名词。

自控妻驴　宋李若谷赴长社主簿，自控妻驴，故人韩亿为负行李。将入境，谓韩曰："恐县吏迎至。"箧中止有钱六百，以其半遗韩，相持大哭而别。

埋羹　王琏，宁波守。操行廉洁，自奉尤俭约。一日，见馔兼鱼肉，大怒，令辍而瘗之，号"埋羹太守"。

进饼不受　明戴鹏，会稽知县，清慎自守。时军驻四明，鹏往供馈饷。期限严急，率民步行，日晡饥甚，从者进饼，却不受，掬道旁水饮之。

仅二竹笼　明轩輗由御史出为按察使，清约自持，四时一布袍，常蔬食。约诸僚友，三日出俸市肉一斤，多不能堪。待故旧，惟一肉，或杀鸡，辄惊曰："轩廉使杀鸡待客矣。"后以都御史致仕。上问曰："昔浙江廉使考满归家，仅二竹笼，是汝乎？"輗顿首谢。

符青菜　明符验，守常州，不携家，持二敝篑，一童仆，日供惟蔬，人目为"符青菜"。锐意锄强，凡横于乡者，虽窜匿，期必得之，苟奉法而至，亦不深求。岁大旱蝗，日循行督捕。每出，以筐盛米数升、柴数束自给，不劳民供亿。

清乃获罪　南北朝沈巑之丹徒令，以清介不通左右被谮，逮系尚方。帝①召问，对曰："臣清乃获罪。"帝曰："清何以获罪？"曰："无以奉要人耳。"帝问要人为谁,指曰:"此赤衣诸郎皆是。"复任丹徒。

【注释】

①帝:指刘裕。

橐无可赠 南北朝①刘溉建安太守。故人任昉以诗寄溉,求一衫。溉检中无可赠者,答诗曰:"予衣本百结,闽乡徒八蚕。"

【注释】

①原稿"南北朝"宜作"南朝"。

不持一砚 包拯知端州。州岁贡砚,必进数倍以遗要人。拯命仅足贡数即已。秩满归,不持一砚。

日唯啖菜 宋姚希得知静江。官署旧以锦为幕,希得曰:"吾起家书生,安用此!"命以布易之。日惟啖菜,一介不妄取也。

命还砧石 宋凌冲令含山,律己甚严,一介不妄取。见归装有一砧石,诧曰:"非吾来时物也。"命还之。

毋挠其清 唐蒋沇历长安、咸阳、高陵诸邑令,多卓异声。郭子仪过高陵,戒麾下曰:"蒋贤令供亿,得蔬食足矣。毋挠其清也!"

杯水钱公 隋赵轨,齐川别驾。东邻有桑椹落其庭,轨遣拾还之。及被召,父老挥泣送曰:"公清如水,不敢以壶浆相酒,敬持杯水钱公。"轨受而饮之。

挂床去任 三国裴潜,兖州刺史。尝作一胡床,及去任,挂之梁间。人服其介。

置瓜不剖　苏琼守清河。先达赵颖①献园瓜，琼勉留置梁上，不剖食。人闻受颖瓜，竞献新果，至门，知瓜犹在，相顾而去。

【注释】

①原稿"赵颖"当作"赵颖"。

受　职

筮仕　《左传》：毕万筮仕于晋，遇屯之比①。辛廖占之曰："吉。"

【注释】

①**毕万**：春秋时晋人。**筮仕**：古人将出做官，卜问吉凶；后指初次做官。**屯、比**：卦名。

下车①　李白为南昌宰去思碑云："未下车，人惧之；既下车，人爱之！"

【注释】

①**下车**：赴任。

瓜期　《左传》：齐侯使连称、管至父戍葵丘，瓜时而往，曰："及瓜而代①。"

【注释】

①**及瓜而代**：本意是到来年瓜熟时派人接替，后世把任期已满时换人接替叫作"瓜代"。

书考　《书经》：三载考绩。三考黜陟幽明。

增秩　前汉宣帝曰："太守吏民之本，数变易则下不安。民知其将久，不可欺罔，乃服从其教化。"故二千石有治绩，辄以玺书勉励，

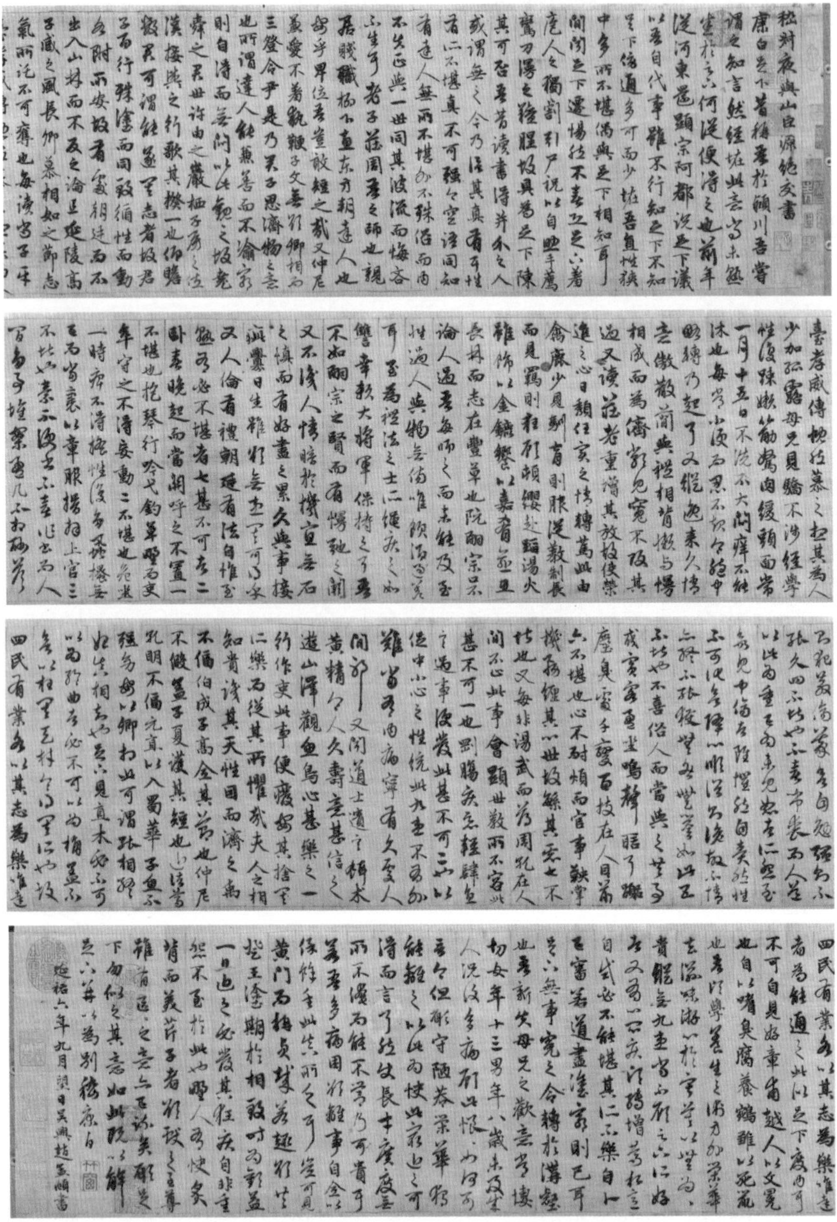

［元］赵孟頫行书《嵇叔夜与山巨源绝交书》全文，手卷，绢本，

21.8cm × 254.7cm，藏于故宫博物院

增秩赐金。

报政① 《史记》：伯禽受封之鲁，三年然后报政。周公曰："何迟也？"伯禽曰："变其俗，革其祀丧，三年而后除之，故迟。"太公封于齐，五月而报政。周公曰："何速也？"曰："吾简其君臣礼，从其俗也，故速。"

【注释】

①**报政**：报告政绩。

一行作吏① 晋嵇叔夜与山巨源书云："游山泽，观鱼鸟，心甚乐之。一行作吏，此事便废。"

【注释】

①**一行作吏**：指初做官。

穷猿奔林 李充字弘度，尝叹不被遇。殷浩问："君能屈志百里否？"李答曰："北门之叹，久已上闻。穷猿奔林，岂暇择木？"遂授剡县。

有蟹无监州 宋初通判与知州争权，每云："我是州监！"有钱昆者浙人，嗜蟹，尝求补外郡，曰："但得有蟹无监州则可。"东坡诗云："欲向君王乞符竹，但忧无蟹有监州。"

致仕 遗爱

蜘蛛隐 龚舍仕楚，见飞虫触蜘蛛网而死，叹曰："仕宦亦人之罗网也。"遂挂冠而去。时号为"蜘蛛隐"。

从赤松子游　张良辞高祖曰："臣以三寸舌为帝者师，封万户侯，此布衣之极，于愿足矣。愿弃人间事，从赤松子游。"

鸱夷子皮　范蠡灭吴，以大名之下难以久居，且勾践可与同患难，不可以同安乐，遂乘轻舟泛湖而去，自号鸱夷子皮。

东门挂冠　汉逢萌见王莽杀其子，告友人曰："三纲绝矣！不去，祸将及。"遂挂冠东门而去。

思莼鲈　晋张翰，齐王同辟为大司马功曹。翰见秋风起，思吴江莼羹鲈脍，叹曰："人生贵适意，安能羁官数千里！"遂命驾而归。

二疏归老　汉疏广为太傅，兄子受为少傅。广谓受曰："吾闻知足不辱，知止不殆，岂若告老，以归骸骨。"即日辞官，上许之。故人设饯东门，观者皆曰："贤者二大夫！"

襆被①而出　晋魏舒为尚书郎。时欲沙汰郎官，非其才者罢之。舒曰："我即其人也。"被而出。同僚素无清问者咸有愧色。
【注释】
①襆被：分别指用包袱裹束衣被，意为整理行装，或者专指被子。

弃苴席霉　晋文公弃苴席，霉黑。舅犯①辞归，言文公弃其卧席之霉黑。舅犯以其弃旧恋新，故辞归。
【注释】
①舅犯：同"咎犯"，春秋时晋文公之舅狐偃，故称舅犯。

乞骸骨①　汉宣帝朝，丞相韦贤以老病乞骸骨，赐黄金百斤，安车驷马，罢就第。丞相政仕自贤始。

【注释】

①乞骸骨：古代官吏自请退职，意谓使骸骨得归葬故乡。

甘棠　《诗经》："蔽芾甘棠，勿剪勿伐，召伯所茇。"召伯巡行南阳，听政于甘棠。后人思其恩泽，故戒勿剪伐。

生祠　汉于公决狱，平民立祠生祀之。生祀始此。

脱靴　唐崔戎自刺史迁官，民拥留抱持，取其靴。今之脱靴始此。

桐乡　前汉朱邑为桐乡令，病且死，属其子曰："我故后，吏民必葬我于桐乡。后世子孙奉我，或不如桐乡百姓。"

野哭　子产相郑。及卒，国人哭于巷，农夫哭于野，商人罢市而哀，流涕三月，不闻琴瑟之声。

堕泪碑　晋羊祜以清德闻。及死，南州为之罢市，巷哭者声相接，葬于岘山。百姓望其碑者，辄流泪，谓之堕泪碑。

童不歌谣　秦五羖大夫百里奚卒，秦人巷哭，童子不歌谣，舂者不相杵。

下马陵　董仲舒墓在长安，人思其德，过者下马，人谓之下马陵。后世误称虾蟆陵。

扳辕卧辙　汉侯霸为临淮太守，被召，百姓扳辕卧辙，愿留期年，奔送百里。

截镫留鞭　唐姚崇受代日，民吏泣拥马首，截镫留鞭，止其不去。

众庶从居　魏德梁迁贵乡长，为政清静，不严而肃①。转馆陶长，既至，老幼如见父母。二县父老争请留之，郡不能决。会使者至，乃断从贵乡。馆陶众庶从而居者数百家。
　　【注释】
　　①原稿"魏德梁""不严而肃"，当作"魏德深""不严而治"。

与侯同久　柳不华①武冈路总管，守境卫民几二十年，民歌之曰："前有公绰，武冈父母。今之郡侯，无乃其后。足我衣食，安我田亩。我子我孙，与侯同久。"
　　【注释】
　　①原稿"柳不华"有误，应为"柳子华"。

不犯遗钱　郑棨①庐州刺史。黄巢掠淮南，棨移檄请无犯州境，巢为敛兵，州独完。秩满去，遗钱千缗，藏州库。后他盗至，曰："郑使君钱。"不敢犯。
　　【注释】
　　①原稿"郑棨"有误，当为"郑綮"。

天赐策　何比干，字少卿，汝阴人，汉武帝朝廷尉。时张汤持法严，而比干务平恕，所全活者数千人，淮南号曰"何公"。忽有老妪造门曰："先世有阴德及公之身，又治狱多平反。今天赐策，以广公后。"因出怀中策九百九十枚①，曰："子孙佩印符者如此算。"
　　【注释】
　　①原稿"九百九十枚"，《太平广记》作"凡百九十板"。

再任 陶侃再为荆州，黄霸再为颍州，郭伋再为并州，陈蕃再为乐安，寇恂再为河南，耿纯再为东郡。

降黜 贪鄙

咄咄书空① 晋殷浩被黜，谈咏不辍；虽家人，不见其有流放之感。但终日书空，作"咄咄怪事"四字而已。

【注释】

①**书空**：用手指在空中虚划字形。

胡椒八百 唐元载受贿，后事败，有司籍其家，钟乳五百辆，胡椒八百斛，他物不可胜计。

簠簋不饰① 贾谊策："古者大臣有坐不廉则废者，不谓不廉，则曰'簠簋不饰'。"

【注释】

①**簠簋不饰**：后世多用于弹劾官吏。簠、簋，两种盛黍稷稻粱的礼器。不饰，不整饬。

围棋献赂 蜀刺史安重霸，性贪贿。州民有油客邓姓者，资财巨万，重霸召与围棋，令侍立。下子过于筹算，终日不下数十子。邓倦立，且饥馁不堪。次日，又召。或曰："本不为棋，何不献贿？"邓献金三锭，获免。

拔钉钱 五代赵在礼令宋州，贪暴逾制，百姓苦之。后移镇永兴，百姓欣贺曰："拔却眼中钉矣！"在礼闻之，仍求复任宋州，每岁户口，不论主客，俱征钱一千，名曰"拔钉钱"。

挦须钱　南唐张崇帅庐州，所为不法，尝入觐，庐人曰："渠伊想不复来矣！"崇归，计日索"渠伊钱"。明年又入觐，盛有罢府之议，人不敢实指，道路相视，皆挦须相庆。崇归，又征"挦须钱"。

破贼露布　李义甫①为相，杨行款白其赃私，诏司刑刘祥道与三司杂讯，除名，流隽州，或作河道元帅。刘祥道破铜山大贼，李义甫露布②榜于衢。

【注释】

①原稿"李义甫"当作"李义府"。

②**露布**：这里作为"捷报"。

京师白劫　后魏元修义为吏部尚书，惟事贿赂，官之大小皆有定价。中散大夫高居呼为"京师白劫"。

卷八　文学部

经　史

十三经　易经、书经、诗经、春秋、礼记、论语、孝经、尔雅、左传、公羊、穀梁、周礼、仪礼。

伏羲始则龙马作易，神农始即其方列为八卦，帝王为传国之宝。

［唐］阎立本《孝经图》卷（局部），绢本，设色，全卷 18.6cm×529cm，藏于辽宁省博物馆

三易　夏易《连山》，其卦首艮；商易《归藏》，其卦首坤；《周易》首乾。伏羲定卦名，文王为彖辞，周公为爻辞，孔子为《十翼》，而易道始备。

十翼　孔子作《十翼》[①]：上《彖传》一，下《彖传》二，上《爻传》三，下《爻传》四，《文言》五，上《系辞》六，下《系辞》七，《说卦》八，《序卦》九，《杂卦》十。
【注释】
①《十翼》：解释《周易》的十篇著作的总称，原稿篇目、次序均有出入。

洛书[①]　伏羲始则元龟为"洛书"，神农因之始制筮，黄帝因之始制卜。
【注释】
①原稿无标题，今加。

河图[①]　昔武库火，古"河图"始无传。今误以"洛书"为"河图"，以莽时龟文为"洛书"。
商瞿子木始受《易》于孔子。秦失《说卦》三篇，河内女子始得之。
【注释】
①原稿无标题，今加。

洪范九畴　天锡禹《洪范》九畴。初一曰五行，次二曰敬用五事，次三曰农用八政，次四曰协用五纪，次五曰建用皇极，次六曰乂用三德，次七曰明用稽疑，次八曰念用庶征，次九曰向用五福，威用六极。

五行　一曰水，二曰火，三曰木，四曰金，五曰土。水曰润下，火曰炎上，木曰曲直，金曰从革，土爰稼穑。润下作咸，炎上作苦，曲直作酸，从革作辛，稼穑作甘。

五事　一曰貌，二曰言，三曰视，四曰听，五曰思。貌曰恭，言曰从，视曰明，听曰聪，思曰睿。恭作肃，从作乂，明作哲，聪作谋，睿作圣。

八政①　一曰食，二曰货，三曰祀，四曰司空，五曰司徒，六曰司寇，七曰宾，八曰师。

【注释】

①**八政**：古代国家施政的八个方面。

五纪　一曰岁，二曰月，三曰日，四曰星辰，五曰历数。

三德　一曰正直，二曰刚克，三曰柔克。平康正直，疆①弗友刚克，燮友柔克；沉潜刚克，高明柔克。

【注释】

①原稿"疆"当作"彊"（强）。

稽疑　稽疑建择立卜筮人，乃命卜筮。曰雨（其兆为水），曰霁（其兆为火），曰蒙（其兆为木），曰驿（其兆为金），曰克（其兆为土），曰贞（内卦为贞），曰悔（外卦为悔）。

庶征①　曰雨、曰旸、曰燠、曰寒、曰风、曰时。五者来备，各以其叙，庶事蕃芜。一、极备凶，一、极无凶。曰休征，曰肃，时雨若；曰乂，时旸若；曰哲，时燠若；曰谋，时寒若；曰圣，时风若。曰咎征，曰狂，恒雨若；曰僭，恒旸若；曰豫，恒燠若；曰急，恒寒若；曰蒙，恒风若。

【注释】

①庶征：各种征兆。

五福　一曰寿，二曰富，三曰康宁，四曰攸好德，五曰考终命①。

【注释】

①攸好德、考终命：修养美德，寿命长得善终。

六极①　一曰凶②短折，二曰疾，三曰忧，四曰贫，五曰恶，六曰弱。

【注释】

①六极：六种困厄。

②凶：夭折。

三坟五典　三皇之书曰《三坟》，五帝之书曰《五典》①。《抱朴子》云：《五典》为笙簧，《三坟》为金玉。少昊、颛顼、高辛、唐、虞之书谓之《五典》。坟，大也。三坟者，山坟、气坟、形坟也。山坟，言君臣、民物、阴阳、兵象。气坟，言归藏、发动、长育、生杀。形坟，言天地，日月、山川、云气，即伏羲、神农、黄帝之书。

【注释】

①《三坟》《五典》，以及下条的《九丘》《八索》，均为古书名。

九丘八索　九州之志曰《九丘》，八卦之说曰《八索》。

金简玉字　大禹登宛委山，发石匮，得金简玉字之书，言治水之要，周行天下。伯益记之为《山海经》。

六义　《诗经》有六义，一曰风，二曰赋，三曰比，四曰兴，五曰雅，六曰颂。

诗经传[①] 卜商始序《诗》。辕固作传为齐诗。申公作训诂为鲁诗，浮丘伯授。毛苌作故训为毛诗，毛亨授。

【注释】

①原稿无标题，今加。

五始 《春秋》义有五始，元者气之始，春者时之始，王者受命之始，正月者政教之始，公即位者有国之始。

三传 《左传》艳而富，其失也诬。《公羊》辨而裁，其失也俗。《穀梁》清而婉，其失也短。

二戴 汉宣帝时，东海后仓善说《礼》于曲台殿，撰《礼》一百八十篇，曰《后氏曲台记》。后仓[①]传于梁国。戴德及德从子圣，乃删后氏记为八十五篇，名《大戴礼》；圣又删《大戴礼》为四十六篇，为《小戴礼》。其后诸儒又加月令、明堂位、乐记三篇，为四十九篇，则今之《礼记》也。

【注释】

①原稿"后仓"当作"后苍"。

毛诗 荀卿授汉人鲁国毛亨作训诂传以授赵国毛苌。时人以亨为大毛公，苌为小毛公，以二公所传，故名《毛诗》。

汲冢周书 《束晳传》：晋太康二年，汲县人盗发安釐王冢，得竹书数十车，蝌蚪文字杂写经书。晳为著作，随宜分析，皆有考证，曰"汲冢周书"。

乐记　汉文帝始得窦公所献周公大司乐章，河间献王与毛生采作《乐记》。

漆书　杜林于西川[①]得漆书古文《尚书》一卷。卫宏、徐巡来学，林授于二子，后遂得传。

【注释】

①原稿"西川"当作"西州"。

壁经　鲁公王[①]坏孔子故宅，欲以为宫，闻壁中琴瑟丝竹之声，得古文《尚书》。武帝乃诏孔安国较定其书。

【注释】

①原稿"鲁公王"当作"鲁恭王"。

断书　孔子断书百篇，鲁恭王始得孔胜[①]所藏于壁，定五十九篇，伏生称为《尚书》。

【注释】

①原稿"孔胜"疑有误，应为"孔腾"。

石经　汉灵帝熹平四年，蔡邕与大史令单彪[①]等，正定五经，刊石，谓之石本五经。衡阳王钧始细书，为巾箱五经。

【注释】

①原稿"大史令单彪"，《后汉书》作"太史令单飏"。

集注　《易经》程注、朱注。《诗经》朱注。《书经》朱熹婿蔡沈注。《春秋》今从胡传。《礼记》陈皓注。皓字青莲，以其娶再醮，故不入孔庙。

武经七书　孙子、吴子、尉缭子、司马兵法、李靖、三略、六韬。

佶屈聱牙 韩愈《进学解》曰："周诰殷盘，佶屈聱牙；《春秋》谨严；左氏浮夸；《易》奇而法；《诗》正而葩。"

入室操戈 《郑玄传》：任城何休好《公羊》学，著《公羊墨守》《左氏膏肓》《穀梁废疾》。郑玄乃发《墨守》，针《膏肓》，起《废疾》。休见而叹曰："康成入吾室，操吾戈，而伐吾乎？"

二十一史 司马迁《史记》，班固《前汉书》，范晔《后汉书》，陈寿《三国志》，唐太宗《晋书》，沈约《宋书》，萧子显《南齐书》，姚思廉《梁书》《陈书》，魏收《北魏书》，李百药《北齐书》，令狐德芬《后周书》，李延寿《南史》（宋、齐、梁、陈），《北史》（魏、齐、周、隋），魏徵《隋书》，宋祁、欧阳修《唐书》，欧阳修《五代史》，脱脱《宋史》《辽史》《金史》，宋濂《元史》[1]。

【注释】

[1]原稿"唐太宗""令狐德芬"当作"房玄龄等""令狐德芬等"。

亥豕[1] 子夏见读史者曰："晋师伐秦，三豕渡河。"子夏曰："非也，己亥渡河耳。"问之鲁史，果然。

【注释】

[1]亥豕："亥"与"豕"篆字字形相似，容易写错，后用以指书籍传写或刊印中文字因形近而误。

无一字潦草 司马温公作《资治通鉴》，草稿数千余卷，颠倒涂抹，无一字潦草。其行己之度，盖如此。

瓢史[1] 梁有僧，南渡赍一葫芦，有汉班仲坚《汉书》草稿，宣城太宗萧琛得之，谓之瓢史。

【注释】

①原稿"瓢史"当作"瓠史"。

即坏己作　陈寿好学，善著述。少仕蜀，除著作郎，撰《三国志》。当时夏侯湛等多欲作《魏书》，见寿所著，即坏己作。

探奇禹穴　太史公曰：迁二十四南游江、淮，上会稽，探禹穴，窥九疑，浮于沅、湘；涉汶、泗，讲业齐，鲁之都，观孔子之遗风，过梁、楚以归，乃绌石室之书作《史记》。

诸子　有一百八十九家故曰百家。

石勒读史　石勒目不知书，使人读史，闻郦食其请立六国后，曰："此法当失，何以有天下！"及闻留侯谏，乃曰："赖有此耳！"

修唐书　宋祁修《唐书》，大雪、添帘幕，燃椽烛，拥炉火，诸妾环侍。方草一传未完，顾侍姬曰："若辈向见主人有如是否？"一人来自宗室，曰："我太尉遇此天气，只是拥炉，下幕命歌舞，间以杂剧，引满大醉而已。"祁曰："自不恶。"乃阁笔掩卷起，遂饮酒达旦。

下酒物　苏子美豪放好饮，在外舅杜祁公家，每夕读书，以一斗酒为率。公密觇之，苏读《汉书·张良传》"与客狙击秦皇帝"，抚案曰："惜乎击之不中！"遂满饮一大白。又读至"良曰：始臣起下邳，与上会于留，此天以臣赐陛下"，又抚案曰："君臣相得，难遇如此！"复举一大白。公笑曰："有如此下酒物，一斗不足多也！"

修史人　李至刚修国史，只服士人衣巾，自称"修史人李至刚"。馆中诸公闻之，大笑，呼为"羞死人李至刚"。

七十二人传[①]　孔安国撰孔子弟子，七十二人。刘向撰《列仙传》，七十二人。皇甫士安撰《高士传》，亦七十二人。陈长文撰《耆旧》，亦七十二人。

【注释】

①原稿无标题，今加。

索米作传　陈寿尝为诸葛武侯书佐，受挞百下；其父亦为武侯所髡，故《蜀志》多诬罔。又丁廙、丁仪有盛名于魏，寿谓其子曰："可觅千斛米见与，当为尊公作一佳传。"丁不与，竟不为立传。

雷震几　陈子桱[①]作《通鉴续编》，书宋太祖废周主为郑王。雷忽震其几，陈厉声曰："老天便打折陈桱之臂，亦不换矣！"

【注释】

①原稿"陈子桱"当作"陈子经"。

直书枋头　孙盛作《晋春秋》，直书时事。桓温见之，怒谓盛子曰："枋头诚为失利，何至乃如尊公所言！若此史遂行，自是关君门户事。"其子遽拜谢，请改之。时盛年老家居，性愈卞急。诸子乃共号泣稽颡，请为百口计。盛大怒，不许。诸子遂私改之。

为妓詈祖　欧阳永叔为推官时昵一妓，为钱惟演所持，永叔恨之，后作《五代史》，乃诬其祖武肃王重敛民怨。睚眦之隙，累及先人，贤者尚亦不免。

心史　郑所南作《心史》，丑元思宋，以铁函重匮沉之古吴智井。至明朝崇祯戊寅凡三百五十六年，而此书始出。

明不顾刑辟　孙可之曰："为史官者，明不顾刑辟，幽不见鬼怪，若梗避于其间，其书可烧也。"

五代史韩通无传　苏子瞻问欧阳修曰："五代史可传后也乎？"公曰："修窃于此有善善恶恶之志。"子瞻曰："韩通无传，乌得为善善恶恶乎？"公默然。

赵盾弑君　赵穿弑灵公，宣子未出境而复。太史书曰："赵盾弑其君。"宣子①："不然。"对曰："子为正卿，亡不越境，反不讨贼，非子而谁？"孔子曰："董狐，古之良史也，书法不隐。"

【注释】

①依文意，原稿"宣子"后应加"曰"字。

史评　《晋书》《南北史》《旧唐书》，稗官小说也。《新唐书》，赝古书也。《五代史》，学究史论也。宋元史，烂朝报①也。与其为新书之简，不若为《南北史》之繁；与其为《宋史》之繁，不若为《辽史》之简。

【注释】

①**朝报**：一种以简讯形式报道帝王日常动态和官员升降任免的公开的传播载体朝报，是一种更接近于现代大众传媒的封建官报。

书　籍

二酉藏书　大酉山、小酉山①为轩辕黄帝藏书之所。

【注释】

①**大酉山、小酉山**：在今湖南省沅陵县西北。

兰台^①秘典　汉朝图籍所在，有石渠、石室、延阁、广内，贮之于外府。又有御史中丞居殿中，掌兰台秘典，及麒麟、天禄二阁，藏之于内禁。

【注释】

①**兰台**：汉代宫廷藏书之所，由御史中丞掌之，后代称御史台。下文中的"石渠""石室""延阁""广内"均为汉廷藏书之所。

石室缃书　司马迁为太史^①，缃金匮石室之书。缃，谓缀集之也。以金为匮，以石为室，重缄封之，慎重之至也。

【注释】

①原稿"太史"当作"太史令"。

家有赐书　班彪家有赐书，好名之士自远方至，父党扬子云以下，莫不造门。

南面百城^①　李谧杜门却扫，绝迹下帷，弃产营书，手自删削。每叹曰："丈夫拥书万卷，何暇南面百城！"

【注释】

①**南面百城**：指管辖许多地方，即做大官。

三十乘　晋张华好书，尝徙居，载书三十乘，凡天下奇秘，世所未有者悉在华所。有《博物志》行世。

曹氏书仓　曹曾积书万余卷。及世乱，曾虑书籍散失，乃积石为仓，以藏书籍。世名"曹氏书仓"。

五车书　《庄子》：惠施多方，其书五车。

八万卷　齐金楼子聚书四十年，得书八万卷，虽秘书之省，自谓过之。

三万轴　唐李泌家积书三万轴。韩诗云："邺侯家多书，架插三万轴。一一悬牙签，新若手未触。"

黄卷　古人写书，皆用黄纸，以黄蘗染之，驱逐蠹鱼，故曰黄卷。有错字，以雌黄涂之。

杀青　古人写书，以竹为简。新竹有汗，善朽蠹。凡作简者，先于火上炙去其汗，杀其竹青，故又名汗简。

铅椠　上古结绳而治。二帝以来，始有简册，以竹为之。而书以漆，或用板以铅画之，故有刀笔铅椠①之说。

【注释】

①**刀笔铅椠**：古代用笔在竹简上写字，有误则用刀刮去，故称"刀笔"。用铅粉笔在木板上写字称为"铅椠"。

湘帖　古人书卷外必有帖藏之，如今裹袱之类。白乐天尝以文集留庐山草堂，屡亡逸。宋真宗令崇文院写校，包以斑竹帖送寺。

四部　唐《经籍志》：玄宗两都各聚书四部，以甲、乙、丙、丁为号；甲，经部，赤牙签；乙，史部，绿牙签；丙，子部，碧牙签；丁，集部，白牙签。

芸编　芸香草能辟蠹，藏书者用以熏之，故书曰芸编；古诗："芸叶熏香走蠹鱼。"

书楼孙氏　孙祈六世祖长孺喜藏书，数万余卷置之楼上，人谓之书楼孙氏。

汗牛充栋　陆文通之书，居则充栋，出则汗牛。

悬国门　吕不韦集《吕氏春秋》成，暴之咸阳市，悬千金其上，能增损一字者予千金。人莫能增损。

市肆阅书　王充，好博览。家贫无书，常游洛阳市肆，阅所鬻书，一见辄能诵忆，遂博通众流百家之言。著《论衡》八十五篇。

帐中秘书　王充作《论衡》，中土未有传者，蔡邕入吴始得之，秘之帐中，以为谈助。后王郎得其书，及还洛下，时人称其才进。曰："不见异人，当得异书。"

藏书法　赵子昂书跋云："聚书藏书，良非易事！善观书者，澄神端虑，净几焚香，勿卷脑，勿折角，勿以爪侵字，勿以唾揭幅，勿以作枕，勿以作夹刺，随损随修，随开随掩。后之得吾书者，并奉赠此法。"

等身书　宋贾黄中幼日聪悟过人，父师取书与其身等，令读之，谓之等身书。

蔡邕遗书　蔡琰归自沙漠，曹操问邕遗书，琰曰："父亡，遗书四千余篇，流离涂炭，罔有存者。今所诵忆，裁四百余篇。"因乞给纸笔，真草惟命。于是缮写送入，文无遗误。

嘉则殿　隋炀帝嘉则殿书分三品，有红琉璃、绀琉璃、漆轴之异。殿垂锦幔，绕刻飞仙。帝幸书室，践暗机，则飞仙收幔而上，厨扉自启；帝出，扉闭如初。隋之藏书，计三十七万卷。

补亡书三箧　汉张安世博学。武帝幸河东，亡书三箧，诏问群臣，俱莫能知，惟安世识之，为写原本补入。后帝购求得书，以相较对，并无遗误。

博　洽

舌耕　汉贾逵通经术，门徒来学，不远千里，献粟盈仓。或云，逵非力耕，乃舌耕也。

书厨　陆澄博览，无所不知，王俭自谓过之。及与语，澄谈及所遗编数百条，皆俭所未睹，乃叹服曰："陆公，书厨也。"

学府　《南史》：梁昭博及古今，人称为学府。

人物志　唐李守①通晓天下人物臧否，世号肉谱。虞世南曰："昔任彦升通晓经术，世号五经笥①。今以守为人物志，可乎！"
【注释】
①原稿"李守"当作"李守素"，绰号"肉谱"。
②**五经笥**：比喻博通经学的人。

九经库　唐谷律耶博通经术，为世所重，号《九经》库"。又房晖远博闻洽记，学者称为《五经》库"。①
【注释】
①《**九经**》库、《**五经**》库：均指博通经学的人。

稽古力　汉桓荣性嗜学，明帝时拜太子太傅[1]，以所赐车马陈于庭，谓诸生曰："此稽古力也。"

【注释】

[1]原稿"明帝""太傅"当作"光武帝""少傅"。

柳箧子　唐柳灿[1]迁左拾遗，公卿竞托为笺奏，时誉日富，以其博学，号"柳箧子"。

【注释】

[1]原稿"柳灿"当作"柳璨"。

五总龟　唐殷践猷博通经典，贺知章称之曰"五总龟"。（龟千岁一总，问无不知，为秘书省学士。）

行秘书　唐太宗尝出行，有司请载副书以从。上曰："不须。虞世南在此，即秘书也。"

八斗才　谢灵运曰："天下才共一石，曹子建独得八斗，我得一斗，自古及今共用一斗。"奇才博识，安定继之。

扪腹藏书　杨玠娶崔季让女，崔富图籍，玠游其精舍，辄览记。既而曰："崔氏书被人盗尽。"崔遽令检之，玠扪其腹曰："已藏之腹笥矣！"

三万卷书　吴莱好游，尝东出齐鲁，北抵燕赵，每遇胜迹名山，必盘桓许久。尝语人曰："胸中无三万卷书，眼中无天下奇山水，未必能文章；纵能，亦儿女语耳。"

了却残书 朱晦翁答陈同文①书：奉告老兄，旦暮相撺留取间，汉存山里咬菜根，了却几卷残书。

【注释】

①原稿"同文"当作"同父"。陈亮，字同父。

书淫① 刘峻家贫好学，常燎麻炬，从夕达旦，时或昏睡，熟②其鬓发。及觉复读，常恐所见不博。闻有异书，必往祈借，崔慰③谓之"书淫"。

【注释】

①**书淫**：旧时称嗜书成癖，好学不倦的人。

②原稿"熟"有误，当为"爇"。

③原稿"崔慰"当作"崔慰祖"。

勤 学

帐中灯焰 范仲淹夜读书帐中，帐顶如墨。及贵，夫人以示诸子曰："尔父少时勤学，灯焰之迹也。"

佣作读书 匡衡好学，邑有富民家多书，与之佣作，而不取值，曰："愿借主人书读耳。"遂博览群书。

带经而锄 倪宽受业于孔安国，时行赁作，带经而锄，力倦，少休息，即起诵读。

燃叶 柳灿①，少孤贫，好学，昼采薪给费，夜燃叶读书。

【注释】

①原稿"柳灿"当作"柳璨"。

圆木警枕[1] 司马光常以圆木为警枕，少睡则枕转而觉，即起读书，学无不通。

【注释】

①圆木警枕：意思是用圆木做枕头，睡着时容易惊醒。形容刻苦自勉。

穿膝 管宁家贫好学，坐藜床五十余年，未尝箕股，当膝处皆穿。

燃糖[1]**自照** 顾欢家贫，乡中有学舍，欢壁后倚听，无遗忘者。夕则燃松节读书，或燃糖自照。

【注释】

①原稿"燃糖"有误，应为"燃糠"。

杜门读书 邢邵，任丘人。少游洛阳，遇雨，乃杜门五日读《汉书》，悉强记无遗。文章典丽，既赡且速，与温子昇齐名。官太常卿，兼中书监、国子监祭酒，朝士荣之。雅性脱略，不以位望自尊，止卧一小室，未尝内宿。自云："尝昼入内阁，为犬所吠。"

著 作

字挟风霜 淮南王刘安撰《鸿烈》二十一篇，字字皆挟风霜之气。扬子云以为一出一入，字直百金。

月露风云 隋李谔书云："连篇累牍，不出月露之形，积案盈箱，尽是风云之状。"

文阵雄师　唐苏文章思若涌泉，张九龄谓同列曰："苏生之文俊赡无敌，真文阵雄师也。"

词人之冠　唐张九龄七岁能文，太宗时为中书舍人，时号为词人之冠。

文章宿老　唐李峤为凤阁舍人，富才思，文册号令多属为之。前与王、杨接迹，中与崔、苏齐名，学者称为文章宿老。

口吐白凤　汉扬雄作《甘泉赋》，才思豪迈，赋成，梦口吐白凤。

咽丹篆　唐韩愈少时，梦人与丹篆一卷，强吞之，傍有一人拊掌而笑。觉后胸中如物咽，自是文章日丽。后见孟郊，乃梦中傍笑者。

锦心绣口　唐李白送弟序曰："弟心肝五脏皆绣口耶？不然，何开口成文，挥毫雾散也①。"
【注释】
①原稿"弟心肝"句，"弟"当作"兄"；"挥毫"当作"挥翰"。

宫体①轻丽　《唐高祖纪》：东海徐摛文体轻丽，时人谓之宫体。
【注释】
①宫体：南朝梁简文帝（萧纲）时形成的一种描写宫廷生活的诗体。作者以梁简文帝为首，大都描绘声色，是当时统治阶级荒淫生活的反映。

自出机杼　祖莹以文学见重，常语人云："文章须自出机杼，成一家筋骨，何能共人作生活也！"

［五代］黄居寀《杏花鹦鹉图》，绢本，设色，24cm×23.6cm，藏于美国波士顿美术博物馆

倚马奇才 桓温北征鲜卑，召袁宏倚马前作露布，手不停笔，俄得七纸，殊可观。

文不加点 江夏太守黄祖大会宾客，有献鹦鹉者，命祢衡曰："愿先生赋之。"衡揽笔而作，文不加点，辞采甚丽。

干将镆铘① 李邕文名天下，卢藏用曰："邕之文如干将镆铘，难与争锋，但虞其伤缺耳。"

【注释】

①镆铘：同"莫邪"，吴人干将之妻，后亦作宝剑名。

洛阳纸贵 左思作《三都赋》，豪贵之家竞相传写，洛阳为之纸贵。邢邵文章典丽，每文一出，京师传写，为之纸贵。

此愈我疾 陈琳少有辩才，草檄成以呈曹公。公先苦头疯，是日卧读琳檄，翕然而起，曰："此愈我疾！"

台阁文章 欧阳忠①曰："文章有两等，有山林草野之文，有朝廷台阁之文。"王安石曰："文章须官样，岂亦谓有台阁气耶？"

【注释】

①原稿"欧阳忠"有误，当作"欧阳文忠"。欧阳文忠即欧阳修。

捕龙搏虎 柳宗元曰：人见韩昌黎《毛颖传》，大叹以为奇怪。余读其文，若捕龙蛇，搏虎豹，急与之角，而力不敢暇。

捕长蛇骑生马 唐孙樵书玉川子《月蚀歌》、韩吏部《进学解》，莫不拔地倚天，句句欲活，读之如赤手捕长蛇，不施鞦勒骑生马。

驱屈宋鞭扬马 《李翰林集》序：驰驱屈宋，鞭挞扬马，千载独步，惟公一人。

点鬼簿、算博士 唐王勃、杨炯、卢照邻、骆宾王，皆有文名，人议其疵曰：杨好用古人姓名，谓之"点鬼簿"。骆好用数目作对，谓之"算博士"。

玄圃积玉 时人目陆机之文犹玄圃积玉，无非夜光。

造五凤楼 韩浦与弟洎，皆有文名，洎尝曰："予兄文如绳枢草舍，聊庇风雨。予文是造五凤楼手。"浦因寄蜀笺与洎，曰："十样鸾笺①出益州，近来新寄浣溪头。老兄得此全无用，助汝添修五凤楼。"

【注释】

①原稿"鸾笺"当作"蛮笺"，蛮笺即蜀笺。

梦涤肠胃 王仁裕少时，尝梦人剖其肠胃，以西江水涤之，见江中沙石，皆为篆籀之文。由是文思并进，有诗百卷，号《西江集》。

鼠坻牛场 扬雄曰：雄为《太玄经》，犹鼠坻之与牛场也，如其用，则实五谷饱邦民；否则，为坻粪，弃之于道已矣。

帖括① 帖者簿籍之义，以帖籍赅括义理而诵之。

【注释】

①帖括：唐制，明经科以帖经试士。把经文贴去若干字，令应试者对答。后考生因帖经难记，乃总括经文编成歌诀，便于记诵应时，称"帖括"。

诇痴符① 和凝为文，以多为富，有集百卷，自镂板以行，识者非之，曰："此颜之推所谓诇痴符也。"

【注释】

①诇痴符：古代方言，指没有才学却好夸耀的人。

焚弃笔砚 陆机天才秀逸，辞藻宏丽，张茂先尝谓之曰："人之为文章，常患才少，而子患才多。"机弟云曰："茂先见兄文，辄欲焚弃笔砚。"

齐丘窃谭峭　五代时，宋齐丘欲窃谭景升《化书》以为己作，乃投景升于江。后渔人撒网，获景升尸，手中持《化书》三卷，遂改《齐丘子》为《谭子化书》。

郢削　《庄子》：郢人垩（音恶）漫其鼻端，若蝇翼，使匠石斫之。匠石运斤成风，斫之，尽垩而鼻不伤。故求人笔削其诗文，曰郢削。

藏拙　梁徐陵使于齐，时魏收有文学，北朝之秀录其文集以遗陵，命传之江左。陵还，渡江而沉之，从者问故，曰："吾与魏公藏拙。"

韩山一片石　庾信自南朝至北方，惟爱温子昇所作《韩山碑》。或问北方何如，信曰："惟韩山一片石堪与语，馀若驴鸣犬吠耳。"

福先寺碑　裴度修福先寺，将求碑文于白居易。判官皇甫怒曰："近舍湜，而远取居易，请从此辞。"度亟谢，随以文属湜。湜饮酒，挥毫立就。度酬以车马玩器约千缣，湜怒曰："碑三千字，每字不直绢三匹乎？"度又依数酬之。湜又索文改窜，度笑曰："文已妙绝，增一字不得矣！"

聪明过人　韩文公尝语李程曰："愈与崔丞相群同年往还，直是聪明过人。"李曰："何处过人？"韩曰："共愈往还二十余年，不曾说着文章。"

金银管　湘东王录忠臣义士文章，笔有三品：忠孝全者，金管书之；德行精粹者，银管书之；文章华丽者，斑竹管书之。

［北宋］赵佶（宋徽宗）《真书千字文》卷（局部），纸本，
全卷 31.2cm×323cm，藏于上海博物馆

杜撰　五代广成先生杜光庭，多著神仙家书，悉出诬罔，如《感遇传》之类。故人以妄言谓之杜撰。或云杜默，非也。杜默以前遂有斯语。

千字文　梁散骑员外周兴嗣犯事在狱，梁王命以千字成文，即释之。一夕文成，须鬓皆白。

兔园册　汉梁孝王有圃名兔园，孝王卒，太后哀慕之。景帝以其园令民耕种，乃置官守，籍其租税，以供祭祀。其簿籍皆俚语之字，故乡俗所诵曰《兔园册》。

书肆说铃　扬雄曰："好学而不要诸仲尼，书肆也；好说而不要诸仲尼，说铃也。"

昭明文选六臣注　六臣：李善、吕延济、刘良、张铣、李周翰、吕向，并唐人；铣、向、周翰皆处士。

艾子　东坡有《艾子》一编，并是笑话。初不解其书，后见《杂记》云："宋仁宗灼艾，令优人竞说笑话，以忘其痛。艾子命书，亦此意也。或云子由灼艾，东坡作此，以分其痛。

四本论　钟会撰《四本论》始毕，甚欲使嵇公一见，置怀中，既定，畏其难，怀不敢出，于户外遥掷，便回急走。

庄子郭注　晋向秀注庄子《南华经》，剖析玄理。郭象窃之，以己名行世。

叙字　东坡祖名序，故为人作序，皆用"叙"字。

颜鲁公书　颜鲁公所著书，有《大言》《小言》《乐语》《滑语》《谗语》《醉语》，皆不传。

无字　《周易》"無"作"无"。晋王述曰："天屈西北为无。"今于"无"上加一点，是古"既"字。

三都赋序　徐文长曰：皇甫谧序《三都》，足以重左太冲，而陈师锡之序《五代史》，不足以当欧阳永叔。则予虽无序，可也。

诗　词

伏羲如为长短句诗，汉武帝始为联句诗，曹植始为绝句诗，沈佺期始为律诗。

舜始为四言。汉唐山夫人始为三言诗。枚乘十九首始为五言诗。

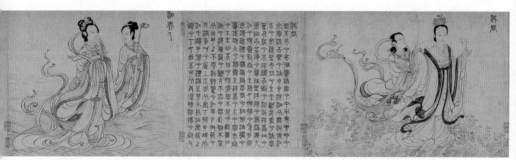

［元］张渥临李公麟《九歌图》卷（局部），纸本，墨笔，
全卷 29cm×523.5cm，藏于吉林省博物院

唐始为排句①，宋始为集句。

颜延年、谢元晖始唱和，元微之、李白始唱和次韵，颜鲁公始押韵。

宋周颙始为四声切韵（又沈约《四声谱》、夏侯该《四声韵略》），唐孙愐始集为《唐韵》。

魏孙炎始为反切字（本西域二合音，如"不可"为"叵"，"而已"为"耳"之类）。僧守温始为三十二字母。

【注释】

①排句：即"排律"。

乐府 汉武帝始郊庙燕射，咸著为篇章，无总众体。制乐府，本《骚》《九歌》《招魂》。

李延年始造乐府新声二十八解（本胡曲造），古为章，魏晋以来皆为解。

唐始变乐府为词调，宋始变词调为长短篇。

晋荀勖始为清商三调，本周房中为平调、清调、瑟调。汉房中为楚调。又侧调生于清调，总为相和调。

清商传江左，为梁宋新声，始尚辞（谓歌辞汉时但有其音耳。夷、伊、那、何之类则声也。）**大曲有艳**（在曲前），**有趋有乱**（在曲后）。**隋炀帝始倚声命辞**（或云起于唐之季世）。**王涯始曲中填辞**（一云张泌，然六朝已有之）。**李白始为小辞**。

诗体　严沧浪云：诗体始于国风、三颂、二雅，流为《离骚》，古乐古选（十九首）。后有建安体（汉万年曹氏父子及邺中七才子之诗）、黄初体（魏年号，与建安相接，其体一也）、正始体（魏年号，嵇、阮诸公之诗）、太康体（晋年号，左思、潘岳、二张、二陆之诗）、元嘉体（宋年号，颜、鲍、谢诸公之诗）、永明体（齐年号，齐诸公之诗）、齐梁体（通两朝而言之。杜云："恐与齐梁作后尘"）、南北朝体（通魏周而言之，与齐梁一体也）、初唐体（谓袭陈隋之体）、盛唐体（开元、天宝之诗）、中唐体、晚唐体、宋元祐体（黄山谷、苏东坡、陈后山、刘后村、戴石斋之诗）。

《唐诗品汇》总论曰：略而言之，则有初唐盛中晚之不同。详而言之，贞观、永徽之时，虞（世南）、魏（徵）诸公稍离旧习，王（勃）、杨（炯）、卢（照邻）、骆（宾王）因加美丽，刘希夷（庭芝）有闺帏之作，上官昭容有婉媚之姿，此初唐之制也。神龙以还，洎开元初，陈子昂古风雅正，李巨山（峤）文章宿老，沈（佺期）、宋（之问）之新声，苏（颋）、张（说）之大笔，此初唐之渐盛也。开元、天宝间，则有李翰林（白）之飘逸，杜工部（甫）之沉郁，孟襄阳（浩然）之清雅，王右丞（维）之精爽，储光羲之真率，王昌龄之隽拔，高适、岑参之悲壮，李颀、常建之雄快，此盛唐之盛者也。大历、真元间，则有韦苏州（应物）之澹雅，刘随州（长卿）之闲旷，钱（起）郎（士元）之清赡，皇甫（冉曾）之竞秀，秦公绪之山林，李从一（嘉祐）之台阁，此中唐之再盛也。下暨元和之际，则有柳愚溪（宗元）之超然复古，韩昌黎（愈）之博大沉雄。张籍、王建乐府得其故实，元、白叙事务得分明，与夫李贺、卢仝之鬼怪，孟郊、贾岛之瘦寒，此晚唐之变也。降而开元以后，则有杜牧之（牧）之豪纵，温飞卿（庭筠）之绮靡，李义山（商隐）之隐癖，许用晦（晖）之对偶，他若刘沧、马戴、李频、李群玉，此晚唐变态之极矣。

诗评　敖陶孙评：魏武帝如幽燕老将，气韵沉雄。曹子建如三河少年，风流自赏。鲍明远如饥鹰独出，奇矫无前。谢康乐如东海扬帆，风日流丽。陶彭泽如绛云在霄，舒卷自如。王右丞如秋水芙蕖，倚风自笑。韦苏州如园客独茧，暗合音徽。孟浩然如洞庭始波，木叶微脱。杜牧之如铜瓦走坡，骏马注坡。白乐天如山东父老课农桑，言言着实。元微之如李龟年说天宝遗事，貌悴而神不伤。刘梦得如镂冰雕琼，流光自照。李太白如刘安鸡犬，遗响白云，核其归存，恍无定处。韩退之如囊沙背水，惟韩信独能。李长吉如武帝食露盘，无补多欲。孟东野如埋泉断剑，卧壑寒松。张籍如优工行乡，饮醻献秩，时有诙气。柳子厚如高秋独眺，霁晚孤吹。李义山如百宝流苏，千丝铁网，绮密瑰妍，要非适用。本朝苏东坡如屈注天潢，倒连沧海，变眩百怪，终归浑雄。欧阳文忠如四瑚八琏，止可施之宗庙。王荆公如邓艾缒兵入蜀，要以险绝为功。黄山谷如陶弘景祗诏入官，析理谈玄，而松风之梦故在。梅圣俞如关河放溜，瞬息无声。秦少游如时女步春，终伤婉弱。陈后山如九皋独唳，深林孤芳，冲寂自妍，不求识赏。韩子苍如梨园按乐，排比得伦。吕居仁如散圣安禅，自能奇逸。其它作者，未易殚陈。独唐杜工部，如周公制作，后世莫能拟议。语觉爽俊，而评似稳妥，惟少为宋人曲笔耳，故全录之。

苦吟　孟浩然眉毛尽落，裴祐至袖手皆穿，王维则走入醋瓮，皆苦于吟者。

警句　杨徽之能诗，太宗写其警句于御屏，僧文莹谓以天地浩露涤笔于金瓯雪盘，方与此诗神骨相投。

推敲 贾岛于京师驴背得句："鸟宿池边树，僧敲月下门。"既下"敲"字，又欲下"推"字，拣之未定，引手作推、敲势。时韩愈权京兆尹，岛不觉冲其前导。拥至尹前，具道所以。愈曰："敲字佳矣。"与并辔归，为布衣交。

柏梁体 七言诗始于汉柏梁体。武帝作《柏梁台》，诏群臣能诗者得上座，凡七言，每句用韵，各述其事。

古锦囊 李贺工诗，每旦出，骑款段马，从小傒奴辈，背古锦囊，遇所得，即内之囊中。母见之曰："是儿呕出心肝乃已！"

压倒元白 唐宝历中，杨嗣复大宴，元稹、白居易亦与赋诗，惟杨汝士后成，最佳，元、白叹服。汝士醉归，语其子弟曰："我今日压倒元白！"

诗中有画 王维工于诗画。东坡曰："摩诘之诗，诗中有画，摩诘之画，画中有诗。"

枫落吴江泠 崔信明、郑世翼遇诸江中，世翼谓曰："闻君有'枫落吴江泠'之句，愿见其余。"信明欣乐，出众篇，翼览未终，曰："所见不逮所闻！"投诸水，引舟遽去。

依样葫芦 宋陶毅①久在词林，太祖曰："颇闻翰林皆简旧本换词语，此俗谓之依样葫芦。"后陶毅作诗，书玉堂壁曰："官职须由生处有，才能不管用时无。堪笑翰林陶学士，年年依样画葫芦。"

【注释】

①原稿"陶毅"有误，当作"陶毅"。

［唐］王维《伏生授经图》（局部），绢本，设色，全卷25.4cm×44.7cm，藏于日本大阪市立美术馆

伏生为汉代济南人，字子贱，原为秦博士。据说当时秦始皇焚书时，伏生冒生命之危保存了《尚书》。秦始皇焚书坑儒后，儒学受到极大打击，至西汉文帝时，求能治《尚书》的人，时伏生已年九十余，老不能行，文帝使晁错往受，得二十八篇，即所谓"今文尚书"。唐代名家王维和明代画家杜堇的伏生授经图表现的即是这个题材

卖平天冠 宋廖融精于诗学，多有生徒。太宗曰："词赋策论取士，融生徒多引去。"融曰："岂知今日之诗道，一似大市卖平天冠，并无人问。"

技痒 《懒真子》云：老杜哀郑虔诗，有"荟蕞何技痒"之句，谓人有技艺不能自忍，如人之搔痒也。

投溷 李贺有表兄与贺有笔砚之仇，恨贺傲。忽贺死，复给取其稿，尽投溷中。

点金成铁 梁王籍诗云："蝉噪林逾静，鸟鸣山更幽。"王荆公改用其句曰："一鸟不鸣山更幽。"山谷笑曰："此点金成铁手也。"

易吾肝肠　张籍爱杜甫诗，取其集，焚取灰烬，副以膏密①，顿饮之，曰："令吾肚肠从此改易。"

【注释】

①原稿"密"当作"蜜"。

贾岛佛　李洞慕贾浪仙诗，铸铜像事之如神，尝念贾岛佛。

偷诗　杨衡初隐庐山，有窃其诗以登第者。衡后亦登第，见其人问曰："'一一鹤声飞上天'在否？"答曰："此句知兄最惜，不敢偷。"衡曰："犹可恕也。"

诋诗　张率年十六，作颂赋二千余首，虞讷见而诋之。率乃一旦焚毁，更为诗示之，托云沈约。讷更句句嗟称无字不妙。率曰："此率作也。"讷惭而退。

爱杀诗人　唐宋之问爱刘希夷诗，有"年年岁岁花相似，岁岁年年人不同"之句，恳乞不与，之问怒以土囊压杀之。

出诗示人　殷浩少与桓温齐名，常有竞心。桓问殷："卿何如我？"殷曰："我与我周旋久，宁作我。"殷尝作诗示桓，桓玩侮之曰："卿慎弗犯我，犯我，当出汝诗示人也！"

歌　赋

古歌谣①　伏羲氏有网罟之歌，始为歌。葛天氏操牛尾，投定②，歌八阕，始分阕。孔甲作《破斧》之歌，始为东音。涂山氏（禹妃）歌侯人，始为周南、召南。有娀氏感飞燕，始为北音。周昭王时，西瞿徙宅西河，始为西音。（今歌曲统谓南北音。凉州、伊州、甘州、渭州皆西音，并为北歌曲。）

【注释】

①原稿无标题，今加。

②原稿"投定"有误，当作"投足"。

鼓吹① 黄帝命岐伯为鼓吹。凯歌，汉为铙歌，本鼓吹。

【注释】

①**鼓吹**：即"鼓吹乐"，用鼓、钲、箫、笳等乐器合奏。

相和歌① 汉始有杂歌、艳歌、倚歌、蹈歌，始为相和歌，本讴谣丝竹相和，执节而歌。

【注释】

①原稿无标题，今加。

乐府采诗① 汉武帝立乐府采诗，夜诵则有赵代秦楚之讴，始以声为主尚歌。

【注释】

①原稿无标题，今加。

白纻歌 梁武帝本吴歌《白纻》，始改子夜吴声四时歌。

薤露蒿里 田横从者始为《薤露》《蒿里》①歌。魏缪袭始以挽歌为辞。

【注释】

①《**薤露**》《**蒿里**》：乐府歌名，挽歌。

郊祀歌 三言四言。谢庄歌五帝，三言九言，依五行数。汉歌篇八句转韵。张华、夏侯湛两三韵转。傅玄改韵颇数。王韶之、颜延之始四句转韵，赊促得中。

铙吹　唐柳子厚作铙歌鼓吹曲十二篇，歌唐战功。

檀来歌　周世宗南征军士作《檀来歌》，声闻数十里。

阳春白雪　《文选》：客有歌于郢中者，始为《下里》《巴人》，国中和者数千人。为《向阳薤露》，和者数百人。为《阳春》《白雪》，和者数十人。引商刻羽①，杂以流徵，和者不过数人。其曲弥高，其和弥寡。

【注释】

①引商刻羽：指讲究声律、有很高成就的音乐演奏。

填词柳三变①　柳耆卿为屯田员外郎，初名三变，自作词云："才子词人，自是白衣卿相。"后有荐于朝者，仁宗曰："此人风前月下，且去填词。"由是不得志。自称奉圣旨填词柳三变。

【注释】

①原稿无标题，今加。

篆组成文　司马相如曰：合篆组以成文，列锦绣而为质，一经一纬，一宫一商，此赋之迹也。赋家之心，包括宇宙，总揽人物，斯乃得之于内，不可得而传也。

登高作赋　古者登高能赋，山川能祭，师旅能御，丧纪能诔，作器能铭，则可以为大夫矣。

五经鼓吹　孙绰博学，善属文，绝重张衡、左思赋，每云：

"《三都》《二京》，五经鼓吹。"

雕虫小技 或问扬子云曰："吾子少而好赋？"曰："然。童子雕虫篆刻。"既而曰："壮夫不为也。"

风送滕王阁 都督阎伯岐修滕王阁，落成设宴，属婿吴子章预作《滕王阁赋》，出以夸客。王勃自马当顺风行七百余里，至南昌与宴。及逊作赋，受笔札而不辞。都督大怒，命吏伺其落句即报。至"落霞秋水"句，都督曰："此天才也！"命其婿辍笔。

张融海赋 张融为《海赋》，徐凯之曰："卿此赋实超玄虚，但不道盐耳。"融即援笔增曰："漉沙构白，熬波出素。积雪中春，飞霜暑路。"

木华海赋 木华作《海赋》，思路偶涩，或告之曰："何不于海之上下四旁言之？"华因其言，《海赋》遂成。

八叉手 温庭筠工赋，每人试作赋，八叉手而八韵成。又言庭筠作赋，未尝起草，一吟一韵，场中号温八吟，亦号温八叉。

书 简

伏羲始制契，以木刻书。黄帝始以刀书。舜始以漆书。中古磨石汁书。

黄帝始铸文于鼎彝。周宣王始刻文于石。五代和凝始刻书于梨板。

印板[①] 隋文帝为印板。冯道请唐明宗行印板，始印五经，始依石经文字，刊九经板。宋真宗始摹印司马、班史诸史板。

【注释】

①原稿无标题，今加。

鲤素 《古乐府》："客从远方来，遗我双鲤鱼。呼童烹鲤鱼，中有尺素书。长跪读素书，书中意何如？上有加餐饭，下有长相思。"

云锦书① 李白诗："青鸟海上来，今朝发何处？口衔云锦书，为我忽飞去。鸟去凌紫烟，书留绮窗前。开缄方一笑，乃是故人传。"

【注释】

①**云锦书**：写在锦文瑰丽的云锦上的书信。

青泥书 后汉邓训为上谷守。故吏知训好青泥封书，遂从黎阳步推鹿车，载青泥至上谷，以遗训。

飞奴 张九龄家养群鸽，每与亲知书，系鸽足上投之，呼为飞奴。

代兼金 陆机诗："愧无杂佩赠，良讯代兼金。"

寄飞燕 江淹诗："袖中有短札，欲寄双飞燕。"孟郊诗："欲写加餐字，寄之西飞翼。"

白绢斜封① 卢仝《谢孟简惠茶》歌："日高丈五睡正浓，将军扣门惊周公。口传谏议送书信，白绢斜封三道印。"

【注释】

①**白绢斜封**：古人书信有用白绢在函外横着缄封的，后借指书信。

十部从事① 晋刘弘为荆州刺史，每发手书郡国，丁宁款密，莫不感悦，咸曰："得刘公一纸书，贤于十部从事！"

【注释】

①十部从事：形容辅助官吏很多。

家书万金 王筠久住沙阳。一日，得家书，曰："抵得万金也。"杜诗："烽火连三月，家书抵万金。"

风月相思 周弘让答王褒书："苍雁赪鳞，时留尺素，清风明月，俱寄相思。"

千里对面 唐高祖曰："房玄龄每为吾儿陈事，千里外犹如面谈。"

不为置书邮① 晋殷浩迁豫章太守，都下人士因其致书者百余，行次石头，皆投之水中，曰："沉者自沉，浮者自浮，殷洪乔不能为致书邮。"

【注释】

①原稿"置书邮"当作"致书邮"。后因称托人寄信而未收到为"误落洪乔"。

字　学①（汇入群书文章）

神农始为历日。

文王始为经书。周公始为政书。

黄帝受玄女始为《兵符》。吕望始为《韬略》。

周公始为《四方志》。李悝次诸国律，始为《法经》。

周公始为稗官。战国时始为小说。宋高宗始为词话。

神农尝百药，始著方书[②]。黄帝与岐伯问答。雷公受业，著《内外经》。巫妡[③]占六岁以下小儿寿夭，著《颅颇经》。

汉甘公始为命书，唐举始为相书，郭璞始为风水书。

景虑始口授，大月氏王使尹存浮屠经。蔡愔、秦景始奉使得天竺佛书，梁武帝合五千四百卷为三藏。

黄帝使史甲作戒，始著书。成汤始撰书名（凡书各有名）。黄帝始为铭、为箴[④]。帝喾始为颂。

伏羲始为记事。司马迁始为纪[⑤]。沈约始为类事。

子夏始为序。公羊高始为注。郑玄始为笺释。赵岐始为题跋。

庄周始为说[⑥]。田骈始为辨。荀卿始为论解。

夏启始为檄，伊尹始为训。

黄帝始为传。

周公始为诔[⑦]。

鬻熊始为子。庾仲容始为钞。刘歆始为集。

南朝始为文、为笔（今诗文通称文笔）。晋宋始为文受礼。隋始受钱，唐始盛。

汉始称贾逵为舌耕，唐始称王勃为笔耕（以为文取丰金也）。高颖始索润笔（时为郑译草封沛国制）。王隐君始歌卖文（段湛卖文）。

任昉《文章缘起》：三言诗，晋散骑常侍夏侯湛作。四言诗，前汉楚王傅韦孟谏楚王戊诗。五言诗，汉骑都尉李陵与苏武诗。六言诗，汉大司农谷永作。七言诗，汉武帝柏梁台连句。九言诗，魏高贵乡公作。赋，楚大夫宋玉作。歌，荆轲作《易水歌》。《离骚》，楚屈原作。

诏，起秦时玺文。秦始皇传国玺。

册文，汉武帝封三王册文，表，淮南王安谏代闽表。让[⑧]表，汉东平王苍上表让骠骑将军。上书，秦丞相李斯上始皇书；汉太史令司马迁《报任少卿书》。对贤良策，汉太子家令晁错。上疏，汉大中大夫东方朔。启[⑨]，晋吏部郎山涛作选启。作奏记，汉江都相诣公孙弘奏记。笺，汉护军班固说东平王笺。谢恩，汉丞相魏相诣公车谢恩。令，汉淮南王谢群公令。奏，汉牧乘奏书谏吴王濞。驳⑩，汉吾丘寿王驳公孙弘禁民不得挟弓。议论，王褒四子讲德论，汉韦玄成奏罢郡国庙议。弹文⑪，晋刘州刺史王深集杂弹文。

骚，汉扬雄作。荐，后汉云阳令朱云荐伏湛。教⑫，京兆君王尊出教，告属县。封事⑬，汉魏相奏霍氏专权封事。白事⑭，汉孔融主簿作白事书。移书⑮，汉刘歆移书谏太学博士，论《左氏春秋》。铭，秦始皇会稽山刻石铭。箴，扬雄《九州百官箴》。《封禅书》，汉文园令司马相如。赞，司马相如作《荆轲赞》。颂，汉王褒《圣主得贤臣颂》。序，汉沛郡太守作《邓后序》。引，琴操有《箜篌引》。《志录》，扬雄作。记，扬雄作《蜀记》。

碑，汉惠帝四皓碑。碣，晋潘尼作潘黄门碣。

诰，汉司隶从事冯衍作。誓⑯，汉蔡邕作《艰誓》。露布，汉贾弘为马超伐曹操作。檄，汉丞相祭酒陈琳作檄曹操文。

明文，汉泰山太守应劭作。对问，宋玉《对楚王问》。传，汉东方朔作《非有先生传》。上章，孔融上章缴⑰。《大中大夫解嘲》，扬雄作。训，汉丞相主簿繁钦祠其先生训。乐府，即古诗各体。词，汉武帝《秋风词》。旨，后汉崔骃作《达旨》。劝进，魏尚书令荀攸《劝魏王进文》。喻难，汉司马相如《喻巴蜀》，并《难蜀父老》文。诫，后汉杜笃作《女诫》。吊文，贾谊《吊屈原文》。告，魏阮瑀为文帝作《舒告》。传赞⑱，刘歆作《列女传赞》。谒文，后汉别部司马张超谒孔子文。析文，后汉傅毅作高阙析文。祝文，董仲舒祝日蚀文。

行状⑲，汉丞相仓曹傅朝幹作《杨元相行状》。哀策，汉乐安相李亢作《和帝哀策》。哀颂，汉会稽东郡尉张纮作《陶侯哀颂》。墓志，晋东阳太守殷仲文作从弟墓志。诔，汉武帝公孙弘诔。悲文，蔡邕作悲温舒文。祭文，后汉车骑郎杜笃作祭延钟文。哀词，汉班固梁氏哀词。挽词，魏光禄勋缪袭作。

发，汉枚乘作《七发》。离合词，孔融作四言离合诗。《连珠》，扬雄作。篇，汉司马相如作《凡将篇》。歌诗，枚乘作丽人歌诗。遗命，晋散骑常侍江统作。图，汉河间相张人作《玄图》。势，汉济北相崔瑗作《草书势》。约，王褒作《僮约》。

伏羲命仓颉、沮诵始造字。仓颉造字，天雨血，鬼夜哭，龙乃潜藏。

【注释】

①**字学**：研究文字形音义的学问。

②**方书**：记载和论述方剂的著作。

③原稿"巫妤"当作"师巫"。

④**铭、箴**：铭是在古代常刻在器物上或碑石上，兼用于规戒、褒赞的韵文。箴是规戒性的韵文。

⑤**纪**：记载帝王事迹的传记文。

⑥**说**：议论、说明一类的文章。

⑦**诔**：用以记叙死者德行，并致伤悼之情的文体。

⑧**让**：责让。

⑨**启**：奏文之一体，用于陈述。

⑩**驳**：臣属向皇帝上书的一种议论文。

⑪**弹文**：即"弹奏""弹事"，弹劾官员过错的奏疏。

⑫**教**：教示。

⑬**封事**：密封的奏章。古时臣下上书奏事，为防有泄露，用皂囊封缄，故称。

⑭**白事**：陈述事义。

⑮**移书**：多用于晓谕或责备。

⑯**誓**：告诫将士互相约束的言辞。

⑰原稿"章缴"疑有误，应为"章檄"。章檄，檄文。

⑱**传赞**：史书纪、传后面所附的评论文章。

⑲**行状**：为已死人物所作的传记。

六书　苍颉造字，有六书：一曰象形（谓日月之类，象日月之形体也），二曰假借（谓令长之类，一字两用也），三曰指事（谓上下之类，人在一上为上，人在一下为下，各指其事，以为言也），四曰会意（谓武信之类，止戈为武，人言为信，会合人意也），五曰转注（谓考老之类，左右相转，以为言也），六曰谐声（谓江河之类，以水为形，以工可为声也）。

字祖　蝌蚪书乃字之祖。庖牺氏有龙瑞，作龙书。神农有嘉穗，作穗书。黄帝因卿云作云书。尧因灵龟作龟书。夏后氏作钟鼎，有钟鼎书。朱宣氏有凤瑞，作凤书。周文王因赤雁衔书，武王因丹鸟入室作鸟书，因白鱼入舟作鱼书。

周宣王史籀始为大篆，名籀篆。李斯始为小篆，名玉箸篆。

历朝断书[①]　仓颉而降，凡五变：古文，蝌蚪，籀篆，隶，草。

【注释】

①原稿无标题，今加。

秦书八体　大篆、小篆、刻符（鸟有云脚，印符用）、虫书、摹印（曲体印用，亦名缪篆）、署书（即萧何题笔未央）、殳书（随势书）、隶书。

汉六体　试吏古文、奇字、篆、隶、缪篆、虫书。

唐定五体　古文、大篆、小篆、虫书、隶。

张怀瓘十体断书　古文、大篆、籀文、小篆、八分、隶、章、草、行书、飞白。

唐度之十体　古文、大篆、小篆、八分、飞白、薤叶（本务光）、悬针、垂露（表章用，三曹喜作）、鸟书、连珠。

宋十二体　殳书、传信、鸟书、刻符、萧籀、署书、芝英书（汉武帝植芝作）、气候直时书（相如采日辰虫形作）、鹤头书（汉诏板用）、偃波书（鹤头纤乱者）、转宿篆（司马子韦以荧惑退舍作）、蚕书（秋胡妻作）。

小篆体八鼎　小篆、薤叶、垂露、悬针、缨络（刘德昇观星作）、柳叶（卫瓘作）、剪刀（韦诞作）、外国胡书（阿马儿抹王授）。

韵之字数　沈约韵一万一千五百二十字，《广韵》二万六千一百九十四字。

八分书[①]　蔡文姬言，割程隶字八分，取二分；割李篆字二分，取八分，故名八分书。

【注释】

①**八分书**：汉隶的别名。

章草　汉元帝时黄门令史游作《急就章》，解散隶体，谓之章草。

书　画

兰亭真本　王右军写《兰亭记》，韵媚遒劲，谓有神助。后再书数十余帧，俱不及初本。右军传于徽之，徽之传七世孙智永，智永传弟子辨才，辨才被御史萧翼赚入库内，殉葬昭陵。

草圣草贤　晋张旭[①]善草书，饮酒大醉，呼叫狂走，或以发濡墨而书，人称之草圣。崔瑗善章草，人称之草贤。

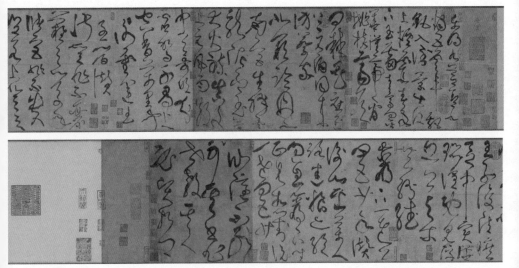

［唐］张旭草书《古诗四帖》卷，五色笺，墨迹，28.8cm×192.3cm，藏于辽宁省博物馆

【注释】

①原稿"晋张旭"当作"唐张旭"。

怒猊渴骥 唐徐浩书《张九龄告身》，多渴笔，谓枯无墨也，在书家为难。世状其法如怒猊决石①，渴骥奔泉。

【注释】

①原稿"决石"当作"抉石"。

家鸡野鹜 晋庾翼少时，书与右军齐名，学者多宗右军。庾不忿，与都人书云："小儿辈乃厌家鸡，反爱野鹜，皆学逸少书。"

伯英筋肉 晋卫瓘、索靖俱善书，时谓瓘得伯英之筋，靖得伯英之肉。

池水尽黑 张奂长子芝，字伯英，好草书，学崔、杜法，家之布帛，必书而后练。临池学书，池水为之尽黑。

游云惊鸿① 晋王羲之善草书，论者称其笔势，飘若游云，矫若惊鸿。

【注释】

①原稿"惊鸿"，《晋书》作"惊龙"。

龙跳虎卧 晋王右军善书，人谓右军之书如龙跳天门，虎卧凤阙。

风樯阵马 宋米芾善书。东坡云："元章平生篆隶真行草书，分为十卷，风樯阵马，当与钟、王并行，非但不愧而已。"

柿叶学书 郑虔好书，常苦无纸，遂于慈恩寺贮柿叶数屋，逐日取以学书，岁久乃尽。

绿天庵 怀素喜学书，种芭蕉数万株，取其叶以代纸，号其所曰"绿天庵"。

驻马观碑 欧阳率更行见古碑是索靖所书，驻马观之，良久而去，数百步复还，下马伫立，疲倦则席地坐观，因宿其下，三日乃去。

铁户限 智永，右军七世孙，精于书法。人来觅书，并请题额者如市，所居户限为穿，乃用铁叶裹之，人号"铁户限"。

溺水持帖 赵子固常得姜白石所藏定武不损本《禊帖》，乘舟夜泛而归，行至霅之升山，风起舟覆，行李禊被皆淹溺无余。子固方披湿衣立浅水中，手持《禊帖》，语人曰：《兰亭》在此，余不足问也。"

钟繇掘墓 魏钟繇问蔡伯喈笔法于韦诞，诞吝不与，繇乃自捶胸呕血，魏祖以五灵丹救活之。及诞死，繇使盗掘其墓，得之。由是书法更进，日夜精思。卧画被穿过表，如厕终日忘归。每见万类，皆画。繇之子会，字士季，书有父风。

字以人重 书法擅绝技者，每因品重，非其人只贻玷耳。故曹操书法虽美不传，褚仆射、颜鲁公、柳少师则家藏寸纸，珍若尺璧，不专以字重也。

换羊书 王鲁直①谓东坡曰："昔王右军书为换鹅书。韩宗儒每得公一帖，即干殿帅姚麟许换羊肉十数斤。可名公书为'换羊书'矣。"一日，坡在翰苑，以圣节撰著纷冗，宗儒日作数简以图报书，使人立庭下督索甚急。公笑语之曰："传语：本官今日断屠。"

【注释】

①原稿"王鲁直"当作"黄鲁直"，即黄庭坚。

见书流涕 王羲之十岁善书，十二，见前代《笔说》于其父枕中，窃而读之。父曰："尔何来窃吾所秘？"不盈期月，书便大进。卫夫人见之，语太常王荣曰："此儿必见用笔诀，近见其书，便有老成之法。"因流涕曰："此子必蔽吾名。"

书不择笔 唐裴行俭工草隶，每曰："褚遂良非精纸佳笔未尝肯书，不择笔墨而研捷者，惟予与虞世南耳。"

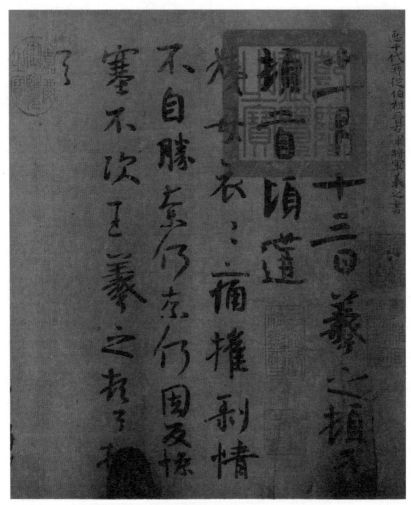

唐摹《王氏一门书翰》卷（局部），硬黄纸本，墨迹，
全卷 26.3cm×253.8cm，藏于辽宁省博物馆

五云佳体　唐韦陟封郇公，善草书，使侍妾掌五彩笺，裁答授意，陟惟署名。人谓所书"陟"字，若五朵云，号"郇公五云体"。

登梯安榜　韦诞能书。魏明帝起殿，欲安榜，使诞登梯书之。既下，头鬓皓然，因敕儿孙勿复学书。

换鹅书　山阴一道士养好鹅，右军往观，意甚喜，因求市之。道士云："为我写《道德经》，当举鹅相赠耳。"右军欣然写毕，笼鹅以归。或问曰："鹅非佳品，而公爱之，何也？"右军曰："吾爱其鸣唤清长。"

寝食其下　阎立本观张僧繇江陵画壁，曰："虚得名耳。"再往，曰："犹近代名手也。"三往，于是寝食其下数日而后去。

画龙点睛　张僧繇避侯景来奔湘东，尝于天皇寺画龙，不时点睛，道俗请之，舍钱数万，落笔之后，雷雨晦冥，忽失龙所在。

画鱼　唐李思训画一鱼甫完，方欲点染藻荇，有客叩门，出看，寻失去画鱼。使人觅之，乃风吹入池，拾起视之，鱼竟失去，止剩空纸。后思训画大同殿壁，明皇谕之曰："卿所画壁，常夜闻水声，真入神之手。"（思训开元中除卫将军，与其子道昭俱得山水之妙，时号大李、小李。）

画牛隐见　唐太宗时，李至献画牛，昼则啮草栏外，夜则归卧栏中，莫晓其故。僧赞宁曰："此幻药所画。倭国有蚌泪，和色着物，昼见夜隐。沃焦山有石，磨色染物，昼隐夜见。"

滚尘图　唐宁王善画马，花萼楼壁上画《六马滚尘图》，明皇最爱玉面花骢，后失之，止存五马。

画龙祷雨　曹不兴尝于溪右见赤龙，夭矫波间，因写以献孙皓。至宋文帝时，累月旱暵①，祈祷无应。帝取不兴画龙，置之水傍，应时雨足。

【注释】

①旱暵（hàn）：干旱。

画鹰逐鸽　润州兴国寺，苦鸠鸽栖梁上污秽佛像。张僧繇乃就东壁上画一鹰，西壁上一鹞，皆侧首向檐外，自是鸠鸽不敢复来。

李营丘　李成，营丘人，善画山水林木，当时称为第一，遇目矜贵。生平所画，只用自娱，势不可逼，利不可取，传世者不多。（郭熙是其弟子。）

范蓬头　范宽居山林，常危坐终日，纵目四顾，以求其趣。北宋时，天下画山水者，惟宽与李成，议者谓李成之笔，近视如千里之遥；范宽之笔，远望不离坐外，皆造神奇。

董北苑　沈存中云南中士，时有北苑董源善画，尤工秋岚近景，为写江南山水，可为奇峭。其后建康僧巨然，祖述绵法，皆臻妙理。

王摩诘　唐王维字摩诘，别墅在辋州，常画《辋川图》，山谷盘郁，云水飞连，意在尘外，怪生笔端。秦太虚云："予病，高符仲携《辋川图》示予曰：'阅此可愈病。'予喜甚，恍然若与摩诘同入辋川，数日病愈。"

李龙眠　舒城李公麟号龙眠，工白描，人物远师陆、吴，牛马斟酌韩、戴，山水出入王、李。作画多不设色，纯用澄心堂纸为之。

唯临摹古画，用绢素。著色笔法，如行云流水，当为宋画中第一。

画仕女　仕女之工，在于得其闺阁之态。唐周昉、张萱，五代杜霄、周文矩，下及苏汉臣辈，皆得其妙，不在施朱傅粉、镂金佩玉以为工。

画人物　人物于画，最为难工，顾陆[①]世不多见。吴道子画家之圣。至宋李龙眠一出，与古争先，得龙眠画三纸，可敌道子画二纸，可敌虎头画一纸，其轻重相悬类若此。

【注释】

①**顾陆：**顾，指东晋顾恺之；陆，指南朝宋陆探微，两人均为"画家四祖"之一。

扇上图山水[①]　《南史》：萧贲，竟陵王[②]子良之孙。善书画，常于扇上为图山水，咫尺之内，便觉万里为遥。矜慎不传，自娱而已。

【注释】

①原稿无标题，今加。

②竟陵王，即竟陵文宣王。

画圣　北齐杨子华画马于壁，每夜必蹏啮[①]长鸣，如索水草。人谓之"画圣"。

【注释】

①蹏（dì）啮：踢咬。

颊上三毛[①]　顾上康画裴叔则，颊上三毛，神采愈俊。画殷荆州像，荆州目眇，顾乃明点瞳子，飞白拂其上，如轻云之蔽日，殷贵其妙。

【注释】
①颊上三毛：现比喻文章或图画的得神之处。

周昉传真 周昉善传真。郭令公为其婿赵纵写照，令韩幹写，复令昉写，莫辨其优劣。赵国夫人曰："二画俱似。前画空得赵郎形貌，后画兼得其神气、性情、笑语之姿。"

一丘一壑 顾长康画谢幼舆在岩石里，人问其所以，顾曰："谢云：'一丘一壑，自谓过之。'此子宜置丘壑中。"

郑虔三绝 唐郑虔善画山水，尝自写其诗并画，以献帝，大署其尾，曰："郑虔三绝。"

传神阿堵① 顾长康画人，或数年不点目睛。人问其故，顾曰："四体妍蚩，本无关于妙处，传神写照，正在阿堵中。"
【注释】
①阿堵：六朝时期口语，类似"这个"。

画风鸢 郭恕先寓岐山下，有富人子喜画，日给醇酒，待之甚厚，久乃以情言，且致匹素。郭为画小童，持线车放风鸢，引线数丈，满之。富人子大怒，与郭遂绝。

维摩像 顾恺之于瓦棺寺画一维摩相，闭户揣摩百余日。画毕，将欲点睛，谓僧曰："第一日开者，令施十万，第二日五万，第三日开，如例。"及开，光明照寺，施者填门。

画花鸟 五代时，黄荃①与子居寀，并画花卉，谓之写生。妙在傅色不用笔墨，俱以轻色染成，谓之没骨图。

［唐］韩幹《照夜白图》卷（局部），纸本，设色，30.8cm×33.5cm，藏于美国大都会艺术博物馆

该卷所画的照夜白是唐玄宗所喜爱的御马。画作用笔简练，线条纤细而遒劲，渲染不多而体积感、质感颇强

【注释】

①原稿"黄荃"当作"黄筌"，黄筌字要叔，宋成都人，善画。

画枝叶蕊萼① 江南徐熙，先落笔以写其枝叶蕊萼，然后著色，故骨气丰神，为古今绝笔。

【注释】

①原稿无标题，今加。

韩幹马 唐明皇令韩幹睹御府所藏画马，幹曰："不必观也，陛下厩马万匹，皆是臣师。"

戴嵩牛 戴嵩善画牛。画牛之饮水，则水中见影；画牧童牵牛，则牛瞳中有牧童影。

错画斗牛尾[①]　《东坡志林》：蜀中杜处士，好书画，所宝以百数。有戴嵩牛一轴，尤所爱，锦囊玉轴，常以自随。一日，曝书画，有一牧童见之，抚掌大笑曰："此画斗牛也，斗力在角，尾夹入两股间，今乃掉尾而斗，谬矣！"处士笑而然之。古语云"耕当问奴，织当问婢"，不可改也。

【注释】

①原稿无标题，今加。

鲍鼎虎　宣城鲍鼎每画虎，扫室屏人声，塞门牖穴屋，取明饮斗酒，脱衣据地，卧起行顾，自视真虎也。

画竹　文与可画竹，是竹之左氏也，子瞻却类庄子。又有息斋李衎者，亦以竹名。所谓东坡之竹，妙而不真；息斋之竹，真而不妙者是也。梅道人始究极其变，流传既久，真赝错杂。

画梅花　衡州花光长老善画梅花，黄鲁直观之曰："如嫩寒春晓，行孤山水边篱落间，但欠香耳。"又杨补之墨梅清绝。

花竹翎毛　唐崔白[①]、艾宣工花竹翎毛。唐人花鸟，边鸾画如生。

【注释】

①原稿"唐崔白"当作"宋崔白"。

画草虫[①]　吴僧善画草虫，以扇送司马君实，因谢云："吴僧画团扇，点染成微虫，秋毫皆不爽，真窃天地功。"

【注释】

①原稿无标题，今加。

　　米南宫　米芾字元章，天姿高迈。初见徽宗，进所画《楚山清晓图》，大称旨。枯木松石，时出新意，然传世不多。其子友仁，字元晖，能传家学，作山水，清致可掬，成一家法。

　　名画①　宋四大家：南宋以后，李唐、刘松年、马远、夏珪四家，俱登祇奉②，名著艺苑。

　　【注释】

　　①依文意，标题改为"名画家"为宜。

　　②原稿"祇奉"当作"祇奉"。

　　元四大家　赵子昂字孟頫，号松雪。吴镇字仲圭，号梅花道人。黄公望字可久，号大痴，又号一峰老人。王蒙字叔明，一号黄鹤山樵。俱胜国时人，以画名世。

不　学

　　没字碑①　五代任圜曰："崔协不识文字，虚有其表，号没字碑。"

　　【注释】

　　①**没字碑**：讽喻虚有仪表而文字不通的人。

　　腹负将军　晋党进官太尉，目不知书。一日，扪腹语曰："吾不负汝！"一家妓应曰："将军不负此腹，但此腹负将军耳。"

　　视肉撮囊①　庄子曰："人而不学，谓之视肉；学而不行，谓之撮囊。"

【注释】

①视肉：这里是说人如果不学习，就像见肉就吃的野兽一样。**攮囊：**系而不用的口袋。

马牛襟裾① 人不通古今，牛马两襟裾②。

【注释】

①**马牛襟裾：**骂人不识礼仪。

②原稿"牛马两襟裾"当作"牛马而襟裾"。

书簏 晋傅迪广读书而不解其义，唐李德淹贯古今，而不能属辞，皆谓之书簏。

杕①**杜** 李林甫不识杕杜字，谓韦陟曰："此云杕杜，何也？"陟俯首，不敢应。

【注释】

①**杕（dì）：**挺立。

金根车 韩退之子昶，性暗劣，为集贤校理。史传有"金根车"，昶以为误，改"根"为"银"，愈责之。

弄獐 唐姜度生子，李林甫手书贺之曰："闻有弄獐之喜。"客视之，掩口笑。东坡诗："甚欲去为汤饼客，却愁错写弄獐书。"

蹲鸱 张九龄一日送芋于萧炅，书称"蹲鸱"。萧答云："惠芋拜嘉，惟蹲鸱未至。然寒家多怪，亦不愿见此恶鸟也。"九龄以视座客，无不大笑。

纥字 鲁臧武仲名纥，孔子父叔梁纥（纥音恨发切，恨兴轩辕），而世多呼为"核"。萧颖士闻人误呼武仲名，因曰："汝纥字也不识！"

伏猎　萧炅为侍郎，不知书，常与严挺之书，称伏腊为伏猎。挺之笑曰："省中岂容伏猎侍郎乎？"乃出之。

春蒐　桓温篡位，尚书误写"春蒐"为"春菟"，自丞相以下皆被黜。

目不识丁　唐张弘靖曰："天下无事，尔辈挽两石弓，不如识一个字！""个"字误书"丁"字，以其笔画相近也。

行尸走肉　《拾遗记》："任末曰：人而不学，乃行尸走肉耳！"

心聋　《列子》：人不涉学，犹心之聋。

白面书生　宋太祖欲北征，沈庆之谏不可。江湛之曰："耕当问奴，织当问婢。今欲伐国，而与白面书生谋之，曷克有济？"

口耳之学　《杨子》："小人之学也，入乎耳，出乎口；口耳之间，则四寸耳，曷足以美七尺之躯哉！"

文　具

毛笔①　舜始造羊毛笔，鹿毛为柱。蒙恬始造兔毫笔，狐狸毛为柱。

【注释】

①原稿无标题，今加。

毛颖 《毛颖传》：毛颖，中山人，蒙恬载以归，始皇封诸管城，号"管城子"，累拜中书令，呼为"中书君"。

蒙恬造笔　蒙恬取中山兔毫造笔。右军《笔经》：诸郡毫，惟赵国中山山兔肥而毫长可用，须在仲秋月收之，先用人发杪数茎，杂青羊毛并兔毛，裁令齐平，以麻纸裹至根令治；次取上毫薄薄布柱上，令柱不见。恬始造笔，以枯木为管，鹿毛为柱，羊皮为被，所谓苍毫。

毛锥[1]　《五代史》：弘肇曰："安朝廷，定祸乱，直须长枪大戟，若毛锥子安足用哉？"三司使王章曰："无毛锥子，军赋何从集乎？"肇默然。
【注释】
[1]毛锥：毛笔别称。

椽笔[1]　晋王珣梦人以大笔如椽与之，既觉，曰："此当有大手笔事。"俄，武帝崩，哀策谥议，皆所草。
【注释】
[1]椽笔：大手笔，后用来称赞他人文章。

鼠须笔　王羲之得用笔法于白云先生，先生遗之鼠须笔。张芝、钟繇亦皆用鼠须笔，笔锋强劲，有锋芒。

鸡毛笔　岭外少兔，以鸡雉毛作笔亦妙，即东坡所谓三钱鸡毛笔。东坡书《归去来辞》，颇似李北海，流便纵逸，而少乏遒劲，当是三钱鸡毛笔所书者。

呵笔　李白召对便殿，撰诏诰。时十月大寒，笔冻。帝敕宫嫔十人，侍白左右，令各执牙笔呵之。

笔冢 长沙僧怀素得草圣三昧，弃笔堆积，埋于山下，曰笔冢。

右军《笔经》 昔人用琉璃象牙为管，丽饰则有之，然笔须轻便，重则踬矣。近有人以绿沈漆竹管及镂管见遗，用之多年，颇可爱玩，讵必金宝雕饰，方为遗乎。

梦笔生花 李白少时，梦笔头上生花，后天才赡逸，名闻天下。

五色笔 江淹梦人授以五色笔，由是文藻日丽。后宿野亭，梦一人自称郭璞，谓淹曰："吾有笔在君处多年，可见还。"淹乃探怀中，得五色笔以授之。嗣后为诗，绝无佳句，时人谓之才尽。

笔匣 汉始饰杂宝为笔匣，犀象琉璃为管。王羲之始尚竹管。

笔床① 梁简文帝始为笔床，笔四矢为一床。
【注释】
①原稿无标题，今加。笔床，即笔架。

大手笔 唐苏颋封许国公，张说封燕国公，皆以文章显，称望略等，时号燕许大手笔。

研① 黄帝得玉，始治为墨海，文曰："帝鸿氏研。"孔子为石研，仲由为瓦研，汉漆研，晋铁研，魏银研。
【注释】
①研：即砚。

溪研 唐玄宗时，叶氏始取龙尾溪石为研，深溪为上。南唐时始开端溪坑石作研，北岩为上，有辟雍样、郎官样。宋仁宗时，端溪石、龙尾溪石并竭。

研谱 端溪三种岩石，上中下三岩。西坑、后历、下岩无新，上中岩有新旧。旧坑则龙岩，汲绠、黄圃三石；新坑则后历、小湘、唐窦、黄坑、蚌坑、铁坑六处，俱山东。其最佳子石出水中者，次鸲鹆①眼，赤白黄色点，绿绦、环金线纹，脉理黄。白绦、青绦、青纹，眼筋短纹，火黯微斑。赤裂、黄霞、铁线、白钻、压矢、色斑，龙尾佳者金星，次罗纹眉子，水舷，枣心，松纹，豆斑，角浪，刷丝，驴坑。又《研谱》称：最佳者红丝，出土中者，次黑角、褐金、紫金、鹊金、黑玉。

【注释】

①鸲鹆：俗称"八哥"。

苏易简《研谱》 端溪研，水中者石色青，山半者石色紫，山顶者石尤润，色如猪肝者佳。若匠者识山之脉理，凿一窟，自然有圆石，琢而为研，其值千金，谓之紫石研。东坡铭曰："埶形无情，石亦卵生。黄膘胞络，以孕黝赪。"

即墨侯① 文嵩《石虚中传》：南越人，姓石，名虚中，字居然②，拜即墨侯。薛稷为研，封石乡侯。

【注释】

①即墨侯：砚的别称。

②原稿"居然"当作"居默"。

马肝① 汉元鼎五年，郅支国贡马肝石，和丹砂为丸，食之，则弥年不饥。以拭白发，尽黑。用以作研，有光起。

【注释】

①马肝：指马肝石头，可以拭发，也可作砚。

凤咮 东坡诗："苏子一研名凤咮，坐令龙尾羞牛后。"（龙尾，溪名，出石可为研。）

龙尾研 李后主留意翰墨，所用澄心堂纸、李廷珪墨、龙尾研，三者为天下冠，当时贵之。龙尾石多产于水中，故极温泽，性本坚密，扣之其声清越，宛若玉振，与他石不同，色多苍墨①。亦有青碧者，石理微粗，以手擘之，索索有锋芒者，尤发墨。

【注释】

①原稿"苍墨"当作"苍黑"。

鸲鹆眼 《东坡笔录》：黄墨相间，墨睛在内，晶莹可爱者活眼；四傍漫渍，不甚精明者为泪眼；形体略具，内外皆白，殊无光彩者为死眼。活胜泪，泪胜死。

澄泥研 米元章云：绛县人善制澄泥研，以细绢二重淘洗，澄之，取极细者磻为研，有色绿如春波者细滑，着墨不费笔。

铁研 《艺文志》：青州以熟铁为研，甚发墨。五代桑维翰初举进士，主司恶其姓与丧同①，故斥之。维翰铸一铁研，示人曰："研敝则改业。"卒举进士及第。

【注释】

①原稿"与丧同"当作"与丧同音"。

铜雀研 魏铜雀台遗址，人多发其古瓦，琢研甚工，贮水数日不燥。世传云，其瓦俱陶澄泥，以缔绤滤过，加胡桃油埏埴①之，故与他瓦异。

【注释】

①埏（shān）埴：以陶土置模型中制成陶器。

结邻 李卫公收研极多，其最妙者名结邻，言相与结为邻也。按结邻，乃月神名，其研圆而光，故取以为喻。

纸 古帛书汉幡纸。蔡伦为麻纸，又捣故鱼网为网纸，木皮为榖纸。王羲之为榖藤皮纸。王玙始以竹草造纸。晋桓玄始造青赤缥姚笺纸。石季龙造五色纸。薛涛始为短笺。

笺纸 蔡伦玉版、贡余，俱杂零布、破履、乱麻为之。经屑表光纸。晋密香纸。大秦国出唐硬黄纸，黄柏染。段成式云蓝纸。南唐后主澄心堂纸。齐高帝凝光纸。萧诚斑文纸（采野麻、土榖）。蜀王衍霞光纸。宋黄白经笺，碧云春树笺，龙凤笺，团花笺，金花笺，乌丝栏。颜方叔宋人杏红笺，露桃红笺，天水碧，俱研花竹翎鳞及山水人物，元春膏笺，冰玉笺，两面光蜡色茧纸，越剡藤苔笺，即汉时侧理纸，南越海苔为之。蜀麻面、薛骨、金花、玉屑、鱼子十色笺，即薛涛深红、粉红、杏红、铜绿、明黄、深青、浅绿云笺。

密香纸 以密香树皮为之，微褐色，有纹如鱼子，极香而坚韧，水渍之不溃。

玉版 成都浣花溪造纸，光滑，以玉版为名。东坡诗："溪石作马肝，剡藤开玉版。"

剡藤 剡溪古藤极多，造纸极美。唐舒元舆作吊剡溪藤文，言今之错为文者，皆大污剡藤也。

蚕茧纸 王右军书《兰亭记》，用蚕茧纸。纸似茧而泽也。

赫蹄 赫蹄，薄小纸也。《西京杂记》称薄蹄。

蔡伦纸 汉和帝时，中常侍蔡伦典作上方，乃造意，用树肤、麻头及敝布、鱼网以为纸。奏上之。故天下咸称"蔡侯纸"。

侧理纸 张华著《博物志》成，晋武赐于阗青铁研，辽西麟角笔，南越侧理纸，一名水苔纸，南人以海苔为之，其理纵横邪侧，故以为名。

澄心堂纸 李后主造澄心堂纸，细薄尤润，为一时之甲。相传淳化帖皆此纸所拓。宋诸名公写字，及李龙眠画，多用此纸。

薛涛笺 元和初，元稹使蜀，营妓薛涛以十色彩笺遗稹，积于松花纸上写诗赠涛。蜀中有松花纸、金沙纸、杂色流沙纸、彩霞金粉龙凤纸，近年皆废，惟绫纹纸尚存。（薛涛笺狭小、便用，只可写四韵小诗。）

左伯纸 左伯与蔡伦同时，亦能为纸，比蔡更精。上召韦诞草诏，对曰：若用张芝笔、左伯纸及臣墨，兼此三具，又得臣手，然后可以成径丈之势。

《墨谱》 上古无墨，竹板点漆而书。中古以石磨汁，或云是延安石液。至魏齐，始有墨丸，乃漆烟松煤夹和为之。所以晋人多用凹心研，欲磨墨储沈耳。

麦光　杜诗："麦光铺几净无瑕。"东坡诗："香云蔼麦光。"（麦光，纸名。香云，墨也。）

李廷珪墨　唐李超易水人，与子廷珪亡至歙州。其地多松，因留居，以墨名家，其坚如玉，其纹如犀。其制：每松烟一斤、真珠三两、玉屑一两、龙脑一两，和以生漆，捣十万杵，故坚如玉，能置水中，三年不坏。

小道士墨　唐玄宗御案上墨曰"龙香剂"。一日，见墨上有小道士，似蝇而行。上叱之，即呼万岁，曰："小臣墨精，黑松使者是也。世人有文章者，皆有龙宾十二随之。"上异之。乃以墨分赐掌文官。

陈玄[1]　《毛颖传》：颖与绛人陈玄、弘农陶弘、会稽褚先生友善，其出处必偕[2]。
【注释】
①陈玄：指墨。
②弘农：古县名。陶弘：砚池。褚：代称纸。毛颖、陈玄、陶弘、褚先生即文房四宝。

松滋侯[1]　《长杨赋》借子墨客卿以为讽。又燕人易玄光，字处晦，封为松滋侯。
【注释】
①松滋侯：墨的别称。

麋脐[1]　麋脐，墨也。唐高丽贡松烟墨，和麋鹿胶造墨，名麋脐。
【注释】
①原稿"麋脐"疑有误，应为"隃麋"。隃麋，古县名，以产墨著名，后以"隃麋"代称墨。

卷九　礼乐部

礼　制（婚姻一）

冠礼① 古者冠礼，筮日筮宾②，所以敬冠事也。冠乎阼，以著③代也。醮于客位，三加弥尊（始加缁布冠，再加皮冠，三加爵弁），加有成也。已冠而字之，成人之道也。见于母，母拜之；见于兄弟，兄弟拜之，成人而与为礼也。玄冠玄冕，奠挚④于君，遂以挚见于卿大夫、乡先生⑤，以成人见也。

【注释】

①**冠礼**：古代中国汉族男性的成年礼，由受冠者的父或兄主持。

②**筮宾**：挑选在冠礼仪式上为受冠者加冠的来宾。

③**著**：通"宁"，门屏之间，古代婚娶亲迎的地方。

④**挚**：雉。

⑤**乡先生**：古时尊称辞官居乡或在乡教学的老人。

鲁两生　汉叔孙通制礼，征鲁诸生三十余人。有两生不肯行，曰："礼乐必积德百年而后兴，今天下初定，何暇为此？"通笑曰："鄙儒，不知时变者也。"

应时而变　《庄子》：三皇五帝之礼义法度，不矜于同，而矜于治，譬犹枏梨①橘柚，其味相反，而皆可于口。故礼义法度，应时而变也。

【注释】

①原稿"枏梨"当作"柤梨"。柤，似梨而味酸。

晋侯受玉　《左传》：天王使召武公、内史过赐晋侯命，受玉惰。过归，告王曰："晋侯其无后乎！王使之命，而惰于受瑞，先自异也已，其何继之有①？礼，国之幹也；敬，礼之舆也。不敬，则礼不行；礼不行，则上下昏，何以长世？"

【注释】

①原稿"王使之命""自异"当作"王赐之命""自弃"。

绵蕝①　叔孙通与其徒百余人为绵蕝野外，习之月余，礼成。高帝令群臣习肄长乐宫，成。群臣朝贺，莫不振恐肃敬。帝曰："吾今日知为皇帝之贵也。"

【注释】

①绵蕝：制定整顿朝仪典章。

婚礼　人皇氏始有夫妇之道，伏羲始制嫁娶。女娲氏与伏羲共母，佐伏羲正婚姻，始为神媒①。夏后氏始制亲迎礼。秦始皇始娶妇纳丝麻鞋一纳（取和谐也）。后汉始聘礼用墨。汉重墨，今答聘用之。始婚礼用羊（取羊者，祥也）。巫咸制撒帐厌胜②。京房嫁女，翼奉子撒豆谷禳煞③。张嘉贞嫁女，制绣幕牵红。唐新妇舆至大门，传席勿履地。晚唐制：新妇上车，以蔽膝盖面。五代始新妇入门跨马鞍。北朝迎婚，十数人大呼，催新妇上舆，妇家宾亲妇女打新郎，喜拳手交下。

【注释】

①**神媒**：古代神话中的司婚姻之神。

②**撒帐**：是以帐中婚床或帐中新婚夫妇为对象的，中心活动是将抛撒物撒向婚床，以使得新婚夫妇感应抛撒物的生殖力量而生子。**厌胜**：古代方士妄言能用咒制服人或物，除去不祥。

③**穰煞**：祭祷煞神。穰，通"禳"。

昏①**礼**　昏礼者，将合二姓之好，上以祀宗庙，而下以继后世也，故君子重之。是以昏礼纳采、问名、纳吉、纳征、请期，皆主人筵几于庙，而拜迎于门外。入，揖让而升，听命于庙，所以敬慎重、正昏礼也。纳采者，纳雁以为采，择之礼也。问名者，问女生之母名氏也。纳吉者，得吉卜而纳之也。纳征者，纳币以为婚姻之证也。请期者，请婚姻之日期也。五者合亲迎，谓之六礼。亲迎，父亲醮子而命之迎，男先于女也。子承命以迎，主人筵几于庙，而拜迎于门外。婿执雁入，揖让升堂，再拜奠雁，盖亲爱之于父母也。降，出御妇车，而婿受绥，御轮三周，先俟于门外。妇至，婿揖妇以入，共牢而食，合卺而酳②，所以合体同尊卑以亲之也。

【注释】

①**昏**：通"婚"。

②**合卺**：饮交杯酒。**酳**（yìn）：食毕用酒漱口。

见舅姑　夙兴，妇沐浴以俟见。质明①，赞见妇于舅姑，妇执笄枣栗、段脩以见，赞醴妇。妇祭脯、祭醴，成妇礼也。舅始入室，妇以特豚馈，明妇顺也。质明，婚礼之次日。赞，相礼之人也。笄，竹器，以盛枣栗、段脩之贽。脩，脯也，加姜桂治之曰"段脩"。

【注释】

①**质明**：天亮时分。

飨以一献　厥明，舅姑共飨妇，以一献之礼奠酬。舅姑先降自西阶，妇降自阼阶，以著代也。厥明，婚礼之二朝也。舅献姑酬，共成一献。阼者主人之阶，妇之代姑将以为主于内也。

结缡①**三命**　女嫁，父戒之曰："谨慎，从舅之言！"母戒之曰："谨慎，从尔姑之言！"诸母施鞶绅②，戒之曰："谨慎，从尔父母之言。"

【注释】

①**结缡**：古代嫁女的一种仪式，后指代结婚。

②**鞶（pán）绅**：束衣带。

四德三从　是以古者妇人先嫁三月，祖庙未毁，教于公宫；祖庙既毁，教于宗室，教以妇德、妇言、妇容、妇功。教成祭之，牲用鱼，芼①之以苹藻，所以成妇顺也。三从，谓妇人在家从父，出嫁从夫，夫死从子。

【注释】

①**芼**：择取。

伉俪　《左传》：齐侯请继室于晋，韩宣子使叔向对曰："寡君未有伉俪，君有辱命，惠莫大焉。"

朱陈　白乐天诗："徐州古丰县，有村曰朱陈。去县百余里，桑麻青氛氲。一村惟两姓，世世为婚姻。"

撒帐果　汉武帝李夫人初入宫，坐七宝流苏辇，障凤羽长生扇，帝迎入帐中，共坐呑饮。预戒宫人遥撒五色同心花果，帝与夫人以衣裾盛之，云"得多"，得子多也。故后世有撒帐之遗。

月老检书　唐韦固旅次宋城，遇老人向月检书，谓固曰："此天下婚姻簿也。"因问韦妻何氏，答曰："尔妻乃店后卖菜陈妪女耳。"翌日往视，见妪抱三岁女，甚陋。遂使人刺之中眉。后十四年，相州刺史王泰妻以女，姿容甚丽，眉间常贴花钿。细问之，曰："妾郡守侄女也。父卒于宋城。襁褓时为贼所刺，痕尚在眉。"宋城宰闻之，名其店曰"定婚店"。

金屋贮之　汉武帝幼时，景帝问："儿欲得妇否？"长公主指其女曰："阿娇好否？"武帝曰："若得阿娇，当以金屋贮之。"

丹桂近嫦娥　袁筠娶萧安女，言定，未几，擢进士第。罗隐以诗赠之，曰："细看月轮还有意，定知丹桂近嫦娥。"

女萝附松柏　李靖谒杨素，一伎执红拂侍侧，目靖久之。靖归逆旅，夜半有紫衣人扣门，延入，脱衣帽，乃美人也。靖惊诘之，告曰："妾杨家红拂妓也。女萝愿附松柏。"遂与之俱适太原。

续断弦　《十洲记》：凤麟州以凤喙麟角作胶，能续断弦。

〔清〕任颐《风尘三侠图》轴，藏于上海博物馆

门楣　唐玄宗宠礼杨氏，其从兄国忠加御史大夫，铥鸿胪卿，女兄弟韩国、虢国、秦国三夫人。时谣曰："男不封侯女作妃，君看女却为门楣。"

冰人　令狐策梦立冰上，与冰下人语。占者曰："在冰上与冰下人语，为阳语阴，当为人作媒，期在冰判①。"太守田豹为子求张徵女，使策为媒，仲春成婚。故称媒人为冰人。

【注释】

①原稿"冰判"当作"冰泮"。冰泮，冰溶解。

卖犬嫁女　唐吴隐之将嫁女，谢石知其贫，遣女必率薄，乃令移厨帐助其经营。使人至，见婢牵一犬卖之，此外萧然无办。

练裳①遣嫁　汉逸民戴良有五女，练裳竹笥②木履而遣之。东坡诗："竹笥与练裳，愿得毕婚嫁。"

【注释】

①原稿"练裳"均当作"疏裳"，粗布衣服。

②**竹笥**：竹橱。

葭莩①　汉中山靖王封群臣，非有葭莩之亲。（葭莩，竹上薄衣。）

【注释】

①**葭莩**：芦苇中的薄膜，比喻远亲。

潘杨　晋杨经，潘岳作诔文云："藉三叶世亲之恩，而子之姑，予之伉俪焉。潘杨之睦，有自来矣。

凤占　《左传》：陈公子完奔齐，齐侯使为卿。齐大夫懿氏欲妻以女，卜之曰："凤凰于飞，和鸣锵锵。有妫之后，将育于姜，五世其昌。"

结缡　《诗》："之子于归，皇驳其马。亲结其缡，九十其仪。"（缡，妇人之袆也。）

示之以礼　马超奔蜀，轻视先主，常呼先主字。关羽怒，请杀之。先主曰："人穷来归，以其呼字而杀之，何以示天下？"张飞曰："如是当示之以礼。"次日，大会诸将，请超入，羽、飞并伏刀立直。超顾坐席，不见羽、飞，见其直也。乃大惊，遂尊事先主，不敢呼字。

议礼聚讼　汉章帝欲定礼乐，班固曰："诸贤多能说礼，宜广招集。"帝曰："谚云'筑舍道旁，三年不成。'会礼之家，名为聚讼。"

礼　制（丧事二）

丧礼　黄帝始制棺椁。周公制翣。周制俑。虞卿制桐人。左伯桃①枕制明衣（新衣袭尸）。史佚制下殇棺衣。夫差为冥帽，而始制面帛。夏制明器②。五代制灵座前看果。舜制吊礼。晋制，吊客至丧家鸣鼓为号。巫咸制纸钱（名瘗钱）。汉铸神瘗钱。王玙始丧祭焚纸钱。周制方相③先驱。汉制魌头，俗开路显道神。始媒祖道死，媒姆监护因制。商始制铭旌④以书姓名。魏始书号。后汉始制墓碑，为文字辨识。黄帝封京观⑤，始制墓。周公始合葬。周桓王始改葬。秦武公始人殉葬。宋文公始殉葬用重器。秦称天子墓为山。汉始为陵。汉文帝始预造寿陵。少康封其子杞。禹始设守陵人。秦始皇制皇寝石麟、辟邪⑥、兕马，臣下石人羊虎柱罔象⑦，好食亡者肝，因制。宋真宗始给民义冢，制漏泽园。

【注释】

①原稿"左伯棁"疑有误，应为"左伯桃"。

②**明器**：殉葬器物。

③**方相**：古代执掌"驱鬼"的官员。

④**铭旌**：古代丧俗，人死后，按死者生前等级身份，用绛色帛制一面旗幡，上以白色书写死者官阶、称呼，用与帛同样长短的竹竿挑起，竖在灵前右方，称之为铭旌。

⑤**京观**：古代为炫耀武功，聚集敌尸，封土而成的高冢。

⑥**辟邪**：古代神兽。细分有三种：有翼的狮虎，天禄（麒麟一类吉祥动物），桃拔（由羚羊尊化而来的神兽）。

⑦**罔象**：古代传说中的水怪。

服制　黄帝始制丧礼。禹始制五服。尧始定三年丧，父斩衰，母齐衰。唐武后制，父在为母三年，同父丧。宋太祖制，舅姑三年丧。周公制，生母齐衰三月。鲁昭公制，慈母服（他妾养己）。唐玄宗加母党服。魏徵制，叔嫂小功服。戴德制，朋友缌麻服。晋襄公制，起复始，伯禽征徐戎卒哭，汉唐沿之。始大臣夺情①。汉元帝始令博士丁忧。汉文帝始易月。景帝为三十六日释服。唐肃宗始定二十七日之服。

【注释】

①**夺情**：中国古代礼俗制度的延伸，意思是为国家夺去了孝亲之情，可不必去职，以素服办公，不参加吉礼。

丧礼五服　斩衰三年，子为父母。女在室，并已许嫁者，及已嫁被出而反在家者。与子之妻同。子为继母，为慈母，为养母，子之妻同。庶子为所生母，为嫡母，庶子之妻同。为人后者与妻同，嫡孙为祖父母、高曾祖父母，承重同。妻为夫妾，为家长同。

齐衰杖期① 嫡子众子为庶母，其妻亦如之。子为嫁母，为出母；夫为妻；嫡孙，祖在，为祖母承重②。

【注释】

①杖期：丧服名。

②承重：承受丧祭和宗庙重任的意思。

齐衰不杖期 祖为嫡孙，父母为嫡长子及嫡长子妇，及众子，及女在室，及子为人后者。继母为长子，众子侄为伯叔父母，为亲兄弟，及亲兄弟之子女在室者。孙为祖父母，孙女在室，与出嫁同。为人后者，为其本生父母。女出嫁，为其本生父母。妾为家长之正妻，妾为家长父母，妾为家长之子与其所生子。齐衰五月，曾孙为曾祖父母，曾孙女同。齐衰三月，玄孙为高祖父母，玄孙女同。

大功九月 祖父母为众孙，孙女在室者。父母为众子妇，及女已出嫁者。伯叔父母为侄妇，及侄女已出嫁者。妻为夫之祖父母，妻为夫之伯叔父母。夫为人后，其妻为夫之本生父母。

小功五月 为伯叔祖父母，为堂伯叔父母，为再从兄弟，为兄弟之妻，祖为嫡孙妇，为外祖父母，为母之兄弟姊妹。

缌麻三月 祖为众孙妇，曾祖父母为曾孙，祖母为嫡孙，众孙妇为乳母，为妻之父母，为婿，为外孙，为同堂兄弟之妻。

三父 同居继父，不同居继父，从母嫁①继父。诸继父，谓父死母再嫁他人随去者，同居有期年服，不同居者无服。随继母嫁继父，有齐衰杖期。

【注释】

①原稿"从母嫁"当作"从继母嫁"。

八母 嫡母、继母、养母（谓自幼过房与人）、慈母（谓生母死，父令别妾抚育者）、嫁母（谓妾母因父死再嫁他人者）、出母（谓亲母被父所出）、庶母（父妾之生子女者）、乳母（即奶母，亦服缌麻）。

七出[①] 无子，淫佚，不孝，多言，盗窃，妒忌，恶疾。三不去：与更三年丧；前贫贱后富贵；有所娶，无所归。

【注释】

①**七出**：旧时各地传统婚俗之一，是在中国古代的法律、礼制和习俗中，规定夫妻离婚时所要具备的七种条件，当妻子符合其中之一时，丈夫及其家族便可以要求休妻（即离婚）。

读礼 《曲礼》曰：居丧未葬读葬礼，既葬读祭礼。

弥留 疾革之时，气尚未绝，目不即瞑，谓之弥留。

属纩 属，付也。纩，绵也。以绵轻而易动，故付置于口鼻上，以验气之有无也。

易箦[①] 曾子疾病，曾元、曾申坐于足，童子隅坐而执烛。童子曰："华而皖[②]，大夫之箦与？"曾子曰："然。季孙之赐也，我未之能易也。元，起易箦！"举扶而易之，反席未安而殁。

【注释】

①**易箦**：称人病重将死。

②原稿"华而皖"当作"华而睆"。

捐馆 《苏秦传》：奉阳君死，捐馆舍而去。

鬼录　魏文帝《与吴质书》：昔年疾病，亲故多罹其灾，观其姓名，已登鬼录。

就木　晋文公奔狄，娶季隗，将适齐，谓隗曰："待我二十五年，不来而后嫁。"对曰："我又如是而后嫁，则就木矣①。"

【注释】

①原稿"我又"句，当作"我二十五年矣，又如是而嫁，则就木焉。"

盖棺论定　晋刘毅云："丈夫盖棺论方定。"

修文郎①　春秋时，苏韶卒，后从弟节昼见韶，因问幽冥事。韶曰："颜回、卜商死，俱为地下修文郎。"

【注释】

①**修文郎**：阴曹掌管著作的官。

白玉楼　李贺将死，有绯衣人驾赤虬，奉雷版召贺曰："帝成白玉楼，立召为记。天上差乐，不苦也。"

一鉴亡　魏徵卒，帝临朝叹曰："以铜为鉴，可照妍媸；以人为鉴，可明得失。……今魏徵逝，一鉴亡矣。"

月犯少微　谢敷隐居剡中。时月犯少微，占云"处士当之"。吴国戴逵名重于敷，甚以为忧。俄而敷死，时人语曰："吴中高士，求死不得。"

岁在龙蛇　郑玄梦孔子告之曰："起，起，今年岁在辰，明年岁在巳。"既寤，以谶合岁，知命当终。谶云："岁在龙蛇贤人嗟。"

梦书白驹　杜牧之梦书"白驹"字，或曰："过隙也。"俄而悉毁其所为文章诗籍，果卒。

一朝千古　唐薛收卒，秦王曰："吾与伯褒共军旅，岂期一朝成千古也！"

脱骖①　孔子遇旧馆人之丧，入而哭之哀；出，使子贡脱骖而赙之。

【注释】

①脱骖：解下骖马。

麦舟　范尧夫舟有麦五百斛，悉与故人石曼卿，以助其葬。

生刍一束　郭林宗有母忧，徐稺往吊之，置生刍一束于庐前而去之。众怪不知其故。林宗曰："此必南州高士徐孺子也。诗不云乎：'生刍一束，其人如玉。'吾有何德足以当之？"

素车白马　范式巨卿、张邵①元伯相与为友。元伯卒。式梦邵呼曰："巨卿，吾已某日死，某日葬。"式驰往赴之。未及到而邵已发引。将至圹，而柩不前。其母曰："元伯，岂有望耶？"停柩。移时，乃见素车白马，哭而来②。母曰："是必范巨卿也。"式因执绋而，其柩乃前。

【注释】

①原稿"张邵"有误，应为"张劭"。

②原稿"哭而来"及下句"执绋而"，宜为"号哭而来""执绋而引"。

归见父母　陈尧佐临终，自志其墓，曰：有宋颍川生尧佐，字希先，年八十二不为夭，官一品不为贱，卿相纳录不为辱祖，可归见父母栖神之域矣。

翁仲[1] 《水经注》：鄗南千秋亭坛庙东枕道，有两石翁仲。山谷诗："往者不可言，古柏守翁仲。"

【注释】

①**翁仲**：原本指的是匈奴的祭天神像，大约在秦汉时代就被汉人引入关内，当作宫殿的装饰物。

九京 文子曰："是全要领以从先大夫于九京也。"

佳城 汉滕公驾至东都门，马悲鸣不进。命掘之，得石椁，有蝌蚪书云："佳城郁郁，三千年见白日，吁嗟滕公居此室。"公叹曰："天乎！吾死，其安此乎？"后葬其处。

牛眠 晋陶侃，初家将葬，忽失一牛，不知所在。遇一老父，谓曰："前冈见一牛，眠处，其地若葬，位极人臣。"侃寻牛得之，因葬焉。

寿藏 唐姚崇自立寿藏于万安山，兆曰："安居穴以土为床，曰化台。"

挽歌 汉高帝时，田横死，从者不敢哭，随扳[1]叙哀，故承以为挽歌。汉武时，李延年分为二：《薤露》，送王公贵客；《蒿里》，送士大夫庶人。

【注释】

①原稿"随扳"当作"随柩"。

吊柳七 柳永死日，家无余财，群妓合金葬之郊外，每春月上冢，谓之"吊柳七"。

漆灯　唐沈彬居有一大树，尝曰："吾死可葬于此。"既葬穴之，巧一古冢，其间一古灯，台上有漆篆文曰："佳城今已开，虽开不葬埋。漆灯犹未灭，留待沈彬来。"

金粟冈　唐玄宗幸桥陵，见金粟冈有龙盘凤翥之势，谓侍臣曰："吾千秋万岁后宜葬于此。"及升遐①，群臣依旨葬焉。

【注释】

①升遐：帝王死去的婉辞。

马鬣封①　《礼记》：子夏曰："昔夫子言之曰，吾见封之若堂者矣，见若坊者矣，见若覆夏屋者矣，见若釜者矣，马鬣封之谓也。"

【注释】

①马鬣封：坟墓形状，后代指坟。

长夜室①　东坡《赠章默》诗："章子亲未葬，余生抱羸疾，朝吟噎邻里，夜泪腐菌席。愿求不毛田，亲筑长夜室。"

【注释】

①长夜室：墓穴。

土馒头　范石湖《重九日行营寿藏之地》诗："家山随地可松楸，荷锸携壶似醉刘。纵有千年铁门限，终须一个土馒头。"

要离冢　梁鸿卒，弟伯通①等为求葬地，乃葬之要离冢傍。曰："梁鸿高贤，要离烈士，政相类也。"后人遂以其所居名梁溪，今无锡是也。

【注释】
①原稿"弟伯通"当作"皋伯通"。

玉钩斜①　在吴公台下，隋炀帝葬宫人处也。唐窦巩《宫人斜》诗："离宫路远北原斜，生死恩深不到家。云雨今归何处去？黄鹂飞上野棠花。"

【注释】
①**玉钩斜**：地名，在今江苏苏州，后泛指嫔妃墓地。

葬龙耳　晋元帝闻郭璞为人葬坟地，微服往观，谓主人曰："此葬龙角，必灭族。"主人曰："璞云此是龙耳，三年当有天子至。"帝曰："出天子耶？"曰："非也，能致天子问耳。"

方相　《周礼》：方相氏殴罔象，好食亡者肝，而畏虎与柏，故墓上列柏树，路口置石虎，本此。

不憖遗一老　孔子卒，哀公诔之曰："昊天不吊①，不憖遗一老，俾屏余一人以在位，茕茕余在疚。呜呼哀哉尼父！无自律。"子贡曰："君其不没于鲁乎！"

【注释】
①**不吊**：不善。

五谷瓶　《丧服小记》①：鲁哀公曰："五谷囊起伯夷叔齐，不食粟而死，故作五谷囊。吾父食味含哺而死，何用此为？"今人遂为五谷瓶。

【注释】
①原稿"《丧服小记》"当作"《丧服要记》"。

青蝇为吊客 虞翻字仲翔，放弃海南，自恨疏节，骨体不媚，犯上获罪，当长殁海隅。生无可与语，死以青蝇为吊客，使天下一人知己者，足以不恨。

墓木拱 《左传》秦伯使谓蹇叔曰："尔何知？中寿，尔墓之木拱矣。"

瓜奠① 唐莱国公杜如晦薨，太宗诏虞世南制碑文。后因食瓜美，怆然悼之，遂辍食，遣使奠于灵座。

【注释】

①**瓜奠**：比喻念旧行祭。

哀些 宋玉《招魂》曰："光风转蕙，氾崇兰些。"些，语词。宋玉《招魂》语末皆云"些"，故挽歌亦曰"哀些"。

长眠 《广记》：郑尤路逢一冢，有二竹。郑为诗曰："冢上两竿竹，风吹常袅袅。"冢中人续曰："下有百年人，长眠不知晓。"

赙赗① 赙，助也。赗，报也。所以助生送死，副至意也。货财曰赙，车马曰赗。玩好曰赠，衣服曰襚。

【注释】

①**赙赗**：赠给丧主以助葬的财货车马。

铭旌 铭，明也，以死者为不可别已，故以其旌识之。杜牧之诗云："黄壤不沾新雨露，粉书空换旧铭旌。"

谥 太公周公相嗣王，始作谥法。人主谥始黄帝。加谥至十数字，始唐玄宗。太子谥始申生。卿大夫谥始周。处士谥始陶弘景。公卿无爵而谥始王导。宦者谥、方伎谥，始北魏公卿大夫。祖父谥始元。妇人谥始穆天子谥盛妃。哀后谥始汉高祖尊母昭灵。公主谥始唐高祖谥女平阳公主昭。生而赐谥始卫侯赐北宫喜贞，析朱组成。私谥始黔娄。妇人私谥其夫始柳下惠。

窀穸[①]　《左传》：获保首领以殁于地，惟是春秋窀穸之事。

【注释】

①窀穸（zhūn xī）：墓穴。

襄事[①]　《左传》：葬定公，雨，不克襄事，礼也。

【注释】

①襄事：葬。

葛茀[①]　《左传》：葬敬嬴。旱，无麻，用葛茀。

【注释】

①茀：引棺的绳索。

祖载　《白虎通》：祖载者，始载柩于庭，乘辆车[①]而辞祖祢，故曰祖载。

【注释】

①原稿"辆车"当作"辒车"。辒车，丧车。

命终[①]　天子死曰崩，诸侯曰薨，大夫曰卒，士曰不禄，庶人曰死。在床曰尸，在棺曰柩。羽鸟曰降，曰足曰渍。死寇曰兵。

【注释】

①原稿无标题，今加。

执绋[①]　《礼记》：吊于葬者必执引，若从柩及圹皆执绋。

【注释】

①执绋：用手拉着棺椁下葬时牵引柩入穴的绳索，送葬时帮助牵引灵车，后来泛指送葬。

礼制（祭祀三）

祭法　有虞氏禘黄帝而郊喾，祖颛顼而宗尧。夏后氏亦禘黄帝而郊鲧，祖颛顼而宗禹。殷人禘喾而郊冥，祖契而宗汤。周人禘喾而郊稷，祖文王而宗武王。

少昊始制宗庙，周公始为七庙，舜始制庙号。舜受终，文祖始大事告庙。伏羲始制祀先，少昊始制四时庙祭。舜始制祭，帝槐始制不迁宗祭。殷制五年祫祭①。周三年文王祭忌日。北齐始制别室②，加荐爇味。殷太甲始制功臣配享③。禹作世室，始立尸。伊尹制祏（宅也。即今木主，古用石函，故名）。宋真宗制板位（贮以漆匣舁床覆縑）。左彻刻黄帝制木像。秦始皇始制寝墓侧，汉因之，为起居、衣冠象生之备，上饭。天子正月上陵，始祭扫。王导拜元帝陵，始人臣谒陵。祭神，伏羲始于冬夏至郊社，祭皇天后土。殷汤始制祭感生帝。周公始制祭神州地祇。舜始制禘郊配食。秦始皇制三岁一郊。汉平帝始南郊，合祀天地，位皆南向，地位差东（时王莽宰衡主之）。神农始制大享五天帝于明堂④。尧制五人帝、五人神，配五天帝。舜制五郊，祭五方天帝迎气。黄帝始制坛畤⑤。秦献公制畤（如韭畤于畤中，名为一土封也）。秦始皇始制四畤，本襄公西畤，文公鄜畤（俱白帝）。宣公密畤（青帝）。灵公上下畤（卜黄帝，下炎帝）。汉高帝始增制五畤。汉武帝始祀太乙（五帝之主）。自昏至明，始立泰畤。

汉文帝始制五帝庙同宇（一屋之下为五庙各门）。晋武帝始诏五帝同称昊天，除五帝座（从王肃议）。秦始皇始制郊祀爟火（爟，举也。不同祠所举火为节而遥拜也）。帝喾始制六宗，祭日月星辰寒暑四时风雨雷云。无怀氏始封禅。黄帝制四坎，祭川谷水泉，四坛祭山林丘陵。舜制秩，祭四岳四渎。黄帝始制社祭五土，制稷于五土之中，特指原隰之祇（稷为殳长，旌异其处，能生谷也，非但祭其谷粒）。秦制守始郡县祠社稷。宋真宗始定郡县祭社稷仪。神农始制蜡。少昊制祭先农蚕。舜制祭四方百物。禹祭司寒冰神。秦德公祭伏。汤旱，始迁稷神柱祀弃。汤始五祀，户、灶、门、路、中霤。周公制七祀，加泰厉司命。汉高祖废户祭井。汉高祖始祭蚩尤。唐玄宗始祭九宫神（于千秋节设坛修祀）。颛顼制祃祭[6]。舜制类祭[7]。禹制大旅[8]。神农始制祝文。汉武帝始郊祀，立乐府。黄帝始沐浴，修斋戒。后魏始行香（以香末散行或熏手）祷祈。太康失邦，始日食，始救日。神农始制禖求子。汤制雩祷旱。周公制大雩祈谷。神农始制请雨之法。汤制土龙祈雨。隋文帝制祈雨断屠宰，禁施扇。

【注释】

①**祫祭**：古代天子诸侯宗庙祭礼之一。

②**别室**：他室、别坊。

③**配享**：也作“配飨”，合祭，祔祀。古代帝王祭天，以先祖配祭。

④**明堂**：古代帝王所建的最隆重的建筑物，用作朝会诸侯、发布政令、秋季大享祭天，并配祀祖宗。

⑤**畤**：古时帝王祭天地五帝的固定处所。

⑥**祃（mà）祭**：古代军中祭名。

⑦**类祭**：祭天。

⑧**大旅**：祭祀五帝。

宗伯[1]　职掌凡祀大神、享大鬼、祭大祇，师执事命龟卜日，次位筑鬻、省牲、告洁、告备、受釐、锡嘏[2]。

【注释】

①**宗伯**：官名。

②**受釐**：受神之福。釐，祭过神的福食。**锡嘏**：赐福。

九祭六器　《周礼》：太祝掌办九祭六器。六器者，苍璧、黄琮、青、赤璋、白虎[1]、玄璜。九祭，一曰命，二曰衍，三曰炮，四曰庙，五曰振，六曰擩，七曰绝，八曰燎，九曰共。

【注释】

①原稿"白虎"当作"白琥"。

郊祀　燔柴于泰坛，祭天也。瘞埋于泰圻[1]，祭地也，用骍犊。

【注释】

①原稿"泰圻"当作"泰折"。泰折，古祭地之坛。

六宗　埋少牢于泰昭，祭时[1]也。祖迎于坎坛，祭寒暑也。王宫祭日也。夜明祭月也。幽宗祭星也。云宗祭水旱也。

【注释】

①**祭时：**即"祭四时"。

五時祠　青帝曰密時祠，黄帝曰上時祠，炎帝曰下時祠，白帝曰畦時祠，黑帝曰北時。

五祀　春祀户，夏祀灶，秋祀门，冬祀行，夏季[1]祀中霤。

【注释】

①原稿"夏季"当作"季夏"。

七祀　王立七祀，曰司命、曰中霤、曰国门、曰国行、曰泰历、曰户、曰灶。诸侯五祀，曰司命、曰中霤、曰国门、曰国行、曰公历。大夫三祀，曰族历、曰门、曰行。士二祀，曰门、曰行。庶人一祀，或立户，或立灶[1]。

【注释】

①依文意，原稿"五祀""三祀""一祀"前，均宜加"立"字。

八蜡　天子大蜡八：一先啬（神农），二司啬（后稷），三农（田畯），四邮表畷（田畔屋），五猫（食田鼠）虎（食田豕），六坊（蓄水，亦以障水），七水庸（沟受水，亦以泄水），八昆虫（螟螽之类）。

祀典　夫圣王之制祭祀也，法施于民则祀之，以死勤事则祀之，以劳定国则祀之，能御大菑则祀之，能捍大患则祀之，是故厉山氏之有天下也。其子曰农，能殖百谷。夏之衰也，周弃继之，故祀以为稷。共工氏这霸九州也，其子曰后土，能平九州，故祀以为社。帝喾能序星辰以著众。尧能赏均刑法以义终。舜勤众事而野死，鲧障洪水而殛死，禹能修鲧之功。黄帝正名百物以明民共财，颛顼能修之。契为司徒而民成，冥勤其官而水死。汤以宽治民而除其虐，文王以文治，武王以武功去民之菑，此皆有功烈于民者也。及夫日月星辰，民所瞻仰也。山林川谷丘陵，民所取财用也。非此族也，不在祀典。

祭主　天子祭天地、祭四方、祭山川、祭五祀，岁遍。诸侯方祀，祭山川、祭五祀，岁遍。大夫祭五祀，岁遍。士祭其先。

祭孔庙　唐玄宗始封孔子王号。宋太祖始诏孔子庙立戟，仁宗始诏用祭歌，徽宗始从蒋靖请（时官司业），用冕十二旒、服九章。汉武帝始封孔子后为侯奉祀。成帝始谥孔子后。周始诏孔子后为曲阜令。宋仁宗始诏孔子后为衍圣公。

丁祭①**用鹿**　汉高祖过曲阜，以大牢祀孔子。今制，郡县祭孔子以鹿。

【注释】

①**丁祭**：礼制名，为祭孔之礼。

淫祀　凡祭，有其废之，莫敢举也。有其举之，莫敢废也。非其所祭而祭之，名曰"淫祀"。淫祀无福。

牺牲　天子以牺牛，诸侯以肥牛，大夫以索牛，士以羊豕。

祭礼[①]　凡祭宗庙之礼，牛曰一元大武，豕曰刚鬣，豚曰腯肥，羊曰柔毛，鸡曰翰音，犬曰羹献，雉曰疏趾，兔曰明视。脯曰尹祭，槁鱼曰商祭，鲜鱼曰脡祭。水曰清涤，酒曰清酌，黍曰芗合，粱曰芗萁，稷曰明粢，稻曰嘉蔬，韭曰丰本，盐曰咸鹾，玉曰嘉玉，币曰量币。

【注释】

①原稿无标题，今加。

方诸明水　方诸，大蛤也，摩拭令热以向月，则生水，古人取以庙祭，谓之"明水"。

祭号　祭王父曰皇祖考，王母曰皇祖妣。父曰皇考，母曰皇妣，夫曰皇辟。

庙制　天子七庙，三昭三穆，与太祖之庙而七。诸侯五庙，与太祖之庙而五。大夫三庙，一昭一穆，与太祖之庙而三。士一庙，庶人祭于寝。

祭时　天子诸侯宗庙之祭，春曰礿、夏曰禘、秋曰尝、冬曰蒸。天子犆[①]礿袷、禘袷、尝袷、蒸袷。诸侯礿则不禘，禘则不尝，尝则不蒸，蒸则不礿。诸侯初犆禘一，犆一袷，尝袷，蒸袷。

【注释】

①犆（tè）：单独。本条中"礿""禘""尝""蒸"均为古代祭名。

牲制 天子社稷皆太牢，诸侯社稷皆少牢。大夫、士宗庙之祭，有田则祭，无田则荐。庶人春荐韭，夏荐麦，秋荐黍，冬荐稻。韭以卵，麦以鱼，黍以豚，稻以雁。

牛制 祭天地之牛，角茧栗①；宗庙之牛，角握；宾客之牛，角尺。

【注释】

①茧栗：形容牛角初生之状，言其形小如茧似栗。古代祭祀用牛以小为贵。

六礼 冠、婚、丧、祭、乡、相见。

七教 父子、兄弟、夫妇、君臣、长幼、朋友、宾客。

八政 饮食、衣服、事为、异别、度、量、数、制。

乡饮酒礼 主人拜迎宾于庠门之外。入，三揖而后至阶，三让而后升，所以致尊让也。盥洗扬觯①，所以致洁也。拜至，拜洗，拜受，拜送。拜既，所以致敬也。尊让洁敬也者，君子之所以相接也。

【注释】

①觯（zhì）：古代饮酒器。

五象 宾主，天地也。介僎，象阴阳也。三宾，象三光也。让之三也，象月之三日而成魄也。四面之坐，象四方也①。

【注释】

①原稿"象四方也"当作"象四时也"。

贵礼贱财 祭荐，祭酒，敬礼也。啐肺，尝礼也。啐酒，成礼也。于席末，言是席之正，非专为饮食也，为行礼也，所以贵礼而贱财也。

别贵贱 主人亲速宾及介，而众宾自从之，至于门外，主人拜宾及介，而众宾自入，贵贱之义别矣。

辨隆杀[①] 三揖至于阶，三让以宾升，拜至，献酬，辞让之节繁。及介省矣。至于众宾，升受，坐祭，立饮，不酢而降。隆杀之义辨矣。

【注释】

①辨隆杀（shài）：分清隆重和简省。

和乐不流 工入，升歌三终，主人献之；笙入三终，主人献之；间歌[①]三终，合乐三终，工告乐备。遂出。一人扬觯，乃立司正[②]焉，知其能和乐而不介流也。

【注释】

①间歌：指礼乐活动中，歌曲与笙曲相间表演时的歌唱部分。

②司正：古代行乡饮酒礼或宾主宴会时的监礼者。

弟[①]**长无遗** 宾酬主人，主人酬介，介酬众宾，少长以齿，终于沃洗者[②]焉，知其能弟长而无遗矣。

【注释】

①弟：通"悌"。

②沃洗者：洗酒器之类的人。

安燕不乱 降，说屦升堂，修爵无数。饮酒之节，朝不废朝，夕不废夕。宾出，主人拜送，节文遂终焉，知其能安燕而不乱也。

律 吕①

【注释】

①**律吕**：古代汉族乐律的统称，可分为阳律和阴律，是有一定音高标准和相应名称的中国音律体系。

伏羲始纪阳气之初，为律法。建日冬至之声，以黄钟为宫。（黄钟自冬至始，其余以次运行，当日者各自为宫、商、徵以类应焉。）

黄帝听凤鸣，候气应，比黄钟之宫，而皆可以相生，始为本令。神瞽协中声，始为律度。

武王伐纣，吹律听声，制七律。（各五位三所而用之，一同其数，以律和声。）

汉武帝时，令张仓定音律，访律吕相生之变于京房，始制六十律。（十二律之外，中宫上生执始，执始上生去减，上下相生，终于南事）。

五代钱乐之、沈重因京房而六之，制三百六十律。（日当一管，宫、徵旋韵，各以类从。）

黄帝取巂谷之竹，断两节间而吹律。京房以竹声微不可度调，始作准以定数。（准状如瑟，长丈，十三弦，分寸粗而易达。）后魏陈仲儒请以准代律。

魏杜夔令柴玉铸钟。荀勖较杜夔钟律，造十有二笛。笛具五音，以应京房之术，（各以其律相因，以本宫管上行，则宫充，因宫穴以本宫。徵上行，则徵充。）

梁主衍制为四通。（立为四器，名之为通，皆施二弦，因以通声，转通月气。）又用笛以写通声。

沈重始为子声，以母命子，随所多少合一律。（一，部律数，为日，一中气所有日为子。）为变宫变徵。（羽、宫之间，近宫收一声，少高于宫。角徵之间，近徵收一声少下于徵。）四清声。（如黄钟为宫，蕤宾为之商，则减一律之半，为清声以应之。）

隋郑译始立七调，以其七调勘较七声。七声之外，更立一声为应。姜宝常始为八十四调，百四十律，变化终于十声，（率下于译调二律。）

何妥臣用黄钟一宫。（妥立议非古，旋相为宫之乐。）惟击七钟，五钟为哑钟。唐张文收与祖孝孙吹调，始十二钟皆应。

唐末（"黄巢之乱"），工器俱尽。博士殷盈孙铸镈钟十二。处士萧承训较定石磬。（皆于金石求之。）王朴始寻古法，得十二律管，依律准十三弦，以宣其声。宋太祖命和岘下王朴乐二律。仁宗复诏李炤较定。

宋礼官杨杰请依人声制乐，以歌为本。蜀方士魏汉律用夏禹以身为度之文，取帝中指三寸为度。

伏羲始作乐。黄帝臣伶伦始制六律、六吕。荣缓铸十二钟，协月笛，以和五音。

周礼始奏鼓吹（大乐皆以钟鼓礼。钟师，掌金奏），制九夏。梁武帝本九夏为十二雅。（准十二律始定大乐，世世因之。）祖孝孙本十二雅为十二和。秦燔《乐经》。汉兴，高祖始为乐。武德文帝广为四时乐。叔孙通始定庙乐。武帝始定《郊祀》十九章。明帝始定四品。（郊庙上陵大予乐，辟雍燕射雅颂乐，燕飨黄门鼓吹乐，军中短箫铙歌乐。）

汉东京之乱，乐忘。魏武始命杜夔创定雅乐，四箱乐具。晋永嘉之乱乐又忘。梁武帝更制。及周太祖、隋文帝详定雅乐，颇得其宜。至唐高宗，命祖孝孙考据古音，斟酌南北，始著为唐乐。

汉武帝制乐府，始诸调杂舞悉被丝管。陈后主始制《玉树后庭花》新乐，隋炀帝《金钗两臂垂》。（云俱陈后主。）

唐玄宗立部伎、坐部伎，三十六曲。

隋文帝始分雅俗二部。唐玄宗始法曲，与胡部合奏。

汉始立鼓吹署隶，北狄乐分二部。朝会用鼓吹，有箫笳者。军中马上用横吹，有鼓角者。隋以后，始以横吹用之卤簿，与鼓吹列为四部（槡鼓部、铙鼓部、大横吹、小横吹部），总为鼓吹，供大驾及皇太子王公。

张骞入西域，得胡音，始为胡角以应。胡箛本黄帝吹角，战于涿鹿。魏时减为半鸣始衰。

汉唐山姓夫人造房中祠乐，本周房中乐讽，用丝竹遗声为清乐。隋高祖制房内乐。炀帝始加歌钟、歌磬，丝竹副之。

元魏孝文篡汉，获南音，始为清商乐，本汉三调。隋文帝笃好清乐，置清商署为七部。炀帝始定清乐九部。唐高祖仍设九部，太宗为十部，俱主清商。

唐玄宗始制教坊隶。

散乐始周，有缦乐、散乐。秦汉因之，为杂伎。武帝始沿为俳优百戏，总谓散乐。

［唐］阎立本《历代帝王像》之《陈后主叔宝像》，绢本，设色，全卷 51.3cm×531cm，藏于美国波士顿美术博物馆

舜调八音，用乐器八百般。至周，改宫、商、角、徵、羽，减乐器五百般。唐又减三百般。

周制乐，编悬钟磬各八，二八十六，而在一虡，半为堵，全为肆。（肆，陈也。堵，犹墙之堵，言一列也。）黄帝始煞夔作冒鼓，帝喾作鼗鼓，禹作鞉鼓（小鼓），倕作鼖鼓。周有瓦鼓，汉有杖鼓，唐有羯鼓。

母句始作磬。南齐作云板。梁作方响（制编磬以铁为之）。

黄帝御蚩尤，作钲角，学喾平共工，作埙篪、柷敔（即控揭。）

神农始作钟，禹作铎，汤作镯（以钟以和鼓）。

女娲氏作笙簧，随作竽，神农作籥，伏羲作箫（一云女娲，一云舜），师延作控箜篌，蒙恬作筝，沈怀远作绕梁（似箜篌）。

伶伦伐昆溪之竹作笛，汉丘仲始充其制。

女娲氏始作管，唐刘係作七星管。

伏羲始作瑟，黄帝始使素女破二十五弦（伏羲瑟五十弦）。

梁柳恽作击瑟击琴。唐道源作击瓯。李婉作水盏（二俱用箸击）。师旷制月琴。

秦苦役弦鞉而鼓之，作琵琶。

李伯阳入西戎，作胡笳。黄幡绰侍明皇，谱拍板琴。

弦琴　伏羲氏始削桐为琴，十弦。神农作五弦琴，具五音。文王始增少宫、少商二弦，为七弦。

伏羲始为《琴操》。师延始为新曲。赵定（汉宣时人）始为散操，九引十二操，皆以音相援，不著辞（或云琴曲皆魏晋人为之）。至梁始琴有辞。

古琴名　伏羲离徽，黄帝清角，帝俊电母，伊陟国阿，周宣王响风，秦惠文王宣和、闲邪，楚庄王绕梁，齐桓公鸣廉、号钟，庄子橘梧，闵损掩容，卫师曹凤嗉，鲁谢涓龙腰，魏师坚履杯，鲁贺云龙颔，魏杨英凤势，秦陈章神晖，赵胡言亚额（琴额女亚字），李斯龙腮，始皇秦琴（弦轸徽尾俱黑），司马相如绿绮，荣启期双月，张道响泉，赵飞燕凤凰，梁鸿灵机，马明四峰，宋蒙蝉翼，扬雄清英，晋刘安云泉，王钦古瓶，谢庄怡神、仙人，庄女落霞，李勉百纳，徐勉玉床，荀季和龙唇、枳敬，牧太古，赵孟頫震馀（许旌阳手植桐），吴思懿王洗凡（斫瀑布泉亭柱）。

琴操[①]　雅度五等，伏羲、舜、仲尼、灵关、云和。十二操：孔子《将归》《猗兰》《龟山》，周公《越裳》，文王《拘幽》，太王《岐山》，尹伯奇《履霜》，牧渎《雉朝飞》，商陵牧子《别鹤》，曾子《残形》，伯牙《水仙》《怀陵》。九引：楚樊姬《烈女引》，鲁伯妃《伯妃引》，晋漆室女《贞女引》，卫女《思归引》，楚商梁《霹雳引》，樗里牧恭《走马引》，樗里子《箜篌引》，秦屠高门《琴引》。蔡邕五弄：《游春》，《渌水》，《幽居》，《坐愁》，《秋思》。师涓四时操：春操离鸿、去雁、应苹；夏操明晨、焦泉、流金；秋操商风、落叶、吹蓬；冬操凝和、流阴、沉云。

【注释】

①**琴操**：古时用琴演奏的乐曲，有畅、操、引、弄四种。

乐　律

历代乐名　黄帝作《咸池》，颛顼作《六英》，帝喾作《五茎》，尧作《大章》，舜作《大韶》，禹作《大厦》，汤作《大濩》，武王作《大武》。

嶰谷①　黄帝命伶伦作律。伶伦取竹于嶰谷生，其窍厚薄之均者，断为两节间作六寸九分而吹之，以为黄钟之管。制十二箭以听凤凰之鸣，雄鸣六，雌鸣六，以为律吕。

【注释】

①原稿"嶰谷"，《汉书》作"解谷"。

律吕　五声之本，生于黄钟之律。律有十二，阳六为律，阴六为吕。律以通气类物，一曰黄钟，二曰太簇，三曰姑铣，四曰蕤宾，五曰夷则，六曰无射。吕以旅阳宣气，一曰林钟，二曰南吕，三曰应钟，四曰大吕，五曰夹钟，六曰仲吕。有三统之义焉。职在太常，太常掌之。

葭灰①**气候**　隋文帝取律吕，实葭灰以候气，问于牛弘，对曰："灰飞半出为和气，全出为猛气，不出为衰气。"

【注释】

①葭灰：也叫葭莩灰，古人烧葭莩成灰，置于律管中，放密室内，以占卜气候。

五音 宫为君，商为臣，角为民，徵为事，羽为物，五者不乱，则无怗懘①之音矣。宫乱则荒，其君骄；商乱则陂，其臣坏；角乱则忧，其民怨；徵乱则哀，其事动；羽乱则危，其财匮。五者皆乱，迭相陵，谓之慢，如此则国之灭亡无日矣。

【注释】

①怗懘（chì）：声音不和谐。

乱世之音 郑卫之音，乱世之音也，比于慢矣。桑间濮上之音，亡国之音也，其政散，其民流，诬上行私而不可止也。

溺音 魏文侯问："何谓溺音？"子夏对曰："郑音好滥淫志，宋音燕女溺志，卫音趋数烦志，齐音敖辟乔志。此四者皆淫于色而害于德，是以祭祀弗用也。"

六声 钟声铿，铿以立横，横以立武。君子听钟声，则思武臣。石声磬，磬以立辨，辨以致死。君子听磬声，则思死封疆之臣。丝声哀，哀以立廉，廉以立志。君子听琴瑟之声，则思志义之臣。竹声滥，滥以立会，会以聚众。君子听竽笙箫管之声，则思畜聚之臣。鼓鼙之声讙，讙以立动，动以进众。君子听鼓鼙之声，则思将帅之臣。君子之听音，非听其铿锵而已也，彼亦有所合之也。

学琴师襄① 孔子学琴于师襄。孔子曰："丘习其曲，再习其数，今习其志，有所穆然而深思焉，有所怡然高望而远志焉。又得其人，黯然而黑，几然而长，眼如望羊，心如欲王四国，非文王，其谁能为此也！"师襄辟席，再拜曰："师盖云文王操也。"

【注释】

①**师襄：**春秋时期鲁国乐官。

四面 王宫县（四面宫县）、诸侯轩县（去其南面，以避王也）、大王判县（又去其北面，仅存其半也）、土特县（又去其西南，以示特立之意也）。

铜山崩 汉武帝时，未央宫殿前钟无故自鸣。诏问东方朔，对曰："臣闻铜者，山之子；山者，铜之母。子母相感，钟鸣，山必有应者。"居三日，南郡太守上书言山崩，延袤二十余丈。魏帝殿前大钟，不叩自鸣，人皆异之，以问张华，华对曰："此蜀郡铜山崩，故钟鸣应之耳。"寻蜀郡上其事，如张华言。

錞于① 孝武西迁，雅乐多缺，有錞于者，近代绝此。或有自蜀得之者，莫识之。斛斯徵曰："此錞于也。"遂依干宝周礼法，以芒筒捋之，其声极振。

【注释】

①**錞于：**古代乐器，用青铜制成，在战争中长用来指挥进退。

金镯 《周礼》：少师以金和鼓。其形象钟，顶大，腹口弇，以伏兽为鼻，内县铃子，铃铜舌。作乐，振而鸣之，与鼓相和（状似佛子铃）。

蕤宾铁 乐工廉郊，池上弹蕤宾调，忽闻荷间有物跳跃，乃方响一片（方响以铁为之，用以代磬）。识者知其为蕤宾铁也，音乐之相感若此。

驷马仰秣 伯牙弹琴，而驷马为之仰秣。仰秣者，仰头吹吐，谓马笑也。

万壑松　郭伯山收唐琴万壑松，乃宣和御府物。李白诗："蜀僧抱绿绮，西下峨眉峰。为我一挥手，如听万壑松。客心洗流水，余响入霜钟。"

琴有杀心　蔡中郎赴邻人酌。至门，有客鼓琴，中郎潜听之，曰："以乐召我，而有杀心，何也？"遂返。主人知，自起追之。中郎具以告。客曰："我适鼓琴，见螳螂方捕蝉，惟恐失之，此岂杀心现于指下乎？"中郎笑曰："此足以当之矣。"

高山流水　伯牙鼓琴，钟子期听之。伯牙志在高山，子期曰："善哉，峻若崧岳！"伯牙志在流水，子期曰："善哉，泻若江河！"子期死，伯牙破琴绝弦，终身不复鼓琴。

濮水琴瑟　晋师延为纣作靡靡之乐，武王伐纣，师延自投濮水而死。后卫灵公夜止濮上，闻鼓琴声，召师旷听而习之[①]。师旷曰："此亡国之音也！"

【注释】

①原稿"召师旷听而习之"当作"召师涓听而写之"。

焦尾　蔡中郎在吴。吴人烧桐以爨，中郎闻其火爆声曰："良木也。"请截为琴，果有美音。其尾犹焦，因名其琴曰"焦尾琴"。

相如琴台　司马相如有琴台，在浣溪正路金花寺北，魏伐蜀，于此下营掘堑，得大瓮二十余口，以响琴也。

松雪　雷威作琴，不必皆桐，遇大风雪，独往峨眉山，着蓑笠入深松中，听其声连绵清越者，伐之以为琴，妙过于桐。世称雷公琴，有最爱重者，以"松雪"名之。

斫琴名手 晋雷威、雷珏、雷文、雷迅、郭亮并蜀人，沈镣、张钺并江南人，皆斫琴名手。

震馀 鲜于伯几①以震馀琴送赵文敏，是许旌阳手植桐，为雷所击断，斫以为琴。琴背许旌阳印剑之迹宛然，盖人间至宝也。

【注释】

①原稿"鲜于伯几"当作"鲜于伯机"。鲜于伯机即鲜于枢。

绿绮 蔡中郎有琴名绿绮①，云是峄阳孤桐所斫，一时名重天下。

【注释】

①原稿"蔡中郎有琴名绿绮"当作"司马相如有绿绮"。

无弦琴 陶渊明不解琴，畜素琴一张，弦徽不具，常抚摩之，曰："但识琴中趣，何劳弦上声。"

将移我情 伯牙学琴于成连，三年不成。乃引之东海蓬莱山之侧，刺船①迎吾师方子春，旬日不返。伯牙延望②无人，但闻海水澒洞崩折③之声，山林杳冥，群鸟悲鸣，怆然叹曰："先生将移我情矣！"乃援琴而歌水仙之操。

【注释】

①**刺船**：用篙撑船。

②**延望**：引颈而望。

③**澒洞崩折**：汹涌激荡之声。

绕殿雷 冯道之子能弹琵琶，以皮为弦，世宗令弹，深喜之。

因号绕殿雷。

游鱼出听 孙卿子云："匏巴鼓瑟，游鱼出听①。"

【注释】

①原稿"匏巴"当作"瓠巴"。**游鱼出听：**比喻琴声美妙。

箜篌 箜篌其形似瑟而小，用拨弹之。汉灵帝好之，体曲而长，二十三弦，竖抱于怀，两手齐奏之，俗谓之"劈箜篌"。

见狸逐鼠 孔子鼓琴，曾子、子贡侧门而听，曲终，曾子曰："嗟乎！夫子琴声，殆有贪狼之志，邪僻之行，何其不仁！"子贡以告，子曰："向者鼓琴，有鼠出游，狸见于屋，循梁微行，造焉而避，厌身曲脊，求而不得。丘以琴淫其声，参以为贪狼邪僻，不亦宜乎！"

筑 筑状如琴而大头，十三弦，其项细，其肩圆，鼓法以左手抱之，右手以竹尺击之，随调应节。

寇先生 嵇中散常去洛数十里，有亭名华阳。投宿。一更，操琴。闻空中称善，中散呼与相见，乃出见形，以手持其头，共论音声，因授以《广陵散》。此鬼名"寇先生"，生前善琴，为宋景公所杀。中散得《广陵散》，秘不肯授人。后临刑叹曰："《广陵散》于今绝矣！"

楚明光 王彦伯尝过吴，维舟中潜，登亭望月，倚琴歌《泫露①》之诗。俄有女郎披帷而进，乃抚琴挥弦，调韵哀雅。王问何曲，女曰："古所谓《楚明光》也，嵇叔夜能为此声。自兹以后，得者数人而已。"彦伯请授教，女曰："此非艳俗所宜，惟岩栖谷隐，可以自娱耳。"鼓琴而歌，歌毕，迟明辞去。

【注释】

①原稿"泫露"疑有误，应为"湛露"。

天际真人想 桓大司马曰："谢仁祖，企脚北窗下弹琵琶，有天际真人想。"

拨阮 武后时，有人破古冢得铜器，似琵琶，身正圆，人莫能辨。元行冲曰："此阮咸所作也。"命匠人以木为之，乐家遂名之"阮咸"。以其形似月，声似琴，遂名月琴。今人但呼曰"阮"，曰"拨阮"，曰"摘阮"，俱可。

柯亭竹椽 蔡中郎避难江南，宿柯亭，听庭中第十六条竹椽迎风有好音，中郎曰："此良竹也。"取以为笛，声音独绝，历代相传，后折于孙绰妓之手。

秦声楚声 李龟年至岐王宅，闻琴，曰："此秦声。"良久，又曰："此楚声。"主人入问之，则前弹者陇西沈妍，后弹者扬州薛满。二妓大服。

好竽 齐王好竽，有求仕于齐者，操瑟而往，立于王之国三年，不得入。客曰："王好竽，而子鼓瑟，瑟虽工，其如王之不好何！"

羯鼓① 唐明皇不好琴，一弄未毕，以琴者出。谓内侍曰："速令花奴将羯鼓来，为我解秽。"

【注释】

①**羯鼓**：一种出自外夷的乐器，两面蒙皮，腰部细，用公羊皮做鼓皮，发出的音主要是古时十二律中阳律第二律一度。

渔阳掺挝　祢衡被魏武谪为鼓吏。正月十五，试鼓，衡扬枹（音孚）为《渔阳掺挝》（音伞查），渊渊[1]有金石声，四座为之改容。（掺，击鼓法。挝，击鼓捶。）

【注释】

①渊渊：鼓声。

回帆树　王大将军尝坐武昌钓台，闻行船打鼓，嗟称其能。俄而一捶小异，王以扇柄撞几曰："可恨！"时王应侍侧曰："此回帆树。"使视之，曰："船人入夹口。"

十八拍　蔡琰字文姬，先适河东卫仲道，夫亡。兴平中丧乱，为胡骑所获，没于南匈奴。左贤王十二年春月，登胡殿，感胡笳之声，作《胡笳十八拍》，后曹操以金帛赎之，嫁于董祀。

簨虡[1]　（音损巨。横曰簨，直曰虡）《周礼》：梓人为簨虡。天下大兽五，脂者、膏者、臝者、利者、鳞者。雕画于乐县之上，大声有力者，以为钟虡，清声无力者为虡磬。

【注释】

①簨虡：古代悬挂钟磬的木架。

周郎顾　周瑜妙于音律，虽三爵之后，少有阙误，瑜必举目瞪视。时人语曰："曲有误，周郎顾。"

击壤　击壤，石戏也。壤以木为之，前广后锐，长四尺三寸[1]，阔三寸，其形如履，将戏，先侧一壤，于三四十步外，以手中壤击之，中者为吉。

【注释】

①原稿"长四尺三寸"当作"长尺四"。

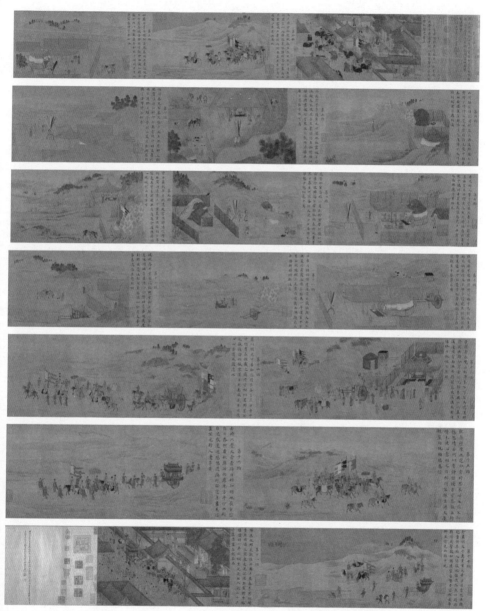

[明] 佚名《胡笳十八拍图》卷，绢本，水墨，设色，29.2cm×1544.5cm，藏于美国大都会艺术博物馆

禁鼓　一千一百三十声为一通，三千六百九十声为三通。更鼓三百六十挝为一通。千捶为三通。余鼓三百三十三为一通。角十二声为一叠。

钟声　晨昏撞一百单八者，一岁之义也。盖年有十二月有廿四气，又有七十二候，正得此数。越州歌曰："紧十八，慢十八，六遍共成一百八。"

埙篪　埙以土为之，锐上平底，如秤锤，六孔，一云八孔，大如鸭卵，曰"雅埙"；小如鸡卵，曰："颂篪"，以竹为之，大者长一尺四寸、八孔，小者长一尺二寸、七孔，横吹之，与埙声相应。埙篪二器，乃周昭王时暴辛公所作。

柷敔　柷，状如漆桶，以木为之，方二尺四寸，深一尺八寸，中有椎柄，连底撞而击其傍，所以起乐也。方二尺四寸者，阴数也。敔，状如伏虎形，背上有二十七钼铻，刻以木，长尺许，以水戛之，所以止乐也。二十七钼铻者，阳数也。二器，乃舜时所作。

洗凡清绝　吴越忠懿王得天台寺中对："瀑布泉屋，柱矿二琴。"一曰洗凡，一曰清绝，为旷代之宝。后钱氏献之太宗，藏于御府。见《辍耕录》。

舞剑器　《剑器》，乃武舞之曲名。其舞用女妓而雄装之，其实空手舞也。见《文献通考》。

黎园子弟　唐明皇酷爱法曲，选坐部伎子弟三百人，教于黎园，谓之黎园子弟。居宜春北苑。时有马仙期、李龟年、贺怀智洞知音律。安禄山自范阳入觐，亦献白玉箫管数百事，皆陈于黎园。自是乐响不类人间。

李天下　唐庄宗自言一日不闻音乐，则饮食都不美。方暴怒鞭笞左右，一闻乐声，怡然自适，万事都忘。又善歌曲，或时自傅粉墨，与优人共戏。优名谓之"李天下"。

雍门鼓　雍门周以琴见孟尝君，孟尝君曰："先生鼓琴。亦能令文悲乎？"雍曰："千秋万岁后，台榭已坏，坟墓已下，婴儿竖子樵采者，踯躅其足而歌其上，曰：夫以孟尝君之尊贵，乃若是乎？"孟尝君泫然承脸，曰："先生令文若破国亡家之人矣！"

桓伊弄笛　晋桓伊有柯亭笛，尝自吹之。王徽之泊舟清溪，闻笛称叹。人曰："此桓野王也。"徽之令人请之，求为吹笛。伊即下车，据胡床，三弄毕，便上车去，主客不交一言。

皋亭石鼓　吴郡临平崩岸，得石鼓，扣之不鸣。问张华，华曰："用蜀中铜材刻鱼形，扣之则鸣矣。"如其言，声闻数十里。

响遏行云　《列子》：薛谭学讴于秦青，未穷青之技，自谓尽之，遂辞归。青弗止，饶于郊衢，抚节悲歌，声振林木，响遏行云。薛乃谢，求反，终身不敢言归。

余音绕梁　秦青曰：昔韩娥东之齐，匮粮，过雍门，鬻歌假食。既去，而余音绕梁欐，三日不绝。李诗[①]："醉舞纷绮席，清歌绕飞梁。"

【注释】

①**李诗**：指李白《经乱离后天恩流夜郎忆旧游书怀赠江夏韦太守良宰》。

声入云霄　戚夫人善为翘袖折腰之舞，歌《出塞》《入塞》之曲，侍婢数百习之。后宫齐音高唱，声入云霄。

水调歌头　唐明皇爱水调歌，胡羯犯京，上欲迁幸，登花萼楼，命楼下少年有善水调者歌曰："山川满目泪沾衣，富贵荣华不几时。不见只今汾水上，惟有年年秋雁飞。"上闻潸然曰："谁为此词？"左右曰："宰相李峤。"上曰："真才子也。"

卷十　兵刑部

军　旅

黄帝征蚩尤始战，颛顼诛共工始阵，风后始演奇图，力牧始创营垒。黄帝战涿鹿始征兵，禹征有苗始传令，纣御周师始戍守。

黄帝制记里鼓，始斥候^①，汉武帝建墩台，黄帝制演武场，周公制辕门。黄帝制车以翼军，制骑以供伺候。

吕望始制战舰。武王会孟津，命仓兄具舟楫。公输班为舟战钩拒。伍子胥治水战，制楼船滩船。智伯决汾水，始水战。

蚩尤始火攻。孙子制火人、火积、火辎、火库、火队五法。魏马钧制爆仗起火。隋炀帝以火药制杂戏，始施药铳炮。

黄帝始制炮，吕望制铳，范蠡制飞石用机。

黄帝制纛、制五彩牙幢^②。禹制斿，悬车上为别。周公备九旗。

伏羲制干、制戈。挥制弓。牟夷制矢。舜制弓袋、制箭筒。黄帝制弩。

黄帝始采首山铜铸刀斧；蚩尤始取昆吾山铁制剑、铠、矛、戟、陌刀。

蚩尤始制革为甲。禹制函甲。

黄帝始制枪，孔明扩其制。舜制匕首。

黄帝制云梯，古名钩援。牟夷制挨牌，古名傍排。

孙武制铁蒺藜，刘馥（三国时人）制悬苫，今为悬帘。岳飞制藤牌。

殷盘庚制烽燧告警。赵武灵王制刁斗传③。魏制鸡翘④报急，制露布、漆竿报捷。

【注释】

①斥候：指侦察兵。

②牙幢：古代仪仗用的一种旗帜。

③刁斗传：以刁斗传夜。刁斗，古代军中用具，白天用来烧饭，夜间击之以巡夜。

④鸡翘：俗称鸡毛信。

五兵 矛、戟、戈、剑、弓谓之五兵。

专主旗鼓 吴起临战，左右进剑，起曰："将专主旗鼓，临难决疑，挥兵指刃，此将事也。一剑之任，非将任也。"

授斧钺 国有难，君卜吉日，以授旗鼓。将入庙，趋至堂下，北面而立，主亲操斧钺，持斧头，授将军其柄，曰："从此上至天者，将军制之。"复持斧头，授将军其柄，曰："从此下至渊者，将军制之。"

投醪① 秦穆公伐晋，及河，将军劳之，醪唯一杯。蹇叔曰："一杯可以投河而酿也。"穆公乃以醪投河，三军皆取饮之。

【注释】

①投醪：比喻与士兵同甘共苦。

吮疽 吴起为魏将攻中山。卒有患疽者，起为吮之。卒母闻而哭。人曰："子，卒也，而将军自吮其疽，何哭为？"答曰："往年吴公吮其父，其父战不旋踵，遂死敌。今又吮其子，妾不知死所矣。"后起之楚，卒果见杀。

纶巾羽扇 诸葛武侯与司马懿治军渭滨，克日夜战。司马懿戎服莅事，使人视武侯独乘素车，纶巾羽扇，指挥三军，随其进止。司马懿叹曰："诸葛君可谓名士矣！"

金钩① 阖闾既宝莫邪，复令国中作金钩，令曰："能为善钩者赏千金。"有人贪赏，乃杀其二子，以血衅金，遂成二钩，献之，王曰："钩有何异？"曰："臣之作钩，贪赏而杀二子，衅以成钩，是与众异。"遂向钩而呼二子之名，曰："吴鸿、扈稽，我在此！"声未绝，而两钩俱飞，著父之胸。吴王大惊，乃赏之。遂服之不去身。

【注释】

①金钩：刀名。

七制 兵法七制，一曰征、二曰攻、三曰侵、四曰伐、五曰阵、六曰战、七曰斗。

挟纩① 楚子围萧，申公巫臣曰："师人多寒。"王巡三军，拊而勉之，三军之士皆如挟纩。

【注释】

①挟纩：披着绵衣，比喻受人慰勉而感到温暖。

呼庚癸 吴申叔仪乞粮于晋，公孙有山氏对曰："粱则无矣，粗则有之。若登首山，以呼曰庚癸乎，则诺。"（庚，西方，主谷。癸，北方，主水。教以隐语也。）

盗马　秦穆公失右服马。见野人方食之，公笑曰："食马肉不饮酒，恐伤。"遂遍饮而去。及一年，有韩原之战，晋人环穆公之车。野人率三百余人疾斗车下，遂大克晋。

剑名　剑口曰镡，剑鼻曰璏（音位），剑握曰铗，剑鞘曰室，剑衣曰韬，亦曰裌（音绕），剑把绳曰莦緱（音勾）。

五名剑　越王勾践有宝剑五，一曰纯钩、二曰湛卢、三曰豪曹、四曰鱼肠、五曰巨阙。

斩蛇剑　汉高帝于南山得一铁剑，长三尺，铭曰"赤霄"，大篆书，即斩蛇剑也。及贵，常服之。晋太康三年，武库火，中书监张华列兵防卫，见汉高斩蛇剑穿屋飞去，莫知所向。

佽飞　荆有佽飞者，得宝剑于江干。涉江，及至中流，两蛟夹舟。佽飞祛衣，拔剑刺蛟。杀之。荆王任以执圭[1]。

【注释】

①**执圭**：战国时期楚国设置的最高爵位。

干将莫邪　干将吴人，妻莫邪，为吴王阖闾铸剑，不成，干将曰："神物之化，须人而成。"妻乃断发剪爪，投入炉中，金铁皆熔，遂成二剑，阳曰"干将"，阴曰"莫邪"。

［春秋］越王勾践剑，藏于湖北省博物馆

龙泉太阿　张华见斗牛间有紫气，在丰城分野，乃以雷焕为丰城令。至县，掘狱深二丈，开石函，得二剑，一名龙泉，一名太阿，焕留其一，一以进华，且曰："灵异之物，终当化去。"华死，剑飞入襄城水中。后焕子为建安从事，经延津，剑忽于腰间跃入水，使人氽水求之，见双龙。龙蜿蜒，不敢近。

华阴土　雷焕丰城狱中得剑，取南昌西山黄白土拭之，光艳照耀，张华更以华阴赤土磨之，鲜光愈亮。

金仆姑　箭名。《左传》：鲁庄公以金仆姑射南宫长万。

石马流汗　安禄山乱，哥舒翰与贼将崔乾祐战，见黄旗军数百来助战，忽不见。是日[①]，昭陵内石马皆流汗。

【注释】

①原稿"是日"不确，当为"唐肃宗至德二年"。

露布　军中有露布，乃后魏每征伐战胜，欲天下闻知，书帛建于漆竿上，名为露布，以扬战功。

蒋庙泥兵　南京钟山，有汉秣陵尉蒋子文庙，盖因子文逐盗死此，孙权为立庙，封蒋侯。权避祖讳钟，改名蒋山。后孙权与敌人战，夜大雨，蒋侯助之，次日，见庙中泥兵皆湿。

箭塞水注　刘善射。水斛满，以箭射斛，拔箭水注，随射一箭宣之，人服其精巧。

檿弧萁服　檿，山桑也。木弓曰"弧"。服，乘箭具也。萁草似荻，细织之，而为服也。

娘子军 唐平阳公主，嫁柴绍。初，高祖起兵，与绍发家资招亡命。渡河，主引精兵万人与秦王会于渭北。绍与公主对置幕府，分定京师，号"娘子军"。

夫人城 晋朱序镇襄阳，时苻坚①遣兵攻之。序母见城西北角当先坏，领百余婢并女丁，斜筑城二十余丈。贼攻西北角，果溃，众守新城，贼遂引退，号"夫人城"。
【注释】
①原稿"苻坚"当作"苻丕"。

紫电青霜 《滕王阁序》："紫电青霜，王将军之武库。"

榻侧鼾睡 宋太祖欲伐江南，徐铉入奏乞罢兵。太祖曰："江南主有何罪，但卧榻之侧，岂容人鼾睡耶！"

廉颇善饭 廉颇一饭斗米，肉十斤，披甲上马，以示可用。郭开谓赵王曰："廉将军虽老，尚善饭，然与臣坐，顷之，三遗矢矣。"王以为老，遂不召。

杜彪 梁荆州刺史杜山从①，膂力过人，便骑马，射不虚矢。所佩霞明朱弓，四石余力，每出挑战，魏军惮之，号为"杜彪"。
【注释】
①原稿"山从"疑有误，当作"嶷"字。

飞将 唐单雄信极勇，力事李密，人号为"飞将"。后周韩果破稽胡，稽胡惮果矫健，亦号"飞将"。

铁猛兽 后周蔡祐与齐战①，著明光铠甲，所向无敌，齐人畏之，号"铁猛兽"。

【注释】

①**与齐战**：指蔡祐与齐神武战于邙山。

熊虎将 周瑜尝谓孙权曰："刘备有关张熊虎之将，有饮马长江之志。"又言羽、飞为万人敌。

细柳①营 汉文帝时，匈奴大入边。上使周亚夫军细柳，以备胡。上自劳军，先驱至军门，曰："天子至！"都尉曰："军中闻将军令，不闻天子诏。"上使使持节诏将军曰："吾欲入劳军。"亚夫开壁门。天子按辔徐行。亚夫以军礼见。文帝曰："嗟乎，此真将军矣！"

【注释】

①**细柳**：古地名。

飞将军 汉李广为北平太守，匈奴畏之，号曰"汉飞将军"，避之数岁。

贯虱 《列子》：纪昌学射于飞卫，卫曰："视大如小①，视微如著，而后告我。"昌以牦尾垂虱于牖间，南面而望之。旬日之间，渐大；三年之后，大如车轮。乃以弧矢射之，贯虱之心。

【注释】

①原稿"视大如小"当作"视小如大"。

来嚼铁 唐来瑱为颍川太守。贼攻城，来射皆应弦而仆。贼拜城请降，称为"来嚼铁"。

半段枪 唐哥舒翰为河西卫前将军，吐蕃大寇边，翰持半段枪当其锋，所向披靡。

黄骠少年 唐裴旻勇冠三军，与敌国战，乘黄骠当先，军中称"黄骠少年"。

白袍先锋 唐薛仁贵尝从太宗征伐，每出战，辄披白袍，所向无敌。太宗遥见，问白袍先锋是谁。特引见，赐马绢，喜得虎将。

大树将军 后汉冯异性谦退不伐，诸将于所止舍，辄并坐论功，异常独屏树下，人号"大树将军"。

霹雳闪电 唐长孙无忌父晟讨突厥，畏晟，闻其弓声，谓之"霹雳"；见其走马，谓之"闪电"。晋王笑曰："将军振怒，威行域外。"

辕门二龙 唐乌承玭，开元中，与族兄承恩皆为平虏先锋，号"辕门二龙"。

一韩一范 范文正公与韩魏公俱为西帅，边士谣曰："军中有一韩，西贼闻之心胆寒；军中有一范，西贼闻之惊破胆。"元昊惧，遂称臣。

八遇八克 唐娄师德，武后时募猛士讨吐蕃，乃自奋，戴红抹额来应诏。后与虏战，八遇八克。

七纵七擒 孔明与孟获战，凡七纵七擒。后乃叹服曰："公天威，南人不敢复反矣！"

钲止兵进 狄青与西贼战，密令军中，钲一声则止，再声则严阵而阳却，钲声止则大呼而突之。虏大骇愕，以是胜之。

以少击众 唐马磷武艺绝伦，以百骑破卒五千。李光弼曰："吾未见以少击众，如马将军者！"人号为"中兴锐将"。

朕之关张 宋狄青京师呼为"狄天使"，上嘉其材勇，为泾原路兵马总管。上欲一见，诏令入朝。会寇逼平凉，乃令亟往，俾图像以进。上观其相曰："朕之关张。"

立汉赤帜 韩信攻赵，令卒曰："赵见我走，必空壁逐我，若等疾入，拔赵白帜，立汉赤帜。"信佯走。赵果逐之，回壁见赤帜，大乱。汉兵夹击，遂克赵军。

下马作露布 《南史》：傅永拜安远将军，帝叹曰："上马能杀贼，下马能作露布，惟傅修期能之耳！"

三箭定天山 薛仁贵为行军副总管。九姓众十余万，令骁骑挑战，仁贵发三矢，辄杀三人，虏气慑，皆降。

三鼓夺昆仑 狄青宣抚广西。侬智高守昆仑关，青至宾州，值上元节，大张灯火，首夜宴乐彻晓。次夜复宴，二鼓时，青忽称疾如内，命孙元规主席。少服药乃出，数使人劝劳坐客，至晓未散。忽有驰报云："是夜三鼓，狄将军已夺昆仑关矣。"

顺昌旗帜 宋刘琦①与兀术战于柘皋，虏远望见，大惊曰："此顺昌旗帜也。"即引兵而去。

【注释】

① 原稿"刘琦"当作"刘锜"。

［元］赵孟頫《蜀道难》，绢本，设色，56.6cm×154.45cm，藏于故宫博物院

每饭不忘巨鹿　汉文帝谓冯唐曰："昔有为我言李齐之贤，战于巨鹿下。今吾每饭，意未尝不在巨鹿也。"

铸错[①]　唐罗绍威以魏博牙兵[②]骄甚，尽杀之，遂为梁朱温所制，乃谓亲吏曰："聚六州四十三县铁，铸一个错不成！"

【注释】

①**铸错**：造成巨大错误。

②**牙兵**：衙兵。

得陇望蜀　司马懿言于曹操曰："今克汉中，益州震动，进兵临之，势必瓦解。"操曰："人苦不知足，得陇复望蜀。"

塞创复战　隋张定和，虏刺之中颈，定和以草塞创而战，神气自若，虏遂败走。

杜伏威　唐杜伏威与陈稜战，射中伏威额，怒曰："不杀汝，箭不拔！"驰入阵，获所射将，使拔箭，已，斩之。

首级 秦法斩敌一首拜爵一级，故曰"首级"。后人云："割一首，必割其势，以为一级者非。"

梓树化牛 秦文公伐雍，南山梓树化为牛，以骑击之，不胜。或坠地，解髻披发，牛畏之，入水。秦因置髦头，骑使之先驱。

勒石燕然 燕然，山名，去塞三千里。窦宪大破单于，登燕然山，勒石纪功，颂汉功德。

九章① 管子曰："举日章则昼行，举月章则夜行，举龙章则水行，举虎章则林行，举鸟章则行阪，举蛇章则行泽，举鹊章则行船，举狼章则行山，举镳章则载食而驾②。"

【注释】

①**九章**：古代行军时用以指挥军队行进的九种旗章。章，旗上的图案。

②原稿"水行""行阪""行船"当作"行水""行陂""行陆"。

啼哭郎君 都统制曲端勇悍非常，每与虏战，呼神将头目，备告以二帝蒙尘，今在五国城中青衣把盏，凡为臣子者闻之痛心，思之切骨，遂放声大哭。将佐军士皆哭，奋身上马，勇气百倍，虏人望之辟易，称为"啼哭郎君"。

鸽笼分部 曲端军分五部，一笼贮五鸽，随点一部，则开笼纵一鸽往，则一部之兵顷刻立至，其速如神，见者气夺。

玉帐术① 杜子美诗："空留玉帐术，愁杀锦城人。"玉帐乃兵家厌胜之方位，主将于其方置军帐，则坚不可犯。其法：黄帝遁甲以月建，后三位取之，如正月建寅，则巳为玉帐。

【注释】

①玉帐术：兵书。

寇来没处畔　陈后主与齐云观，谣曰："齐云观，寇来没处畔。"故今人避人谓之"畔"。

府兵　西魏始作府兵。隋唐始有番次，入为兵，出为农。周太祖始刺面见。唐末刘仁恭刺民为兵，给廪食，军丁金补。

渠答　蒺藜也，以铁为之，匝营则撒之四外。

绕指柔　平望湖中掘得一剑，屈之则首尾相就，放手复直如故，锋铓犀利，可断金铁。识者曰："此古之绕指柔也。"

刑　法

郑铸《刑书》，晋作《执秩》，赵制《国律》，楚作《仆区》（区，音欧），皆法律之名也。仆，隐也；区，匿也；作为隐匿亡人之法。

历代狱名　夏狱曰夏台，商狱曰羑里，周狱曰囹圄，汉狱曰请室。

五听　《周礼》：少司寇以五声听讼狱，一曰辞听，二曰色听，三曰气听，四曰耳听，五曰目听。

三刺　听讼者以三刺，一刺曰讯群臣，二刺曰讯群吏，三刺曰讯万民。

古刑 墨、劓、剕、宫、大辟，其后加流、赎、鞭、朴①为九刑。

【注释】

①朴：笞打。

古刑名 城旦、舂：城旦者，旦起行治城。舂者，舂米，四岁刑也。鬼薪、白粲：取薪给宗庙为鬼薪；坐择米使正白为白粲，三岁刑也。

五毒 械颈足曰桁扬①，械颈曰荷校，械手足曰桎梏，锁系曰锒铛，鞭笞曰榜掠。考逼曰五毒俱备，言五刑皆用也。

【注释】

①原稿"桁扬"当作"桁杨"。

三木 三木者谓械枷锁及手足也。

三宥 一宥曰不识，二宥曰过失，三宥曰遗忘。

三赦 一赦曰幼弱，二赦曰老耄，三赦曰愚蠢。

虞芮争田 周文王时，虞、芮之君争田不决，相与质成于文王。入其境，见其民耕者让畔，行者让路。二君相谓曰："我等小人，不可以履君子之庭。"乃让其所争之田为闲田。

除肉刑 汉太仓令淳于意，无子，有五女。罪当刑，骂曰："生女不生男，缓急无可使！"其幼女缇萦上书，言死者不可复生，刑者不可复赎。愿没入为官奴，以赎父罪。文帝怜之，并除肉刑。

后五刑 肉刑既除，后以笞、杖、徒、流、死为五刑。

髡钳 髡，削发也。钳，以铁束头也。钳钛，《陈咸传》谓私解脱。钳钛，钳在首，钛在足，皆以铁为之也。

胥靡[1] 胥，相也；靡，随也；联系之，使相随而服役也。犹今之役囚徒，以铁索联缀之耳。

【注释】

①胥靡：古代指服劳役的奴隶或刑徒。

弃市 汉景帝改磔曰弃市，勿复磔。磔谓张其尸也，弃市，谓投之于市。

刑具[1] 汉刑法志：大刑用甲兵，其次用斧钺，中刑用刀锯，其次用钻凿，薄刑用鞭朴。

【注释】

①原稿无标题，今加。

锻炼[1] 锻，锤也。锻炼犹言精熟也。深文之吏入人之罪，犹锻炼铜铁，使之成熟也。

【注释】

①锻炼：罗织罪名，多方构陷，入人于法。

钳网 李林甫为相，起大狱以诬陷异己者，宠任吉温、罗希奭为御史，锻炼人罪。时人谓之罗钳吉网。

罗织 武后任用来俊臣、周光二人，共撰《罗网经》数千言，教其徒罗织人罪，无有脱者。

蚕室　受腐刑者必下蚕室，盖蚕宜密室，以火温之。新受腐者最忌冒风，须入密室，乃得保全，因呼其室为蚕室。

庾死　汉宣帝诏曰："系者苦饥寒庾死狱中，朕甚痛之。"

枭首　百劳名枭，以其食母不孝，故古人赐枭羹，悬其首于木，故刑人以首示众者曰枭首。

缿筒[①]　赵广汉为颍川守，恨朋比为奸，乃许相讦或匿名相告者，置缿筒，令投书于其中。

【注释】

①缿（xiàng）筒：古代接受告密信件的器具。口小，可入而不可出，用瓦或竹制成。

铜匦　武后自李敬业反后，恐人图己，盛开告密之门。有鱼保家者，请铸铜为匦，其式一室四隅，上各有窍，可入不可出，武后善之。未几，其仇家投匦告保家曾为敬业造兵器，遂伏诛。

请君入瓮　武后金吾丘神以罪诛，有人告右丞周兴通谋，后命来俊臣鞫之。俊臣与兴方推事对食，问兴曰："囚多不承，当为何法？"兴曰："此甚易耳！取大瓮，以炭四围炙之，令囚入其中，何事不承？"俊臣索大瓮，如兴法，起谓兴曰："有内状推君，请君入此瓮。"兴惶恐服罪。法当死，宥之，流岭南。

炮烙之刑　商纣暴虐，百姓怨望，诸侯有叛者，妲己以为罚轻，威不立。纣为铜柱，以膏涂之，加于炭火上，令有罪者行，辄堕炭中，以取妲己一笑，名曰"炮烙之刑"。

苍鹰　郅都行法严酷，不避权贵。列侯宗室见都，侧目而视，号曰"苍鹰"。

乳虎　宁成好气，为小吏，必凌其长吏；为人上，操下如束湿薪，滑贼任威。稍迁至济南都尉，其治如狼牧羊，民不堪命。后拜关都尉，凡郡国出入关者，号曰："宁见乳虎，无值宁成之怒。"

鹰击毛挚　义纵为定襄太守，以鹰击毛挚为治，其所诛杀甚多，郡中人不寒而栗。

掘狱讯鼠　张汤儿时，父命守舍，鼠盗其肉，父怒，笞汤。汤掘窟得鼠及余肉，为具狱辞，磔之堂下。其父见之，视其文辞如老狱吏，大惊，遂使治狱，后为酷吏。

十恶不赦　一曰谋反（谓谋危社稷），二曰谋大逆（谓谋毁宗庙山陵及宫阙），三曰谋叛（谓谋叛本国，潜从他国），四曰谋恶逆（谓殴及谋杀祖父母，父母及夫），五曰不道（谓杀一家非死罪三人，及支解人，若采生造畜蛊毒厌魅），六曰大不敬（谓盗大祀神御之物及乘舆御物），七曰不孝（谓告言咒骂祖父母及夫之祖父母、父母在，别籍异财，若奉养有缺），八曰不睦（谓谋杀及卖缌麻以上亲，殴告夫及大功以上尊长、小功尊属），九曰不义（谓部民杀官长，军士杀所属指挥守把），十曰内乱（谓奸小功以上亲，父祖妾与和者）。

八议　一曰议亲（谓皇家袒免以上亲，及太皇、太后、皇太后缌麻以上亲，皇后小功以上亲，皇太子妃大功以上亲），二曰议故（谓皇家故旧之人素得侍见，特蒙恩待日久者）。三曰议功（谓能斩将夺旗，摧锋万里，或率众来归，宁济一时，或开拓疆宇有大勋劳，铭功太常者），四曰议贤（谓大有德行之贤人君子，其言行可以为法则者），**五曰议能**（谓有大才业，能整军旅，治政事，为帝王之辅佐人伦之师范者），**六曰议勤**（谓有大将吏谨守官职，蚤夜奉公，或出使远方，经涉艰难，有大勤劳者之谓），**七曰议贵**（谓爵一品及文武职军官三品以上，散官二品以上者），**八曰议宾**（谓承先代之后为国宾者）。

例分八字 **以**（以者，与真犯同。谓如监守贸易官物，无异真盗，故以枉法论，以盗论，并除名、刺字，罪至斩绞并全科。）**准**（准者，与真犯有间矣。谓如准枉法论，准盗论，但准其罪，不在除名、刺字之例，罪止杖一百，流三千里。）**皆**（皆者，不分首从，一等科罪。谓如监临主守职役同情盗，所监守官物并赃满数皆斩之类。）**各**（各者，彼此同科此罪。谓如诸色人匠拨赴内府工作，若不亲自应役，雇人冒名私自代替，及替之人，各杖一百之类。）**其**（其者，变于先意。谓如论人议罪犯先奏请议。其犯十恶，不用此律之类。）**及**（及者，事情连后。谓如彼此俱罪之赃及应禁之物，则没官之类。）**即**（即者，意尽而复明。谓如犯罪事发在逃者，众证既明白，即同狱成之类。）**若**（若者，文虽殊而会上意。谓如犯罪未老疾，事发以老疾论。若在徒年限内，老疾者亦如之之类。）

顾山①钱 女子犯罪并放归家，但令一月出钱三百，顾人于山伐木，谓之顾山钱。

【注释】

①**顾山**：汉代专为女犯设立的徒刑。

平反 隽不疑尹京兆。每行县录囚还，母辄问："有所平反（音幡），活几人耶？"平，谓平其不平也；反，言反罪人辞，使从轻也。

录囚 北人言以录为虑。今言录囚，误以为虑囚者，非是。

颂系　景帝著令年八十以上，十岁以下，及孕者未乳，盲师，侏儒，当鞫问者，皆颂系之。"颂"读曰"容"，宽容之，不桎梏也。

爱书　爱，换也，以文书代换其口辞也。

末减　罪从轻也。末，薄也；减，轻也。

狱吏之贵　周勃下狱，狱吏侵辱之。勃后出，曰："吾常将百万兵，然安知狱吏之贵也！"

死灰复然　韩安国坐法抵罪，狱吏田甲辱之。安国曰："死灰独不复然乎？"甲曰："然即溺之。"

六月飞霜　邹衍事燕惠王尽忠，左右谮之，王系之狱。衍仰天而叹，六月天为之降霜。

太子断狱　汉景帝时，防年①因继母杀其父，遂杀继母。廷尉以大逆谳，帝疑之。武帝年十二为太子，侍侧，对曰："继母如母，缘父之故，今继母杀其父，下手之时，母道绝矣！是父仇也，不宜以大逆论。"

【注释】

①防年：人名。

钱可通神　张延赏欲理一冤狱，案上有一帖云："奉钱三万，乞不问其狱。"公恚，悉收左右讯之。明日，于盥洗处得一帖云："奉钱五万。"又于寝门所得一帖云："奉钱十万。"公叹曰："钱至十万，可通神矣！吾以惧祸也。"乃不问。

祭皋陶 范滂坐党锢，系黄门北寺狱。吏谓曰："凡坐系皆祭皋陶。"滂曰："皋陶贤者，知滂无罪，将理之于帝；有罪，祭之何益！"

刮肠涤胃 齐高帝有故吏竺景秀，以过系作坊，常云："若许某自新，必吞刀刮肠，饮灰涤胃。"帝善其言，乃释之。

青衣报赦 苻坚屏人作赦文，有大蝇入室，声甚厉，驱之复来。俄而，人皆知有赦，诘所从来，云有青衣童子呼市中，乃蝇也。

于门高大 前汉于公，门闾坏，父老治之。公令高大门闾，可容驷马，且言："我治狱多阴德，子孙必有兴者。"后子定国为丞相。

论囚渭赤 秦商君性极惨刻，尝论囚渭水之上，其水尽赤。

肉鼓吹 伪蜀李匡远性苛急，一日不断刑，则惨然不乐，尝闻锤挞声，曰："此一部肉鼓吹也。"

无冤民 张释之、于定国为廷尉，克尽其职，朝廷称之曰："张释之为廷尉，天下无冤民；于定国为廷尉，民自以为不冤。"

疏狱天晴 宋淳熙二年，天久雨，上御笔批问，欲行下诸路疏遣狱囚。是日天霁，上大悦。

上蔡犬 秦李斯为赵高所谮，二世收之。父子临刑，叹曰："吾欲牵黄犬出上蔡东门逐狡兔，其可得乎！"遂夷其三族。

华亭鹤 陆机仕晋，为孟玫谮于成都王颖，王即使人收机，机叹曰："华亭鹤唳可得闻乎？"遂遇害。

走狗烹　韩信为吕后所诛，叹曰："高鸟尽，良弓藏；狡兔死，走狗烹。敌国破，谋臣亡。"

支解人　齐景公时，民有得罪者，公怒缚至殿下，召左右支解之。晏子左手持头，右手持刀而问曰："古明王支解人，从何支解起？"景公离席曰："纵之。"

屦贱踊贵　齐景公烦刑。有鬻踊者（踊，刖足所用），公问晏子曰："子之居近市，知孰贵贱？"对曰："踊贵屦贱。"公悟，为之省刑。

同文馆狱　章惇起同文馆狱，欲杀刘挚及梁焘、王岩叟等。后为元祐党碑，皆始于此。

金鸡集树　《唐书》：中书令供赦日，值金鸡于仗南，竿长七尺，鸡高四尺，黄金饰首，衔幅七尺，盛以绛幡，将作供焉。武后封嵩山，大赦，坛南有树，置鸡其杪，号金鸡树。

天鸡星动　古称金鸡[①]放赦，至今诏书于五凤楼，以金鸡衔下之。三国异典，司马膺之曰："案海中有占，天鸡星动皆有赦。故主王以金鸡建赦。"
【注释】
①金鸡：星名。

雀角鼠牙[①]　《诗经》："谁谓雀无角，何以穿我屋？谁谓女无家，何以速我狱？谁谓鼠无牙，何以穿我墉？谁谓女无家，何以速我讼！"
【注释】
①雀角鼠牙：指强逼女子成婚而引起的争讼，后泛指狱讼，争吵。

吹毛求疵 汉武帝时，天下多冤晁错之策，务摧抑诸侯王，数奏其过恶。吹毛求疵，笞服其臣，使证其君。

犴狴① 狱也。犴，胡地犬也。野犬所以守，故谓狱为犴狴。造狱用肺嘉之石，故狱又名肺嘉。(《周礼》：以肺石达穷民。肺石②，赤石也，使之赤心，不妄告，以嘉石平罢民。嘉，文石也，使之思其文理以折狱。)

【注释】

①原稿"犴狴"当作"狴犴"。狴犴，神兽名，后代指牢狱。

②肺石：古时设于朝廷门外的赤石。民有不平，得击石鸣冤。石形如肺，故名，后演化为冤鼓。

子代父死 梁吉昐父为原乡令，为奸吏所诬，罪当死。昐年十五，挝登闻鼓①，乞代父命。武帝疑人教之，廷尉盛陈刑具，不变，乃宥父罪。

【注释】

①登闻鼓：是悬挂在朝堂外的一面大鼓。

发奸摘伏① 摘，挑也，言为奸而隐匿者，必摘发之。

【注释】

①原稿"摘伏"当作"擿伏"。

请谳 谳，议也，谓罪可疑者谳于廷尉。

刑狱爰始 黄帝始制刑辟，制流、笞、杖、斩。蚩尤制劓、刵、黥、椓①。纣制烹、醢②、镮③、剐。周公制绞。黄帝斩蚩尤始枭首。秦文公始族诛。公孙鞅始连坐。禹制城旦、舂。周公制徒。唐太宗始加役、流。周太祖始加刺配。

【注释】

①椓（zhuó）：宫刑。

②醢（hǎi）：剁成肉酱。

③辕：车裂。

赎刑　舜始制赎止鞭朴。周穆王始制五刑之疑各得赎。汉宣帝始制女徒雇役。宋太祖始制折杖。

三法司　隋文帝始死罪三奏行刑。唐始大狱诏刑部尚书、都御史、大理寺正卿三司鞫问。

越诉　隋文帝令伸理由下达上，始禁越诉。皋陶始制狱。汉诏以周图圄为狱。北齐制狱因于治。皋陶始制律。萧何制九章律，张仓复定。

卷十一 日用部

宫 室

房屋[①]　有巢氏始构木为巢。古皇氏始编槿为庐。黄帝始备宫室。黄帝制庭、制楼、制阁、制观。神农制堂。燧人氏制台。黄帝制榭。尧制亭。汉宣帝制轩。唐虞制宅。周制房、制第。汉制邸。六朝后始加听事为厅。秦孝公始制殿，乃有陛。萧何治未央宫，立东阙、北阙，始沿名阙。梁朱温按河图制五凤楼。魏始制城门楼，名丽谯。张说制京城鼓楼。鲧作城郭。禹作宫室。

【注释】

①原稿无标题，今加。

寺庙[①]　左徹制祠庙，汉宣帝制斋室。周穆王召尹轨、杜仲居终南尹真人草楼，始名道居为观。汉明帝时，摩腾、竺法兰自西域止鸿胪寺，始名僧居为寺。隋炀帝制道场，改观为玄坛，五代宋改制宫。

孙权始为佛塔。东晋何充舍宅始为尼寺。

【注释】

①原稿无标题，今加。

书院[①]　唐玄宗制书院。后汉刘淑制精舍。殷仲堪制读书斋。欧阳修燕居，始为户室相通，名画舫斋。

【注释】

①原稿无标题，今加。

门户[①]　黄帝制门户，文王制璧门，周公制戟门、辕门（车相向以表门）、人门（立长大人之以表门）。秦始皇制走马廊，制千步廊。黄帝制阶、制梯。尧制墙。伊尹制亮槅。神农制窖。伏羲制厨。黄帝制灶、制蚕室。周制暴室。黄帝制囷。尧制池。秦始皇制汤池。

【注释】

①原稿无标题，今加。

公署　汉制开府，制九卿治事之寺。北齐始以官名寺。隋制监。唐制院、制省、制局。汉制南宫。唐制东台。玄宗制黄门省。周制馆。汉制藁街（即今四夷馆，汉武帝制）。宋置马铺，制递站。夏制府藏文书财货。汤武制库藏。

平泉庄　李赞皇平泉庄周回十里，建堂榭百余所，天下奇花、异卉、怪石、古松，靡不毕致。自作记云：“鬻平泉者，非吾子孙也！以一石一树与人者，非佳子弟也！吾百年后，为权势所夺，则以先人所命泣而告之。”

午桥庄　张齐贤以司空致仕归洛，得裴晋公午桥庄，凿渠通流，栽花植竹，日与故旧乘小车携觞游钓。

［唐］王维《辋川图》（局部），绢本，设色，
全卷 29.8cm × 481.6cm，藏于日本圣福寺

辋川别业　　在蓝田，宋之问所建，后为王维所得。辋川通流竹洲花坞，日与裴秀才迪浮舟赋诗，斋中惟茶铛、酒臼、经案、竹床而已。

高阳池　　汉侍中习郁于岘山南，依范蠡养鱼法作鱼池，池边有高堤，种竹及长楸，芙蓉缘岸，菱芡覆水，是游燕名处。山简每临此池，未尝不大醉而返，曰："此是我高阳池也。"

[清] 袁江《阿房宫图》屏，绢本，设色，60.5cm×194.5cm，藏于故宫博物院

迷楼 隋炀帝无日不治宫室，浙人项陞进新宫图，大悦，即日召有司庀材鸠工①，经岁而就，帑藏为之一空。帝幸之，大喜曰："使真仙游其中，亦当自迷也。"因署之曰"迷楼"。

【注释】

①庀材鸠工：准备材料，聚集工匠。

西苑 隋炀帝筑西苑，周三百里，其内为海，周十余里，为方丈、瀛洲、蓬莱诸山岛，高出水百余丈，有龙鳞筑萦回海内，缘筑十六院门皆临渠，每院以四品夫人主之。殿堂楼观，穷极华丽，秋冬凋落，则剪彩为花，缀于枝干，色渝则易以新者，常如阳春。上好以月夜从宫女数千骑游西苑，作《清夜游曲》，于马上奏之。

阿房宫　东西五百步，南北五十丈，上可以坐万人，下可以建五丈旗。周驰为阁道，自殿下直抵南山。表山颠以为阙。复道，渡渭，属之咸阳。役隐宫徒刑者七千余人[1]。卢生说帝为微行所居，毋令人知，然后不死之药可得。乃令咸阳宫三百里内宫观复道相连，帷帐钟鼓美人不够而具，所行幸，有言其处者死。

【注释】

[1] 原稿"七千余人"，《史记·秦始皇本纪》作"七十余万人"。

驾霄亭　张功甫为张循王诸孙，园池声伎服玩甲天下，常于南湖园作驾霄亭，于四古松间，以巨铁绠之半空，当风月清夜，与客梯登之，飘遥云表。

水斋　羊侃性豪侈。初赴衡州，于两艒艒盘起三间水斋，饰以珠玉，加以锦缋，盛设围屏，陈列女乐。乘潮解缆，临波置酒，缘塘倚水，观者填塞。

清秘阁　倪云林所居，有清秘阁、云林堂。其清秘阁尤胜，前植碧梧，四周列以奇石，蓄古法书名画其中，客非佳流不得入。尝有夷人入贡，道经无锡，闻云林名，欲见之，以沉香百斤为贽，云林令人绐云："适往惠山饮泉。"翌日再至，又辞以出探梅花。夷人不得一见，徘徊其家。倪密令开云林堂使登焉，东设古玉器，西设古鼎彝尊罍，夷人方惊顾，问其家人曰："闻有清秘阁，可一观否？"家人曰："此阁非人所易入，且吾主已出，不可得也。"夷人望阁再拜而去。

泖湖　杨铁崖晚居泖，尝曰："吾未七十，休官在九峰三泖①间，殆且二十年，优游光景过于乐天。有李五峰、张句曲、周易痴、钱思复为唱和友，桃叶、柳枝、琼花、翠羽为歌歈伎。风日好时，驾春水宅（先生舟名）赴吴越间，好事者招致，效昔人水仙舫故事，荡漾湖光鸟翠，望之呼铁龙仙伯，顾未知香山老人有此无也。"客有小海生贺公为"江山风月神仙福人"，且貌公老像，以八字字之，又赋诗其上曰："二十四考中书令，二百八字太师衔，不如八字神仙福，风月湖山一担担。"

【注释】

①三泖：泖湖有上泖、中泖、下泖之分，故称。泖湖在今上海市松江县以西。

咸阳北阪　秦始皇灭六国，写其宫室，作之咸阳北阪上，自雍门以东至泾、渭交处，殿屋覆道，周围相属，然各自为区。虽一瓦一甓之造，亦如其式。各书国号，不相雷同，皆布其所得诸侯美人居之。

花萼楼　唐玄宗友爱至厚，设五王幄，与诸王同处。后于宫中造楼，题曰："花萼相辉之楼"。

黄鹤楼　晋时有酒保姓辛，卖酒江夏，有道士就饮，辛不索钱，如此三年。一日，道士饮毕，以橘皮画一鹤于壁，以箸招之即下舞，嗣是贵客皆就饮，辛遂致富，乃建黄鹤楼。后道士骑鹤而去。

滕王阁　滕王，唐高帝之子，武德中出为洪州刺史，喜山水，酷爱蝴蝶，尤工书，妙音律。暇日泛青雀舸，就芳渚建阁登临，仍以王名阁焉。

轮奂　晋献文子成室，晋大夫贺焉。张老曰："美哉轮焉，美哉奂焉！歌于斯，哭于斯，聚国族于斯。"是全首领以从先大夫于九京也。君子谓其善颂善祷。

爽垲　齐景公欲更晏子之宅，谓晏子曰："子之宅近市，不可以居，请更诸爽垲（地名①）。"晏子如晋，公更宅焉。反，则成矣。既拜，乃复旧宅。

【注释】

①原注似不确切。爽垲，指明亮干燥。

绿野堂　唐裴度以东都留守加中书令，不复有经世之意，乃治第东都集贤里，名绿野堂，竹木清浅，野服萧散。

铜雀台　在彰德县，曹操所筑。上有楼，铸大铜雀，高一丈五尺，置之楼颠。临终遗命，施繐帐于上，使宫人歌吹帐中，望吾西陵。西陵，操葬处也。

华林园　梁简文帝入华林园，顾谓左右曰："会心处政不在远，翳然林木，便自有濠濮间想，觉鸟兽禽鱼自来亲人。"

金谷园　石崇为荆州刺史时，劫远使商客，致富不赀。有别馆，在河阳之金谷，一名梓泽园，中有清泉茂林，竹柏药草之属，莫不毕备。尝与众客游宴，屡迁其处，或登高临下，或列坐水滨，琴瑟笙筑合载车中，道路并作，令与鼓吹递奏，昼夜不倦。后房数百，俱极佳丽之选，以殽羞精丽相高，求市恩宠。

衣　冠

冠　辰氏始教民发闿首①。尧始制冠礼。黄帝始制冠冕。女娲氏始制簪导。尧始制缨。伏羲始制弁，用皮韦。鲁昭公始易绢素。周公始制幅巾。汉末始尚幅巾，制角巾。晋制接䍦②诸巾及葛巾，始以巾为礼。秦始皇加武将袶袙③，以别贵贱，始为帻。汉元帝额有壮发，始服帻。王莽秃，加屋帻上，始为头巾。古无巾，止用冪尊罍。

【注释】

①闿（sòng）首：用绳束好头发，戴上雨具。

②接䍦：古代一种头巾。

③袶袙（jiàng pà）：头巾。

帽　荀始制帽，舜制帽冠。汉成帝始制贵臣乌纱帽，后魏迄隋因之。唐太宗始制纱帽，为视事见宾，上下通用。秦汉始效羌人制为毡帽。晋始以席为骨而挽之，制席帽。隋始制帷帽障尘，为远行，用皂纱连幅缀油帽及毡笠前。唐制大帽，后魏孝文始赐百官。魏文帝始赐百官立冬暖帽。今赐百官暖耳，本此。

幞头　北朝周武帝裁布始制幞头。一云六国时赵魏用全幅向后幞发，通谓头巾，俗呼幞头。

帕　魏武制帕，始燕居着帕（帙帕同裁缣布为之，以色别贵贱）。荀文若始制帕有岐，因触树枝成岐，后效之。

纵　周公制纵，以缅韬发。宋太祖制网巾，明太祖颁行天下。

古冠名　尧黄收、牟追；汤哻；武王委貌；秦始皇远游冠；汉高祖通天冠、高山冠、鹊尾冠、长冠、竹皮冠；唐太宗翼善冠、交天冠；宋平天冠，并人君冠。殷章甫冠；汉梁冠（以梁数分别），后汉进贤冠；唐太宗进德冠；楚王獬豸冠；汉却非冠；赵武灵王惠文冠，饰金珰豹尾。汉武弁效惠文加蝉、鵔鸃①冠、繁冠、鹖冠②。秦孝公武帻，汉文帝介帻。西汉翠帽，唐毅帽，李晟绣帽，沈庆之狐皮帽，汝阳王琎研光帽，南汉平顶帽，后周独孤帽、侧帽，韩熙载轻纱帽，萧载小博风帽。唐乌匼纱巾、夹罗巾，员头、平头、方头巾，宋云巾、鹩鸪巾，汉文帝平巾，唐中宗蹭养巾，昭宗珠巾，诸葛孔明纶巾，谢万白纶巾，祢衡练巾，石季伦紫纶巾，桑维翰蝉翼纱巾。张孝秀縠皮巾，陶弘景鹿皮巾，王衍尖巾，顾况华阳巾，山简白鹭巾，高九万渔巾，程伊川阔幅巾，苏子瞻加辅方巾，牛弘卜桐巾，王邻菱角巾，罗隐减样平方巾。

【注释】

①**鵔鸃**：鸟名，羽毛可作冠。

②**鹖冠**：古代汉族冠饰之一，战国与汉代武官之冠，是插有鹖毛的武士冠。

履　黄帝臣於则始制履（单底），周公制舄（复底）、制屦（施带）、制屝。伊尹制草扉，周文王始制麻履，秦始用丝，始皇始制靸金泥飞头鞋，始名鞋。汉始以布缯上脱下加锦饰，东晋始以草木巧织成如辟芙蓉为履是也。

靴　赵武灵王制靴，短勒。隋炀帝制皂靴，始长勒。马周加毡及絛，始着入殿省敷奏。

三代冠制　夏曰母追（音牟堆），周曰委貌。衡，维持冠者；纮，冠之垂者；弦缨，从下而上；纮，冠之上覆者，皆冠饰也。

冕制　有虞氏曰皇，夏后氏曰收，商汤氏曰哻，周武王曰冕。衮冕，一品服鷩冕，二品服毳冕，三品服希冕，四品服玄冕，五品服平冕。郊庙武舞郎之服，爵弁六品以下、九品以上，从祀之服，武弁武官参殿廷，武舞郎、堂下鼓人鼓吹按工之服、弁服，文官九品公事之服。

旒制　汉明帝采《周官礼记》，以定冕制，广七寸、长一尺二寸，系白珠于其端，曰旒。天子十二旒，三公及诸侯九旒，卿七旒。

冠制　太白冠，太古之白布冠也。通天冠，天子冠名。惠文冠，汉法冠也，御史服之。葛巾，葛布冠也，居士野人所服。方山冠，乐人之冠也。铁柱冠，即獬豸冠也，后以铁为柱，取其执法如铁也，故御史服之。

骏𫘝冠　汉惠帝时，郎中皆冠骏𫘝冠，傅脂粉。岸帻，起冠露额曰岸。

雄鸡冠　子路性鄙，好勇力，冠雄鸡，佩豭豚，凌暴孔子，孔子设礼稍诱子路。子路后服，委赘因门人请为弟子。

竹皮冠　汉高祖为亭长，以竹皮为冠。及贵，常服之，所谓"刘氏冠"也。诏曰：爵非公乘以上，不得冠刘氏冠。公乘，第八爵也。

弁髦[①]　男子始冠则用弁髦，既冠则弃之，故凡物弃之不用，则曰弁髦。

【注释】

①弁髦：古代男子行冠礼，先加缁布冠，次加皮弁，后加爵弁，三加后，即弃缁布冠不用，并剃去垂髦，理发为髻。因以"弁髦"喻弃置无用之物。弁，黑色布帽；髦，童子眉际垂发。

帽制　接䍦，白帽也。浑脱，毡帽也。襶襶[①]，即今暑月所戴凉帽也，内以笠为之，外以青缯缀其檐而蔽日者也。

【注释】

①襶襶（nài dài）：避暑用的斗笠。

进贤冠　今文臣所著纱帽，即古之进贤冠也。

貂蝉冠　为侍中、中常侍所服之冠，黄金铛附蝉为文，貂尾为饰，侍中插左，常侍插右。

鹖冠　楚人居于深山，以鹖为冠，著书十六篇，号《鹖冠子》。

虎贲冠　虎卉插两鹖尾，竖左右。鹖，鸷鸟中之劲果者，秦汉施之武人。

黄冠　道士冠也。文文山愿黄冠归故乡，以备顾问。

椰子冠　苏东坡有椰子冠，广东所产，俗言茄瓢是也。

束发冠　古制也。三王画像多著此冠，名曰束发者，亦以仅能束一髻耳。

折角巾　后汉郭林宗常行梁陈之间，遇雨，巾一角沾雨而折。三国名士著巾，莫不折其角，号"林宗巾"。其见仪则如此。

折上巾　汉魏以前戴幅巾，晋、宋用幂羃，后周以三尺皂绢向后幞发，名折上巾。

方巾　元杨维桢被召入见，太祖问："卿所冠何巾？"对曰："四方平定巾。"太祖悦其名，召中书省，依此巾制颁天下尽冠之。

网巾　明太祖一日微行至神乐观，有道士结网巾，问结此何用，对曰："网巾用以裹头，则万发俱齐。"明日有旨命道官取网巾一十三顶，颁行天下，无贵贱，皆令裹之。

衣　裳

有巢氏始衣皮。轩辕妃嫘祖始兴机杼，成布帛。尧始加绨苎木棉草布毛罽。黄帝臣胡曹始作衣，伯余始作裳，始衣裳加垂以衣皮，短小也。舜制袯（冕服之韨，古字，从韦，今从丝），三代增画文；汉明帝用赤皮；魏晋始易络纱。黄帝始制衮[1]，舜始备，周始详。

【注释】

[1]衮：古代皇帝及上公礼服。

袍^①　傅说制袍，长至足。隋制大袍，宇文护始加襕。舜制深衣^②。马周制襕衫^③。汉制方心曲领，唐制圆领。

【注释】

①原稿无标题，今加。

②深衣：古代诸侯、大夫、士平时穿的衣服。

③襕衫：古代士人服装。

公服^①　唐太宗制朝参拜表朝服，公事谒见，公服始分别。北齐入中国，始胡服，窄袖。唐玄宗始公服，褒博大袍。

伏羲制裘（一云黄帝）。禹制披风（如背子制较长，而袖宽于衫）、制襦（短衣）。伊尹制袂襖。汉高祖制汗衫（小仅覆胸背，即古中单帝与楚战汗透，因名）。唐高祖制半臂（隋文帝时半臂余，即长袖也。高祖减为秃袖，如背心）。马周制开骻（即今四骻衫）。周文王制裈，禹始制袴，周武王改为褶，以布；敬王以缯；汉章帝以绫，始加下缘。

晋董威制百结（碎杂缯为之）。宋太祖制截褶、制海青（俱仿南番作）。宇文涉制毡衫。

【注释】

①原稿无标题，今加。下文"防雨服""天子服""隋别服色""僧衣"条，原稿均无标题，今加。

防雨服　陈成子制雨衣、雨帽。宇文涉制雨笼。於则制角袜（前后两只相承，中心系带）。魏文帝吴妃始裁缝如今样。后魏始赐僧尼偏衫。

天子服　黄帝始定人君服，色随王运。周公始制天子服，四时各以其色。隋文帝始专尚黄。唐玄宗时，韦韬请天子服御皆用黄，设禁。

隋别服色　炀帝诏牛弘等始别服色，三、四品紫，五品朱，六品以下绿，胥吏青，庶人白，商皂。本秦始皇以紫、绯、绿三等服为制。

僧衣　后魏制僧衣，赤布，后周易黄，宇文周易褐色。北齐忌黑，以僧衣多黑，始行师忌僧。

鱼袋　即古鱼符，刻鱼，盛之以袋，而饰金银玉。三代为等袋，用韦。唐高祖始制鱼袋，饰金银。武后改制龟，盖为别；后复为鱼，加用铜；宋仁宗加用玉。唐玄宗敕品卑者借绯及鱼袋。

笏　成汤始制笏，书教令以备忽忘。武王诛纣，太公解剑带，笏始制为等。周制诸侯用象笏。晋、宋以来，惟八座用笏，余执手板。周武帝始百官皆执笏朝参，以笏为礼。汉高祖制手板如笏，魏武帝制露板（奏事木简）。

带绶　黄帝制衣带（用革反插垂头），秦二世名腰带。唐高宗始制金、玉、犀、银、鍮、铞、铜、铁等差。

佩　尧始制佩，周制为等。七国去佩留襚，始以彩组连结子襚。转相受为绶（古绶以贯佩）制，更秦名，本三代。汉高祖制为等加缥。天子佩白玉而玄组绶，公侯佩山玄玉而朱组绶，大夫佩水苍玉而纯组绶，世子佩瑜玉而綦组绶，士佩瓀玟而缊组绶，孔子佩象环五寸而綦组绶。

牙牌　宋太祖始制牙牌，给赐立功武臣悬带，令朝参官皆用之。颛顼制丝绦。汤制鏊囊，厕牖近身之小衫，即今之汗衫也。

绣氅　盖以羽衣为半臂，如《汉书》所谓诸子绣氅，其字不同，其义则一也。

讖褕　羽衣也。又曰氅衣。缊麢[1]敝衣。袯襫，襄衣，晥（音夷）喻，雨衣。

【注释】

①缊麢（fén）：麻絮衣。

襜褕（音诣遥）　单衣也。武安侯田蚡坐襜褕入宫，不敬，国除[1]。

【注释】

①国除：免官。

吉光裘　汉武帝时，西域献吉光裘，裘色黄，盖神马之类，入水不濡，入火不燃。

雉头裘　大医程据上雉头裘，武帝诏据：此裘非常衣服，消费功用，其于殿前烧之。

狐白裘　孟尝君使人说昭王幸姬求解，姬曰："愿得狐白裘。"此裘孟尝君已献昭王，客有能为狗盗者，夜入秦宫藏中，取以献姬，乃得释。

集翠裘　武后赐张昌宗集翠裘，后令狄仁杰与赌此裘。仁杰因指所衣紫拖袍，后曰："不等。"杰曰："此大臣朝见之服也。"昌宗累局连北，仁杰褫其裘，拜恩出，赐与舆前厮养。

鹔鹴裘　司马相如初与文君还成都，居贫愁急，以所着鹔鹴裘，就市人杨昌贳酒，与文君拨闷。

深衣 古者深衣，盖有制度，短毋见肤，长毋被土。制有十二幅，以应十有二月；袂圆以应规；曲袷如矩以应方；负绳及踝以应直，下齐如权衡以应平。

黑貂裘 苏秦初说赵，赵相李兑遗以黑貂裘。及游说秦王，王不能用，黑貂之裘敝。

通天犀带 南唐严续相公歌姬、唐镐给事通天犀带，皆一代尤物，因出伎解带呼卢。唐彩大胜，乃酌酒，命美人歌一曲而别，严怅然久之。

月影犀带 张九成有犀带，文理缜密，中有一月影，过望则见，贵重在通天犀之上，盖犀牛望月之久，故感其影于角也。

黄琅带 唐太宗赐房玄龄黄琅带，云服此带，鬼神畏之。

百花带 宗测春游山谷，见奇花异卉，则系于带上，归而图其形状，名"百花带"，人多效之。

笏囊 唐故事，公卿皆搢笏于带，而后乘马。张九龄体弱，使人持之，因设笏囊。笏囊自此始。

只逊① 殿上直校鹅帽锦衣，总曰"只逊"。曾见有旨下工部，造只逊八百副。

【注释】

①**只逊**：元代亲王、功臣、贵臣侍宴的礼服。

身衣弋①绨 张安世尊为公侯，而身衣弋绨，夫人自绩。

【注释】

①弋：黑色。

衣不重帛 晋国苦奢，文公以俭矫之，乃衣不重帛，食不兼肉。未几时，国人皆大布之衣，脱粟之饭。

韎韦①跗注 韎，赤也。跗注，戎服，若袴而属于跗，与袴连，言军中君子之饰也。

【注释】

①韎韦：赤黄色的皮军服。

飞云履 白乐天烧丹于庐山草堂，制飞云履，立云为直，四面以素绢作云梁，染以诸香，振履，则如烟雾。常着示道友云，吾足下生云，计不久上升矣。

襕衫 明朝高皇后见秀才服饰与胥吏同，乃更制儒巾襕衫，令太祖着之。太祖曰："此真儒者服也。"遂颁天下。

毳衣 《诗经》："毳衣如菼。"天子、大夫之服。纨袴，贵家子弟之服。逢腋，肘腋宽大之衣，为庶人之服。

初服 初，始也，谓未仕时清洁之服，故致仕归，曰得遂初衣。

轻裘缓带 羊祜在军中尝服之。偏裻，戎衣名；肠夷，甲名；皆从军所服之饰。

赤芾　芾，冕之饰也。大夫以上，赤韠乘轩。

饮　食

有巢氏始教民食果。燧人氏始修火食，作醴酪（蒸酿之使熟）。神农始教民食谷，加于烧石之上而食。黄帝始具五谷种（地神所献）。烈山氏子柱始作稼，始教民食蔬果。燧人氏作脯、作菹。黄帝作炙。成汤作醢。禹作鲞，吴寿梦作鲊。神农诸侯夙沙氏煮盐，嫘姐作醴，神农作油，殷果作醯，周公作酱，公刘作饧（后汉谓饴饧即《楚辞》怅惶也。方言：江东为糖作蜜）。唐太宗煎蔗作沙糖。黄帝作羹、作菹。少昊作韲。神农作炒米。黄帝作蒸饭、作粥。公刘作餈、作麻团、作糕。周公作汤团。汝颓作粽。诸葛亮作馒头、作饺馄。石崇作馄饨。秦昭王作蒸饼。汉高祖作汉饼。金日磾作胡饼。魏作汤饼。晋作不托（即面。简于汤饼）。

酒　始自空桑委余饭郁积生味。黄帝始作醴（一宿），夷狄作酒醪，杜康作秫酒。周公作酎，三重酒。汉作宗庙九酝酒（五月造，八月成）。魏文侯始为觞。齐桓公作酒令。汝阳王琎著《酒法》。唐人始以酒名春。刘表始以酒器称雅。（有伯仲季雅称。雅集本此。）晋隐士张元作酒帘。南齐始以樗蒲头战酒。宋武帝延萧介赋诗置酒，始称即席。

名酒　齐人田无已（一云狄希）中山酒，汉武帝兰生酒（采百味即百末旨酒），曹操缥醪，刘白堕桑落酒（成桑落时）、千里酒（六月曝日不动），唐玄宗三辰酒，虢国夫人天圣酒（用鹿肉），裴度鱼儿酒（凝龙脑刻鱼投之），魏徵翠涛，孙思邈屠苏（元日入药），隋炀帝玉薤（仿胡法），陈后主红粱新酝，魏贾锵昆仑觞（绛色以瓢接河源水酿之），房寿碧芳酒，羊雅舒抱瓮醪（冬月令人抱而酿之），向恭伯芎林、秋露，殷子新黄娇，易毅夫瓮中云，胡长文银光，宋安定郡王洞庭春（以柑酿），苏轼罗浮春、真一酒，陆放翁玉清堂，贾似道长春法酒，欧阳修冰堂春。

茶　成汤作茶，黄帝食百草，得茶解毒。晋王蒙、齐王肃始习茗饮（三代以下炙茗菜或煮羹）。钱超、赵莒为茶会。唐陆羽始著《茶经》，创茶具，茶始盛行。唐常衮，德宗时人，刺建州，始茶蒸焙研膏。宋郑可闻剔银丝为水牙①，始去龙脑香。唐茶品，阳羡为上，唐末北苑始出。南唐始率县民采茶，北苑造膏茶腊面，又京铤②最佳。宋太宗始制龙凤模，即北苑时造团茶，以别庶饮，用茶碾，今炒制用茶芽废团。王涯始献茶，因命涯榷茶③。唐回纥始入朝市茶。宋太祖始禁私茶，太宗始官场贴射④，徐改行交引⑤。宋始称绝品茶曰斗⑥，次亚斗。始制贡茶，列粗细纲。

【注释】

①原稿"水牙"当作"水芽"。

②**京铤**：京师之茶。

③**榷茶**：唐代以后各代所施行的一种茶叶专卖制度。榷，本义为独木桥，引申为专利、专卖、垄断。

④**贴射**：宋代施行的一种有关茶叶买卖的税收制度。商人直接向园户买茶，茶官居中估价，以估定价与园户的实际售出价之间的差额入官。茶亦须先经官验定，园户不得私售。

⑤**引**：茶引，旧时茶商所领的执照。

⑥**斗**：突出。

蒙山茶　蜀蒙山顶上茶多不能数，片极重，于唐以为仙品。今之蒙茶，乃青州蒙阴山石上地衣，味苦而性寒，亦不易得。

密云龙　东坡有密云龙茶，极为甘馨。时黄、秦、晁、张号"苏门四学士"，子瞻待之厚，每来，必令侍妾朝云取密云龙饮之。

天柱峰茶　李德裕有亲知授舒州牧，李曰："到郡日，天柱峰可惠三四角。"其人辄献数斤，李却之。明年罢郡，用意精求，获数角，投之赞皇，阅而受之，曰："此茶可消酒肉毒。"乃命烹一瓯沃于肉，以银盒闭之，诘旦开视，其肉已化为水矣，众服其广识。

惊雷荚　觉林院僧志崇收茶三等，待客以惊雷荚，自奉以萱草带，供佛以紫茸。香客赴茶者，皆以油囊盛余沥以归。

石岩白　蔡襄善别茶。建安能仁寺有茶生石缝间，名石岩白，寺僧遣人遗内翰王禹玉。襄至京访禹玉，烹茶饮之，襄捧瓯未尝，辄曰："此极似能仁寺石岩白，何以得之？"禹玉叹服。

仙人掌　荆州玉泉寺，近清溪诸山，山洞往往有乳窟，窟中多玉泉交流，其水边处处有茗草罗生，枝叶如碧玉，拳然重叠，其状如手，号仙人掌，盖旷古未睹也。惟玉泉真公常采而饮之，年八十余，颜色如桃色。此茗清香酷烈，异于他产，所以能还童振枯，扶人寿也。

水厄　晋司徒长史王蒙好饮茶，客至辄命饮，士夫皆患之，每欲往候，必曰："今日有水厄。"

汤社　和凝在朝，率同列递日以茶相饮，味劣者有罚，号为汤社[①]。

【注释】

①**汤社**：茶会名。

茗战　建人以斗茶为茗战。

卢仝七碗　卢仝歌：一碗喉吻润，二碗破孤闷；三碗搜枯肠，惟有文字五千卷；四碗发轻汗，平生不平事，尽向毛孔散；五碗肌骨清，六碗通仙灵；七碗吃不得也，惟觉两腋习习清风生。

九难　《茶经》言茶有九难：阴采夜焙，非造也；嚼味嗅香，非别也；膻鼎腥瓯，非器也；膏薪庖炭，非火也；飞湍壅潦，非水也；外熟内生，非汤也；碧粉缥尘，非茶也；操艰搅遽，非煮也；夏兴冬废，非饮也。

六物　《月令》：乃命大酋，秫稻必齐，曲蘖必时，湛炽必洁，水泉必香，陶器必良，火齐必得，兼用六物，大酋监之，无有差忒。

昆仑觞　魏贾锵有苍头善别水，常令乘小艇于黄河中流，以瓠匏接河源水，一日不过七八升，经宿，色如绛，以酿酒，名昆仑觞。芳味世间所绝。

白堕鹤觞　河东刘白堕善酿，六月以罂贮酒，暴于日中，经一旬，其酒不动，饮之者香美，醉而经月不醒。朝贵相饷，逾于千里。以其远至，号曰鹤觞，如鹤之一飞千里也。

椒花雨　杨诚斋退居，名酒之和者曰金盘露，劲者曰椒花雨。

鲁酒　楚会诸侯，鲁赵皆献酒于楚王。主酒吏求酒于赵，赵不与，吏怒，乃以赵厚酒易鲁薄酒献之，楚王以赵酒薄，遂围邯郸。故曰："鲁酒薄而邯郸围。"

酿王　汝阳王琎，自称"酿王"。种放号"云溪醉侯"。蔡邕饮至一石，常醉，在路上卧。人名曰"醉龙"。李白嗜酒，醉后文尤奇，号为"醉圣"。白乐天自称"醉尹"，又称"醉吟先生"。皮日休自称"醉士"。王绩称"斗酒学士"，又称"五斗先生"。山简称"高阳酒徒"。

狂花病叶　饮流，谓睚眦者为狂花；谓目睡者为病叶。

八珍　龙肝、凤髓、豹胎、猩唇、鲤尾、鸮炙、熊掌、驼峰。

内则八珍　一淳熬，二淳母，三炮豚，四炮牂，五捣珍，六渍，七熬，八肝膋。盖烹饪之八法，养老所用也。

麟脯　王方平至蔡经家，与麻姑共设肴膳，擗麟脯而行酒。

牛心炙　王右军年十三，谒周颛，颛异之。时绝重牛心炙，座客未啖，颛先割以啖之，于是始知名。

五侯鲭　王氏五侯，各署宾客，不相来往。娄护传食五侯间，尽得其欢心，竞致奇膳，护合以为鲭，世称五侯鲭，为世间绝味。

醒酒鲭　齐世祖幸芳林园，就侍中虞悰求扁米栅①，虞献栅及杂肴数十舆，大官鼎味不及也。上就虞求诸饮食方，虞秘不肯出，上醉后，体不快，悰乃献醒酒鲭一方而已。

【注释】

①栅：粽子。

甘露羹　李林甫婿郑平为省郎，林甫见其须鬓斑白，以上所赐甘露羹与之食，一夕而须鬓如鬒。

玉糁羹　东坡云："过子忽出新意，以山芋作玉糁羹，色香味皆奇绝。天上酥酡则不可知，人间决无此味也。"诗曰："香似龙涎仍酿白，味如牛乳更全清。莫将南海金齑脍，轻比东坡玉糁羹。"

三升良醪斗酒学士　唐王绩，字无功，武德初，待诏门下省。故事官给酒日三升，或问："待诏何乐耶？"答曰："三升良酝可慰耳。"侍中陈叔达闻之，日给一斗，号"斗酒学士"。

六和汤　医家以酸养骨，以辛养节，以苦养心，以咸养脉，以甘养肉，以滑养窍。

段成式食品　有寿木花，玄木叶，梦泽芹，具区菁，杨朴姜，招摇桂，越略囷①，长泽卯，三危②露，昆仑蒣③、蒲叶菘、竹根粟、麻湖菱、绿施笋。

【注释】

①原稿"囷"通"菌"。

②三危：山名。

③蒣（qiān）：蒬菜。

伞子盐　朐䏰县盐井，有盐方寸中央隆起，如张伞，名曰"伞子盐"。

鸡栖半露　晋符郎善识味。会稽王导子为设精馔。讫，问关中，味孰若于此。郎曰："皆好，唯盐少生。"即问宰夫，如其言。或杀鸡以飨之，郎曰："此鸡栖恒半露。"问之，亦验。

［清］郎世宁《瑞谷图》，绢本，设色，61cm×183cm，藏于中国第一档案馆

崖蜜　一名石饴，味甘，润五脏，益气强志，疗百病，服之不饥，即崖石间蜂蜜也。

豆腐　为淮南王鸿烈所造，故孔庙祭器不用豆腐。

五谷　稻，黍，稷，麦，菽。黍，小米。稷，高粱。菽，豆也。

昆仑瓜　茄子一名落苏，一名昆仑瓜。

莼　八月以前为绿莼，冬至为赭莼，秋时长丈许，凝脂甚清。

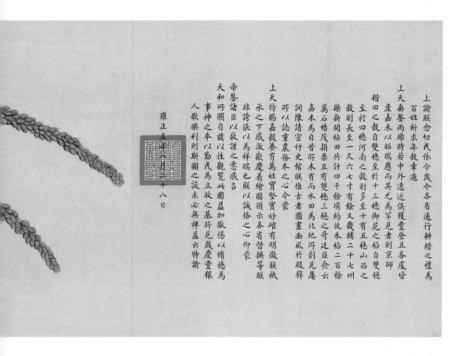

张季鹰秋风所思，正为此也。

食宪章　段文昌丞相精馔事。第中庖所榜曰"练珍堂"，在途号"行珍馆"。文昌自编《食经》五十卷，时称《邹平公[1]食宪章》。

【注释】

①原稿"邹平公"当作"邹平公"。

郇公厨　韦陟袭封郇国公，性侈纵，尤穷治羞馔。厨中饮食，香味错杂，入其中者，多饱饫而归，时人语曰："人欲不饭筋骨舒，夤缘须入郇公厨。"

遗饼不受　王悦之少厉清节。为吏部郎时，邻省有会同者遗以饼一瓯，辞不受，曰："所费诚复小，然少来不欲当人之意。"

嗟来食　齐大饥。黔敖为食于路，以待饥者而食。有饥者蒙袂辑屦，贸贸而来。黔敖左奉食，右执饮，曰："嗟！来食！"饥者扬其目而视之，曰："予唯不食嗟来之食，以至于斯也。"从而谢焉；终不食而死。

馒头　诸葛武侯南征孟获，泸水汹涌，不得渡。有云须杀人以头祭之，武侯曰："吾仁义之师，奚忍杀人以代牺牲？"于是用面为皮，裹猪羊肉于内，象人头而祭之。后之有馒头，始此。

〔元〕赵孟頫《诸葛亮像》轴，纸本，60.5cm×45.2cm，藏于故宫博物院

五美菜　诸葛武侯出军，凡所止之处，必种蔓菁，即萝卜菜，蜀人呼为诸葛菜。其菜有五美：可以生食，一美；可菹，二美；根可充饥，三美；生食消痰止渴，四美；煮食之补人，五美。故又名五美菜。

酪奴　彭城王勰谓王肃曰："君弃齐鲁大邦，而受邾莒小国，明日请为设邾莒之飧，亦有酪奴。"故号茗曰酪奴。

龙凤团　古人以茶为团饼，上印龙凤文，供御者以金妆龙凤，凡八饼重一斤。庆历间，蔡君谟始造小片，凡二十片重一斤。天子每南郊致祭，中书、枢密院各赐一饼，宫人镂金其上。

茶异名　《国史》：剑南有蒙顶石花，湖州有霍山嫩笋，峡州有碧涧明月。

露芽　陶弘景《杂录》：蜀雅州蒙山上顶有露芽，火前者最佳，火后者次之。火，谓禁火，寒食节也。

雪芽　越郡茶有龙山、瑞草、日铸、雪芽。欧阳永叔云，两浙之茶，以日铸为第一。

反复没饮　郑泉尝曰："原得美酒满五百斛船，以四时肥甘置两头，反复没饮之，不亦快乎！"

上樽　《平当传》：稻米一斗得酒一斗为上樽，稷米一斗得酒一斗为中樽，粟米一斗得酒一斗为下樽。

梨花春　杭州酿酒，趁梨花开时熟，号梨花春。

碧筒劝　荷叶盛酒，以簪刺柄与叶通，屈茎轮困如象鼻，持吸之，名碧筒劝。

蕉叶饮　东坡尝谓人曰："吾兄子明饮酒不过三蕉叶。吾少时望见酒杯而醉，今亦能蕉叶饮矣。"

中山千日酒　刘玄石于中山沽酒，酒家与千日酒饮之，大醉，其家以为死。葬之。后酒家计其日，往视之，令启棺，玄石醉始醒。

青州从事　《世说》：桓温主簿善别酒，好者谓青州从事，盖青州有齐郡，言饮好酒直至腹脐也。晋者谓平原督邮。盖平原有鬲县，言恶酒饮至鬲上住也。

防风粥　白居易在翰林，赐防风粥一瓯，食之，口香七日。

胡麻饭　晋刘晨、阮肇入天台山采药，迷路，流水中得一杯胡麻饭屑，二人相谓曰："此去人家不远。"因穷源而进，见二女，曰："郎君来何暮也！"邀至家，待以胡麻饭、山龙脯，结为夫妇。逾月，二人辞归，访于家，子孙已七世矣。

青精饭　道士邓伯元受青精石，为饭食之，延年益寿。

莼羹　昔陆机诣王济，济指羊酪谓机曰："吴下何以敌此？"机曰："千里莼羹，未下盐豉。"

锦带羹　荆湘间有草花，红白如锦带，苗嫩脆，可作羹。杜诗："滑忆雕胡饭（即胡麻饭），香闻锦带羹。"

安期枣　安期生琅琊人，卖药海上，自言寿已千岁，所食枣其大如瓜。

韭萍齑　石崇遇客，每冬作韭萍豆粥，咄嗟而办。王恺密问其帐下，云豆最难熟，预炊熟，客来，但作白粥，投之韭萍齑，是时以其根杂麦苗耳。

金齑玉脍　南人作鱼脍以细缕，金橙拌之，号为金齑玉脍。隋时吴郡献松江鲈，炀帝曰："所谓金齑玉鲙，东南佳味也。"

玉版　苏东坡邀刘器之参玉版禅师。至寺，烧笋，觉味胜，坡曰："名玉版也。"作偈云："不怕石头路，来参玉版师。卿凭锦珠子，与问箨龙儿。"

碧海菜　《汉武内传》：王母曰："仙之上药，有碧海之琅菜。"

肉山酒海　魏曹子建与季重书曰："愿举泰山以为肉，倾北海以为酒。"又古纣王以肉为林，以酒为池。

石髓　嵇康遇王烈，共入山，见石裂，得髓食之，因携少许与康，已成青石，扣之玎玎。再往视之，断山复合矣。

松肪　东坡诗："为深松肪寄一车。"又松花为松黄，服之轻身。

杯中物　晋吴术好饮酒，因醉诟权贵，遂戒饮。阮宣以拳殴其背，曰："看看老逼痴汉，忍断杯中物耶？"乐饮如初。

惩羹吹齑[①]　唐傅奕言："唐承世当有变更，惩沸羹者吹冷齑，伤弓之鸟惊曲木。"陆贽奏议：昔人有因噎而废食，惧溺而自沉者。

【注释】

①**惩羹吹齑**：比喻戒惧过甚。

酒肉地狱　东坡倅杭，不胜杯酌。奈部使者重公才望，朝夕聚首，疲于应接，乃目杭倅为酒肉地狱。后袁穀代，僚属疏阔，袁语人曰："闻此郡为酒肉地狱，奈我来，乃值狱空。"传以为笑。

齑赋 范文正公少时作《齑赋》，其警句云："陶家瓮内，腌成碧、绿、青、黄；措大口中，嚼出宫、商、角、徵。"盖亲处贫困，故深得齑之趣味云。

绛雪嵊雪 《汉武传》：仙家妙药，有玄霜绀雪。又，西王母进嵊山红雪，亦名绛雪。又，雪糕一名甜雪。

冰桃雪藕 周穆王方士集于春霄宫，王母乘飞辇而来，与王会，进万岁冰桃、千年雪藕。

玉食珍羞 《书经》："惟辟玉食。"李诗："金鼎罗珍羞。"

竹叶珍珠 杜诗："三杯竹叶春。"李诗："小槽酒滴真珠红。"

鸭绿鹅黄 李诗："遥看春水鸭头绿，恰似葡萄初泼醅。"杜诗："鹅儿黄似酒。"东坡诗："小舟浮鸭绿，大勺泻鹅黄。"

白粲 长腰米曰白粲。东坡诗："白粲连樯一万艘。"江南有"长腰粳米、缩项鳊鱼"之谚。

钓诗扫愁 东坡呼酒为钓诗钩，亦号扫愁帚。

太羹玄酒 《礼记》："太羹不和。"玄酒，明水也，可荐馨香。

僧家诡名 《志林》：僧家谓酒为般若汤，鱼为水梭花，鸡为穿篱菜。人有为不义，而义之以美名者，与此何异。

饕餮 《左传》：缙云氏有不才子，贪于饮食，不可盈厌，天下之人谓之饕餮。

欲炙　《晋史》：顾荣与同僚饮，见行炙者有欲炙之色，荣彻己炙与之。后赵王伦篡位，荣在难，一人救之，获免，即受炙之人也。

半菽不饱　《史记》：汉文帝曰："吾每饭，意未尝不在巨鹿也。"

白饭青刍　杜诗："与奴白饭马青刍。"

炊金爨玉[①]　骆宾王谓盛馔为炊金爨玉，言饮食之美，如金玉之贵重也。

【注释】

①原稿"爨玉"当作"馔玉"。

抹月批风　东坡诗："贫家无可娱客，但知抹月披风。"

敲冰煮茗　《六帖》：王休居太白山，每冬月取澌冰煮茗，待宾客。

酒囊饭袋　《荆湖近事》："马氏奢僭，诸院王子，仆从烜赫；文武之道，未尝留意。时谓之酒囊饭袋。"

卷十二 宝玩部

金　玉

历代传宝　赤刀、大训、弘璧、琬琰，在西序，太玉、夷玉、天球、河图，在东序，八者皆历代传宝。

九鼎①　九鼎者，昔夏方有德，远方图物贡金，九牧铸鼎象物，使民知神奸。故民入川泽山林，而魑魅魍魉莫能逢之。

【注释】

原稿无标题，今加。

四宝　周有砥砨，宋有结绿，梁有县黎，楚有和璞①，此四宝者，天下名器。

【注释】

①原稿"县黎"当作"县藜"。砥砨（è）、结绿、县藜、和璞皆美玉名。

六瑞 王执镇圭，公执桓圭，侯执信圭，伯执躬圭，子执榖璧，男执蒲璧。

环玦 聘人以圭，问士以璧，召人以瑗，绝人以玦，反绝以环。

琬琰 桀伐岷山，岷山献其二女曰琬，曰琰，桀爱之，琢其名于苕华之玉，苕是琬，华是琰。

鼎彝尊卣 不独饕餮示戒，凡蚕鼎防刺也，同舟防溺也，奕车瓢防覆也。

清黄玉雕卧蚕形玦，3cm×16cm×0.4cm，藏于沈阳故宫博物院

照胆镜 秦始皇有方镜，照见心胆。凡女子有邪心者，照之，即胆张心动。

辟寒金 魏明帝朝，昆明国献一鸟，名潄金鸟，常吐金屑如粟，古人以金饰钗，谓之辟寒金。

火玉 《杜阳编》：武宗时，扶余国贡火玉，光照数十步，置室内，不必挟纩。

尺玉 《尹文子》：魏田父得玉径尺，邻人曰："怪石也。"取置庑下，明旦视之，光照一室，大怖，反弃于野。邻人取献魏王，玉工曰："此无价以当之。"王赐献玉者千金，食上大夫禄。

玉燕钗　《洞冥记》：汉武帝时，起招灵阁有二神女，各留一玉钗，帝以赐赵婕妤。至元凤中，宫人犹见此钗。谋欲碎之。明旦视匣中，惟见白燕升天，因名玉燕钗。

解肺热　《天宝遗事》：杨贵妃常犯热躁，明皇使令含玉咽津，以解肺热。

麟趾马蹄　汉武帝诏曰：往者太山见金，又有白麟神马之瑞，宜以黄金铸麟趾马蹄，以协瑞焉。

碧玉　有云碧、西碧二种，其色枯涩者曰云碧，产于云南；其色娇润，有虮蚤斑者曰西碧，产于西洋。

五币　珠、玉为上，黄、白为次，刀布为下。

瓜子金　宋太祖幸赵普第，时吴越王俶方遣使遗普书及海错十瓶，列庑下。上曰："此海错必佳。"命启之，皆满贮瓜子金。普惶恐，顿首谢曰："臣实不知。"上笑曰："彼谓国家事，皆由汝书生耳。"

晁采　晁，古"朝"字；采，光彩也。言美玉每旦有白虹之气，光彩上腾，故曰晁采。

十二时镜　范文正公家古镜，背具十二时，如博棋子，每至此时，则博棋中，明如月，循环不休。

碔砆乱玉　碔砆，石之似玉也，其状每能乱玉。

燕石　宋人以燕石为玉，什袭而藏，识者笑之。

削玉为楮　《列子》：宋人以玉为楮叶，三年而成。

怀瑾握瑜　《楚辞》："怀瑾握瑜兮，穷不知所示。"

钓璜　半璧曰璜。《尚书中侯》：文王至磻溪，见吕望钓得玉璜，刻曰："姬受命，吕佐之。"

抛砖引玉　砖以自谓，玉以誉人，谓以此致彼。

匹夫怀璧　《左传》：虞公求虞叔之玉，叔弗献。后乃悔曰："匹夫无罪，怀璧其罪。焉用此以贾祸乎？"复献之。

璠瑜　《逸论语》：璠瑜，鲁之宝玉也。孔子曰：美哉璠玙，远而望之焕若也；近而视之瑟若也。一则理胜，一则孚胜。

珍　宝

十二时盘　唐内库有一盘，色正黄，围三尺，四周有物象。如辰时，草间皆戏龙，转已则为蛇，午则为马，号十二时盘。

游仙枕　龟兹国进一枕，色如玛瑙，枕之则十洲、三岛、四海、五湖，尽在梦中，帝名游仙枕。

火浣布　外国有火林山，山中有火光，兽大如鼠，尾长三四寸，或赤或白。山可三百里，晦夜即见此山林，乃有此兽光照。外国人取其兽毛织布，衣服垢秽，以火烧之，垢落如浣，故谓之火浣布。

冰蚕丝　东海员峤山有冰蚕，长七寸，黑色，有麟角。以霜雪覆之，然后作茧。茧长尺一，其色五彩，织为文锦，入水不濡，入火不燎，暑月置座，一室清凉。唐尧之世，海人献之，尧以为黼黻。

耀光绫　越人于石帆山中，收野茧缫丝，夜梦神人告曰："禹穴三千年一开，汝所得茧，即《江淹集》中壁鱼所化也，织丝为裳，必有奇文。"果符所梦。

各珠　龙珠在颔，蛟珠在皮，蛇珠在口，鱼珠在目，蚌珠在腹，鳖珠在足，龟珠在甲。

九曲珠　有得九曲珠，穿之不得其窍。孔子教以涂脂于线，使蚁通之。

木难　大径寸，出黄支金翅鸟，口结绿，所成碧色珠也，古绝夜光者即此。

火齐（音霁）　赤色珠也，一名玫瑰，盖珠品之下者也。

火珠　《孔帖》：南蛮有珠如卵，日中以艾著火上，辄火出，号火珠。

水珠　唐顺宗时，拘弘国贡水珠，色类铁，持入江海，可行洪水之上，后化为龙。

　　记事珠　张说为相，有人献一珠，绀色有光。事有遗忘，玩此珠，便觉心神开悟，名曰记事珠。

　　定风珠　蜘蛛腹中有珠，皎洁，持以入江海，遇大风，握珠在手，则风自定，故名"定风珠"。

　　鲛人泣珠　《博物志》：鲛人从水中出，曾寄寓人家，积日卖绡，临去，主人索器，泣而出珠。

　　宝贝　贝为海中介虫，大者名宝，交趾以南海中皆有。

　　红靺鞨　大如巨栗，赤烂若珠樱，视之若不可触，触之甚坚，不可破，佩之者为鬼神所护，入水不溺，入火不燃。

　　青琅玕①　生海底，云海人以网得之。初出时，红色，久而青黑，枝柯似珊瑚，而上有孔窍如虫蛀，击之有金石声。
　　【注释】
　　①**青琅玕**：青珊瑚珠。

　　金刚钻　形如鼠，粪色青黑，生西域百丈水底磐石上，土人没水觅得之，以之镌镂，无坚不破，唯以羚羊角击之即碎。

　　奇南香　一作迦南。其木最大，枝柯窍露，大蚁穴之。蚁食石蜜，归遗于中，木受蜜气，结而成香，红而坚者谓之生结，黑而软者谓之糖结。木性多而香味薄者，谓之虎斑结、金绿结。

　　猫儿眼　宝石也。其状色酷似猫眼，内光一线，如猫睛一般，可定时辰。

祖母绿　亦宝石。绿如鹦哥毛，其光四射，远近看之，则闪烁变幻。武将上阵，取以饰盔，使射者目眩，箭不能中。

刚卯①　《王莽传》：刚卯，长三寸，广一寸四分。或用金玉，刻作两行书曰："正月刚卯。"又曰："疾日刚卯。"凡六十六字。以正月卯日作此佩之，以被除不祥。

【注释】

①**刚卯**：佩在身上用作避邪的饰物，依等级用玉、犀、象牙、金或桃木制成。

镔铁　西番有镔铁，面上作螺旋花，或芝麻雪花。凡造刀剑器皿，磨令光，用金丝矾泽之，其花益现，价过于银。

聚宝盆　明初沈万三有聚宝盆，凡金银珠宝纳其中，过夜皆满。太祖筑陵南门，下有龙潭，深不可测，以土石投之，决填不满；太祖取盆投之，下石即满，且诳龙①以五更即还。今南门不打五更，至四更即天亮。

【注释】

①原稿"诳龙"当作"猪龙"。

钱名　《通典》：自太昊以来，则有钱矣。太昊氏、高阳氏谓之金；有熊氏、高辛氏谓之货；陶唐氏谓之泉；商周谓之布；齐莒谓之刀，又曰教。与俗改币，与世易。夏后以元具。周人以紫石，后世或金钱、刀布。

朱提　县名。属犍为。出好银。即今四川嘉定州犍为县。

青蚨 《搜神记》：青蚨似蝉而稍大，母子不离，生于草间，如蚕，取其子，母即飞来。以母血涂钱八十一文，以子血涂钱八十一文，每市物，或先用母钱，或先用子钱，皆复飞归，循环无已。

阿堵物 晋王衍妻喜聚敛，衍疾其贪鄙，故口未尝言钱。妻欲试之，令婢以钱绕床，使不得行，衍早起见钱，谓婢曰："举此阿堵物去！"

鹅眼 《宋略》：泰始中通私铸，而钱大坏，一贯长三寸，谓之鹅眼钱。

明月夜光 《南越志》：海中有明月珠、水精珠。《魏略》：大秦国出夜光珠、真白珠。

剖腹藏珠 《唐史》：太宗曰：西域贾胡得美珠，剖腹而藏之，爱珠不爱其身也。

钱成蝶舞 《唐史》：穆宗时，禁中花开，群蝶飞集，上令举网张之，得数万；视之，乃库中金钱也。

玩 器

柴窑 柴世宗时，所进御者，其色碧翠，赛过宝石，得其片屑，以为网圈，即为奇宝。

定窑 有白定、花定，制极质朴，其色呆白，毫无火气。

清乾隆款仿宋汝窑三足洗，乾隆年间制，高57cm，口径21cm，藏于沈阳故宫博物院

汝窑　宋以定州白瓷有芒不堪用，遂命于汝州造青色诸器，冠绝邓、耀二州。

哥窑　宋时处州章生一与弟章生二，皆作窑器。哥窑比弟窑色稍白，而断纹多，号白级碎，曰哥窑，为世所珍。

官窑　宋政和间，汴京置窑，章生二造青色，纯粹如玉，虽亚于汝，亦为世所珍。

钧州窑　器稍大，具诸色，光采太露，多为花缸、花盆。

内窑　宋郁成章为提举，于汴京修内司置窑，造模范，极精细，色莹澈，不下官窑。

青田核　《鸡跖集》：乌孙国有青田核，莫知其木与实，而核如瓠，可容五六升，以之盛水，俄而成酒。刘章曾得二焉，集宾设之，一核才尽，一核又熟，可供二十客，名曰青田壶。

金银酒器　李适之有蓬莱盏、海山螺、瓠子卮、幔卷荷、金蕉叶、玉蟾儿，俱属鬼工。

金叵罗[①]　李白诗："葡萄酒，金叵罗，吴姬十五醉马驮。"

【注释】

①**金巨罗**：酒杯名。

银凿落① 　韩公联句："泽发解兜鍪，酡颜倾凿落。"白乐天诗："金屑琵琶槽，银含凿落盏。"

【注释】

①**银凿落**：银酒杯。

蓥尾杯 　宋景诗云："迎新送旧只如此，且尽灯前蓥尾杯。"又乐天诗："三杯蓝尾酒。"改"蓥尾"为"蓝尾"耳。

高丽席 　不甚阔大，长一丈有余，花纹极精，坚紧不坏。

韭叶簟 　蕲州出美竹，制梅花笛、韭叶簟。白乐天诗："笛愁春梦梅花里，簟冷秋生韭叶中。"

博山炉 　《初学记》：丁谖作九层博山炉，镂以奇禽怪兽，自然能动。山谷诗："博山香霭鹧鸪斑。"

偏提 　元和间，酌酒壶谓之注子。后仇士良恶其名同"郑注"，乃去其柄安系，名曰偏提。

三代铜 　花觚入土

清雍正款仿官窑双耳瓶，高53cm，底径16.8cm，腹径38.4cm，口径12.5cm，藏于沈阳故宫博物院

千年，青绿彻骨，以细腰美人觚为第一，有全花、半花，花纹全者身段瘦小，价至数百。山陕出土者，为商彝、周鼎；河南出土者，为汉器，以其地有潟卤，铜质剥削，不甚贵，故铜器有河南、陕西之别。

灵璧石 米元章守涟水，地接灵璧，蓄石甚富，一一品目，入玩则终日不出。杨次公为廉访，规之曰："朝廷以千里郡付公，那得终日弄石！"米径前，于左袖中取一石，嵌空玲珑，峰峦洞穴皆具，色极青润，宛转翻落，以云杨曰："此石何如？"杨殊不顾，乃纳之袖。又出一石，叠峰层峦，奇巧又胜，又纳之袖。最后出一石，尽天画神镂之巧，顾杨曰："如此那得不爱？"杨忽曰："非独公爱，我亦爱也！"即就米手攫得之，径登车去。

无锡瓷壶 以龚春为上，时大彬次之，其规格大略粗蠢，细泥精巧，皆是后人所涠。

成窑 大明成化年所制。有五彩鸡缸、淡青花诸器茶瓯酒杯，俱享重价。

宣窑 大明宣德年制。青花纯白，俱踞绝顶，有鸡皮纹可辨。醮坛茶杯，有值一两一只者，有酒字枣汤、姜汤等类者稍贱。

靖窑 大明嘉靖所制。青花白地，世无其比。

万历初窑 万历之官窑，以初年为上，虽退器无不精妙，民间珍之。

厂盒 古延厂，永乐年间所造，重枝叠叶，坚若珊瑚，稍带沉色。新厂宣德年间所造，雕镂极细，色若朱砂，鲜艳无比，有蒸饼式、甘蔗节二种，愈小愈妙，享价极重。

宣铜 宣德年间三殿火灾，金银铜熔作一块，堆垛如山。宣宗发内库所藏古窑器，对临其款，铸为香炉、花瓶之类，妙绝古今，传为世宝。

倭漆 漆器之妙，无过日本。宣德皇帝差杨瑄往日本教习数年，精其技艺。故宣德漆器比日本等精。

宣铁 宣德制铁琴、铁笛、铁箫，其声清，非竹木所及。

照世杯 洪武初，帖木儿①遣使奉表，有"钦仰圣心，如照世杯"之语。或曰其国旧传有杯，光明洞彻，照之可知世事，故云。

【注释】
①原稿"帖木儿"当作"撒马尔罕国"。

嘉兴锡壶 所制精工，以黄元吉为上，归懋德次之。初年价钱极贵，后渐轻微。

螺钿器皿 嵌镶螺钿梳匣、印箱，以周柱为上，花色娇艳，与时花无异。其螺钿杯箸等皿，无不巧妙。

竹器 南京所制竹器，以濮仲谦为第一，其所雕琢，必以竹根错节盘结怪异者，方肯动手，时人得其一款物，甚珍重之。又有以斑竹为椅桌等物者，以姜姓第一，因有姜竹之称。

夹纱物件 赵士元制夹纱及夹纱帏屏，其所劚翎毛花卉，颜色鲜明，毛羽生动，妙不可言，扇扇是黄荃、吕纪得意名画。

卷十三　容貌部

形　体

圣贤异相　尧眉八彩。舜目重瞳。文王四乳。苍颉四目，禹耳三漏，是谓大通，兴利除害，决江疏河。

四十九表　仲尼生而具四十九表：反首，洼面，月角，日准，河目，海口，牛唇，昌颜，均颐，辅喉，骈齿、龙形，龟脊，虎掌，骈胁，参膺，圩项，山脐，林背，翼臂、窜头，隆鼻，阜脥，堤眉，地足，谷窍，雷声，泽腹，面如蒙倛，两目方相也，手垂过膝，眉有十二彩，目有二十四理，立如凤峙，坐如龙蹲，手握天文，足履度字，望之如仆，就之如升，修上趋下，末偻后耳，视若营四海，耳垂珠庭，其颈似尧，其颡似舜，其肩类子产，自腰以下不及禹三寸，胸有文曰"制作定世符"，身长九尺六寸，腰六十围。（见《祖庭广记》。）

老子有七十二相，八十一好。（见《法轮经》。）

如来有三十二相。（见《般若经》。）

昭烈异相 蜀先主长七尺五寸，目顾见耳，臂垂过膝。

碧眼 孙权幼时眼碧色，号碧眼小儿。

猿臂 汉李广猿臂善射。

独眼龙 李克用一目眇，时号"独眼龙"。

［唐］阎立本《历代帝王像》之《蜀主刘备像》，绢本，设色，全卷 51.3cm×531cm，藏于美国波士顿美术博物馆

胆大如斗 姜维死后剖腹视之，胆如斗大。张世杰亦胆大如斗，焚而不化。

半面笑 贾弼梦易其头，遂能半面啼，半面笑。

玉楼银海 东坡《雪》诗："冻合玉楼寒起栗，光摇银海眩生花。"王荆公曰："道家以两肩为玉楼，两眼为银海。"东坡曰："惟荆公知此。"

缄口 孔子观周庙有金人焉，三缄其口，而铭其背曰：古人慎言人也。戒之哉！戒之哉！毋多言，多言，多败。毋多事，多事，多患。

舌存齿亡　常摐有疾，老子曰："先生疾甚，无遗教语弟子乎？"摐乃张其口，摐曰："舌存乎？"曰："存。岂非以软耶？""齿亡乎？"曰："亡。岂非以刚也？"常摐曰："天下事尽此矣！"

芳兰竟体　梁武帝平建业，朝士皆造之。谢览时年二十，为太子舍人，意气闲雅，瞻视聪明。武帝目送良久，谓徐勉曰："觉此生芳兰竟体。"

眼如岩电[①]　王戎字濬冲，形状短小，而目甚清照，视日不眩。裴楷曰："王安丰眼烂烂如岩下电。"

【注释】

①**岩电**：岩下之电，谓目光炯炯。

面如傅粉　何宴美姿仪，面至白。魏明帝疑其傅粉，夏月，与热汤面。既啖，大汗出，以朱衣自拭，色转皎然。

璧人　卫玠少时，乘白羊车于洛阳市上，咸曰："谁家璧人？"

看杀卫玠　卫叔宝从豫章至都下，人久闻其名，观者如堵墙。玠先有羸疾，体不堪劳，遂成病而死。时人谓看杀卫玠。

觉我形秽　王济是卫玠之舅，隽爽有丰姿。每见玠，辄叹曰："珠玉在侧，觉我形秽。"

渺小丈夫　孟尝君过赵，赵人闻其贤，出观之，皆大笑曰："始以薛公为魁梧也，今视之，乃渺小丈夫耳。"

妇人好女　马迁曰："余以为留侯其人必魁梧奇伟，至见其图，状貌如妇人好女。"

精神顿生　张九龄风仪秀整，帝于朝班望见之，谓左右曰："朕每见九龄，使我精神顿生。"

琳琅珠玉　有人诣王太尉，遇安丰、大将军、丞相在坐。往别屋，见季胤（名诩）平子（夷甫子）。①，语人曰："今日之行，触目皆琳琅珠玉。"

【注释】

①依文意，此处补一"还"字。

若朝霞举　李白见玄宗于便殿，神气高朗，轩轩若朝霞举。

倚玉树　魏明帝使后弟毛曾与夏侯玄并坐，时人谓兼葭倚玉树。

掷果　潘安甚有姿容。少时挟弹乘小车出洛阳道，妇人遇者，无不连手共萦之，竞以果掷盈车而返。

屋漏中来　祖广行恒缩颈。桓南郡①始下车，桓曰："天甚晴明，祖参军如从屋漏中来。"

【注释】

①桓南郡：即桓玄。

四肘　成汤之臂四肘。《韵会》：一肘二尺。又云一尺五寸为肘。

姬公反握　周公手可反握。

骈胁　骈，联也。晋文公名重耳，其胁骈。

铄金销骨　西汉文："众口铄金，积毁销骨。"谓谗言诽谤之利害也。

敲肤吸髓　髓，骨髓也。敲其肤而吸其髓，喻虐政之诛求也。

掣肘　《说苑》：鲁使子贱为单父令，子贱借善书者二人使书，从旁掣其肘，书丑，则怒，欲好书，则又引之。书者辞归，以告鲁君。君曰："若吾扰之，不得施善政。"令毋征发单父。未几，教化盛行。

厚颜　《书经》："颜厚有忸怩。"谓愧之见于面也。

摇唇鼓舌　《庄子》：摇唇鼓舌，擅生得非。

怒发冲冠　秦王许以十五城易赵王和氏璧，蔺相如捧璧入秦，见秦王无意偿城，怒发冲冠，英气勃勃。

生而有髭　《皇览》：周灵王生而有髭，谓之髭王。

注醋囚鼻　《唐史》：酷吏来俊臣鞫囚，每以醋注囚鼻。

春笋秋波　言纤指如春笋之尖且长，媚眼如秋波之清且碧也。

蓝面鬼　卢杞号蓝面鬼，常造郭汾阳家问病。闻杞至，悉屏姬侍，独隐几待之。家人问故，汾阳曰："杞外陋而内险，左右见之必笑，使后得权，吾族无噍类^①矣。"

【注释】

①噍类：指活着的或活下来的人。

善用三短　后魏李谐形貌短小，兼是六指，因瘿而举颐，因跛而缓步，因謇而徐言。人谓李谐善用三短。

乱唾掷瓦石　左太冲绝丑，亦效潘安乘车游市中，群姬乱唾之，委顿而返。张孟阳亦丑，每行，小儿以瓦石掷之，满车。

龙虎变化　韩文公撰《马燧志》云："当是时见王于北平，犹高山深林，龙虎变化不测，魁杰人也。退见少傅，翠竹碧梧，鸾停鹄峙。

长人　苻坚拂盖郎申香、夏默、护磨那三人，俱长一丈九尺，每饭食一石、肉三十斤。

矮短人　王蒙长三尺，张仲师长二尺五寸。

重人　安禄山重三百五十斤，司马保八百斤，孟业一千斤。

澹台灭明　李龙眠所画七十二子像，澹台灭明猛毅甚于子路，则夫子所谓失之子羽者，谓其貌武行儒耳。

祖龙　秦始皇虎口，日角，火目，隆准，鸷鸟膺，豹声，长八尺六寸，大七围，手握兵执矢，号曰祖龙，侯生数其淫暴，谓万万均朱，千千桀纣。

好笑　陆士龙好笑。常著缞绖上船，水中自见其影，便大笑不止，几落水。

笑中有刀 李义府，貌足恭，与人言，嬉怡微笑，而阴贼褊忌，凡忤其意者，皆中伤之。时号义府笑中有刀。

方睛 管辂云：眼有方睛，多寿之相。陶隐居末年，其眼有时而方。

百体五官 人身有百骸，故曰百体。官，司也。五官，耳、目、口、鼻、心也。

须发所属 发属心，禀火气，故上生。须属肾，禀水气，故下生。眉属肝，禀木性，故侧生。男子肾气外行，上为须，下为势。女子黄门无势，故无须。

重瞳四乳 舜重瞳，项羽重瞳，隋鱼俱罗，朱梁康，王友敬，永乐中楚王子，亦俱重瞳。文王四乳，宋范镃百、常文子，明倪文僖谦，俱四乳。

身长一丈 中国之人长一丈者，人君则黄帝、尧与文王；人臣则吴伍员、汉巨毋霸，俱十尺。毋霸腰大十围，员眉间一尺。孔子长十尺，又云九尺六寸。按《庄子》所谓自腰而下不及禹三寸，则后说是矣。宋《桯史》载，有唐某者与其妹各长一丈二尺。

身长七尺以上 禹长九尺九寸，汤九尺，秦始皇八尺七寸，汉高祖七尺八寸，光武七尺三寸，昭烈七尺五寸，宋武帝七尺六寸，陈武帝七尺五寸，宇文周太祖八尺，项王八尺二寸，韩王信八尺九寸，王莽七尺五寸，刘渊八尺四寸，刘曜九尺四寸，慕容皝七尺八寸，姚襄八尺五寸，曹交九尺四寸，冉闵、什翼健、宇文泰皆八尺，慕容垂七尺四寸，慕容德八尺二寸。自唐以后，人臣长者故少。韦康成十五长八尺，姜宇十五长七尺九寸，刘曜子胤十岁长七尺五寸，美姿貌，眉须如画。人固有少而长若此者，胤止八尺四寸，不能如其父也。

丈六金身　佛长一丈六尺以为神，然其小弟阿难与徒弟调达俱长一丈四尺五寸，彼时天竺之长者故不少也。

谗国　沈颜《谗论》曰：宰嚭谗子胥而吴灭，赵高谗李斯而秦亡，无极谗伍奢而楚昭奔，靳尚谗屈原而楚怀囚。故曰：人知佞之谗谗忠，不知佞之谗谗国。

舌本间强　俗语曰："三日不言，舌本强。"殷仲堪言，三日不读《道德经》，便觉舌本间强。

皮里阳秋　晋褚裒①字季野，桓彝目之曰："季野皮里阳秋。"言其外无臧否，而内有褒贬也。
【注释】
①原稿"褚裒"当作"褚褒"。

断送头皮　宋真宗东封，得隐者杨朴。上问："卿临行，有人作诗否？"对曰："臣妻一首云：'更休落魄耽杯酒，切莫猖狂爱作诗。今日捉将官里去，这回断送老头皮。'"

唾掌　公孙瓒曰："天下兵起，谓可唾掌而决九州耳。"李集："太平可覆掌而致。"

扪膝　后魏贾景兴栖迟不仕，葛荣陷冀州，称疾不拜，每扪膝曰："吾不负汝，以不拜荣故也。"又赵宋喻如砺①号"扪膝先生"。

【注释】

①原稿"喻如砺"当作"喻汝砺"。

鸡肋　晋刘伶尝醉，与俗人相忤，其人攘臂奋拳。伶曰："鸡肋不足以安尊拳！"其人笑而止。曹操入汉中讨刘备，不得进，欲弃之。乃传令曰"鸡肋"，官属不知何谓。杨修曰："鸡肋，弃之则可惜，啖之则无所得，比汉中，王欲去也。"乃白操，遂还。

噬脐　楚文王伐申。过邓。邓侯曰："吾甥也。"止而享之。骓甥、聃甥、养甥请杀楚子。邓侯弗许。聃甥曰："亡邓国者，此人也。若不蚤图，后君噬脐无及。"

交臂　《庄子》：颜渊问于仲尼，曰："夫子步亦步，趋亦趋。夫子绝尘而奔，回瞠乎其后矣。"夫子曰："吾终身于汝，交一臂而失之，不可哀欤？"

三折肱①　晋范氏、中行氏将伐晋定公，齐高彊曰："三折肱知为良医。我以伐君为此矣。"

【注释】

①三折肱：指代良医。

髀里肉生　刘玄德于刘表坐，慨然流涕曰："平常身不离鞍，髀肉皆消；今不复骑，髀里肉生。日月如流，老将至矣，而功业未建，是以悲耳。"

炙手可热　唐崔铉进左仆射，与郑鲁、杨绍、段复环、薛蒙颇参议论。时论曰："郑、杨、段、薛，炙手可热；欲得命通，鲁、绍、环、蒙。"

如左右手　韩信亡去，萧何自追之。人告高祖曰："丞相何亡。"高祖大怒，如失左右手。

高下其手　言人断狱徇私，高下其手。

幼廉一脚指　北齐李幼谦为瀛州长史，神武行部征责文簿，应机立成。神武责诸人曰："卿等作得李幼廉一脚指否？"

握拳啮齿　东坡帖云：张睢阳生犹骂贼，啮齿穿龈。颜平原死不忘君，握拳透爪。

豕心　《左传》：昔有仍氏生女，乐正后夔娶之，生伯封，实有豕心，贪婪无厌。人谓之封豕①。

【注释】
①**封豕**：大猪。

锁子骨　李邺侯少时身极轻，能于屏风上行。既长，辟谷，导引，骨节俱戛戛有声。人谓之锁子骨。

一身是胆　赵子龙与魏兵战，追至营门，魏兵疑有伏，引去。翌日，玄德至营视之，曰："子龙一身都是胆。"

抽筋绝髓　郭弘霸讨徐敬业云："誓抽其筋，食其肉，饮其血，绝其髓。"武后悦，授御史。时号"四其御史"。

铁石心肠　皮日休云："宋平广为相，疑其铁石心肠，不解吐软媚词。观其《梅花赋》，便巧富艳，殊不类其为人。"

伐毛洗髓 《汉武记》：黄眉翁指东方朔曰："吾三千年一反骨洗髓，三千年一剥皮伐毛。吾今已三洗髓，三伐毛矣。"

笑比黄河清 宋包孝肃极严冷，未尝见其笑容，人谓其笑比黄河清。

连璧 晋潘岳与夏侯湛并美姿容，行止同舆接菌。京都谓之连璧。

乳臭 汉王以韩信击魏王豹。问郦食其："魏大将谁？"对曰："柏植。"王曰："是儿口尚乳臭，安能敌吾韩信？"

貌不扬 晋叔向适郑，鬷蔑貌不扬，立堂下，一言而善。叔向闻之，曰："必然明也！"下执其手以上，曰："子若不言，吾几失子矣。"

貌侵 汉田蚡，孝景帝皇后母弟[1]也，为丞相，为人貌侵，言短小而丑恶也。

【注释】
[1]原稿"皇后母弟"有误，应为"孝景同母弟"。

獐头鼠目 唐苗晋卿荐元载。李揆轻载相寒，谓晋卿曰："龙章凤姿士不见，獐头鼠目子乃求官耶？"载衔之。

龙钟 裴晋公未第时，羁旅洛中，策驴上天津桥。时淮西不平，有二老人倚柱语曰："蔡州何时平？"见晋公，愕然曰："适忧蔡州未平，须待此人为相。"仆闻告公，公曰："见我龙钟，故相戏耳！"后裴度于宪宗时果为相，平淮、蔡。

牙缺 张玄祖八岁，缺齿，先达戏之曰："君口何为开狗窦？"玄祖曰："欲使君辈从此中出入。"

口吃 汉周昌争立太子，曰："臣期期不奉诏。"邓艾自称艾艾。韩非、扬雄俱口吃，善属文。后刘贡父、王汾[1]在馆中，汾口吃，贡父为之赞曰："恐是昌家，又疑非类；未闻雄名，只有艾气。"

【注释】

①原稿"王汾"当作"王份"。王份字季文，五代梁琅琊人。

吾舌尚存 张仪常从楚相饮，相亡璧，意仪盗，执仪笞之。仪归，而其妻诮之。仪曰："吾舌尚存否？"妻笑曰："在。"仪曰："足矣！"

借听于聋 韩昌黎《答陈生书》：足下求速化之术，乃以访愈，是所谓借听于聋，问道于盲，未见其得者也。

青白眼 阮籍能为青白眼，见礼法[1]之士，以白眼待之。母终，嵇喜来吊，籍作白眼。喜弟康乃挟琴赍酒造焉，籍大悦，乃见青眼。

【注释】

①原稿"礼法"当作"礼俗"。

邯郸学步 班氏序：传昔有学步于邯郸，曾未得其仿佛，又复失其故步，遂匍匐而归耳。

美须 谢康乐须美，临刑，施为南海祇垣寺维摩诘像须。唐中宗时，安乐公主端午斗草，欲广其地，驰驿取之。又恐为他所得，剪弃其余。

貌似刘琨　桓温自以雄姿风气，是宣帝、刘琨之俦，及伐秦还，于北方得一巧作老婢，乃刘琨婢也。一见桓温，便潸然曰："公甚似刘司空。"温大悦，出外，整理衣冠，又呼问之，婢曰："面甚似，恨薄；眼甚似，恨小；须甚似，恨赤；形甚似，恨短；声甚似，恨雌。"温于是褫冠解带，昏然而睡不怡者累日。

补唇先生　方干唇缺，有司以为不可与科名。连应十余举，遂隐居鉴湖。后数十年，遇医补唇，年已老矣。人号曰"补唇先生"。

眇一目　湘东王眇一目，与刘谅游江滨，叹秋望之美。谅对曰："今日可谓帝子降于北渚。"《离骚》："帝子降于北渚，目渺渺而愁予！"王觉其刺己，大衔之。后湘东王起兵，王伟为侯景作檄云："项羽重瞳，尚有乌江之败；湘东一目，宁为赤县所归？"后竟以此伏诛。

半面妆　徐妃以帝眇一目，知帝将至，为半面妆。帝见之大怒而出。

塌鼻　刘贡父晚年得恶疾，须眉堕落，鼻梁断坏。一日，与东坡会饮，引《大风歌》戏之，曰："大风起兮眉飞扬，安得猛士兮守鼻梁！"

头有二角　隋文帝生而头有两角，一日三见鳞甲，母畏而弃之。有老尼来，育哺甚勤。尼偶外出，嘱其母视儿。母见须角棱棱，烨然有光，大惧，置诸地。尼疾走归，抱起曰："惊我儿，令吾儿晚得天下！"后帝果六十登极。

岐嶷　《诗经》云："克岐克嶷，以就口食。"美后稷也。岐嶷，峻茂之状也。

口有悬河　晋郭象能清言。王衍云："每听子玄之语，如悬河泻之，久而不竭。"

侏儒　《左传》：臧纥败于狐骀。国人曰："侏儒侏儒，使我败于邾。"注：狐骀，地名。侏儒，短小也。

捷捷幡幡[①]　《诗经》："捷捷幡幡，谋欲谮言。"
【注释】
①捷捷：口舌声。幡幡：往来貌。

胸中冰炭　语云：不作风波于世上，自无冰炭到胸中。

唇亡齿寒　《左传》：晋侯复假道于虞以伐虢。宫子奇谏曰："虢，虞之表也。谚所谓辅车相依，唇亡齿寒者，其虞之谓也[①]。"
【注释】
①原稿"虢，虞之表也"后少"虢亡，虞必从之"；"甚虞"后漏"虢"字。

足上首下　《庄子》：失信于俗，谓之倒置之民，犹足上首下，倒置尊卑也。

扬眉吐气　李白《与韩朝宗书》：今天下以君侯为文章之司命，人物之权衡，一经品题，便作佳士。何惜阶前盈尺之地，不使白扬眉吐气，激昂青云耶！

推心置腹　《史记》：萧王推赤心，置人腹中。

方寸已乱 《三国志》：徐庶母为曹操所获，庶辞先主曰："本欲与将军共图王霸之业，今失老母，方寸乱①矣，请从此辞。"
【注释】
①**方寸乱**：指心中已乱。

黑甜息偃 东坡诗："三杯软饱后，一枕黑甜余。"《诗经》："或偃息在床。"

肉眼 《唐摭言》：郑光业赴试，夜有人突入邸舍，郑止之宿。其人又烦郑取水煎茶，郑欣然从之。后郑状元及第，其人启谢曰："既取杓水，又煎碗茶，当时不识贵人。凡夫肉眼，今日俄为后进，穷相骨头。"

青睛 《南史》：徐陵目有青睛，人以为聪慧之相。

丹心 又心曰丹府，心神曰丹元。

腆颜 《文选》："明目腆颜，曾无愧畏。"

可口 《庄子》：楂梨橘柚，皆可于口。

置之度外 《汉史》：光武帝曰："当置此两子于度外。"谓隗嚣、公孙述也。

秦人视越 韩文：秦人之视越人，忽言①不加喜戚于其心。
【注释】
①原稿"忽言"当作"忽焉"。

行尸走肉　《拾遗记》：任末曰："好学者虽死犹存，不学者虽存，行尸走肉耳！"

颜甲　《琐言》：进士王光远，干索权豪无厌，或遭挞唇，略无改悔。时人云："光远颜厚如十重铁甲。"

高髻　后汉马廖疏云："吴王好剑客，百姓多疮瘢；楚王好细腰，宫中多饿死。""城中好高髻，四方高一尺；城中好广眉，四方且半额；城中好大袖，四方全匹布。"

面谩[①]　樊哙愿得十万众，横行匈奴中。季布曰："哙妄言，是面谩！"

【注释】

①**面谩**：当面说大话。

掉舌　汉郦生说齐王与汉平。蒯彻言于韩信曰："郦生一士，伏轼掉三寸舌，下齐七十余城。"

妇　女

妲己赐周公　五官将既纳袁熙妻，孔文举与曹操书曰："武王伐纣，以妲己赐周公。"曹以文举博学，信以为然。后问文举，答曰："以今度之，想当然耳。"

效颦　西子心痛则捧心而颦，其貌愈媚。丑女羡而效之，曰"效颦"。山谷诗："今代捧心学，取笑类西施。"

[清]康涛《华清出浴图》轴，绢本，设色，120cm×66cm，藏于天津艺术博物馆

新剥鸡头肉　杨贵妃浴罢，对镜匀面，裙腰褪露一乳，明皇扪弄曰："软温新剥鸡头肉。"安禄山在旁曰："润滑犹如塞上酥。"

长舌　《诗经》："妇有长舌，维厉之阶。"

守符　楚昭王夫人，齐女也。昭王出游，留夫人于渐台。江水大至，遗使迎夫人，忘持符。夫人曰："王与约，召必以符。"今使者不持符，不敢行。使者还取符，台崩，夫人溺死。

女博士　甄后年九岁时，喜攻书，每用诸兄笔砚。兄曰："欲作女博士耶？"后曰："古者贤女未有不览经籍；不然，成败安知之？"

灵蛇髻　甄后入魏宫，宫廷有绿蛇，口中恒有赤珠，若梧子大，不伤人；人欲害之，则不见。每日后梳妆，则盘结一髻形，后效而为髻，巧夺天工。故后髻每日不同，号为"灵蛇髻"。宫人拟之，十不得其一二。

女怀清台　《货殖传》：巴蜀寡妇清，其先得丹穴，而擅其利数世，家亦不赀。用财自卫，不见侵侮。始皇为筑"女怀清台"。

国色　《战国策》：郦姬者，国色也。《天宝遗事》：都下名妓楚莲香，国色无双，每出则蜂蝶相随，慕其香也。

长女子　明德马皇后和熙邓皇后俱七尺三寸，刘曜刘皇后七尺八寸，俱以美称。

妇人有须　李光弼之母李氏，封韩国太夫人，有须数十茎，长五寸，为妇人奇贵之相。

夜辨绝弦　蔡琰六岁，夜听父邕弹琴，弦绝。琰曰："一弦断也。"复故断一弦，琰曰："第四弦也。"邕曰："偶中耳。"琰曰："季札观风，知四国兴衰；师旷吹律，知南风不竞。由是言之，安得不知乎？"

尤物　《左传》叔向欲娶申公巫臣女，其母曰：汝何以为哉？夫有尤物，足以移人。苟非礼义，则必祸及。

钩弋宫　钩弋夫人，齐人，右手拳。望气者云："东方有贵人气。"及至，见夫人姿色甚伟，帝批其手，得一钩，手遂不拳。故名其宫曰钩弋宫。

花见羞　五代刘侍儿王氏，有绝色，人号"花见羞"。

疗饥　隋炀帝每视降仙，顾内使曰："古人谓秀色可餐。若降仙者，可以疗饥矣。"

倾城倾国　李延年歌曰："北方有佳人，绝世而独立，一顾倾人城，再顾倾人国。宁不知倾城与倾国，佳人难再得！"

远山眉　赵飞燕为妹合德养发，号新兴髻；为薄眉，号远山黛；施小朱，号慵来妆。又《玉京记》："卓文君眉色不加黛，如远山。人效之，号远山眉。"

鸦髻　巴陵鸦不畏人，除夕，妇人各取一只，以米粱喂之。明旦，各以五色缕系于鸦顶，放之，视其方向，卜一年休咎。其占云："鸦子东，兴女红；鸦子西，喜事齐；鸦子南，利桑蚕；鸦子北，织作息。"甚验。又元旦梳头，先以栉理其羽毛，祝曰："愿我妇女，鬒发髟髟。惟有斯年[1]，似其羽毛。"楚人谓女髻为鸦髻。

【注释】

①原稿"惟有斯年"当作"惟百斯年"。

淡妆　《杨妃传》：虢国夫人不施妆粉，自有容貌，常淡妆以朝天子。白乐天诗[1]："虢国夫人承主恩，平明上马入宫门。却嫌脂粉污颜色，淡扫蛾眉朝至尊。"

【注释】

①原稿"白乐天诗"当作"张祜诗"。

嫫母　黄帝妃嫫母，貌仳催[1]（音灰），丑面也而贤，帝甚爱之。《文选》："及蒙华衮褒如。"誉嫫母贤也。

【注释】

①原稿"仳催"当作"仳倠"。嫫母、仳倠，古代丑女。

无盐　《列女传》：无盐者，齐之丑女，自诣宣王，陈时政，王拜为后。

书仙 《丽情集》：长安中有妓女曹文姬，尤工翰墨，为关中第一，时号"书仙"。

钱树子 《明皇杂录》：许子和，吉州永新人，以倡家女入宫，因名永新，能变新妆。临卒，谓其母曰："阿母，钱树子倒矣！"

章台柳 唐韩翃与妓柳姬交稔，明，淄青节度使侯希逸奏以为从事。历三载离别，乃寄诗云："章台柳，章台柳，往日青青今日否？纵使长条似旧垂，也应攀折他人手。"柳答云："杨柳枝，芳菲节，可恨年年赠离别。一夜西风忽报秋，纵使君来岂堪折！"

桐叶题诗 蜀侯继图，倚大慈寺楼，见风飘一大桐叶，上有诗："拭翠敛蛾眉，为忆心中事。搦管下庭除，书作相思字。天下有心人，尽解相思死。天下负心人，不识相思意。有心与负心，不知落何地？"后二年，继图卜任氏为婚，乃题叶者。

白团扇 晋中书令王珉与嫂婢情好甚笃，嫂鞭挞过苦。婢素善歌，而珉好持白团扇，其婢制《团扇歌》云："团扇复团扇，许持自障面。憔悴无复理，羞与郎相见。"

金莲步 齐东昏侯凿金为莲花以贴地，令潘妃行其上，曰："此步步生金莲也。"

邮亭一宿 陶穀学士出使江南，韩熙载命妓秦若兰诈为邮卒女，拥帚扫地，陶因与之狎，赠词名《风光好》云："好因缘，恶因缘，只得邮亭一夜眠，别神仙。琵琶拨尽相思调，知音少。待得鸾胶续断

[明] 唐寅《陶穀赠词图》轴，绢本，设色，
168.8cm×102.1cm，藏于台北故宫博物院

弦，是何年？"

司空见惯 唐杜鸿渐为司空，镇洛时，韦应物为苏州刺史，过洛，杜设宴待之，出二妓歌舞，酒酣，命妓索诗于韦。韦醉甚，就寝。中夜见二妓侍侧，惊问故，对以席上作诗，司空命侍寝。令诵其诗，曰："高髻云鬟宫样妆，春风一曲杜韦娘。司空见惯浑闲事，恼乱苏州刺史肠。"

媚猪 南汉主刘𬭩得波斯女，黑而妖艳，𬭩嬖之，赐号媚猪。

燕脂虎 陆慎言妻朱氏，沈惨狡妒。陆宰尉氏，政不在己，吏民谓之燕脂虎。

燕脂 纣以红蓝花汁凝作脂，以为桃花妆。盖燕国所出，故名燕脂。今写"燕"字加"月"，已非；甚有"因"旁亦加"月"者，更大谬矣。《日记》云：美人妆，面既傅粉，复以燕脂调匀掌中，施之两颊，浓者为酒晕妆，浅者为桃花妆，薄施朱以粉罩之，为飞霞妆。唐熙时[①]，都下竞事妆唇，妇女以分妍否，其有名石榴娇、大红春、小红春十七种。

【注释】

①原稿"唐熙时"疑当作"唐睿宗时"。

偷香 晋韩寿美姿容，贾充辟为掾史，充女窥寿悦之，遂与通。是时，外国贡异香，袭人衣经月不散，帝以赐充；充女偷以赠寿，充觉，以女妻之。

宿瘤女 《列女传》：初齐王①出游，百姓尽往观，宿瘤女采桑如故。王怪问之，对曰："妾受父母命教采桑，不受教观大王。"王以为贤，欲载之后车，女曰："父母在堂，不受命而往，是奔也。"王奉礼往聘之。父母惊，欲洗沐加衣裳，女曰："变容更服，王不识也。"遂如故至宫，王以为后。

【注释】

①原稿"齐王"当作"齐闵王"。

飞天纱 唐末宫中号"闹扫妆"，形如焱风散鬈，盖盘鸦、堕马之类。宋文元嘉中，民间妇人结发者，三分抽其鬟，向上直梳，谓"飞天纱"。

流苏髻 轻云鬈发甚长，每梳头，立于榻上犹拂地，已绾髻，左右余发各粗一指，束结作同心带，垂于两肩，以珠翠饰之，谓之流苏髻。富家女子多以青丝效其制。

断臂 五代王凝妻李氏，凝家青、齐之间，为虢州司户参军，以疾卒于官。凝素贫，一子尚幼。李氏携其子，负骸以归，过开封，旅舍主人不与其宿。适天暮，李氏不肯去，主人牵其臂而出之，李氏恸曰："我为妇人，不能守节，此手为人所执耶！不可以此手并辱吾身。"遂引斧断其臂。开封尹闻之，厚恤李氏，而笞其主人。

截耳断鼻 夏侯令女，谯人曹爽从弟文叔妻。文叔早死，恐家必改嫁，乃断发为信。后家果欲嫁之，令女复以刀截两耳。及爽被诛，夫家夷灭已尽，欲使人讽之，令女复断鼻，而不改其执义之志。

割鼻毁容 高行，梁之节妇，荣于色，美于行。夫早死，不嫁。梁王使相聘焉，再三往。高行曰："妇人之义，一醮不改。忘死而贪生，弃义而从利，何以为人？"乃援镜持刀割其鼻，曰："王之求妾者，求以色耶。刑余之人，殆可释矣。"相以报王，旌之曰"高行"。

守义陷火 伯姬，宋共公夫人，鲁宣公之女。共公卒，伯姬寡居。夜失火，左右曰："夫人可避乎？"伯姬曰："妇人之义，保傅在前，夜始下堂。"顷之，左右又曰："夫人少避乎？"伯姬曰："越义而生，不若守义而死！"遂陷于火。

请备父役 女娟。赵简子伐楚，与津吏期；吏醉，不能渡，简子欲杀之。女娟请以身代，曰："妾父尚醉，恐心知非而体不知痛也。"简子释其父。将渡，少楫者一人，娟请备父役，简子不许，娟曰："汤伐夏，左骖牝骊，右骖牝黄而放桀；武王伐殷，左骖牝骐，右骖牝騧而克纣。主君渡，用一妇何伤？"因发《河激之歌》，以明其意。简子悦，曰："昔者不穀梦娶，岂此女耶？"将使人祝祓，以为夫人。娟曰："妇人之道，非媒不嫁。妾有严亲在，不敢闻命。"乃纳币于其亲，而娶为夫人。

以身当熊 冯昭仪，冯奉世女，汉元帝选入宫。上幸虎圈，熊逸出，左右皆惊走。惟婕妤当熊而立，熊见杀。上问冯曰："人皆惊惧，汝何当熊？"对曰："妾闻猛兽得人而止，恐至御座，故以身当之。"上嗟叹良久，立为昭仪。

速尽为幸　皇甫规妻善属文，工草篆。规卒，董卓厚聘之，骂曰："君羌胡之种，毒害天下犹未足耶！皇甫氏为汉忠臣。君其走吏，敢非礼于上！"卓怒，悬其头庭中，鞭朴交下。规妻谓持杖者曰："速尽为幸。"

义保　鲁孝公之保母。初，鲁武公生三子，长括，次戏，少称。武公朝周宣王，带子括、戏同往。宣王见戏端重，命武公立为世子。及武公薨，国人立戏，是为懿公。括子伯御弒懿公而自立，并欲求公子称而杀之。义保闻，即以己子卧公子床上，将公子易服而藏他所。伯御遂杀床上公子。义保抱所易服者，奔公子之母家。众大夫感其义，合词请于周天子，命戮伯御以立称，是为孝公。诸侯咸高保母之行，而呼为"义保"。

作歌明志　陶婴，鲁国陶门之女也，夫早死，以纺织抚孤。鲁人闻其少美，皆欲求聘之。婴闻而作歌以明志，曰："黄鹄之早寡兮七年不双，鹓颈独宿兮不随众翔，半夜悲鸣兮故雄系肠，天命早寡兮独宿何伤！寡妇念此兮泣下数行。鸣呼哀哉兮死者不可忘！飞鸟尚然兮况于贞良，虽有贤匹兮终不重行。"鲁人闻而起敬，无复敢言往聘者。

天子主婚　胡氏者，学士广之女。解缙与广同邑，同科，同入翰林。一日，同侍建文帝侧。帝曰："闻二卿俱得梦熊之兆，朕为主婚，联作姻娅。"广对曰："昨晚缙已举子，臣亦生男，奈何！"帝笑曰："朕意如此，定当产女。"后果是女。建文逊国，解缙为汉邸潜死，妻子谪戍，广遂寒盟。氏泣曰："女命虽蹇，实天子主婚，何敢自轻失身？"乃割去左耳以明志。仁宗登极，诏赠缙爵，荫子中书舍人，给假与胡氏合卺；复赐金币添妆，闻者荣之。

卷十四　九流部

道　教

道家三宝　《太经》曰：眼者神之牖，鼻者气之户，尾闾者精之路。人多视则神耗，多息则气虚，多欲则精竭。务须闭目以养神，调息以养气，坚闭下元以养精。精气充则气裕，气裕则神完。是谓道家三宝。

三全　《洞灵经》曰：导筋骨则形全，剪情欲则神全，靖言路则福全。保此三全，是谓圣贤。

铅汞　《东坡志林》曰：人生死自坎离，坎离交则生，分则死；离为心，坎为肾。龙者，求也，精也，血也，出于肾肝，藏之坎之物也。虎者，铅也，气也，力也，出于心肺，藏之离之物也。不学道者，龙常出于水，离飞而汞轻，虎常出于火，虎走而铅枯。故真人曰："龙从火里出，虎向水中生。"人生能正坐瞑目，调息以久，则丹田湿而水上行，翕然如云蒸于泥丸。火为水妃，妃，配也，热必从之，所谓龙从火里出也。龙出于火，则龙不飞而汞不干，旬日后，脑满而腰足轻，常卷舌舐悬雍上腭也。久则汞下入口，咽送直至丹田，久则化为铅，所谓火向水中生也。

三闭　收视，返听，内言。

八禽　《道经》有熊经、鸟申、凫浴、猿躩、鸱视、虎顾、鸱息、龟缩，谓之八禽。

五气朝元　以眼不视，而魂在肝；以耳不听，而精在肾；以舌不声，而神在心；以鼻不嗅，而气在肺；以四肢不动，而意在脾：名曰五气朝元。

三华聚顶　以精化气，以气化神，以神化虚，曰三华聚顶。

九易　王母谓汉武曰：子但爱精握固，闭气吞液。一年易气，二年易血，三年易精，四年易脉，五年易髓，六年易皮，七年易骨，八年易发，九年易形。形易则变化，变化则道成，道成则为仙人。

三关[①]　华阳真人曰：子时肺之精华并在肾中，号曰金晶。晶者，金水未分，肺肾之气，合而为一。当时用法，自尾闾穴下关搬至夹脊中关，自中关搬至玉京上关，节次开关以后，一撞三关，直入泥丸。三关者，海波对大骨节为尾闾下关，腰内两肾对夹脊为中关，一名双关，左右两肩正中，于胸顶下会处高骨节为玉枕上关。此谓之三关。

【注释】

①**三关**：身体三要处。

明人摹周昉《老子玩琴图》，36cm×55.5 cm，藏于美国华盛顿弗利尔美术馆

　　三尸① 　刘很遇异人，告之曰："必欲长生，先去三尸。人身中有神，皆欲人生，而三尸只欲人死。人死则神变，而尸成鬼，子息祭享，得歆享之。人梦与恶人争斗，皆尸与神战也。"

【注释】

　　①三尸：道教也称三毒，认为人体有上中下三个丹田，各有一神驻跸其内；上尸好华饰、中尸好滋味、下尸好淫欲，也有的指人痴、贪、嗔欲望产生的地方。

　　鸣天鼓 　道书："学道之人须鸣天鼓，以召众神。"左相叩为天钟，右相扣为天磬，上下相扣为天鼓。若陡却不祥，则鸣钟，伐鬼灵也；制伏邪恶，则鸣磬，集百神也；念道至真，则鸣鼓，朝真圣也。要闭口缓颊，使声虚而响应深。

三清 玉清，元始天尊；上清，玉宸道君，即灵宝天尊；太清，混元老君，即道德天尊。

老君 即老聃李耳，著《道德经》五千言，为道家之宗。以其年老，故号其书曰《老子》。亳州南宫九龙井前，有升仙桧、炼丹井，皆其遗迹。

羡门 紫阳真人周义山入蒙山中，遇羡门子乘白鹿，佩青毦之节，再拜乞长生诀。羡门曰："子名在丹台，何忧不仙？"

偓佺 《列仙传》：偓佺，槐里采药人也，食松实，形体生毛四寸，能飞行捷足。

壶公 汉壶公卖药，悬空壶于市肆，夜辄跳入壶中，费长房于楼上见之，知其非常人，乃日进饼饵，公语曰："随我跳入壶中，授子方术。"

广成子 黄帝闻广成子在崆峒山，往问长生之术。广成子曰："必静必清，毋劳尔形，无摇尔精，可以长生。"

许飞琼 西王母降汉武帝殿，有侍女四人。帝问其名，曰："许飞琼、董双成、贾陵华、段安香。"

安期生 卖药海边，秦始皇东游，请与言，三日三夜，赐金璧数千万，出置阜乡亭而去，留玉舄为报，遗书与始皇曰："后数十年求我于蓬莱山下。"生以醉墨洒石上，皆成桃花。

隔两尘 韦子威师事丁约，一日辞去，谓子威曰："郎君得道尚隔两尘。"儒家曰世，释家曰劫，道家曰尘，言子威尚有两世尘缘也。

地行仙 张安道生日，东坡以拄杖为寿，有诗云："先生真是地行仙，住世因循五百年。"

仙台郎 《续仙传》：晋侯道华晨起，飞上松顶，谢众曰："玉皇召我为仙台郎，今去矣。"

仙人好楼居 《郊祀志》：汉武帝以道士公孙卿言仙人好楼居，于是作首山宫，建章安宫、光明宫，千门万户，皆极侈靡，欲神仙来居其上也。

画水成路 吴猛好道术，携弟子回豫章，江水大急，人不得渡。猛以手中扇画江水，横流遂成陆路，徐行而过。少顷，水复如初。

噀酒救火 后汉栾巴为尚书郎，正旦，上赐酒，向蜀噀之，有司奏不敬，巴谢曰："臣以成都失火，故酒噀救之。"后成都奏失火，得雨而灭，雨中有酒气。

吐饭成蜂 《列仙传》：葛玄从左元放受《九丹经》。仙与客对食，吐饭成大蜂数百，复张口，蜂飞入口，嚼之，又成饭。大旱时，百姓忧之，乃飞符着社，天地晦暝，大雨如注。

叱石成羊 《神仙传》：黄初平年幼牧羊，有一道士引入金华山石室中，数年，教以导引。其兄初起遍索之，后问一道士，曰："金华山有牧儿。"兄随往，与初平相见，问羊何在，曰："在山东。"兄同往，见白石遍山下，平叱之，皆起成羊。

钻石成丹 《真语》：傅先生入焦山，老君与之木钻，使穿一石，厚五尺，云穿此便当得道。傅日夜钻之，经四十七年，石穿，遂得丹升仙。

剪罗成蝶 宋庆历中，有九哥者，浪迹市丐中，燕王呼而赐之酒，因请以技悦王。乃乞黄罗一端，金剪一具，叠而剪碎之，俄成蜂蝶无数，或集王襟袖，或乱栖宫人鬓鬟。九哥复呼之，一一来集，复成一匹罗。中有一空如一蝶之痕，乃宫人偶捉之耳。王曰："此蝶可复完罗否？"九哥曰："不必，姑留以表异。"

羽客 唐保大中，道士谭紫霄，号金门羽客。

外丹内丹 道家所烹鼎金石为外丹，吐故纳新为内丹。

黄冠 唐李淳风之父名播，仕隋，弃官为道士，自号黄冠子。

卧风雪中 谭峭，字景升，冬则衣绿布衫，或卧雪中；父常遣家僮寻访，寄冬衣及钱帛。景升得之，即分给贫寒者；或寄酒家，一无所留。

八仙 汉钟离，名权，字云房，以裨将从周处与齐万年战，败，跳终南山，遇东华王真人。至唐始一出，度吕岩，自称天下都散汉。

吕纯阳，名岩，字洞宾。举进士不第，遇钟离，同憩一肆中，钟离自起炊爨。吕忽昏睡，以举子赴京，状元及第，历官清要，前后两娶贵家女，五子十孙，簪笏满门，如此四十年。后居相位，独相十年，权势熏灼，忽被重罪，籍没家资，押赴云阳，身首异处。忽然惊醒，方兴浩叹。钟离在傍，炊尚未熟，笑曰："黄粱犹未熟，一梦到华胥。"吕惊曰："君知我梦耶？"钟离曰："子适来之梦，升沉万态，

［清］马振《八仙图》，132cm×81.3cm，
藏于美国沃尔特斯艺术博物馆

荣瘁多端，五十年间，止为俄顷，非有大觉，焉知人世真一大梦也。"洞宾感悟，遂拜钟离求其超度。

蓝采和，不知何许人，常衣破蓝衫，黑木腰带，跣一足，靴一足，醉则持三尺大拍板，行歌云："踏踏歌，蓝采和，世界能几何？红颜一春树，光阴一掷梭。古人滚滚去不返，今人纷纷来更多。朝骑鸾凤到碧落，暮见桑田生白波。"词多率尔而作。后至濠梁，忽然轻举，掷下靴带拍板，乘云而去。

韩湘子，昌黎从侄，少学道，落魄他乡，久而始归。值昌黎诞日，怒其流落，湘子曰："无怒也！请献薄技。"因为顷刻花，每瓣书一联云："云横秦岭家何在？雪拥蓝关马不前。"昌黎不悟，遣之去。后果谪潮州，至蓝关，湘子来候。昌黎乃悟，因吟三韵，以补前诗，竟别。

张果老，隐恒州中条山，见召于唐。开元中，宠遇与叶静能比。自言尧时官侍中，叶公密识曰："此混沌初分白蝙蝠精也。"授银紫光禄大夫，放归。天宝时尸解《明皇杂录》：张果老隐于中条山，常乘白驴，日行万里，夜即叠之，置箱箧中，乃纸也，乘则以水噀之，复成驴。

曹国舅，不知其名，言丞相曹彬之子，皇后之弟，故称国舅。少而美姿，安恬好静，上及皇后重之。一旦求出家云水，上以金牌赐之。抵黄河，为篙工索渡直急，以金牌相抵。纯阳见而异之，遂拜从得道。

何仙姑，零陵市人，女也。生而紫云绕室，住云母溪，梦神人教食云母粉，遂行如飞。遇纯阳，以一桃与之，仅食其半，自是不饥。颇能谈休咎。唐天后召见，中路不知所之。

铁拐李，质本魁梧，早岁闻道，修真岩穴。一日，赴老君华山之会，嘱其徒曰："吾魄在此，倘游魂七日不返，以火化之。"徒以母病遄归，忘其期，六日化之。七日果归，失魄无依，乃附一饿殍之尸而起，故形骸跛恶，非其质矣。

化金济贫　王霸，梁时渡江入闽，居西郊之外，凿井炼药，能化黄金。岁饥则售金市米，遍济贫者。

擗麟脯麻姑　王方平尝过蔡经家，遣使与麻姑相闻，俄顷即至。经举家见之，是好女子，手似鸟爪，衣有文章而非锦绣。坐定，各进行厨，香气达户外，擗麟脯行酒。麻姑云："接待以来，东海三为桑田矣，蓬莱水又浅矣。"宴毕，乘云而去。姑为后赵麻胡秋之女，父猛悍，人畏之。筑城严酷，昼夜不止，惟鸡鸣稍息。姑恤民，假作鸡鸣，群鸡皆应。父觉欲挞之，姑惧而逃入山洞，后竟飞升。

蓑衣真人　何中立，淮阳书生。一旦焚书裂冠，遁至苏，结庐天庆观，披一蓑衣，坐卧不易，妄谈颇验。凡瘵者，与蓑草服之，立愈；不与者，疾必不起。因称之蓑衣真人。宋孝宗遣珰赍问，不言所求。中立掉首曰："有华人即有番人，有日即有月。"珰复命，上曰："诚如吾心。"盖所求者，恢复大计、中宫虚位两事也。

自举焚身　颜笔仙，宋建炎初，日售笔十则止。遇转运使，饮以斗酒。饮毕，长揖而去，遗笔篮。使左右取而还之，尽力不能胜。凡得其笔者，管中有诗或偈，祸福无不验。年九十七，积苇坐上，自举火焚之，人见其乘火云飞去。

金书姓名　广陵人李珏，以贩籴为业，每斗惟求利两文，以资父母。有籴者授以升斗，俾自量。丞相李珏节制淮南，梦入洞府，见石填金书姓名，内有李珏字，方自喜。有二仙童云："此乃江阳部民李珏尔。"

独立水上　葛仙公，名玄，有仙术。尝从吴主至溧阳，风大作，舟覆；玄独立水上，而衣履不湿。后白日冲举。勾漏令洪，即其孙也。

李白题庵　许宣平稳城阳山，绝粒不食，颜如四十，行及奔马。时负薪卖于市，尝独吟曰："负薪朝出卖，沽酒日西归。借问家何处，穿云入翠微。"李白入山寻之，不见，题其庵以归。

使聘不出　墨子名翟，宋人。外治经典，内修道术，著书十篇，号《墨子》。年八十有二，汉武帝遣使聘之，不出，视其颜色，如五十许人。

冬日卖桃　李犊子历数百岁，其颜时壮时老，时好时丑。阳都酒家有女，眉生而连耳，细而长，众异之。会犊子牵一黄犊过，女悦之，遂随去，人不能追也。冬日，常见犊子卖桃李市中。

真一　司马承祯事潘师正，传辟谷导引之术。唐睿宗召问其术，对曰："为道日损，损之又损，以至于无。"帝曰："治身则尔，治国若何？"对曰："国犹身也，游心于淡，合气于漠，与物自然而无私焉，则天下治。"帝嗟叹曰："广成之言也！"谥"真一先生"。

点化天下　贺兰①，善服气。宋真宗召至，问曰："人言先生能点金，信乎？"对曰："臣愿陛下以尧舜之道点化天下，方士伪术，不足为陛下道。"赐号玄宗②大师。

【注释】

①原稿"贺兰"当作"贺兰栖真"。

②原稿"玄宗"当作"宗玄"。

临葬复生　张三丰居宝鸡县金台观。洪武二十六年九月二十日，自言辞世，留颂而逝。民人杨轨山等置棺殓讫，三丰复生。

弘道真人　周思得，钱唐人，得灵官法，先知祸福。文皇帝北征，召扈从，数试之不爽。号弘道真人。先是，上获台官藤像于东海，朝夕崇礼，所征必载以行；及金川河，舁不可动，就思得秘问之。曰："上帝有界，止此也。"已而，果有榆川之役。

瓶中辄应　冷谦，洪武初为协律郎，郊庙乐章，皆其所撰。有友酷贫，谦于壁间画一门，令其友取银二锭。友人恣取而出，遗其引。他日，内库失银，惟二锭不入册。吏持引迹捕，因并执谦。谦渴求饮，拘者以瓶水汲与之。谦跃入瓶中，拘者惶急。谦曰："无害，第持瓶至御前。"上呼谦，瓶中辄应。上曰："汝何不出？"对曰："臣有罪，不敢出来。"击碎之，片片皆应。

入火不热　周颠仙，明初，上①至南昌，颠仙谒道左，必曰："告太平，打破一个桶，另置一个桶。"随之金陵。尝曰入火不热。上命覆以巨瓮，积薪焚之。火灭揭视，寒气凛然。后辞去庐山，莫知所之。

【注释】
①上：指明太祖。

指李树为姓 老子母见日精下落如流星，飞入口中，因怀娠。后七十二年，于陈国涡水李树下，剖左腋而生。指李树曰："此为我姓。"耳有三漏，顶有日光，身滋白血，面凝金生，舌络锦文，身长一丈二尺，齿有四十八。受元君神篆宝章变化之方，及还丹、伏火、冰汞、液金之术，凡七十二篇。

陆地生莲 尹文始先生住室中，陆地生莲花。结草为栖，精思至道。

白石生 生煮白石为粮，问之何不霞举，笑曰："天上多有至尊相奉事，更苦于人间尔。"时号为隐遁仙人。

古丈人 嵩华松下古丈人、女子二，曰："老人，秦之役者，二女宫人，合为殉，幸脱骊山之役，匿此。"

掌录舌学 董谒①乞犬羊皮为裘，编棘为床，聚鸟兽毛而寝。性好异书，见辄题掌，还家以片箑写之，舌黑掌烂。人谓谒掌录而舌学。
【注释】
①原稿"董谒"当作"董蔼"。

负图先生 季充号负图先生。伏生十岁，就石壁中受充《尚书》，授四代之事。伏生以绳绕腰领，一续一结，十寻之绳皆结矣。充饵菊术，经旬不语，人问何以，答曰："世间无可食，亦无可语之人。"

目光如电 涉正闭目二十年。弟子固请之，正乃开目，有声如霹雳，而闪光若电。已，复还闭。

守天厕 淮南王安见太清仙伯，以坐起不恭，谪守天厕。

墨池 梅福在南昌县，水竹幽蔚，王右军典临川郡日，每过此盘礴不能去，因号墨池。先是，福种莲花池中，叹曰："生为我酷，身为我梏，形为我辱，妻为我毒。"遂弃妻，入洪崖山。

青童绛节 张道陵居渠亭山，见青童绛节前导，曰："老君至矣。"从者二人，隽以弱冠。或指曰："此子房，此子渊。"

金莲花 元藏机有驯鸟三，类鹤，时翔空中，呼之立至，能授人语，常航海飘至一岛。人曰："此沧州也。"产分蒂瓜，长一尺；碧枣丹栗，大如梨。池中有足鱼，金莲花，妇人采为首饰。曰："不戴金莲花，不得在仙家。"

刺树成酒 葛玄遇亲朋，辄邀止，折草刺树，以杯盛之，汁流如泉，杯满即止，饮之皆旨酒。取瓦砾草木之实劝客，皆脯枣。指虾蟆、飞龟使舞，应节如神。为人行酒，杯自至客前，不尽，杯不去。

林樾长啸 黄野人游罗浮，长啸数声，递响林樾。宋咸淳中，有戴乌方帽着靴，往来罗浮山中，见人则大笑，反走，三年不言姓氏。他日醉归，忽取煤书壁云："云意不知沧海，春光欲上翠微。人间一堕十劫，犹爱梅花未归。"孟野人之俦云。

脑子诵经 司马承祯善金剪刀书，脑中有小儿诵经声，玲玲如振玉；额上小日如钱，耀射一席。

许大夫妇　许大为许旌阳扫爨。夫妇隐于西山，不欲人识姓，改姓曰午，又改姓曰干。夫妇皆解诗。许大诗云："不是藏名混世俗，卖柴沽酒贵忘言。"妻续云："儿家只在西山住，除却白云谁到门！"

服石子　单道开服细石子，一吞数枚。唐子西赞曰："世人茹柔，刚则吐之。匙抄烂饮，牛口如饲。至人忘物，刚柔一致。其视食石，如啖饼饵。北平饮羽，出于无心。食石之理，于此可寻。我虽不能，而识其理。庶几漱之，以砺厥齿。"

驱邪院　判官白紫青曰："颜真卿今为北极驱邪院左判。"

符钉画龙　毒龙潭二龙飞入殿，与张僧繇画龙斗，风雨震沸。丁玄真画铁符镇潭龙，穿山而去；复钉画龙之目，其患乃止。

模先生　先生束双髻于顶，携小竹笥卖药，有疾者手摸之辄愈，人呼为"模先生"。

尊号道士　周穆王求神仙，始尊号道士。西王母授帝元始真容，始有道士行礼之文。汉桓帝迎老子像入宫，用郊天乐祀道教，始崇与释并。

天师[1]　魏世祖拜寇谦之天师，立道场，受符。周武帝封国公，唐中宗加金紫阶，玄宗赐号先生，宋神宗赐号处士。寇谦之修张鲁法，始为音诵科仪，及号召百神导养丹砂之术。唐高祖始授道官。宋太宗增置道副录都监。宋太祖始令道士不得畜妻孥。

【注释】

①原稿无标题，今加。

改称真人　张道陵子孙，世袭天师，掌道教。至明，太祖曰："至尊者天，何得有师？"诏改真人。初，道陵学长生于蜀之鹤鸣山。山有石鹤，鸣则有得道者。道陵居此，石鹤乃鸣。

真武　净乐国王太子，遇天神，授以宝剑，入武当山修道。久之，无所得，欲出山。见一老妪操铁杵磨石上，问磨此何为，曰："为针耳。"曰："不亦难乎？"妪曰："功久自成。"真武悟。遂精修四十二年，白日冲举。

陈抟　字图南，亳州人。四五岁，遇一青衣媪乳之。自是颖异，书一目十行。邂逅孙君仿，谓武当九室岩可居，遂往，辟谷二十余年。忽夜见金人持剑呼曰："子道成矣。"后徙华山。宋太宗召见，赐号"希夷先生"。

周颠仙　周颠者，举错诡谲，人莫能识。每见明太祖，必曰："告太平。"上厌之，命覆之瓮，积薪以煅。火息启视，颠正坐宴然。上亲为作《传》。

张三丰　又名邋遢张。明太祖求之，不得。人有问仙术者，竟不答；问经书，则津津不绝口。一啖数斗，辟谷数月亦自若。隆冬卧雪中。

佛　教

禅门五宗　南岳让禅师法嗣南岳，下三世百丈海禅师，四世沩山灵祐禅师，五世仰山慧寂禅师，称沩仰宗。南岳下四世黄蘖希运禅师，五世临济义玄禅师，称为临济宗。青原思禅师法嗣青原，下六世

［明］丁云鹏《白马驮经图》130.9cm×54.5cm，藏于台北故宫博物院

曹山本寂禅师，七世洞山道延禅师，称为曹洞宗。青原下五世德山宣鉴禅师，六世雪峰义存禅师，七世云门文偃禅师，称为云门宗。青原下八世罗汉琛禅师，九世清凉文益禅师，称法眼宗。凡五宗，今天下惟曹洞、临济为盛。

佛入中国　汉明帝梦金人长丈余，飞空而下。访之群臣，傅毅曰："西域有神，其名曰佛。"乃使蔡愔等往天竺求其道，得其书及沙门，由是教流中国。

象教　如来既化，诸大弟想慕不已，遂刻木为佛，瞻敬之。杜诗曰："方知象教力。"

优昙钵①　《法华经》：是人希有过于优昙钵。优昙，花名，应瑞三千年一现，现则金轮王出。

【注释】
①优昙钵：昙花。

般若①**航**　清凉禅师云："夫般若者，苦海之慈航，昏衢之巨烛。"
【注释】
①般若：梵语，意译为智慧。

兜率天① 《法苑珠林》：兜率天雨摩尼珠，护世城雨美膳，阿修罗天雨兵仗，阎浮世界雨清净。雨者，被其惠，犹言赐也。

【注释】

①**兜率天**：为欲界六天的第四层天，兜率天一昼夜，人间四百年。在佛教典籍中，此天的内院即是弥勒菩萨的弘法度生之处。兜率，知足。

西方圣人① 《列子》：太宰嚭问孔子："孰为圣人？"子曰："西方有圣人，不治而不乱，不言而自信，不化而自行，荡荡乎民无能名焉。"

【注释】

①**西方圣人**：指佛陀。

不二法门 《文选》：文殊谓维摩诘曰："何为是不二法门？"摩诘不应，文殊曰："乃至无有文字言语，是真入不二法门。"

即心即佛 《传灯录》：有僧问大梅和尚见马祖得个怎么，大梅曰："马祖向我道即心即佛。"曰："马祖近日又道非心非佛。"大梅曰："这老汉惑乱人，任汝非心非佛，我只管即心即佛。"其僧白于马祖，祖曰："梅子熟矣。"

舍利塔 《说苑》：阿育王所造释迦真身舍利塔，见于明州鄞县。太宗命取舍利，度开宝寺地，造浮屠十一级以藏之。

沙门① 《汉记》：沙门，汉言"息心"，息欲而居于无为也。梵云"沙门那"，或曰"桑门"，汉言"勤息"，译曰"勤行"。又曰"善觉"，又称"沙弥"，又称"比丘"。秦言"乞士"，又曰"上人"。

【注释】

①**沙门**：又作娑门、桑门，起源于列国时代，意为勤息、息心、净志，

是对非婆罗门教的宗教教派和思想流派的总称，其哲学思想为印度哲学的重
要内容。

苾刍　《尊胜经》：苾刍，草名，有五义：生不背日；冬夏常青；
性体柔软；香气远腾；引蔓旁布。为佛徒弟，故以名僧。

紫衣吏　《略》曰：唐武则天朝，赐僧法朗等紫袈裟。僧之赐紫，
自武后始[①]。

【注释】

①原稿"《略》""赐紫"有遗漏，当为"《史略》""赐紫衣"。

五戒　凡出家，师已许之，乃为受五戒，谓之一不杀生，二不
偷盗，三不邪淫，四不妄语，五不饮酒。

传灯　释书以灯喻，谓能破暗也。六祖相传法曰传灯。今有《传
灯录》。杜诗曰："灯传无白日。"

飞锡　《高僧传》：梁武时，宝志爱舒州潜山奇绝，时有方士白
鹤道人者亦欲之。帝命二人各以物识其地，得者居之。道人以鹤止处
为记，宝志以卓锡处为记。已而，鹤先飞去，忽闻空中锡飞声，遂卓
于山麓，而鹤止他处，遂各以所识筑室焉。故称行僧为飞锡，住赠为
卓锡，又曰挂锡。

祝发　贺僧披剃从教，顶相堂堂。《唐书》："祝发划草。"僧剃
发曰划草。

檀那、檀越　梵语陀那钵底，唐言施主称檀那者，即讹"陀"
为"檀"，去"钵底"，故曰檀那也。又称檀越者，谓此人行檀施，能

越贫穷海。

伊蒲馔 后汉楚王映①诣阙以缣赎罪，诏报曰：王好黄老之言，尚浮屠之教，还其赎以助伊蒲塞桑门②之馔。

【注释】

①原稿"楚王映"当作"楚王英"。

②**伊蒲塞**：指在家受五戒的男性佛教徒。**桑门**：沙门。

风幡论 《传灯录》：六祖惠能初寓法性寺，风扬幡动。有二僧争论，一云风动，一云幡动。六祖曰："风幡非动，动自心耳。"

传衣钵 五祖欲传衣钵，乃集五百僧谓曰："谁作无像偈，即付与衣钵。"首座云："身似菩提树，心为明镜台，时时勤拂拭，何处染尘埃？"卢慧能改曰："菩提本非树，明镜亦非台，不劳勤拂拭，何处惹尘埃？"五祖惊曰："此全悟道，脱然无像，且无虑矣。"即以法宝及所传裟裟，尽以付之。

得真印 梁达摩奉佛衣来，得道者传付以为真印。六祖卢惠能受戒韶州，曹溪说法，乃置其衣而不传，后谥为大鉴。

杨枝水 佛图澄天竺人，妙通

［南宋］梁楷《六祖斫竹图》，纸本，墨笔，73cm×31.8cm，藏于日本东京国立博物馆

玄术，善诵咒，能役使鬼神。石勒闻其名，召试其术。澄取钵盛水烧香，须臾，钵中生青莲花。勒爱子暴病死，澄取杨枝洒而咒之，遂苏。

披襟当箭　《传灯录》：石巩和尚常张弓架箭，以待学者。义思禅师诣之，石巩曰："看箭！"师披襟当之。巩笑曰："三十年张弓架箭，只射得半个汉。"

一坞白云　广严院咸泽禅师逍遥自足。僧曰："如何是广严家风？"师曰："一坞白云，三间茅屋。"

安心竟　可大师问初祖达摩曰："诸佛法印，可得闻乎？"祖曰："诸佛法印，匪从人得。"可曰："我心未宁，乞师与安。"祖曰："将心来，与汝安。"可良久曰："觅心了不可得。"祖曰："与汝安心竟。"

求解脱　信大师礼三祖曰："愿和尚慈悲，乞与解脱法门。"祖曰："谁缚汝？"曰："无人缚。"祖曰："既无人缚，何更求解脱乎？信于言下有省。"

入门来　世尊见文殊立门外，曰："何不入门来？"殊曰："我不见一法，在门外何以教我入门来？"

再转法轮　世尊临入涅槃，文殊请佛再转法轮。世尊咄云："吾住世四十九年，不曾有一字与人。汝请吾再转法轮，是谓吾已转法轮耶？"

汝得吾髓　达摩将灭，命门人各言所得道。副曰："如我所见，不执文字、不离文字而为道。"师曰："汝得吾皮。"总持曰："我今一见，更不再见。"师曰："汝得吾肉。"道育曰："四大本空，五阴非有，而我所见无一法可得。"师曰："汝有吾骨。"最后慧可礼拜依位而立，师曰："汝得吾髓。"

不起无相 般若尊者问达摩："于诸物中何物无相？"曰："于诸物中不起无相。"

洗钵盂去 僧问赵州，学人初入丛林，乞师指示。州曰："吃粥了也未？曰："吃了也。"州曰："洗钵盂去。"其僧乃悟入。

使得十二时 僧问赵州："十二时中如何用心？"师曰："汝被十二时使，老僧使得十二时。"

天雨花 梁高僧讲经于天龙寺中，天雨宝花，缤纷而下。徐玉泉赠诗云："锡杖飞身到赤霞，石桥闲人坐演三车（三车谓三乘，大乘、小乘、上乘）。一声野鹤仙涛起，白昼天风送宝花。"

石点头 梁[①]有异僧玉生者，又名竺道生，人称曰生公。讲经于虎丘寺，人无信者。乃聚石为徒，坐而说法，石皆点头。

【注释】

①原稿"梁"当作"晋"。

龙听讲 梁有僧讲经，有一叟来听，问其姓氏，乃潭中龙也，云"岁旱得闲，来此听法。"僧曰："能救旱乎？"曰："帝封江湖，不得擅用。"僧曰："砚水可乎？"曰："可。"乃就砚吸水径去，是夕大雨，水皆黑。

离此壳漏子 《传灯录》：洞山良价和尚将圆寂，谓众曰："离此壳漏子，向什么处相见？"众不对，师俨然坐化。

只履西归　后汉二十八祖达摩，中天竺国佛法，起自初祖迦叶尊者，至达摩乃二十八祖。梁武帝天通元年始至中国，是为东土始祖，端居而逝。后三载，魏宋云使西域，归遇师于葱岭，手持只履，翩翩独逝，问师何往，曰："西天去。"明帝启其圹，惟一革履存焉。

阇维荼毗　天竺第九祖入灭，众以香油荪檀阇维真体。僧亡火化曰阇维，又曰荼毗。东坡宿曹溪，借《传灯录》读，灯花落烧一僧字，即以笔记台上："曹溪夜岑寂，灯下读传灯。不觉灯花落，荼毗一个僧。"

截却一指　天龙合掌顶礼拜问于古德，曰："敢问佛在何处？"古德曰："佛在汝指头上。"天龙竖一指朝夕观看。古德从背后截去其一指，天龙豁然大悟。后人曰："天龙截却一指，痛处即是悟处。"

吃在肚里　有老僧吃饭，人问之曰："和尚吃饭与常人异否？"僧曰："老僧吃饭，口口吃在肚里。"

放生　北使李谐至梁，武帝与之游历。偶至放生处，帝问曰："彼国亦放生否？"谐曰："不取亦不放。"帝大惭。

海鸥石虎　佛图澄依石勒、石虎，号大和尚。以麻油涂掌，占见吉凶数百里外，听浮屠铃声，逆知祸福。虎即位，师事之，时谓澄以石虎为海鸥鸟。

帝言日中　虎丘生公于石上讲经，宋文帝大会僧众施食，人谓僧律日过中即不食。帝曰："始可中耳。"生公曰："日丽天，天言中，何得非中？"即举箸而食。

碎却笔砚[①] 李泌在衡山事明瓒禅师，师瓒云："欲学道者，先将笔砚碎却。"

【注释】

①原稿"碎却笔砚"疑有误，应为"辞却笔砚"。辞却，辞退。

六道 释家有六道轮回之说，曰天道、人道、魔道、地狱道、饿鬼道、畜生道。

捱日庵 善导和尚庵名捱日，示众云："体此二字，一生受用。"

抱佛脚 云南之南一番国，俗尚释教。有犯罪当诛者，趋往寺中，抱佛脚悔过，愿髡发为僧，使贳甚罪。今谚曰："闲时不烧香，急来抱佛脚。"本此。

九日杜鹃 唐周宝镇润州，知鹤林寺杜鹃花奇绝，谓僧殷七七曰："可使顷刻开花副重九乎？"七七曰："诺。"及九日，果烂熳如春。

摩顶止啼 宋安东人娄通者，生有异相，掌中一目，中指七节，长为承天寺僧。尝召入大内，适仁宗生，啼哭不止，摩其顶曰："莫叫，莫叫，何似当初莫笑。"啼遂止。

玉带镇山门 了元号佛印，住金山寺，苏轼访之。了元曰："内翰何来？此间无坐处。"轼戏曰："借和尚四大作禅床。"了元曰："四大本空，五蕴非有。"轼投以玉带镇山门，了元报以一衲。

白土杂饭 新罗国僧金地藏，唐至德间渡海，居九华山，取岩间白土杂饭食之。九十九日忽召徒众告别，坐化函中。后三载开视，颜色如生，舁之，骨节俱动。

涤肠　小释迦保昌黎氏子，九岁入山，精修五载得悟。一日归省其母，啖之肉，出至溪中，以刀刳肠涤净，唐赐号澄虚大师。

释解　文通慧姓张，弃家祝发，师令掌厨盥盆。忽有市鲜者沃于盆，文偶击之，仆地死。文惧，奔西华寺，久之，为长老。忽曰："三十年前一段公案，今日当了。"众问故，曰："日午自知之。"一卒持弓至法堂，瞠目视文，欲射之。文笑曰："老僧相候已久。"卒曰："一见即欲相害，不知何仇？"文告以故，卒悟曰："冤冤相报何时了，劫劫相缠岂偶然，不若与师俱解释，如今立地往西天。"视之立逝矣，文即索笔书偈而化。

冤家亦生　宝志，梁武帝师事之。皇子生，志曰："冤家亦生矣。"后知与侯景同日生。

正大衍历　一行从普寂禅师为徒。唐玄宗召问曰："卿何能？"对曰："善记览。"即以宫人籍试之，一无所遗，玄宗呼为"圣人"。汉洛下闳造大衍历云："历八百岁当差一日，有出而正之者。"一行当其期，乃定大衍历。

雨随足注　莲池名袾宏，沈氏子，为诸生，辞家祝发。见云栖幽寂，结茅以居，绝粮七日，倚壁危坐。云栖多虎，皆远徙。岁旱，击木鱼循田念佛，雨随足迹而注。人异之。遂成兰若，专以净土一门普摄三根，著述甚多，诸方尊为法门周、孔。

为让帝剃发　南州法师名博洽，山阴人，禅定之余，肆力词章，居金陵。靖难时，金川门开为建文君剃发。文皇闻而囚之十余年。姚荣靖临革，上临视，问所欲言，于榻上叩首曰："博洽系狱久矣。"上即日出之。仁宗即位，数被召问，宣德中留偈而化。

赍药僧 住得号赤脚僧，常居庐山。洪武间，上不豫，住得赍药诣阙，谓天眼尊者及周颠仙所奉，上服之，立愈，御制诗赐之。

乞宥沙弥 冰蘖名维则，洪武二十五年，上命凡天下僧人有名籍者，皆要俗家余丁一人充军。维则时进偈七章，其七曰："天街密雨却烦嚣，百稼臻成春气饶。乞宥沙弥疏戒检，裂裳道在祝神尧。"上览偈，为收成命。

日月灯① 王介甫尝见举烛，因言："佛书有日月灯光明佛，灯光岂得配日月？"吕吉甫曰："日昱乎昼，月昱乎夜，灯光昱乎昼夜，日月所不及，其用无差。"介甫大以为然。
【注释】
①日月灯：比喻佛光。

卧佛 《涅经》云："如来背痛，于双树间北首而卧。"故后之图绘者为此像。晋庾公尝入佛图，见卧佛，曰："此子疲于津梁。"于时以为名言。

佛像① 张玄之、顾敷，是顾和中外孙，皆少而聪慧，和并知之，而尝谓顾胜于张。时张九岁，顾七岁。和与之俱至寺中，见佛般泥恒像②，弟子有泣者，有不泣者。和以问二孙。玄谓：被亲，故泣；不被亲，故不泣。"敷曰："不然。当有③忘情，故不泣；不能忘情，故泣。"
【注释】
①原稿无标题，今加。
②原稿"泥恒像"当作"泥洹佛"。

③原稿"当有"，当作"当由"。

天女散花　《维摩经》云：会中有天女散花，诸菩萨悉皆堕落，至大弟子便著不堕。天女曰："结习未尽，故花著身；结习尽者，花不著身。"

三乘　法门曰大乘、中乘、小乘。乘乃车乘之乘。阿罗汉独了生死，不度众人，故曰小乘；圆觉之人，半为人半为己，故曰中乘；菩萨为大乘者，如车之大者，能度一切众生。故曰三车之教。

三空　生、法、俱也。三慧，闻、思、修也。三身，法、报、化也。三宝，佛、法、僧也。三界，欲界、色界、无色界也。三毒，贪、瞋、痴也。三漏，欲漏、有漏、无明漏也。三业，身、口、意也。三灾，饥馑、疾疫、刀兵也。三大灾，火、水、风也。

弩目低眉[①]　薛道衡游开善寺，谓一沙弥曰："金刚何以弩目？菩萨何以低眉？"沙弥曰："金刚弩目，所以摄服群魔；菩萨低眉，所以慈悲六道。"

【注释】

①**弩**：通"怒""努"。**低眉**：和善的态度。

速脱此难　《大集》云：昔有一人避二醉众（生死），缘藤（命根）入井（无常），有黑白二鼠（日、月）嚼藤将断，旁有四蛇（四大）欲螫，下有三龙（三毒）吐火张爪拒之，其人仰望二象，已临井上，忧恼无托。忽有蜂过，遗蜜滴入口（五欲），是人接蜜，全忘危惧，知人见此，各宜修行，速脱此难。

五蕴皆空　五蕴者，就众生所执根身器界质碍形量之物名为色；

以现前领纳违顺二境，能生苦乐者名受；以缘虑过现未三世境者名想；念念迁流，新新不住者名行；明了分别者名识。五者皆能盖覆真性，封蔀妙明，故总谓之蕴，亦名五阴，亦名五众。

慧业文人　会稽太守孟顗事佛精恳，而为谢灵运所轻。谢尝语顗曰："得道应须慧业文人，卿生天在灵运前，成佛当在灵运后。"

拔絮诵经　佛图澄左乳旁有一孔，通彻腹内，常塞以絮。至夜欲诵经，则拔絮，一空洞明；或过水边，引肠洗之，复纳入。

世尊生日　《周书异记》：周昭王二十四年四月八日，山川震动，有五色光入贯太微。太史苏由奏曰："有大圣人生于西方，一千年外，声教及此。"即佛生之日也。穆王五十三年二月十五日，天地震动，西方有白虹十二道连夜不灭。太史扈多曰："西方有大圣人灭度，衰相现耳。"此时佛涅槃也。

悉达太子　《异记》又云：天竺迦维卫国净饭王妃，梦天降

［南宋］陆信忠《佛涅槃图》，绢本，着色，金泥，挂轴，157.1cm×82.9cm，藏于日本奈良国立博物馆

［明］戴进《达摩六代祖师像》，绢本，浅设色，33.8cm×219.5cm，藏于辽宁省博物馆

金人，遂有孕，于四月八日太子生于右胁；名悉达多。年十九，入檀特山修行证道，至穆王三年明星出时成佛，号世尊。于熙连河说《大涅槃经》，以正法眼藏将金缕僧伽黎衣传与弟子大迦叶，为第一世祖。穆王五十三年二月十五日，往拘尸城娑罗树间入般涅槃，在世教化四十九年，是为释迦牟尼，姓刹利。

六祖　初祖达摩，二祖慧可，三祖僧灿，四祖道信，五祖弘忍，六祖慧能。一祖一只履，二祖一只臂，三祖一罪身，四祖一只虎，五祖一株松，六祖一张碓。梁武通天元年，达摩来自西土，以袈裟授慧可，曰："如来以正法眼藏付迦叶，展转至我，今付汝。吾灭后二百年，衣止不传。"遂说偈曰："我本来兹土，传法救迷情，一花开五叶，结果自然成。"

佛始生　周昭王之二十四年至孝王元年佛入涅槃，始佛著于经，汉武帝得休屠祭天金人，始佛像入中国。周穆王时，始西极国化人来。秦始皇时，始沙门室利房等至，皇囚之，夜有金人破户出。至汉明帝，始以僧天竺摩腾入中国，随文帝始西域大食入中国（回回教门）。元魏始作大佛像，高四十三尺，用黄金、铜。五代宗作罗汉像用铁。

后秦始尊鸠摩罗什为法师，宋徽宗称为德士。汉灵帝时安世高始立戒律，魏朱士行始中国人受戒。后魏始立戒坛，宋太祖别立尼戒坛。

汉明帝始听阳城侯刘峻女出家，石虎听民为僧、尼，唐睿宗度公主为道士。

后魏太祖始授僧官，隋文帝制僧官十统，唐制两僧录司，唐武后始令僧尼隶礼部，唐玄宗始给度牒。

汉章帝时，西域僧作数珠象，一年十二月、二十四气、七十二候，共一百单八。五代僧志林作木鱼。

汉武帝尚南越，始禁咒，唐中宗时西京始投笺。（时寿安墨石山有灵神祠，过客投笺仰吉。）

唐太宗遣玄奘往西域取诸经像。至罽宾国，道险不可过，玄奘闭室而坐，忽见老僧授以《心经》一卷，令诵之，遂虎豹潜迹。至佛国，取经六百部以归。

孰为大庆法王　傅珪为大宗伯时，武宗好佛，自名"大庆法王"。番僧奏请腴田千亩为下院，批礼部议，而书大庆法王，与圣旨并。珪佯不知，劾番僧曰："孰为大庆法王，敢与至尊并书，不大敬！"诏勿问。

医

《神农经·上药养命》谓五石之炼形，五芝之延年也。《中药养性》谓合欢之蠲忿，萱草之忘忧也。《下药治病》谓大黄之除实，当归之止痛也。

君臣佐使　凡药有上中下之三品，凡合药宜用一君、二臣、三佐、四使，此方家之大经也。必辨其五味。三性、七情，然后为和剂之节。五味谓咸、酸、甘、苦、辛。酸为肝，咸为肾，甘为脾，苦为心，辛为肺，此五味之属五脏也。三性谓寒、湿、热。七情有相刑，有相须者，有相使者，有相畏者，有相恶者，有相杀者，其用又有使焉。汤丸酒散，视其病之深浅所在而服之。

砭石　梁金元起欲上《素问》，访以砭石，王僧孺曰："吉人常以石为针，不用铁；季世无佳石，故以铁代石①。"

【注释】

①原稿"吉人"当作"古人"，"铁"字均应作"针"。

病有六不治　骄恣不论于理，一不治也；轻身重财，二不治也；衣食不能适，三不治也；阴阳并藏气不定，四不治也；形羸不能服药，五不治也，信巫而不信医，六不治也。

兄弟行医　魏文侯问扁鹊曰："子昆弟三人，孰最善为医？"对曰："长兄病视神，未有形而除之，故名不出于家。仲兄治病，其在毫毛，故名不出于阊。若扁鹊者，镵血脉，投毒药，副肌肤，故名闻于诸侯。"文侯曰："善！"

见垣一方 扁鹊少时遇长桑君，出怀中药，饮以上池之水，三十日，视见垣一方人。以此视病，尽见五脏症结，特以诊视为名耳。见垣一方，犹言隔墙见彼方之人也。

病在骨髓 扁鹊适齐，桓侯客之。入见，曰："君有疾在腠理，不治将深。"侯曰："寡人无疾。"后五日复见，曰："君之疾在血脉矣。"侯曰："无疾。"后五日复见，曰："君之疾在肠胃矣。"侯曰："无疾。"后五日复见，望见桓侯，却走曰："君之疾已在骨髓，此汤熨、针石、酒醪之所不及也。"数日后，侯病剧，召扁鹊，鹊已逃去。侯遂死。

扁鹊被刺 扁鹊名闻天下。过邯郸，闻贵妇人，即为带下医；过洛阳，闻周人爱老人，即为耳目痹医；来入咸阳，闻秦人爱小儿，即为小儿医；随俗为变。秦太医令李醯，自知伎不如扁鹊，使人刺杀之。

病入膏肓 晋侯求医于秦，秦伯使医缓治之。未至。公梦二竖子曰："彼良医也，惧伤我，焉逃之？"其一曰："居肓之上、膏之下，将若我何？"医至，曰："疾不可为也。在肓之上、膏之下，攻之不可达，针之不可及，药不至焉。"公曰："良医也！"厚礼而归之。

姚剂三解 后周姚僧坦善医。伊娄自腰至脐，似有三缚。僧坦处三剂，初服，上缚即解；次服，中缚即解；又服，三缚悉除。

太仓公 姓淳于，名意；为人治病，立决死生，多奇中，用药若神。

东垣十书 《李杲传》：易州张元素之秘业，士大夫非危急之疾，不敢谒，时以神医目之。所著有《东垣十书》。

刮骨疗毒　华佗疾在肠胃不能散者，饮以药酒，割腹湔洗积滞，傅神膏合之，立愈。如割关侯臂而去毒，针曹操头风而去风是也。

医国手　《国语》：晋平公有疾，秦伯使人视之，赵文子曰："医及国家乎？"对曰："上医医国，其次救人，固医职也。"

杏林　《庐山记》：董奉每治人病，病愈，令种杏一株，遂成林。奉后成仙，上升。

徙痈　薛伯宗善徙痈疽。公孙泰患背疽，伯宗为气封之，徙置斋前柳树上。明日疽消，而树起一瘤如拳大。稍稍长二十余日，瘤大溃烂，出黄赤汁斗许，树为委损矣。

橘井　晋苏耽种橘凿井，以疗人疾。时病疫者，令食橘叶，饮井水，即愈。世号橘井。

肘后方　葛洪抄《金匮方》百卷，《肘后要急方》四卷。

千金方①　孙真人②愈龙疾，授以《龙宫秘方》一卷，治病神验，后集为《千金方》传世。

【注释】

①原稿"《千金方》"当作"《千金要方》"。

②**孙真人**：孙思邈。

照病镜　叶法善有铁镜，鉴物如水。人有疾以镜照之，尽见脏腑中所滞之物，然后以药治之，疾即愈。

医称郎中 郎中知五府六部事，医人知五脏六腑事，故医人亦称郎中。北人因郎中而遂称大夫。

蕲水名医 庞安常，宋神哲间驰名京邸，于书无所不读，而尤精于伤寒，妙得长沙遗旨。性豪俊，每应人延请，必驾四舟，一声伎，一厨传，一宾客，一杂色工艺之人，日费不赀。

俞拊 始为医，割皮肌湔涤脏腑；后仓公解颅，卢医剖心，华佗祖之。黄帝始制针灸，神农始命俶贷，季岐伯师也，理色脉，巫彭始制丸药。伊尹始制煎药，秦和战国人，始制药方。

医谏 高鳌①，正德时为太医院医士。上将南巡，鳌以医谏。上怒曰："鳌我家官，亦附外官梗朕耶？"命杖之百而戍乌撒。肃宗②改元，召还复职。时有星官杨源，亦以占候谏死戍所。

【注释】

①高鳌：即徐鳌，本姓高，幼孤，从舅学医，在太医院供职。明武宗南巡之争时，因上疏进言劝阻被施杖刑，谪戍乌撒。明世宗即位后召还，升为御医。

②原稿"肃宗"有误，当为"世宗"。

历代名医图赞

伏羲氏赞 茫茫上古，世及庖牺。始画八卦，爰分四时，究病之源，以类而推，神农之降，得而因之。

神农氏赞 仰惟神农，植艺五谷，斯民有生；以化以育，虑及夭伤，复尝草木，民到于今，悉沾其福。

黄帝轩辕氏赞　伟哉黄帝，圣德天授，岐伯俞拊，以左以右，导养精微，日穷日究，利及生民，勿替于后。

岐伯全元起赞　天师岐伯，善答轩辕，制立《素问》，始显医源。

雷公名敩赞　太乙雷公，医药之宗，炙煿炮制，千古无穷。

秦越人扁鹊赞　秦神扁鹊，精研医药，编集《难经》，古今钦若。

淳于意赞　汉淳于意，时遇文帝，封赠仓公，名传万世。

张仲景机赞　汉张仲景，伤寒论证，表里实虚，载名亚圣。

华佗赞　魏有华佗，设立疮科，刮骨疗疾，神效良多。

太医王叔和赞　晋王叔和，方脉之科，撰成要诀。普济沉疴。

皇甫士安谧赞　皇甫士安，治法千般，经言甲乙，造化实难。

葛稚川洪赞　隐居罗浮，优游养导，世号仙翁，方传《肘后》。

孙思邈赞　唐孙真人，方药绝伦，扶危拯弱，应效如神。

韦慈藏讯赞　大唐药王，德号慈藏，老师韦讯，万古名扬。

相

相圣人 始布①子卿，相孔子曰："其颡似尧，其顶类皋陶，其肩类子产，然自腰以下不及禹三寸，身长九尺三寸，累累然若丧家之狗。"

【注释】

①原稿"始布"有误，当为"姑布"。下文"始相人"条中"始布"同此。

弹血作公 陶侃左手有文，直达中指上横节便止。有相者师圭谓："君左手中指有竖理，若彻于上，位在无极。"侃以针挑之令彻，血流弹壁，乃作"公"字。后果如其兆。

官至封侯 卫青少时，其父使牧羊，兄弟皆奴畜之。有钳徒相青曰："官至封侯。"青笑曰："人奴之生，得无笞骂足矣，焉得封侯？"

须如猬毛 刘惔道桓温须如反猬毛，眉如紫石棱，自是孙仲谋、司马宣王一流人。

螣蛇①入口 汉周亚夫为河南守，许负相之，曰："君后三年为侯。八年为宰相，持国秉政。九年当饿死。"亚夫笑曰："既贵如君言，又何饿死？"负指其口曰："螣蛇入口故耳。"后果然。

【注释】

①**螣蛇**：又称腾蛇，汉族民间传说中的一种能飞的蛇，在中国古代文献中有诸多记载，称为"神兽"。

豕喙牛腹 《国语》：叔鱼生，其母视之，曰："是虎目而豕喙，鸢肩而牛腹，溪壑可盈，是不可餍也，必以贿死。"

虎厄　晋简文初无子，令相者遍阅宫人，时李太后执役宫中，指后当生贵子而有虎厄。帝幸之，生武帝，既为太后，服相者之验，而怪虎厄无谓。且生未识虎，命图形以观，戏击之，患手肿而崩。

蜂目豺声　潘滔见王敦少时谓曰："君蜂目已露，但豺声未振耳。必能食人，亦当为人所食。"

鬼躁鬼幽　管辂曰："邓飏之行步，筋不束骨，此为鬼躁。何晏容若槁木，此为鬼幽。"

识武则天　唐袁天纲见武后母曰："夫人当生贵子。"后尚幼，母抱以见，绐以男，天纲熟视之，曰："龙瞳凤颈，若为男儿，当作天子。"

伏犀贯玉枕　袁天纲见窦轨曰："君伏犀贯玉枕，辅角全起，十年且显，立功在梁、益间。"

眄刀　相者陈训背语甘卓曰："甘侯仰视首昂，相名眄刀。目中赤脉自外入，必兵死。"

识王安石　宋李承之在仁宗朝官郡守，因邸吏报包孝肃拜参政，或曰："朝廷自此多事矣。"承之正色曰："包公无能为也，今知鄞县王安石，眼多白，甚似王敦。他日乱天下者，此人也。"

麻衣道人　宋钱若水谒陈希夷，希夷与老僧拥炉，熟视若水，以火箸画灰上，云："做不得①。"徐曰："急流中勇退人也。"后再往，希夷曰："吾始以子神清，谓可作仙。时召麻衣道人决之，云子但可作公卿耳。"

【注释】

①做不得：意谓做不成神仙。

耳白于面 欧阳公耳白于面，名满天下；唇不着齿，无事得谤。

始相人① 史佚始相人，一云始布子卿风鉴，内史服唐举，吕公通其术，伯益始相马。

【注释】

①原稿无标题，今加。

柳庄相 明袁珙遇僧道衍①于嵩山寺，相之曰："目三角影白，形如病虎，性嗜杀人，他日刘秉忠之流也。"后衍荐珙于北平酒肆中，识燕王，即相为太平天子。其子忠彻亦善相，燕王命其遍相谢贵诸人，而后靖难。

【注释】

①道衍：指姚广孝。

好相人 单父人吕公，好相人，见季状貌，奇之，因妻以女，乃吕后也。

有封侯骨 汉翟方进少孤，事后母孝，尝为郡小吏，为诸掾所詈辱，乃从蔡父相，大奇之，曰："小吏有封侯骨。"遂辞母，游学长安。母怜其幼，随之入京，织履以给，卒成名儒，举高第，拜相，封高陵侯。

五老峰下叟 五代黄损，与桑维翰、宋齐丘尝游五老峰，见一曳长啸而至，相维翰曰："子异日作相，然而狡，狡则不得其死。"相齐丘曰："子亦作相，然而忍，忍则不得其死。"独异损曰："子有道气，当善终。"其后维翰相晋，齐丘相南唐，皆见杀，世以为前定。而损仕梁，官左仆射，雅以诗文名。

贵不可言　蒯彻以相术说韩信曰："相君之面，不过封侯；相君之背，贵不可言。"

龟息[①]　李峤母以峤问袁天纲，答曰："神气清秀，恐不永耳。"请伺峤卧，而候鼻息，乃贺曰："是龟息也，必贵而寿。"

【注释】

①**龟息**：道教语。意谓睡眠时如龟一般，用耳呼气。

葬

客土无气　浮图[①]泓师与张说市宅，视东北隅已穿二坎，惊曰："公富贵一世矣，诸子将不终。"张惧，欲平之。泓师曰："客土无气，与地脉不连，譬如身疮痏，补他肉无益也。"

【注释】

①**浮图**：僧侣。

折臂三公　晋有术士相羊祜墓当有授命者，祜闻，掘断地势，以坏其形。相者曰："尚出折臂三公。"祜后堕马折臂，位至三公。

冢上白气　萧吉经华阴，见杨素冢上白气属天，密言之炀帝，曰："素家当有兵祸，灭门之象。改葬，庶可免！"帝从容谓玄感，宜早改葬。玄感以为吉祥，托言辽东未灭，不遑私事。未几，以谋反灭。

示葬地　孙钟种瓜为业。一日，三人造门，钟设瓜分饮，三人曰："示子葬地，下山百步，勿反顾。"钟不六十步，回首见三白鹤飞去，遂葬其母，钟后生坚。

相冢书　方回著《山药》，有曰："山川而能语，葬师食无所；肺腑而能语，医师色如土。"

风水地理①　禹始肇风水地理，公刘相阴阳，周公置二十四局，汉王况制五宅姓，管辂制格盘择葬地。

【注释】

①原稿无标题，今加。

不卜日　汉吴雄官廷尉。少时家贫，母死，葬人所不封之地，丧事促办，不择日。术者皆言其族灭，而子祈、孙恭，并三世为廷尉。

真天子地　明王贤尝梦人授以书：读此可以绯①，不读此止衣绿。数日于路得一书，视之，《青乌说》也。潜玩久之，乃以善地理闻。时为钧州佐，上取以往命相地，得窦五郎故址，曰："势如万马，自天而下，真天子地也。"

【注释】

①原稿"可以绯"当作"可衣绯"。

鸟山出天子　梁武帝时谣曰："鸟山出天子。"故江左山以鸟名者皆凿，惟长兴雉山独完。后陈武帝霸先祖坟发此，其谣竟验。

堪舆　扬子："属堪舆以壁垒兮。"《注》："堪舆，天地总名也。"今人称地师曰堪舆。

凿方山 秦始皇时，术者言金陵有天子气，乃遣朱衣三千人凿方山，疏淮水，以断地脉。

牛眠① 陶侃将葬亲，忽失一牛，不知所在。遇老父曰："前冈见一牛眠处，其地甚吉，葬之，位极人臣。"侃寻之，因葬焉。

【注释】

①原稿标题当为"牛眠地"。牛眠地，指所谓有利于后代升官发财的坟地。

卜　算

君平卖卜 汉严君平隐于成都，以卜筮为业，见人有邪恶者，借著龟为正言利害：与人子言依于孝，与人弟言依于悌，与人臣言依于忠。各因势导之，以善裁之。日阅数人，得百钱足自养，即闭肆下帘，讲《老子》。

青丘传授 唐王远知善《易》，知人生死，作《易总》十五卷。一日雷雨，云雾中一老人叱曰："所泄书何在？上帝命吾摄六丁追取。"远知跪地。老人曰："上方禁文，自有飞天神王保卫，何得辄藏箱帙？"远知曰："是青丘元老传授也。"老人取书竟去。

青囊经 郭璞受业于河东郭公，公以《青囊书》九卷与之，遂洞五行、天文、卜筮之术，禳灾转福，通致无方。后《青囊书》为门人赵载所窃，未及开读，为火所焚。

震厄 王承相①令郭璞作一小卦，卦成，意色甚恶，云："公有震厄。"王问："有何消弭否？"郭曰："命驾西出数里，得一柏树，截断如公长，置床上常寝处，灾可消矣。"王从其语。果数日中震，柏粉碎。

【注释】

①原稿"王承相"当作"王丞相"。王丞相即王导。

蓍筮掘金　晋隗炤，善《易》。临终，书板授妻，曰："后五年春，有诏使姓龚者来，尝负吾金，即以板往责。"至期，果至。妻执板往。龚使惘然良久，乃悟，取蓍筮之，歌曰："吾不负金，汝夫自有金。知我善《易》，故书板以寓意耳。金五百斤，在屋东，去壁一丈许。"掘之，如卜。

占算辄应　唐闭珊居集，霑益人。精卜筮之学，其法用细竹四十九枝，或以鸡骨代之，占算辄应。夷中称为筮师。

京师火灾　郎颛父宗，治京房《易》，善风角星算，六日七分，能望气占候。为吴县吏。见暴风卒起，知京师有火灾，记时日，果如其言。

太卜郑詹尹尝为屈原决疑。

飘风哭子　管公明在王弘直坐，有飘风高二尺，在庭中，从申上来，幢帜回转。公明曰："东方有马吏至，恐父哭子。"明日吏至，弘直子果死。

伏羲始制占卦卜龟，神农始制揲蓍。颛顼始设兆为玉兆，帝尧制瓦兆。师旷制谶，鬼谷子即王诩制镜听。汉武帝制鸡卜，令军中用之。张良制灵棋，十二子，分上中下掷。京房制易课，始钱卜。王远知制玄女课，邵尧夫拆字观梅数。后魏孙绍始推禄命，唐李虚中始探生人年月日时所值生旺死衰。一云李师中来自西域。

徐子平，名居易，作《子平今宗》。《宋史》：徐彦升、鬼谷子作纳音^①。赵达始阐《九宫算》。北齐祖亘作《缀术》。

【注释】

　①**纳音**：古代风水学名词，术数家以六十甲子配以五音十二律，称为"纳音"。

各卜　鸟卜者，东女国初岁入山，有鸟来集掌上，如雌雉，破腹视之，有粟年丰，砂石为灾。钱卜者，西蜀君平以钱卜。诗曰：岸余织女支机石，并有君平掷卦钱。瓦卜，病赛乌称鬼巫，占瓦代龟。棋卜者，黄石公用之行师。鸡卜，柳州洞民以鸡骨卜年。胡人以羊胫骨卜吉凶。苗人以鸡蛋卜葬地。响卜者，李郭、王建皆怀镜以听词。

为上皇筮　全寅，山西人。少瞽，学京房《易》，占断多奇中。上皇在北，遣使命镇守。太监裴当问寅，寅筮得《乾》之初九，附奏曰："大吉。龙，君象也，四，初之应也。龙潜跃，必以秋应，以庚午涣岁而更；龙，变化之物也，庚者，更也。庚午中秋，车驾其还乎！还则必幽勿用。故曰：或跃应焉。或之者，疑之也。后七八年必复位。午，火德之正也。丁者，壬之合也。其岁丁丑，月壬寅，日壬午乎！自今岁数更，九跃则必飞。九者，乾之用也，南面子冲午也，故曰大吉。"上复位，授寅锦衣卫百户。

占与全合^①　万祺少与异人遇，相之曰："有仙骨，否则极贵。"因与一书，乃禄命法也。于是研精于卜，以吏员辨事吏部。公卿贵戚神其术，考授鸿胪寺序班，升主簿。景帝召见，有言辄验。赐白金、文绮。景帝不豫，太子未定，石亨以问祺，祺曰："皇帝在南宫，奚事他求？"其占复辟日时，与全寅合，后官至尚书。

【注释】

　①原稿标题"占与全合"及文中"全寅"，当作"占与全合""全寅"。

当有圣母出　《东汉书》云："王翁孺徙魏郡委粟里。元城建公曰："昔春秋沙麓崩。晋史卜之，曰：后六百四十五年，当有圣母出。今翁孺徙居，正值其地，日月当之。"后翁孺子禁，生元后。平帝幼，后果临朝称制。

占定三秦　汉扶嘉，其母于万县之汤溪水侧，感龙生嘉，预占吉凶，多奇中。高祖为汉王时召见，以占卜劝定三秦，赐姓扶氏，谓嘉志在扶诩①也。拜廷尉，食邑朐腮。

【注释】

①原稿"扶诩"当作"扶翊"。

拆字　杂技

朝字　开元时，有术士以拆字驰名。唐玄宗书一"朝"字，令中贵持往试之。术士见字，即端视中贵人曰："此非观察所书也。"中贵人愕然曰："但据字言之。"术士以手加额曰："朝字，离之为十月十日，非此月此日所生之人，天人，当谁书也！"一座尽惊，中贵驰奏。翌日召见，补承信郎，赏甚厚。

杭字　建炎间，术者周生，视人书字分配笔画，以判休咎，车驾往杭州时，金骑惊扰之余，人心危疑。执政呼周生，偶书"杭"字示之。周曰："惧有惊报，虏骑相逼。"乃拆其字，以右边一点配"木"上，即为"兀术"。不旬日，果得兀术南侵之报。

串字　一士人卜功名，书一"串"字问周生，生曰："不特登科，抑且连捷。"以串字有两中字也。果应其言。下科一人侦知之，往问功名，亦书一"串"字，周生曰："亲翁不特不中，还防有病。"士人曰："如何一字两断？"周生曰："前某公书串字，出于无心，故断其连捷；今书串字，出于有心，是'患'字也，焉得无病！"

春字 高宗命周生拆一"春"字，周生言："秦头太重，压日无光。"忤相桧，死于戍。

奇字 贾似道有异志。一术士能拆字，贾以策画地作"奇"字与之。拆术者曰："相公之事不谐矣！道立又不可立，道可又立不成。"公默不语，遣之去。

也字 有朝士，其室怀娠过月，手书一"也"字，令其夫特问谢石。石详视谓朝士曰："此尊阃所书否？"曰："何以言之？"曰："为语助者'焉哉乎也'，固知是内助所书。"问："盛年卅一否？以也字上为卅，下为一也。"朝士曰："吾官欲迁动，得如愿否？"石曰："也字着水为池，倚马为驰。今池则无水，驰则无马，安能迁动？"又问："尊阃父母兄弟当无一存者，即家产亦当荡尽。以也字着人则是'他'字，今独见也并不见人；着土为'地'，今不见土，故知其无人，并无产也。"朝士曰："诚如所言。然此皆非所问者，所问乃怀娠过月耳。"石曰："得非十三月乎？以也字中有'十'字，并旁二竖为'十三'也。"石熟视朝士曰："有一事似涉奇怪，欲不言，则所问又正为此事，可尽言否？"朝士请竟其说。石曰："也字着虫为虵（蛇）字，今尊阃所娠，殆蛇妖也。然不见虫，则不能为害，石亦有药，可以下之，无苦也。"朝士大异其说，固请至家，以药投之，果下数百小蛇。都人益共奇之，而不知其竟挟何术。

囚字 郑仰田少椎鲁①，不解治生，父母恶之，呼泣于野。老僧遇之，曰："吾迟子久矣。"偕入山，授之青囊、壬遁诸之术，于是言祸福无不中。魏阉召之问数，指"囚"字以问。仰田曰："此中国一人也。"阉大悦。出谓人曰："囚则诚囚也！吾诡辞以逃死耳。"

【注释】

①椎鲁：愚钝，鲁钝。

洴澼絖 《庄子》：宋人有善为不龟手之药者，世以洴澼絖（洴澼，洗也。絖，绵也。有不龟手之药，而以洗绵为业）。客闻之，请买其方百金。于是聚族而谋曰："我世为洴澼絖，不过数金；今一朝为鬻技，得百金，请与之。"客得之，以说吴王。吴王使之将，冬与越人水战，大败越人，裂地而封。夫不龟手，一也；或以封，或不免洴澼絖，则所用之异也。

轮扁①**斫轮** 《庄子》：齐桓公读书于堂上，轮扁斫轮于堂下，释椎凿问曰："君之所读者，古人糟粕已夫。臣斫轮，不徐不疾，得之于心，应之于手，口不能言，有数存焉。臣不能以喻臣之子，臣之子不能受之于臣，行年七十而老于斫轮。"

【注释】

①轮扁：春秋时期齐国人，善于制作车轮。

屠龙技 《庄子》："朱泙漫学屠龙技于支离，殚千金之产，以学屠龙，三年技成，而无所用其巧。"

象纬①**示警** 王振劝上亲征瓦剌也先，百官伏阙上章恳留，不听。少顷居庸至宣府败报踵至，扈从连章留驾。王振大怒，皆令掠阵。至大同，振进兵益急，钦天监彭德清斥振曰："象纬示警，不可复前。若有疏虞，陷乘舆于草莽，谁执其咎？"振怒詈之，遂致土木之变。

【注释】

①象纬：日月五星。

卷十五　外国部

夷　语

撑梨①孤涂，匈奴称天为"撑梨"，称子为"孤涂"。戎索，夷法也。鞮鞻②，夷乐官名。俫③，夷赎罪货也。喽丽④，南方夷语也。象胥⑤，译语人也。款塞，款，叩也。驰义，慕义而来也。区脱⑥，胡人所作以备汉者也。阏氏（音胭脂），单于之后也。裨王，匈奴小王也。藁街，蛮席⑦之馆，汉时所立。毲毭（音兜达），夷服。谷蠡（音鹿厘），匈奴名。雁臣，北方酋长秋朝洛阳，冬还部落，谓之雁臣。天兄日弟，倭国王以天为兄，以日为弟。未明时出听政，日出便停理务，曰"以委吾弟"。賨幏，蛮夷布也。鞜角⑧，朝鲜列水之间曰鞜角。貕薄，旄牛。徼外，夷地。绝幕，幕，沙漠之地也，直度曰绝。白题，国名。汉颍侯⑨斩白题将一人。戎狄荐居，聚而居也。魋结，匈奴束发之形也。休屠，匈奴君长。浑邪，亦匈奴之属。（作丘）蟫林⑩（蟫音带），匈奴祭也。龟兹（音纠慈），国名。（《汉书》慈；《后汉书》

作屈沮。）乌孙，国名。（《吕氏春秋》作户孙。）辉粥（音熏育），《五帝纪》："北辉逐粥。"冒顿（音幕突），匈奴名。日䃅（音密底），人名。令支（令音零），国名。乌托（音鸦荼），国名。朝鲜（音招先），日初出，即照其地，故名。近读为"潮"，非。可汗（音克寒），匈奴主号也。唐时匈奴尊天子为天可汗。弓闾，出《卫青传》，即穹庐也。辕辐，匈奴车也。革笥木荐[11]，《治安策》：匈奴之革笥木荐，盾之属也。左薁健，匈奴王号。强骥，戎夷强骥。骥，粗恶貌。呼韩邪，汉单于名[12]。屠耆，匈奴俗谓贤曰屠耆。赞普，吐番[13]俗谓强雄曰赞，谓丈夫曰普，故号其君长曰赞普。牙官，戎狄大官之称。叶护，回纥俗谓其太子曰叶护。南膜，胡人礼拜曰南膜，即今之称佛号曰"南无"也。徼人，界外之人也。那颜[14]，华言大人也。者华，言是也。身毒（音捐烛），西域国名。煨蠡（音觅螺），匈奴聚落也。襜褴（音担蓝），一名临骊，代北胡名。三表五饵，三表，谓仁、信、义也；五饵，谓以声色、车服、珍珠、室宇娱幸，环[15]其耳、目、口、腹、心也。二庭，谓南北于也。卢龙，即里永也，属辽西，今属永平府。北人呼里为卢，呼永为龙。吐谷浑，慕容庑之庶兄也，后因号其国。亏月，突厥中有亏月城。越裳南蛮，即九真也。殊裔遐圻，言化协殊裔，风衍遐圻。竫人（竫音净），小人也。柳子厚诗："竫人长九寸。"海外有竫人国。月氏（音肉支），西域国名。楼烦、白羊，匈奴地名。白登，今在大同，上有白登台。夜郎，夷地，今属贵州。蛮烟瘴雨，夷地风景也。笮关，西南夷地。邛笮，今属叙州。冉駹[16]，西夷二族。羌棘，西南夷地。龙城，西夷。朔方，今属宁夏。大宛，西域国名。于寊[17]，西域国名。越嶲，今属邛州。玄菟，鲜乾[18]郡名。受降城，汉武帝遣公孙敖塞外筑城也。庐朐，匈奴中山名。渠犁，西域国名。楼兰，西域国名。驫镂，《匈奴传》：多驫镂爇炭，重不可胜。比棘，辫发之饰。径路留犁，径路，匈奴宝刀也；留犁，饭匕也。根肖速鲁奈奈，榜葛刺国[19]歌舞侑酒者，曰根肖速鲁奈奈。坚昆国，其人赤发、绿瞳。李陵居其地，生而黑瞳者，必曰陵苗裔。阴山，汉武帝夺其地，匈奴过

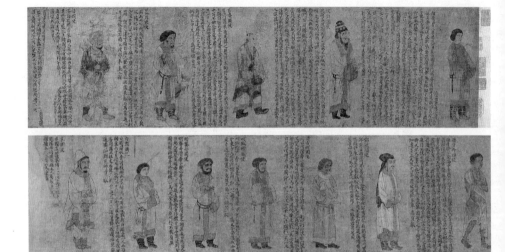

宋人摹萧绎（梁元帝）《职贡图》卷，绢本，设色，25cm×198cm，藏于中国国家博物馆

图卷原画描绘30余国使者像，现已残损，仅存12人，皆左向侧身，身后楷书榜题，疏注国名及其山川、风俗、历史及历代交往情况、纳贡物品等。列国使者自右至左为：滑国、波斯、百济、龟兹、倭国、狼牙修、邓至、周古柯、呵跋檀、胡蜜丹、白题和末国

此者，未尝不哭。逻些城[20]（些琐），土番都城。徼外（徼音教）东北谓之塞，西南谓之徼。赢（音连篓），交趾地名。

【注释】

①原稿"撑梨"当作"撑犁"。

②鞮鞻：古官名。

③僰：古代南方少数民族用来赎罪的财物。

④原稿"喽丽"当作"喽俪"。

⑤象胥：古代通译语言的官。

⑥区脱：通"瓯脱"，古代少数民族屯戍或守望的土室。

⑦原稿“蛮席”有误，应为“蛮夷”。

⑧**鞠角**：古代的一种鞋。

⑨原稿“汉颖侯”当作“汉颍阴侯”。

⑩原稿“蹛林”有误，当为“蹛林”。蹛林，古时匈奴秋社八月中绕林木而祭之处。

⑪**木荐**：用木板制成，形状如盾。

⑫原稿“汉单于名”宜作“汉时匈奴之单于名”。

⑬原稿“吐番”，《新唐书》作“吐蕃”。

⑭**那颜**：胡语，老爷的意思。

⑮原稿“环”当作“坏”。

⑯原稿“冉駹”当作“冉駹”。

⑰原稿“于寘”当作“于阗”，在今新疆和田。

⑱原稿“鲜乾”当作“朝鲜”。

⑲**榜葛剌国**：东印度。

⑳**逻些城**：即今西藏拉萨。

外　译

朝鲜国　周为箕子所封国。秦属辽东。汉武帝定朝鲜，置真番、临屯、乐浪、玄菟四郡，昭帝并为乐浪、玄菟二郡，汉末为公孙度所据。传至渊，魏灭之。晋永嘉末，陷入高丽。高丽本扶余别种，其王高琏居平壤城。唐征高丽，拔平壤，置安东都护府。后唐时，王建代高氏，并有新罗、百济，以平壤为西京，历宋、辽、金皆遣使朝贡。元时，西京内属。明洪武初，表贺即位，赐以金印，诰封高丽王。后其主昏迷，推门下侍郎李成桂主国事。寻诏更朝鲜，岁时贡献不绝。万历间，关白寇朝鲜，请救于朝，遣兵征复之。

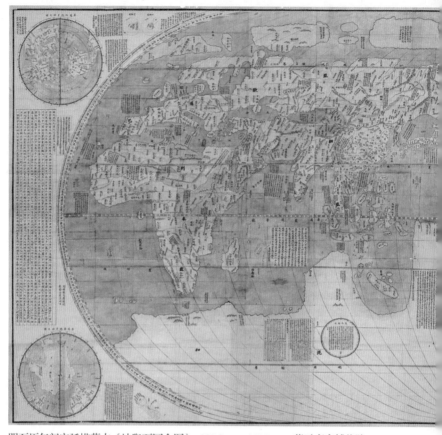

明万历年间宫廷描摹本《坤舆万国全图》，380.2cm×168.7cm，藏于南京博物院

日本国　古倭奴国，其国主以王为姓，历世不易。自汉武帝译
通之，光武间始来朝贡。后国乱，人立其女子曰毕弥呼为王，其宗女
又继之，后复立男，并受中国爵命，历魏、晋、宋、隋，皆来贡，稍
习夏音。唐咸亨初，恶倭名，更名日本，以国近日所出，故名。宋时
来贡者，皆礼也。元世祖遣使招谕之，终不至。明洪武初，遣使朝
贡，自永乐以来，其国王嗣立皆授册封，其幅员东西南北各数千里，
有五畿七道，附庸之国百余。

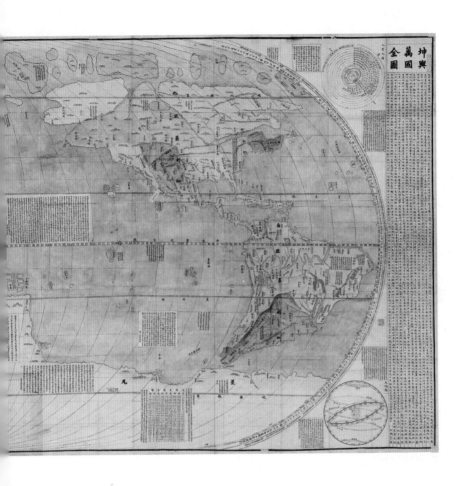

琉球国　国主有三：曰中山王，曰山南王，曰山北王。汉魏以来，不通中华。隋大业时，令羽骑朱宽访求异俗，始至其国，语言不通，掠一人还。历唐、宋、元，俱未尝朝贡。至明初，三王皆遣使朝贡。后至中山王来朝，许王子及陪臣子来游太学，其山南、山北二王，盖为所并云。

安南国　古南交地，秦为象郡。汉初，南越王赵佗据之。武帝平南越，置交趾、九真、日南三郡。建安中改交州，置刺史。唐改安南都护府，安南之名始此。唐末为土豪曲承美窃据，寻为汉南刘隐所并，未几，众推丁涟为州帅。宋乾德初内附，寻黎桓篡丁氏，李公蕴义篡黎氏，陈日煚又篡李氏。宋以远译，置不问，皆封为交趾郡王。元兴讨之，遂归附，封安南国王。明洪武初，遣使朝贡，仍旧封号，赐金印。权臣黎季犛弑其主而立其子。永乐初，发兵进讨，俘黎氏父子，郡县其地，设府十七，州四十七，县一百五十七。嗣反叛不常，宣德中，陈氏后陈暠表恳嗣王安南，因弃其地，宥而封之。暠寻死，黎氏遂有其地。嘉靖中，莫登庸篡之，乞降于朝，乃降为安南都统使司，以登庸为使。万历间，黎氏复立，莫氏窜居高平，诏以黎维谭为都统使，莫敬用为高平令，世守朝贡，毋相侵害。

占城国　古越裳氏界。秦为象郡林邑，汉属日南郡，唐号占城。至明洪武初入贡，诏封占城国王。

暹逻国　本暹与罗斛二国，暹乃汉赤眉遗种。元至正间，暹降于罗斛，合为一国。明洪武初，上金叶表文入贡，诏给印绶，赐《大统历》，且乞量衡为中国式，从之。

爪哇国　古阇婆国。刘宋元嘉中，始通中国，后绝。元时称爪哇。明洪武初朝贡，永乐二年，赐镀金银印。

真腊国　扶南属国，亦名占腊。隋时始通中国，有水真腊、陆真腊，明洪武初入贡。

满剌加国　前代不通中国，自明永乐初朝贡，赐印，诰封国王。九年，国王率其子来朝后，进贡不绝。

三佛齐国　南蛮别种，有十五州。唐始通中国，明洪武初朝贡，赐驼纽镀金印。

淳泥国　本阇婆属，所统十四州。宋太平兴国中，始通中国。明洪武中，进金表；永乐初，王率妻子来朝，卒于南京会同馆。诏谥恭顺，赐葬石子冈。命其妻子还国。

苏门答剌国　前代无考。明洪武中，奉金叶表，贡方物；永乐初，给印诰封之。

苏禄国　国分东西峒，凡三王：东王为尊，西峒二王次之。明永乐间，王率妻子来朝，次德州，卒。葬以王礼，谥曰恭定。遣其妃妾还国。

彭亨国　其前无考。明洪武十一年，遣使表，贡方物。永乐十二年，复入贡。

锡兰山　古无可考。明永乐间，太监郑和俘其王以归，乃封其族人耶巴乃那为王，国人以其贤，故封之。正统天顺间，遣使朝贡。

柯支　古槃国。明永乐二年，遣使朝贡。

祖法儿　亦名左法儿。前代无考。明永乐中入贡。

溜山　前代无考。明永乐中，遣使入贡。

百花　前代无考。明洪武中入贡。

婆罗　一名婆罗，前代无考。明永乐中入贡。

合猫里 前代无考。明永乐中，同爪哇国入贡。

忽鲁谟斯 前代无考。明永乐中入贡。

西洋古里国 西洋诸番之会。明永乐中，遣使朝贡，封古里国王。

西番① 即土番也。其先本羌属，凡百余种，散处河、湟、江、岷②间。唐贞观中，始通中国。宋时，朝贡不绝。元时，曾郡县其地。明洪武初，诏各族酋长，举故有官职者至京授职。自是，番僧有封灌顶国师及赞善王、阐化王、正觉大乘法王、如来大宝法王者，俱赐银印。三年一朝，或间岁赴京朝贡。其地为指挥司三、宣慰司一、招讨司六、万户府四，又宣慰司二千户所十七。

【注释】
①西番：一作"西蕃"，吐蕃异称。原稿正文中"土番"宜作"吐蕃"。
②原稿"岷"当作"洮"，即洮州。

撒马儿罕 汉罽宾国地。明洪武、永乐、正统间，俱遣使入贡。

罕东卫 古西戎部落。于明洪武间通贡，置卫，以酋长锁南吉刺思为指挥佥事。

安定卫 鞑靼别部。自明洪武中朝贡，赐织金文绮，立安定、阿端三卫①。

【注释】
①原稿"三卫"当作"二卫"。

曲先卫　古西戎部落也。明洪武四年置卫。

榜葛剌国　西天有五印度国，此东印度也，其国最大，明永乐初入贡。

天方国　古笕冲地。一名西域。明宣德中朝贡。

默德那国　即回回祖国也。初，国王谟罕蓦德生而神灵佑，臣伏西域诸国。隋开皇时，始通中国。明宣德中，遣使天方国朝贡。

哈烈　一名黑鲁。四面皆大山。维明洪武中，诏谕酋长，赐金币。永乐、正统间，遣使贡马。

于阗　居葱岭北。自汉至唐①，皆入贡中国。明永乐初，遣使贡玉璞。

【注释】

①原稿"自汉至唐"宜作"自汉至宋"。

哈蜜卫　古伊吾庐地。为西域诸番往来要地，汉明帝屯田于此。唐为西伊州。明永乐初设卫，封克安帖木儿为忠顺王，赐诰印。

火州①　本汉时车师前后王地②。汉元帝时，置戊己校尉，屯田于此，名高昌垒。前凉张骏置高昌郡，唐改为交河郡，后陷于吐番。其地为回鹘杂居，故又名回鹘。宋、元皆遣使朝贡。明朝名曰火州。永乐间、宣德间，俱遣使入贡马。

【注释】

①**火州**：古城名。故址在今新疆吐鲁番东南。

②原稿"本汉时车师前后王地"当作"车师前王地"。

亦力把力　地居沙漠间，疑即焉耆，或龟兹地也。自明洪武以来，入贡不绝。

赤斤蒙古卫　西戎地。战国时月氏居之，秦末汉初属匈奴，汉武帝时为酒泉、敦煌二郡地。唐没于吐番，宋入西夏。明永乐初，故鞑靼丞相率所部男妇来归。诏建千户所，寻升卫。正德时卫遂虚。

土鲁番　汉车师前王地。唐置西州交河郡，析以为县，有安乐城，方一二里，地平衍，四面皆山。明永乐中入贡，至今不绝。然侵夺哈密，犯嘉峪关外七卫，地大人众，际昔悬绝矣。

拂菻　前代无考。明洪武中入贡。

鞑靼　种落①不一，历代名称各异。夏曰獯鬻，周曰猃狁，秦汉皆曰匈奴，唐曰突厥，宋曰契丹。自汉后匈奴稍弱，而乌桓兴，自鲜卑灭乌桓，而后魏蠕蠕独盛，自蠕蠕灭，而突厥起。自唐李靖灭突厥，而契丹复强。既而蒙古兼并之，遂代宋称号曰元。至于明兴，元主遁归沙漠，其遗裔世称可汗。永乐初，有马哈木、阿鲁台奉贡惟谨，因封马哈木为顺宁王，阿鲁台为和宁王。正统间，马哈木之孙也先大举入寇。成化中，也先之后称小王子复通贡，其次子曰阿著者先，子三：长吉囊、次俺答、次老把都，而俺答最犷桀。隆庆间执叛人米献，乃封顺义王，其子黄台吉等授都督官，开市通贡。

【注释】

①原稿"种落"宜作"部落"。

兀良哈　古山戎地。秦为辽西郡北境，汉为奚所据，所属契丹。元为大宁路北境，明洪武间，割锦义、建刹诸州隶辽东，又设都司于

［清］丁观鹏、金廷标、姚文瀚、程梁等《皇清职贡图》，纸本，设色，清高宗、刘统勋、梁诗正题跋，33.9cm×1481.4cm，藏于台北故宫博物院

绘卷所描述的外国有：朝鲜国、琉球国、安南国、暹罗国、苏禄国、南掌国、缅甸国、大西洋国、大西洋合勒未祭亚省、大西洋翁加里亚国、大西洋波罗尼亚国、大西洋国黑鬼奴、大西洋国夷僧女尼、小西洋国、英吉利国、法兰西国、瑞典国、日本国、马辰国、汶莱国、柔佛国、荷兰国、鄂罗斯、宋腒朥国、东埔寨国、吕宋国、咖喇吧国、嘛六甲国、苏喇国、亚利晚国、巴勒布大头人并从人即廓尔喀、哈萨克、布鲁特、拔达山、安集延、爱乌罕、霍罕、启齐玉苏部努喇丽所属回人、启齐玉苏部巴图尔所属回人、乌尔根齐部哈雅布所属回人，共计40处

惠州，领营兴，会合二十余卫所，北平行都司也。随封子权为宁王，筑大宁、宽河州、会州、富峪四城，留重兵居守，后以北和来降者众，诏分兀良哈地，置三卫处之，自锦义辽河至白云山曰泰宁，自黄泥洼逾沈阳铁岭至开原曰福余，自广宁前屯历喜峰近宣府曰朵颜，命其长为指挥，各领所部为东北外藩。靖难初，首劫大宁，召兀良哈诸酋长率部落从行有功，遂以大宁界三卫，移封宁王于南昌，徙行都司于保定，自撤藩篱，而朵颜分地尤最险，与北卤交婚，阴为响导，名曰外卫肘腋之忧。后二卫浸衰，朵颜独强盛，故称朵颜三卫云。

女真 古肃慎地。在混同江之东，开原之北，即金人余裔也。汉曰挹娄，魏曰勿吉，唐曰靺鞨，元曰合兰府。明朝悉境归附，因其部族所居置都司一、卫一百八十有四、千户所二十，官其长为都督指挥、指挥千百户、镇抚等职，给之印，俾仍旧族统厥属，以时朝贡，其地面凡三十八城，二站九口、三河口。

吏部员外郎陈诚所记：洪武间来贡者，则有西洋琐里、琐里、览邦、淡巴。永乐间来贡者，则有古里班卒、阿鲁、阿丹、小葛兰、碟里、打回、日罗夏治、忽鲁母恩[1]、吕宋、甘巴里、古麻剌（其王来朝，至福州卒。赐谥康靖，敕葬闽县）、沼纳扑儿、加异勒、敏真诚、八答黑商、别失八里、鲁陈、沙鹿海牙、赛蓝、火剌札、吃刀麻儿、失剌思、纳失者罕、亦思把罕、白松虎儿、答儿密、阿迷[2]、沙哈鲁、黑葛达。又有同黑葛达来贡者，共十六国，曰南巫里、曰急兰丹、曰奇剌尼、曰夏剌北、曰窟察尼、曰乌涉剌踢、曰阿哇、曰麻利[3]、曰鲁密、曰彭加那、曰舍剌齐、曰八叵意、曰坎巴夷替、曰八答黑、曰日落。至于宣德中曾入贡，曰黑娄、曰哈失哈力、曰讨来思、曰白葛达。

【注释】

①原稿"忽鲁母恩"疑为"忽鲁谟斯"之误。忽鲁谟斯，古国名。

②原稿"阿迷"疑作"阿速"。

③原稿"麻利"疑似"麻林"，古国名，故地在今肯尼亚马迪林一带。

卷十六　植物部

草　木

蓂荚　尧时有草生于庭曰蓂荚，十五之前，日生一叶，十五后，日落一叶，小尽则一叶厌而不落，观之可以知旬朔，故又名之历草。

翣脯　尧时厨中自生肉脯，薄如翣形，摇鼓则生风，使食物寒而不臭。

佳谷　神农于羊头山（潞安长子县）得佳谷，宋真宗始给民占城稻种（今糯米）。

屈轶　尧时有草生于庭，佞人入朝，此草则屈而指之，名曰屈轶。

峄阳孤桐[1]　在峄县峄山之上，自三代至今，止存一截。天启年间，妖贼倡乱，取以造饭，形迹俱无。

【注释】

①峄阳孤桐：峄山南坡所生的特异梧桐，古代以为是制琴的上好材料。

五大夫松　今人称泰山五大夫松，俱云五松树，而不知始皇上泰山封禅，风雨暴至，休于松树下，遂封其树为大夫。五大夫，秦官第九爵也。此言可订千古之误。

虞美人草　虞美人自刎，葬于雅州名山县，冢中出草，状如鸡冠花，叶叶相对，唱《虞美人曲》，则应板而舞，俗称虞美人草。

蓍草　千岁则一本，茎其下必有神龟守之，用以揲蓍[1]。多生于伏羲陵与文王陵上。

【注释】

①揲蓍：亦称"揲蓍草"，即数蓍草。古代问卜的一种方式，用手抽点蓍草茎的数目，以决定吉凶祸福。

挂剑草　季札墓前生草，其形如挂剑，故名。可疗心疾。

斑竹　尧二女为舜二妃，曰湘君、湘君夫人。舜崩于苍梧，二妃哭泣，以泪洒湘竹，湘竹尽斑，故又名湘妃竹。

梅梁　会稽禹庙有梅梁，雷雨之夜，其梁飞出，五鼓复还。晓视梁上常带水藻，后为梅太守易去。

萍实　楚王[1]渡江得萍实，大如斗，赤如日，剖而食之，甜如蜜。

【注释】

①楚王：楚昭王。

孔庙桧 曲阜孔庙有孔子手植桧如降香①，一株无枝叶，坚如金铁，纹皆左纽，有圣人生则发一枝，以占世远。按桧历周、秦、汉、晋千百余年，至怀帝永嘉三年而枯，枯三百有九年。至隋恭帝义宁元年复生五十一年。至唐高宗乾封三年再枯，枯三百七十四年。至宋仁宗康定元年再荣。至金宣宗贞祐三年，罹于兵火，枝叶俱焚，仅存其干。后八十一年，元世祖三十一年再发。至太祖洪武二十二年发数枝，极茂盛，至建文四年复枯。

【注释】

①降香：香木名。

汉柏 泰安州东岳庙东庑，有汉武帝手植柏六株，枝叶郁苍，翠如铜绿，扣其余干，如击金石，硁硁有声。曹操时赤眉作乱，大斧斫之，见血而止。今有斧创尚存。

唐槐 峄县孟子庙，有唐太宗手植槐，枝叶蓊郁，躯干苗壮而矮。

邵平瓜 邵平者，故秦东陵侯。秦破，为布衣，种瓜长安城东，瓜常五色，味甚甘美，世号"东陵瓜"。五代胡峤始以回纥西瓜入中国。

赤草 刘小鹤言：未央宫址，其地丈余，草皆赤色，相传为韩淮阴受刑之处，其怨愤之气郁结而成。

桐历 桐知日月正闰。生十二叶，边有六叶，从下数一叶为一月，闰则十三叶，叶小者即知闰何月也。不生则九州异君。

知风草 南海有草，丛生，如藤蔓。土人视其节，以占一岁之风，每一节则一风，无节则无风，名曰"知风草"。

护门草 出常山。取置户下，或有过其门者，草必叱之。一名"百灵草"。

虹草 乐浪之东有背明之国，有虹草，枝长一丈，叶如车轮，根大如毂，花似朝虹之色。齐桓公伐山戎，国人献其种而植于庭，以表伯者之瑞。

不死草 东海祖洲上有不死之草，一名养神草①，生琼田中，其叶似菰苗，丛生，长三四尺。人死者，以草覆之即活，一株可活一人，服之令人长生。

【注释】
①原稿"养神草"当作"养神芝"。

怀梦草 钟火山有香草，似蒲，色红，昼缩入地，夜半抽萌，怀其草，自知梦之好恶。汉武帝思李夫人，东方朔献之。帝怀之，即梦见夫人，因名曰怀梦草。

书带草 郑玄字康成，居城南山中教授。山下有草如薤，叶长而细，坚韧异常，时人名为"康成书带"。

八芳草 宋艮岳八芳草，曰金蛾，曰玉蝉，曰虎耳，曰凤毛，曰素馨，曰渠那，曰茉莉，曰含笑。

钩吻草 生深山之中，状似黄精，入口口裂，著肉肉溃，名曰钩吻，食之即死。但其花紫，黄精花白；其叶微毛，黄精叶光滑，以此辨之。

金井梧桐 世尝言："金井梧桐一叶飘。"梧桐叶上有黄圈文如井，故曰金井，非井栏也。

沙棠木 可以御水，其实曰箕，状如葵，味如葱，食之已痨，又使人入水不溺。

君迁 《蜀都赋》："平仲君迁①。"皆木名，注缺。按司马温公《名苑记》云，君迁子如马奶，俗云牛奶柿是也。今之造扇用柿油，遂名柿漆。

【注释】

①原稿"《蜀都赋》"当作"《吴都赋》"。**君迁**：柿树名。

芊历 芊芀生子十二子，遇闰则多生一子。时人谓之芊历。

肉芝 萧靖之掘地得"人手"，润泽而白，烹而食之，愈月齿发再生。一道士云：此肉芝也。《抱朴子》言：行山中见小人乘车马，七八寸者，肉芝也，捉取服之，即仙矣。

桑木者，箕星之精神木也。蚕食之成文章，人食之老翁为小童。

肉树者，端山猪肉子也。山在德庆州，子大如茶杯，炙而食之，味如猪肉而美。

哀家梨 哀仲家有梨，甚佳，大如升，入口即化。

含消梨① 汉武帝樊川园，有大梨，如五升瓶，落地则碎。欲取先以囊承之，名曰含消梨。

【注释】

①原稿无标题，今加。

涂林① 张骞使安石国十八年，得涂林种而归，即安石榴也。又得胡麻，遍植中国。

【注释】

①涂林：古国名。

阿魏树 出三佛齐国，其树有瘿，出滋最毒，着人身即糜烂，人不敢近。每采时，系羊于树下，骑快马自远射之，脂着于羊，羊即烂。故曰飞鸟取阿魏。

葡萄苜蓿 李广利始移植大苑国苜蓿葡萄。

甘蔗 宋神宗问吕惠卿，曰："蔗字从庶何也？""凡草木种之俱正生，蔗独横生，盖庶出也，故从庶。"顾长康啖蔗，先食尾。人问所以，曰："渐入至佳境。"

乌树 号柘树也。枝长而劲，乌集之，将飞，柘枝反起弹乌，乌乃呼号。以此枝为弓，快而有力，故名乌号之弓。

共枕树 潘章有美容，与楚人王仲先交厚，死则共莽。冢上生树，柯条枝叶，无不相抱。故曰共枕树。

木奴① 李衡为丹阳太守，于龙阳洲上种橘千树。临终，敕其子曰："吾州里有千头木奴，不责汝衣食。岁上一匹绢，亦足用矣。"

【注释】

①木奴：柑橘别名。

化枳 晏子曰："橘生淮南则为橘，生于淮北则为枳。叶徒相似，其实味不同。水土异也。"

七星剑草 草如剑形，上有七星，列如北斗。

骨牌草 叶上有幺二三四五六斑点，与骨牌无异。

刘寄奴草 刘裕微时伐荻新洲，有大蛇数丈，裕射之。明日至此，见数童捣叶，裕问故，答曰："我王为刘寄奴所伤，今合药敷之。"裕曰："何不杀之？"曰："刘寄奴王者，不死。"裕叱之，皆散走。裕得药，敷金创立效。遂呼其草为刘寄奴，裕之乳名也。

益智 叶如襄荷①，茎如竹箭，子从中心出。一枝有十子，子内白骨，四破去之，取外度，蜜煮为粽子，味辛。卢循飨宋武，又飨远公，名益智粽。

【注释】

①原稿"襄荷"及下句"外度"，当作"蘘荷""外皮"。

祁连仙树 祁连山有仙树一本，四味。其实如枣，以竹刀剖则甘，以铁刀剖则苦，以木刀剖则酸，以芦刀剖则辛。

桂 《南方草木状》：有三种，叶如柏叶，皮赤者为丹桂；叶如柿叶者为菌桂；叶似枇杷者为牡桂。今闽中多桂，四季开花有子，此真桂。其江南八九月开花无子者，此木樨也。

酒树 《拾遗记》：顾逢国有树似石榴，采其花汁注瓮中，数日成酒，味甚美，名其树曰酒树。

面树① 名桄榔树。树大四五围，长五六丈，洪直无枝条，其颠生叶，不过数十，似栟榈；其子作穗，生木端；其皮可作绠，得水则柔韧。胡人以此联木为舟，皮中有屑如面，多者至数斛，食之，与常面无异。

【注释】

①原稿"面树"当作"面水"。

杨柳 隋炀帝开河成，虞世基请于堤上栽柳，一则树根四出，鞠护河堤；一则牵舟之女获其阴樾；三则牵舟之羊食其枝叶。上大喜，诏民间进柳一株，赐一缣；百姓竞献之。帝自种一株，群臣次第种之。栽毕，上御笔赐垂柳姓杨，曰"杨柳"。

薏苡 马援在交趾，以薏苡实能胜瘴气，还，载之一车。及援死，有上书谮之者，以前所载皆明珠文犀。

橄榄 南威也。《金楼子》云：有树名独根，分为二枝，其东向一枝是木威树，南向一枝是橄榄树。其树高峻不可梯，刻其根下方□许，纳盐其中，一夕子皆落。此木可作舟楫，所经皆浮起。东坡诗："纷纷青子落红盐，正味森森苦且严。待得余甘回齿颊，已输崖蜜十分甜。"三国吴时始贡橄榄，赐近臣。

瑞柳 唐中书省有古柳，忽一死枯，德宗自梁还，复荣茂，人谓之瑞柳。

义竹 《唐纪》：明皇后苑竹丛幽密，帝谓诸王曰："兄弟相亲，当如此竹。"因谓之义竹。

椰树　如栟榈，高五六丈，无枝条，其实大如寒瓜，外有粗皮，皮次有壳，圆而且坚，剖之有白肤，厚半寸，味似胡桃而极肥美，有浆，饮之，作酒气。俗人呼之"越王头"。其壳可镶杯壶，可作瓢。

文林果①　宋王谨为曹州从事，得林檎，贡于高宗，似朱柰②。上大重之，因赐谨为文林郎，号文林果。一云，唐高宗时王方言始盛栽林檎。

【注释】

①**文林果**：即苹果。

②**朱柰**：俗称花红，也称沙果。

不灰木①　《抱朴子》：南海萧丘之上，自生之火，春起秋灭。丘上纯生一种木，虽为火所着，但少焦黑，人或得以为薪者，炊熟则灌灭之，用之不穷。束皙《发蒙》曰："西域有火浣之布，东海有不灰之木。"

【注释】

①**不灰木**：即石棉。

三槐　王旦父祐有阴德，尝手植三槐于庭，曰："吾后世必有为三公者，植此所以志也。"

寇公柏　寇准初授巴东令，人皆以"寇巴东"呼之。手植双柏于庭，名"寇公柏"。人比邵伯甘棠。

铁树　广西殷指挥家，有铁树高三四尺，干叶皆紫黑色，叶类石榴。遇丁卯年开花，四瓣，紫白色，如瑞香，较少圆。一开，累月不凋，嗅之有铁气。

齐白石《红荔图》，藏于中央文史研究馆

莱公竹 寇莱公死后，归葬西京。道出荆南公安县，人皆设祭哭于路，折竹植地，以挂纸钱。逾月视之，枯竹皆生笋，人号"莱公竹"。因立庙，号"竹林寇公祠"。

迎凉草 李辅国夏日会宾客，设迎凉草于庭，清风徐来。草色碧，干类苦竹，叶细如杉。

荔枝 蔡君谟曰：闽中荔枝，兴化最为奇特，尤重陈紫。其树晚熟，其实广上而圆下，大可径寸有五分，香气清远，色泽鲜紫，壳薄而平，瓤厚而莹，膜如桃花红，核如丁香母，剥之凝如水晶，食之消如绛雪，其味之甘芳，不可得而名状也。

宋家香[①]　宋氏尝以馈蔡君谟，君谟以《诗序》谢之曰：世传此植已三百年。黄巢兵过，欲伐之，时王氏主其木，媪抱木欲共死，得不伐。今虽老矣，其实益繁，其味益甘滑，真异品也。

【注释】

①宋家香：荔枝别名。

瑞榴　邵武县学宋时有石榴一株，士人观其结实之数，以卜登第多寡，屡验，因名"瑞榴"。

柯柏　柯潜官少詹，手植二柏于翰林苑后堂，号"学士柏"。复造瀛洲亭以临之。

种松　晋孙绰隐会稽山中，作《天台赋》，范荣期曰："掷地有金石声矣。"绰于斋前种一松，恒手自壅治之。邻人高柔语曰："松树子非不楚楚可怜，但无栋梁耳！"孙曰："枫柳虽合抱，亦复何施？"

连理木　宋梁世基家，有荔枝生连理，神宗赐以诗曰："横浦江南岸，梁家闻世贤。一株连理木，五月荔枝天。"

树头酒　缅甸有树，类棕，高五六丈，结实大如掌。土人以面纳罐中，悬罐于实下，划实取汁成酒。其叶，即贝叶也，写缅书用之。

嗜鲜荔枝　唐天宝中，贵妃嗜鲜荔枝。涪州岁命驿递，七日夜至长安，人马俱毙。杜牧之诗："一骑红尘妃子笑，无人知是荔枝来。"

荔奴 龙眼似荔枝，而叶微小，凌冬不凋，七月而实成，壳青黄色，文作鳞甲，形圆似弹丸，肉白有浆，甚甘美。其实极繁，一朵五六十颗，作穗如葡萄然。荔枝才过，龙眼即熟。南人目为"荔奴"。

此君 王子猷暂寄人空宅，便令种竹，人问之，曰："何可一日无此君！"

报竹平安 李衡公守北都，惟童子寺有竹一颗，才长数尺。其寺纲维①，每日报竹平安。

【注释】

①纲维：僧寺中司事务者。

蕉迷 南汉贵珰赵纯卿惟喜芭蕉，凡轩窗馆宇咸种之。时称纯卿为"蕉迷"。

卖宅留松 海虞孙齐之手植一松，珍护特至。池馆业属他姓，独松不肯入券。与邻人卖浆者约，岁以千钱为赠，祈开壁间一小牖，时时携壶茗往，从牖间窥松，或松有枯毛，辄道主人，亲往梳剔，毕即便去。后其子林森辈养志，亟复其业。

青田核 《鸡跖集》：乌孙国有青田核，莫知其木与实，而核如瓠，可容五六升，以之盛水，俄而成酒，刘章得二焉。集宾客设之，一核才尽，一核又熟，可供二十客。名曰"青田壶"。

桃核 洪武乙卯出元内库所藏巨桃核，半面长五寸，广四寸七分，前刻"西王母赐汉武桃"及"宣和殿"十字，涂以金，中绘龟鹤云气之象，复镌"庚子甲申月丁酉日记"。命宋濂作赋。

龙眼荔枝① 汉高帝时，南粤王始献龙眼树，汉武帝时始得交趾荔枝，植上林。魏文帝始诏南方岁贡龙眼荔枝。

【注释】

①原稿无标题，今加。

药名 将离赠芍药，亦名可离。相招赠文无，文无一名当归。欲忘人忧，赠丹棘，一名忘忧。欲蠲人之忿，赠青棠，青棠一名合欢。后人折柳赠行，折梅寄远（见《古今注》及《董子》）。又帝不愁（见《山海经》），芍药养性（见《博物志》），皋苏释忿（见《王粲志》），甘枣不惑（见束晳《发蒙记》）。树有长生（见《邺中志》）。木有无患（见《纂异文》）。

碧鲜赋 五色①扈载游相国寺，见庭竹可爱，作《碧鲜赋》。世宗遣小黄门就壁录之，览而称善。

刘宽夫《剿竹记》："坚可以配松柏，劲可以凌霜雪，密可以消清烟，疏可以漏霄月。"

【注释】

①原稿"五色"当作"五代"。

榕城 福州有榕树，其大十围，凌冬不凋，郡城独盛，故号榕城。

相思树 潮凤凰山多相思树，树中有神，披发跣足。

念珠树 在大理府，每穗结实百八枚。昔李贤者，寓周城，主人其妇难产，李摘念珠一枚使吞，珠在儿手中擎出。

席草 储福靖难时卫卒，流于曲靖，不食，死。妻范氏奉姑甚谨，一日见涧边草类苏，织席以奉姑。姑卒后，草遂不生。

蒌叶藤 叶似葛蔓附于树，可为酱，即《汉书》所谓蒟酱也，实似桑椹，皮黑、肉白、味辛，合槟榔食之，御瘴气。

神木 永乐四年，采楠木于沐川，方欲开道以出之，一夕，楠木自移数里，因封其山为神木山。

独本葱 元初，马湖蛮岁以独本葱米献，郡县疲于递送，元贞初罢之。

邛竹 《蜀记》：张骞奉使西域，得高节竹种于邛山。今以为杖，甚雅。

天符 容子山有木叶，名天符，叶如荔枝叶而长，其纹如虫蚀篆，不知何木，或以为刘真人仙迹。

吕公樟 松江之北禅寺，宋有回先生过之，手植一樟于殿。后数年樟死，回复造焉，问樟公安在，取瓢内药一丸，瘗诸根下，樟遂活，叶叶俱显瓢痕。人始悟吕仙也。

陈朝双桧 静安寺中有双桧，宋政和间，朱勔勒图以进，遣中使取之，风雨雷电震碎其一，遂止。

竹诗 胡闰题诗于吴芮祠壁云："幽人无俗怀，写此苍龙骨，九天风雨来，飞腾作灵物。"明太祖见而赏之，召拜大理卿。

苦笋反甘 《梦溪笔谈》云：太虚观中修竹，相传陆修静手植，出苦笋而味反甘；归宗寺造盐菹而味反淡，盖中山佳物也。

水晶葱 宋孝宗问周必大："吉安所产何物？"对曰："金柑玉版笋，银杏水晶葱。"

巨楠 赤城阁前有巨楠，高数十寻，围三十尺，世传范寂手植。寂得长生久视之术，先主累召不赴，封逍遥公。

希夷所种 《方舆胜览》云：普州硗瘠，无异产，惟铁山枣、崇龛梨、天池藕三者，皆希夷所种。

骑鲸柏 大邑凤凰山有紫柏十围，根盘巨石上，号骑鲸柏。

芦根 秦始皇以东南气王，凿连江之九龙山，得芦根一茎，长数丈，断之有血，因名其山曰荻芦峡。

榕树门 桂林府之南门也。唐筑门时，榕一株，久跨门内外，盘错至地，生成门状，车马往来，径于其下。杨基诗云"榕树城门却倒垂"是也。

苴草 广西产，状如茅，食之令人多寿。暑月置盘筵中，蝇蚊不近，物亦不速腐，亦名不死草。又有木生子，形如猪肾，能解药毒，名猪腰子。

罗浮橘 严州城南，其山峻险不易登，上有罗浮橘一株，熟时风飘堕地，得者传为仙橘云。

玉芝 会稽陶堰岭出花生，叶下其根岁生一臼，取以面裹熟食，可辟谷。

百谷 《名物通》：粱者，黍稷之总名。稻者，溉种之总名。菽者，众豆之总名。三谷各二十种，为六十种。蔬果助谷各二十种，共为百谷。

君子竹 东坡诗："惟有长身六君子，猗猗犹得似淇园。"又箣篛亦竹之类，生水边，长数丈，围尺五寸，一节相去六七尺。

樗栎 《庄子》：吾有大树，人谓之樗。其大本，拥肿而不中绳墨；其小枝，卷曲而不中规矩。《通志》：南多楠，北多栎，似樗，即柞栎也。古云：社栎以不材故寿。

梗楠 《文选》：梗、楠、豫章皆名克胜大任之材也。

瓜田李下 《文选》：君子防未然，不处嫌疑间。瓜田不纳履，李下不整冠。

薰莸异器 《左传》：一薰一莸，十年尚犹有臭。《注》：薰，香草也；莸，臭草也。

蒲柳先槁 《世说》：顾悦之与简文帝同年，发蚤白。帝问之，曰："松柏之姿，经霜犹茂。蒲柳之姿，望秋先零。"

余桃 《韩子》：弥子瑕食桃而甘，以半啖卫君，君曰："爱我哉。"后子瑕得罪，君曰："是固啖我以余桃者。"

二桃杀三士 齐公孙接、田开疆、古冶子皆勇而无礼。晏子谓景公馈之二桃，令计功而食。三子皆自杀。

祥桑 亳里有桑穀共生于朝，七日大拱，伊陟曰："妖不胜德。"于是太戊修先王之政，养老问疾，早朝晏退，三日而桑穀死。

金杏 流山^①出。如梨，黄于橘。汉武访蓬瀛，有献此者，今呼"汉帝果"。

【注释】

①原稿"流山"当作"分流山"。

花 卉

桂花 草木之花五出，雪花六出，朱文公谓地六生水之义。然桂花四出，潘笠江谓土之产物，其成数五，故草木皆五，惟桂乃月中之本，居西方，四乃西方金之成数，故四出而金色，且开于秋云。

天花 五台山，草本。花如牡丹而大，其白如雪，下有白蛇守之，人摘其花，必伤之。土人作法窃取，蛇见无花，则自触死。晒干，大犹如鲜牡丹，取数瓣点汤，甚美，其价甚贵。

琼花 王兴入秋长山，见琼花茎长八九寸，叶如白檀，花如芙蕖，香闻数里，唐人植一株于广陵蕃釐观，至元时朽，以八仙花补之于琼花台前。

金带围 江都芍药，凡三十二种，惟金带围者不易得。韩琦守郡时，偶开四朵。时王岐公为郡倅，荆公安石为幕官，陈秀公升之以卫尉丞适至，韩公命宴花下，各簪一朵。后四人相继大拜①，乃花瑞也。

【注释】

①**大拜**：为相。

蔓花 胡人以茉莉为蔓花，宋徽宗时始名茉莉。

洛如花 吴兴山中有一树，类竹而有实，似荚，乡人见之，以问陆澄。澄曰："是名洛如花，郡有名士，则生此花。"

王者香 《家语》：孔子见兰花，叹曰："夫兰当为王者香，今与众花伍。"乃援琴作《倚兰操》。

伊兰花 金粟香特馥烈，戴之发髻，香闻十步，经月不散。西域以"伊"字至尊，如中国"天"字也，蒲曰"伊蒲"，兰曰"伊兰"，皆以尊称，谓其香无比也。大约今之真珠与木兰是也。

断肠花 昔有妇人思所欢，不见辄涕泣，洒泪于北墙之下，后湿处生草，其花甚美，色如妇面，其叶正绿反红，秋开，即今之海棠也。

蝴蝶花 在贵州玄妙观，春时开，花娇艳。至花落之时，皆成蝴蝶翩翩飞去，枝头无一存者。

优钵罗花 在北京礼部仪制司，开必四月八日，至冬而实，状如鬼莲蓬，脱去其壳，其核成金色佛一尊，形相皆具。

娑罗 夏津为昌化令，有娑罗树一株，花开时，香闻十里。津笑曰："此真花县也。"

兰花　蜜蜂采花，凡花则足粘而进。采兰花则背负而进，盖献其王也。进他花则赏以蜜，进稻花则致之死，蜂王之有德若此。

婪尾春　桑维翰曰：唐末文人以芍药为婪尾春者，盖婪尾酒乃最后之杯，芍药殿春，故名。唐留守李迪以芍药乘驿进御，玄宗始植之禁中。

姚黄魏紫　《西京杂记》：牡丹之奇者，有姚家黄、魏家紫。

木莲　白乐天曰：予游临邛白鹤山寺，佛殿前有木莲两株，其高数丈，叶坚厚如桂，以中夏开花，状如芙渠，香亦酷似。山僧云：花折时，有声如破竹然。一郡止二株，不知何自至也。成都多奇花，亦未常见。世有木芙蓉，不知有木莲花也。

国色天香　唐玄宗内殿赏花，问程修己曰："京师传唱牡丹者称首。"对曰："季正封云，国色朝酣酒，天香夜染衣。"帝因谓妃曰："妆镜前饮一紫金盏，正封之诗可见矣！"①

【注释】

①原稿"程修己""季正封"当作"程修己""李正封"。

茶花　以滇茶为第一，日丹次之。滇茶出自云南，色似衢红，大如茶碗，花瓣不多，中有层折，赤艳黄心，样范可爱。

佛桑　出岭南，枝叶类江南木槿，花类中州芍药，而轻柔过之。开时当二三月间，阿那可爱，有深红、浅红、淡红数种，剪插即活。

花癖　唐张籍性耽花卉，闻贵侯家有山茶一株，花大如盎，度不可得，以爱姬换之。人谓之"张籍花淫"。

海棠　宋真宗时始海棠与牡丹齐名。真宗御制杂诗十题，以海棠为首。晏元献公殊始植红海棠红梅，苏东坡始名黄梅为蜡梅。

花品　周濂溪《爱莲说》：菊，花之隐逸者也；牡丹，花之富贵者也；莲，花之君子者也。

舍东桑　《蜀志》：先主舍东有桑树高丈余，垂垂如盖，往来者皆怪此树非凡，谓当出贵人。先主少与诸儿戏树下，言："吾必当乘此羽葆车盖。"

张绪柳　《南史》：齐武帝时，益州献蜀柳，枝条甚长，状似丝

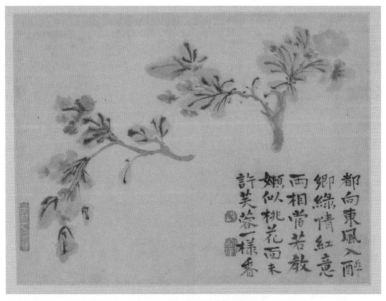

［清］石涛《花卉图册》之《海棠》，藏于美国华盛顿弗利尔美术馆

缕。帝以植于太昌灵和殿前，曰："此柳风流可爱，似张绪少年时也。"

美人蕉　其花四时皆开，深红照眼，经月不谢。

海棠香国　昔有调昌州守者，求易便地。彭渊①闻而止之，曰："昌，佳郡守也！"守问故，曰："海棠患，患无香，独昌地产者香，故号海棠香国，非佳郡乎？"

【注释】

①原稿"彭渊"当作"彭渊材"。彭几，字渊材，宋人，精于音乐。

思梅再任　何逊为扬州法曹，公廨有梅一株，逊常赋诗其下，后居洛，思梅花不得，请再任扬州。至日，花开满树，逊宾醉赏之。

榴花洞　唐樵者蓝超，于福州东山逐一鹿，鹿入石门，内有鸡犬人烟，见一翁，谓曰："皆避秦地，留卿可乎？"超曰："归别妻子乃来。"与榴花一枝而出。后再访之，则迷矣。

桃花山　在定海，安期生炼药于此，以墨汁洒石上成桃花，雨过则鲜艳如生。

攀枝花　广州产，高四五丈，类山茶，殷红如锦，一名木绵。

一年三花　嵩山西麓，汉有道士从外国将贝多子来，种之，成四树，一年三花，白色，其香异常。

白蕖　韩诗：太华峰头玉井莲，开花十丈藕如船，冷比雪霜甘比蜜，一片入口沉疴瘳。

萱草宜男 《博物志》：萱号忘忧草，亦名宜男花。韩诗：萱草女儿花，不忘壮士忧。

冰肌玉骨 袁丰之评梅曰："冰肌玉骨，世外佳人，但恨无倾城之笑耳。"

菊比隐逸 菊不竞春芳，后群卉而开，故以隐逸之士比之。

花似六郎 誉张昌宗者曰："六郎貌似莲花。"杨再思曰："乃莲花似六郎耳。"

先后开 大庾岭上梅花，南枝已落，北枝方开，寒暖之候异也。

卷十七　四灵部

飞　禽

鸟社　大禹即位十年，东巡狩，崩于会稽，因而葬之。有鸟来为之耘，春拔草根，秋啄芜秽，谓之鸟社。县官禁民不得妄害此鸟，犯则无赦。

精卫鸟　炎帝女溺死渤澥海中，化为精卫鸟，日衔西山木石，以填渤澥，至死不倦。

凤　《论语谶》曰："凤有六象九苞。"六象者，头象天，目象日，背象月，翼象风，足象地，尾象纬。九苞者，口包命，心合度，耳聪达，舌诎伸，色光彩，冠矩朱，距锐钩，音激扬，腹文户。行鸣曰归嬉，止鸣曰提扶，夜鸣曰善哉，晨鸣曰贺世，飞鸣曰郎都，食惟梧桐竹实。故子欲居九夷，从凤嬉。

［清］余省、张为邦《鸾》，画出《摹蒋廷锡鸟谱》，藏于台北故宫博物院

鸾　瑞鸟也。张华注曰：鸾者，凤凰之亚，始生类凤，久则五彩变易，其音如铃。周之文物大备，法车之上缀以大铃，和鸾声也，故改为鸾驾。

像凤　太史令蔡衡曰：凡像凤者有五色，多赤者凤，多青者鸾，多黄者鹓雏，多紫者鸑鷟，多白者鹄。此鸟多青，乃鸾，非凤也。

迦陵鸟　鸣清越如笙箫，妙合宫商，能为百虫之音。《楞严经》云："迦陵仙音，遍十方界。"

毕方鸟　《山海经》：章峨之山，有鸟，状如鹤，一足，赤文青质而白喙，名曰"毕方"。其鸣自叫。见则邑有讹火[1]。

【注释】

①讹火：野火烧。

鸢影① 宋范泰《鸢诗序》：昔罽宾王结罝峻卯之山，获一鸾，三年不鸣。其夫人曰："尝闻鸟见其类则鸣，何不悬镜以照之？"王从其言。鸾观影悲鸣，冲霄一奋而绝。嗟乎慈禽！何情之深也。鸾血作胶②，以续弓弩、琴瑟之弦。

【注释】

①鸾影：鸾鸟雌雄相守，离则悲鸣。后喻指人失去配偶。

②原稿"鸾血作胶"说法有误，鸾胶是用鸾鸟脂肪制成。

吐绶鸡 形状、毛色俱如大鸡。天晴淑景，颔下吐绶，方一尺，金碧晃曜，花纹如蜀锦，中有一字，乃篆文"寿"字，阴晦则不吐。一名"寿字鸡"，一名"锦带功曹"。

孔雀 自爱其尾，遇芳时好景，闻鼓吹则舒张翅尾，盼睐而舞。性妒忌，见妇女盛服，必奔逐啄之。山栖时，先择贮尾之地，然后置身。欲生捕之者，候雨甚，往擒之。尾沾雨而重，人虽至，犹爱尾，不敢轻动也。

杜鹃 蜀有王曰杜宇，禅位于鳖灵，隐于西山，死，化为杜鹃。蜀人闻其鸣，则思之，故曰"望帝"。又曰杜鹃生子寄于他巢，百鸟为饲之。

鸿鹄六翮 刘向曰："今夫鸿鹄高飞冲天，然其所恃者六翮耳。"夫腹下之毳，背上之毛，摺去一把，飞不为高下。

号寒虫 五台山有鸟，名号寒虫。四足，有肉翅不能飞，其粪

［清］郎世宁《孔雀开屏图》轴，绢本，设色，
328cm×282cm，藏于台北故宫博物院

即五灵脂①也。当盛暑时，文采绚烂，乃自鸣曰："凤凰不如我。"至冬，毛尽脱落，自鸣曰："得过且过。"

【注释】

①五灵脂：中药名，可通血去瘀。

秦吉了　岭南灵鸟。一名"了哥"。形似鹦鹆，黑色，两肩独黄，顶毛有缝，如人分发，耳聪心慧，舌巧能言。有夷人以数万钱买去，吉了曰："我汉禽不入胡地！"遂惊死。

变化　《月令》：三月，田鼠化为𪆫，八月𪆫化为田鼠。二物交化，即今所谓鹌鹑也。二月鹰化为鸠，八月鸠化为鹰，亦交化也。

赤乌　周武土伐纣，渡孟津，有火自上而下，至王屋，流化为乌，其色赤，其声丑。

布谷　即斑鸠。杜诗："布谷催春种。"张华曰：农事方起，此鸟飞鸣于桑间，若云谷可布种也。又其声曰："家家撒谷。"又云："脱却破裤。"因其声之相似也。

蟊母 大如鸡，黑色，生南方池泽葭芦中，其声如人呕吐，每一鸣，口中吐出蚊虫一二升。

稚子 一名"竹团①"。喜食笋，善匿，不使人见。故杜诗有"笋根稚子无人见"之句。

【注释】

①原稿"竹团"当作"竹豚"，是鼠的一种。本条宜归入"走兽"类。

鹢 水鸟，能厌水神，故画于舟首，舟名"彩鹢"。

捕鹞 魏公子无忌，方与客饮。有鹞击鸠，走逃于公子案下，鹞追击，杀于公子之前。公子耻之，即使人多设罻罗①，得鹞数十匹，责让以杀鸠之罪，曰："杀鸠者死！"一鹞低头，不敢仰视；余皆鼓翅自鸣。公子乃杀低头者，余尽释之。

【注释】

①罻罗：小网。

鹁鸽井 汉高祖庙，临城鹁鸽井旁，记云："沛公避难井中，有双鸽集井中，追者不疑，得脱。"

雪衣娘 唐明皇时，岭南进白鹦鹉，聪慧能言，上呼之为"雪衣娘"。上每与诸王及贵妃博戏，稍不胜，左右呼雪衣娘，即飞入局中，以乱其行列。一日语曰："昨夜梦为鸷所搏。"已而，果为鹰毙，瘗之苑中，号"鹦鹉冢"。唐李繁曰："东都有人养鹦鹉，以甚慧，施于僧，僧教之能诵经，往往架上不言不动。问其故，对曰："身心俱不动，为求无上道。"及其死，焚之，有舍利。

白鹇　宋帝昺驻跸厓州山，为元兵所追，丞相陆秀夫抱帝赴海死。时御舟一白鹇，奋击哀鸣，堕水以殉。

鹁鸽诗　宋高宗好养鸽，躬自飞放。有士人题诗云："鹁鸽飞腾绕帝都，朝收暮放费工夫。何如养个南来雁，沙漠能传二帝书。"帝闻之，召见士人，即命补官。

长鸣鸡　宋处宗尝买一长鸣鸡，著窗间。后鸡作人语，与处宗谈论，终日不辍。处宗因此学业大进。

宋厨鸡蛋　宋文帝尚食厨备御膳，烹鸡子，忽闻鼎内有声极微，乃群卵呼观世音，凄怆之甚。监宰以闻。帝往验之，果然，叹曰："吾不知佛道神力乃能若是！"敕自今不得用鸡子，并除宰割。

雁书　苏武使匈奴，留武于海上牧羝。汉使求之，匈奴诡言武死。常惠教使者曰："天子在上林射雁，雁足上系帛书，言武在某泽中。"单于惊谢，乃遣武还。《礼记》："鸿雁来宾。"（先至为主，后至为宾。）

孤雁　张华曰：雁夜栖川泽中，千百成群，必使孤雁巡更，有警则哀鸣呼众。故师旷《禽经》曰："群栖独警。"

飞奴　张九龄家养群鸽，每与亲知书，系鸽足上，移之，呼为"飞奴"。

鸩毒　《左传》："宴安鸩毒，不可怀也。"鸩，毒鸟也，黑身赤目，食蝮蛇，以其毛历饮食则杀人。

周周鸟　名周周。首重尾屈，将欲饮于河，则必颠，乃衔尾而饮。

金衣公子　唐明皇游于禁宛，见黄莺羽毛鲜洁，因呼为"金衣公子"。

黄鹂①　戴颙春日携双柑斗酒，人问何之，答曰："往听黄鹂声，此俗耳针砭，诗肠鼓吹。"

【注释】
①原稿无标题，今加。

养木鸡　《庄子》：子为宣王养斗鸡，十日而问之曰："鸡可斗乎？"曰："未也。犹虚憍而恃气。"十日又问之。曰："几矣。鸡有鸣者，已无变矣，望之似木鸡矣，其德全矣。异鸡无敢应者，反走矣。"

季郈斗鸡　《左传》：季郈之斗鸡，季氏介其羽，郈氏为之金距。刘孝威诗："翅中含白芥，距外曜金芒。"

乘轩鹤　卫懿公好鹤，鹤有乘轩者，及狄人伐卫，受甲者皆曰："鹤有禄位，何不使战。"是以卫亡。

翮成纵去　僧支道林好鹤。有遗以双鹤者，林铩其羽，鹤反顾懊惜。林曰："鹤有凌霄之志，何肯为人耳目近玩！"养令翮成，置使飞去。

羊公鹤　昔羊叔子有鹤善舞，尝向客称之。客试使驱来，毰毸①而不肯舞。故比人之名而不实。

【注释】
①毰毸：羽毛松散。

斥鷃笑鹏 《庄子》：穷发之北，有鸟名鹏，抟扶摇而上者九万里，且适南冥，斥鷃笑之曰："彼且奚适也？我腾跃而上，不过数仞而下，翱翔蓬蒿之间，此亦飞之至也。而彼且奚适也？"

打鸭惊鸯 吕士隆知宣州，好笞官妓。适杭州一妓到，士隆喜之。一日群妓小过，士隆欲笞之。妓曰："不敢辞责，但恐杭妓不安耳。"士隆赦之。梅圣俞作打鸭诗："莫打鸭，惊鸳鸯，鸳鸯新向池中落，不比孤州老鸬鹚。"

乌 燕太子丹质于秦，秦遇之无礼，欲归。秦王不听，谬言曰："令乌白头马生角，乃可归。"丹仰天叹息，乌即头白，马为生角，秦王不得已而遣之。

乌伤颜 乌纯孝，父亡，负土筑墓，群乌衔土助之，其吻皆伤，因以名县。《唐雅》曰："纯黑而反哺者谓之乌，小而腹下白，不能反哺者谓之鸦。"

燕居旧巢 武诗："花开蝶满枝，花谢蝶还希。惟有旧巢燕，主人贫亦归。"又唐诗："旧时王谢堂前燕，飞入寻常百姓家。"

斗鸭 陆龟蒙有斗鸭阑。一日，驿使过焉，挟弹毙其尤者。陆曰："此鸭善人言，欲进上，奈何毙之！"使者尽以囊中金塞其口，徐问人语之状，陆曰："能自呼其名耳。"使者愤且笑，拂袖上马，陆还其金，曰："吾戏耳。"

孝鹅 唐天宝末，长兴沈氏畜一母鹅，将死，其雏悲鸣，不复食；母死，啄败荐覆之，又衔刍草列前，若祭状，向天长号而死。沈氏异之，埋于蒋湾，名"孝鹅冢"。

蔡确鹦鹉 蔡确贬新州，有侍姬名琵琶，所蓄鹦鹉甚慧，每为确呼琵琶，及琵琶死，鹦鹉犹呼其名。确赋诗伤之。

雁丘 金元好问过阳曲，见一猎者云："捕得二雁，内一死，一脱网去，空中哀鸣良久，投地亦死。"好问遂以金赎二雁，瘗之汾水滨，垒土为丘。今为雁丘。

见弹求鸮 《庄子》：长梧子曰："汝亦太早计，见卵而求时夜①，见弹而求炙鸮。"
【注释】
①时夜：鸡。

燕巢于幕 季札如晋，将宿于戚，闻钟声曰："夫子之在此也，犹燕之巢于幕上，而可以乐乎？"《吕氏春秋》：燕雀处堂，母子相爱，突厥栋焚，燕雀不知。

禽经 金得伯劳①之血则昏，铁得鸀鹕之膏则莹，石得鹊髓则化，银得雉粪则枯。翡翠粉金，鸡鹃厌火。
【注释】
①伯劳：鸟名。

风雨霜露 《禽经》云：风翔则风。风，鸢也。雨舞则雨。雨，商羊也。霜飞则霜。霜，鹔鹴也。露翥则露。露，鹤也。又云：以豚谶风，以鼍谶雨。豚，江豚也。鹊知风，蚁知雨。

禽智 陈所敏云：鸬鹚能歃水，故水宿之物莫能害。啄木遇蠹穴，能以嘴画字成符，蠹虫自出。鹤能步罡①，蛇不敢动。鸦有隐巢，故鸷鸟不能见。燕衔泥常避戊己，故巢不倾。鹳有长水石，能于巢中养鱼，而水不涸。燕恶艾，雀欲夺其巢，即衔艾置巢中，燕遂避去。此皆禽之有智者也。

【注释】

①**步罡**：这里用来比喻鹤步。

大鸟悲鸣　杨震将葬，先葬数日，有大鸟高丈余，集震丧次悲鸣，葬毕方去。上闻，乃悟震坐枉，遣使具祭，官其子。

化鹤　《职方乘》云：南昌洗马池，尝有年少见美女七人，脱彩衣岸侧浴池中。年少戏藏其一，诸女浴毕就衣，化白鹤去。独失衣女留，随至年少家，为夫妇，约以三年还其衣，亦飞去。故又名"浴仙池"。

化为大鸟　王仲变仓颉旧文为今隶书。秦始皇尝征仲，不至，大怒，诏槛车送之。仲化为大鸟飞去，落二翮于延庆州，今有大翮山。

五色雀　出罗浮山。贵人至，则先翔舞。

骏𩖕鸟　产肇庆。形似山鸡，其羽有光，汉以饰侍中冠。

凤巢　永福隋时双凤来巢，宋初复至，守臣以闻，太宗遣使凿巢下石，得美玉，名其山曰"凤凰山"。

群乌啼噪　海盐乌夜村，晋何准寓此。一夕，群乌啼噪，准生女。后复夜啼，乃穆帝立准女为后之日。

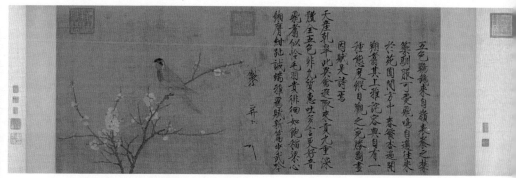

［北宋］赵佶（宋徽宗）《五色鹦鹉图卷》，绢本，水墨，设色，53.3cm×125cm，藏于美国波士顿美术博物馆

问上皇　郭浩按边至陇，见鹦鹉一红一白鸣树间，问："上皇安否？"浩诘其故，盖陇州岁贡此鸟，徽宗置之安妃阁。后发还本土，二鸟犹感恩不忘。

凤历　凤知天时，故以名历。凤鸣而天下之鸡皆鸣。凤尾十二翎，遇闰岁生十三翎。今乐府调尾声十二板，以象鸟尾，故曰尾声。或增四字，亦加一板，以象闰。

鸡五德　《韩诗外传》："头戴冠，文也。足搏距，武也。见敌敢斗，勇也。见食相呼，义也。守夜不失时，信也。"故又称"德禽"。

陈宝　秦穆公时，陈仓人掘地得一物以献，道逢二童子，曰："此物名为蝹。"蝹曰："彼二童子名为陈宝，得雄者王，得雌得霸。"陈仓人舍蝹逐童子，童子化为雉，飞入平林，以告于公。公大猎，果得其雌，化为石，置于汧渭之间，立陈宝祠，遂霸西戎。

腰缠骑鹤　昔有客各言其志。一愿为扬州刺史，一愿多资财，一愿骑鹤上升。其一人曰："吾愿腰缠十万贯，骑鹤上扬州。"

隋珠弹雀　古云，以隋侯之珠弹千仞之雀，世必笑之。盖所用者重，所求者轻也。雀跃者，言人喜悦，如雀之跳跃也。

爱屋及乌　《诗经》："瞻乌爱止，于谁之屋。"恐因乌而伤其屋也。

越鸡鹄卵　《庄子》："越鸡不能伏鹄卵。"谓其身小也。

燕贺　《淮南子》：大厦成而燕雀相贺。

贯双雕　《唐史》：高骈见双雕飞过，祝曰："我贵当中之。"一发贯双雕，因号"双雕侍郎"。

鹊巢鸠占　《诗经》："维鹊有巢，维鸠居之。"

闻鸡起舞　祖逖与刘琨同寝，中夜闻鸡鸣，蹴琨觉曰："此非恶声也！"因起舞。

走　兽

药兽　神农时有民进药兽。人有疾，则拊其兽，授之语，语毕，兽辄如野外，衔一草归，捣汁服之即愈。帝命风后[1]记其何草，起何疾。久之，如方悉验。虞卿曰："神农师药兽而知医。"

【注释】

①**风后**：黄帝时人，帝遇之于海隅，举以为相。

夔　黄帝于东海流波山得奇兽，状如牛，苍身无角，一足，能入水，吐水则生风雨，目光如日月，其声如雷，名曰夔。帝令杀之，取皮以冒鼓，撅以雷兽之骨，声闻五百里。

觟䚦　皋陶治狱，有觟䚦游于庭（一角之兽，即今所画獬豸）。其罪疑者，令触之，有罪则触，无罪则不触，以定狱辞。

黄熊　舜殛鲧于羽山。鲧化为黄熊，入于羽泉。故禹庙祭品，戒不用熊。

白狐　禹年三十未娶，行涂山，有白狐九尾造禹。涂山人歌曰："白狐绥绥，九尾庞庞。成子家室，乃都攸昌。"禹遂娶之，谓之女娇。

[清] 冷枚《梧桐双兔图》轴，绢本，设色，176.2cm×95cm，藏于故宫博物院

野兔　文王囚于羑里七年，其子伯邑考往视父。纣呼与围棋，不逊，纣怒杀伯邑考，醢之，令人送文王食。命食毕，而后告，文王号泣而吐之，尽变为野兔而去。

麟绂　孔子在娠，有麟吐玉书于阙里，文云："水精之子，系衰周而素王。"孔母乃以绣衣①系麟角，信宿而麟去。至鲁定公时，鲁人锄商田于大泽，得麟，以示孔子，系角之绂尚在。孔子知命之将终，抱麟解绂，涕泗滂沱。

【注释】

①原稿"绣衣"及下句"锄商"，当作"绣绂""鉏商"。鉏商，春秋时人。

白泽　东望山有兽曰白泽，能言语。王者有德，明照幽远，则白泽自至。

昆蹏①　后土之神兽，英灵能言语，禹治水有功而来。

【注释】

①昆蹏：神马名。

角端　元太祖驻师西印渡，有大兽，高数丈，一角，如犀牛，作人语曰："此非帝王世界，宜速还。"耶律楚材进曰：此名角端，圣人在位，则奉书而至。能日驰一万八千里，灵异如鬼神，不可犯。

彖　豕类也。张口而腹脏尽露，故名曰彖。《易经》用"彖曰"，盖取此义。

狮子　一名狻猊。《博物志》：魏武帝伐冒顿，经白狼山，逢狮子，使人格之，杀伤甚众。忽见一物自林中出，如狸，上帝车辄。狮子将至，便跳上其头，狮子伏，不敢动，遂杀之。得狮子还，来至洛阳三十里，鸡犬无鸣吠者。

酋耳　身若虎豹，尾长参其身，食虎豹。王者威及四夷则至。

虎伥　人罹虎厄，其神魂尝为虎役，为之前导。故凡死于虎者，衣服巾履皆卸于地，非虎之威能使自卸，实鬼为之也。

虎威 虎有骨如乙字，长寸许，在胁两旁皮内，尾端亦有之，名"虎威"，佩之临官，则能威众。又虎夜视，一目放光，一目视物。猎人候而射之，弩箭才及，光随堕地成白石，入地尺余。记其处掘得之，能止小儿啼。

仓兕 尚父为周司马，将师伐纣。到孟津之上，仗钺把旄，号其众曰："仓兕。"夫仓兕者，水中之兽也，善覆人舟，因神以化，令汝急渡，不急渡，仓兕害汝。

鬬穀於菟 《左传》鬬伯比淫於邧子之女，生子文。邧夫人使弃诸梦泽中，虎乳之。邧子田，见而惧，归，夫人以告，遂收之。楚人谓乳为穀，谓虎为於菟，故曰："鬬穀於菟"。

貘 貘者象鼻犀目，牛尾虎足，性好食铁，生南方山谷中。寝其皮辟湿，图其形辟邪。

穷奇 西北有兽，名曰穷奇，一名神狗。其状如虎，有翼能飞，食人，知人言语。逢忠信之人，则啮而食之；逢奸邪之人，则捕禽兽以飨之。

梼杌 西荒中兽也，状如虎，毛长三尺余，人面虎爪，口牙一丈八尺，好斗，至死不却，兽之至恶者。

山都① 形如昆仑奴②，毛遍体，见人辄闭目张口如笑，好在深洞中翻石觅蟹啖之。

【注释】

①**山都**：一种狒狒。

②**昆仑奴**：主要指唐朝时从印度尼西亚、马来西亚来的仆役。

饕餮　羊身人面，其目在腋下，虎齿人爪，声如婴儿，钩玉山中有之。

狼狈　二兽名。狼前二足长，后二足短；狈前二足短，后二足长。狼无狈不立，狈无狼不行。若相离，则进退无据矣。故世人言事之乖张，则曰"狼狈"。

风马牛　马喜逆风而奔，牛喜顺风而奔，故北风则牛南而马北，南风则牛北而马南。故曰风马牛不相及也。

种羊　西域俗能种羊。初冬，择未日，杀一羊，切肉方寸，埋土中。至春季，择上未日，延僧吹胡笳，作咒语，土中起一泡，如鸭卵。数日，风破其泡，有小羊从土中出。此又胎卵湿化之外，又得一生也。

猫　出西方天竺国，唐三藏携归护经，以防鼠啮，始遗种于中国。故"猫"字不见经传。《诗》有"貓"，《礼记》迎"貓"，皆非此猫也。

万羊　李德裕召一僧问休咎，僧曰："公是万羊丞相，今已食过九千六百矣。数日后有馈羊四百者，适满其数。"公大惊，欲勿受。僧曰："羊至此，已为相公所有矣。"旬日后贬潮州司马，又贬连州司户，寻卒。

艾豭　卫灵公夫人南子与宋朝通，野人歌曰："既定尔娄猪，盍归吾艾豭。"（娄猪，雌猪也。艾豭，雄猪也。）

辽东豕　辽东有豕，生子头白，异而献之。行至河东，见豕皆白头，怀惭而返。今彭宠之自伐其功，何异于是!

李猫　李义府容貌温恭，而狡险忌刻，时人谓之"李猫"。

麋鹿触寇　秦始皇欲大苑囿，优旃曰："善。多纵禽兽于中，寇从东方来，以麋鹿触之，足矣!"

犹^①豫　犹之为兽，性多疑。闻有声，则豫上树，四顾望之，无人，才敢下。须臾又上，如此非一。故今人虑事之不决者曰"犹豫"。

【注释】

①犹：猿类。

沐猴　小猴也，出罽宾国。史言"沐猴而冠"，以"沐"为"沐浴"之"沐"者，非是。

刑天　兽名。即"浑沌"。见《山海经》。能挟干戚而舞。陶渊明诗"刑天舞干戚"，今误作"刑天无干戚"。

猬　形若彘，常在地食死人脑。欲杀之，当以柏插其墓。故今墓上多种柏树。一名"蝹"。秦缪公时，陈仓

［南宋］毛松《笔猿图》，绢本，着色，47.1cm×36.7cm，藏于日本东京国立博物馆

人掘地得之。

猾　无骨，入虎口，不能噬，落虎腹中，则自内噬出。《书》曰："蛮夷猾夏。"则取此义。

犀角　一名"通天"，一名"分水"，一名"骇鸡"。"通天"用以作簪，则梦登天，知天上诸事。"分水"刻为鱼形，衔以入水，水开三尺，可得气，息水中。"骇鸡"谓鸡见之，则惊却也。

驯獭　永州养驯獭，以代鸬鹚没水捕鱼，常得数十斤，以供一家。鱼重一二十斤者，则两獭共舁之。

明驼　驼卧，足不帖地，屈足。漏明，则走千里，故曰明驼。唐制，驿有明驼使，非边塞军机，不得擅发。杨贵妃私发驼使，赐安禄山荔枝。

瘐狗　《左传》："国狗之瘐，无不噬也。"杜预注云："瘐，狂犬也。"今云"猘犬"。《宋书》云："张收为瘐犬所伤，食虾蟆而愈。"又槌碎杏仁纳伤处即愈。

畜犬　《晋书》曰：白犬黑头，畜之得财；白犬黑尾，世世乘车。黑犬白耳，富贵；黑犬白前二足，宜子孙。黄犬白耳，世世衣冠。

风生兽　生炎州，大如狸，青色。积薪数车以烧之，薪尽而兽不死，毛亦不焦，斫刺不入，打之如灰囊，以铁锤锻其头数十下，乃死，而张口向风，须臾复活。以石上菖蒲塞其鼻，即死。取其脑和菊花服之，尽十斤，得寿五百岁。

月支猛兽　汉武时，月支国献猛兽一头，形如五六十日犬子，大如狸而色黄。武帝小之，使者对曰："夫兽不在大小。"乃指兽，命叫一声。兽舐唇良久，忽叫，如大霹雳，两目如礧砰之交光。帝登时颠蹶，搔耳震栗，不能自止。虎贲武士皆失仗伏地，百兽惊绝，虎亦屈伏。

舞马　唐玄宗舞马四百蹄，分为左右部，有名曰"某家骄"，其曲曰《倾杯乐》。皆衣以锦绣，缀以金银，每乐作，奋首鼓尾，纵横应节。

舞象　唐明皇有舞象数十。禄山乱，据咸阳，出舞象，令左右教之拜。舞象皆弩目不动，禄山怒，尽杀之。

弄猴　唐昭宗播迁，随驾有弄猴，能随班起居。昭宗赐以绯袍，号"供奉"。罗隐诗"何如学取孙供奉，一笑君王便著绯"是也。朱梁篡位，取猴，令殿下起居。猴望见全忠，径趋而前，跳跃奋击，遂被杀。

忽雷驳　秦叔宝所乘马也。喂料时，每饮以酒。常于月明中试之，能竖越三领黑毡。叔宝卒，嘶鸣不食而死。

铁象　曲端下狱，自知必死，仰天长吁，指其所乘马名铁象，曰："天下欲振复中原乎？惜哉！"铁象泣数行下。

铸马　慕容廆有骏马，赭白，有奇相，饶逸力。至儁元寿元年，四十九矣，而骏逸不亏，儁奇之，比鲍氏骢，命铸铜以图其像，亲为铭赞，镌颂其旁，像成，而马死矣。

白獭 魏徐邈善画，明帝游洛水，见白獭爱之，不可得。邈曰："獭嗜鲻鱼，乃不避死。"遂画板作鲻鱼悬岸，群獭竞来，一时执得。帝曰："卿画何其神也！"

赎马 周田子方尝出，见老马于道，询知为家畜也，叹曰："少尽其力，而老弃其身，仁者不为也。"赎之归。

袁氏 后唐有孙恪者，纳袁氏为室。后至峡山寺，袁持一碧环献老僧。少顷，野猿数十，扪萝而跃。袁乃命笔题诗，化猿去。僧方悟即沙门向所畜者，玉环其系颈旧物也。

果下马 罗定州出马，高不逾三尺，骏者有两脊骨，又呼双脊马，健而能行。以其可在果树下行，名曰"果下马"。

秽鼠易肠 唐公房拔宅上升，鸡犬皆仙，惟鼠不净，不得去。鼠自悔，一日三吐，易其肠，欲其自洁也。

八骏 穆天子八骏，一名"绝地"，足不践土；二名"翻羽"，行越飞禽；三名"奔宵"，夜行万里；四名"超影"，逐日而行；五名"逾辉"，毛色炳熠；六名"超光"，一形十影；七名"腾雾"，乘云而奔；八名"挟翼"，身有肉翅。

又有骅骝骓骃，亦古之良马也。

黑牡丹① 唐末刘训者，京师富人。京师春游，以观牡丹为胜赏。训邀客赏花，乃系水牛累百于门。人指曰："此刘氏黑牡丹也。"

【注释】

①**黑牡丹**：这里指水牛。

［清］郎世宁《八骏图卷》轴，绢本，52.7cm×92cm，藏于江西省博物馆

　　辟暑犀　《孔帖》：文宗①延学士于内殿。李训讲《易》，时方盛暑。上命取辟暑犀以赐。

【注释】

①**文宗**：唐文宗李昂。

　　辟寒犀　《开元遗事》：交趾进犀角，色黄如金。冬月置殿中，暖气如熏。上问使者，曰："此辟寒犀也。"

　　养虎遗患　汉王欲东归，张良曰："汉有天下大半，楚兵饥疲，今释不击，此养虎自遗患也。"王从之。

　　狐假虎威　楚王问群臣："北方畏昭奚恤，何哉？"江乙曰："虎得一狐，狐曰："子毋食我，天帝令我长百兽。不信，吾先行，子随后观。"兽见皆走。虎不知兽畏己，以为畏狐也。今北方非畏昭奚恤，实畏王甲兵也。"

狐疑　狐疑者，狐性多疑，故心不决曰"狐疑"。

黔驴之技　柳文：黔无驴，有好事者船载以入，放之山下。虎见庞然大物，环林间视之。驴一鸣，虎大骇，以为且噬己。然往来视之，觉无异能。益习其声。稍近，㤽、倚、冲、冒。驴不胜怒，蹄之。虎因喜，计之曰："技止此矣！"跳梁大㘞，断其喉，尽其肉，乃去。

马首是瞻　晋荀偃曰："鸡鸣而驾，塞井夷灶[①]，惟余马首是瞻！"

【注释】

①**塞井夷灶**：填井平灶，谓做好布阵的准备；亦表示决心战斗，义无反顾。

不及马腹　楚伐宋，宋告急于晋。晋侯欲救之，伯宗曰："不可。古人有言曰：'虽鞭之长，不及马腹。'天方授楚，不可与争。"

塞翁失马　《北史》：塞上翁匹马亡入胡，人吊之。翁曰："安知非福乎？"后马将骏马归。人贺之，翁曰："安知非祸乎？"后其子骑，折髀，人吊之，翁曰："又安知非福乎？"后兵，出丁壮者，免其子，以跛相保。

弃人用犬　晋灵公饮赵盾酒，伏兵将攻之，其右提弥明知之，趋登，扶盾以下。公嗾夫獒焉，明搏而杀之。盾曰："弃人用犬，虽猛何为？"

跖犬吠尧　汉高祖既杀韩信，诏捕蒯彻。既至，上曰："若教淮阴侯反乎？"对曰："然。秦失其鹿，天下共逐之。高材捷足者先得焉。跖之犬吠尧，尧非不仁，吠非其主也。"

指鹿为马　秦赵高欲专权，乃先设验，持鹿献二世，曰："马也！"二世笑曰："丞相误也，谓鹿为马。"问左右，或默，或言。高阴中①言鹿者以法。

【注释】

①阴中：阴谋陷害。

守株待兔　《韩子》：宋人有耕者，田畔有株，兔走触之，折颈而死，因释耕守株，觊复得兔，为宋国笑也。

多歧亡羊　《列子》：杨子之邻人亡羊，既率其党，又请杨子之竖追之。杨子曰："嘻！亡一羊，何追之众？"众曰："多歧。"既反，问："获羊乎？"曰："亡之矣。"曰："奚亡之？"曰："歧路之中又有歧焉，吾不知所之，所以反也。"

飞越峰　洪武初，夷人献良马十，其一白者，乃得之贵州养龙坑。坑旁水深而远，下有灵物，春和多系牝马，云雾晦冥，必有与马接，其产即龙驹。故此马首高九尺，长丈余，莫可控御。敕典牧者囊沙四百斤，压而乘之，行如电蹴，片尘不惊，赐名"飞越峰"，命学士宋濂赞。

燧人氏始著物虫鸟兽之名。鲧始服牛。相士始乘马。伏羲始畜牺牲。夏后氏始食卵。汉文帝始制洁六畜。后魏始禁宰牛马。唐高祖始断屠。

黄耳　陆机有快犬曰"黄耳"，性黠慧，能解人语，随机入洛。久无家问，作书以竹筒戴犬项，令驰归，复得报还洛。今有

"黄耳冢"。

白鹿夹毂　汉郑弘为淮阴守，岁旱，弘行田间，雨即至。时有白鹿在道，夹毂而行。主簿贺曰："闻三公车轮鹿，明公必大拜矣！"果验。

麈　出终南诸山。鹿之大者曰麈，群鹿随之，视麈尾为响道，故古之谈者挥焉。

飞鼠　其物飞而生子。难产者，以皮覆之则易，故又名"催生"。

糖牛　桂平出。里人知牛嗜盐，乃以皮裹手，涂盐于上，入穴探之。其角如玉，取以为器。

射鹿为僧　陈惠度于剡山射鹿，鹿孕而伤，既产，以舌舐子，干而母死，惠度遂投寺为僧。后鹿死处生草，名曰"鹿胎草"。

野宾　宋王仁裕尝畜一猿，名曰"野宾"。一日放于嶓冢山。后仁裕复过此，见一猿迎道左，从者曰："野宾也。"随行数十里，哀吟而去。

凭黑虎　卓敬年十五，读书宝香山，风雨夜归迷失道，得一兕牛，凭之归，入门，乃黑虎也。

题《虎顾众彪图》　明成祖出图，命解缙题句。缙诗云："虎为百兽尊，谁敢撄其怒？惟有父子恩，一步一回顾。"帝见诗有感，即令夏原吉迎太子于南京。

熊入京城　弘治间，有熊入西直门，何孟春谓同列曰："熊之为兆，宜慎火。"未几，在处有火灾。或问孟春曰："此出何占书？"孟春曰："余曾见《宋纪》：永嘉灾前数日，有熊至城下，州守高世则谓其倅赵允缙曰，熊于字'能火'，郡中宜慎火。果延烧十之七八。余忆此事，不料其亦验也。"

不忍麑　孟孙猎得麑使巴西持归。麑母随之啼泣，巴西不忍，与之。孟孙大怒，逐巴西。寻召为其子傅，谓左右曰："天不忍麑，且吾子乎！"

的卢　刘表赠备一马，名曰"的卢"。一日，遇伊籍，曰："此马相恶，必妨主。"备未之信。表妻蔡氏忌备，嘱弟瑁设筵暗害。备觉，出奔，前阻檀溪，后为瑁兵所逼，乃下溪策马，曰："的卢的卢，今日妨吾。"的卢于急流深处，一跃三丈，飞渡西岸。瑁惊骇而退。

获两虎　《史记》：陈轸曰：卞庄子刺虎，馆竖子止之，曰："两虎方共食一牛，牛甘必斗，斗则大者伤，小者亡，从而刺之，一举两得。"果获两虎。

牛羊犬豕别名　《礼记》：牛曰太牢。羊曰少牢。又牛曰"一元大武"。羊曰"柔毛"，又曰"长鬐主簿"。豕曰"刚鬣"，又云"乌喙将军"。韩狢，六国时韩氏之黑犬。楚犷、宋猎，皆良犬也。又曰："大夫之家，无故不杀犬豕。"家豹、乌圆，皆猫之美誉。

鹿死谁手　石勒曰："使朕遇汉高，当北面事之。若遇光武，可与并驱中原，未知鹿死谁手。"

续貂　《晋书》：赵王伦篡位，奴卒亦加封秩。每朝会，貂蝉满座[①]。语曰："貂不足，狗尾续！"

【注释】

①据文意，原稿"貂蝉满座"前应加"每朝会"。

拒虎进狼　《鉴断》：汉和帝年才十四，乃能收捕窦氏，足继孝昭之烈。惜其与宦官议之，以启中常侍亡汉之阶。语曰："前门拒虎，后门进狼。"此之谓也。

焉得虎子　《吴志》：吕蒙欲从军，母叱之。蒙曰："不入虎穴，焉得虎子？"又班超使西域，鄯善王广礼敬甚备。匈奴使来，更疏懈。超会其吏士三十六人，曰："不入虎穴，不得虎子。"遂夜攻房营，斩其使。

羊触藩篱　《易经》："羝羊触藩，羸其角。"

制千虎　《宋史》：常安民遗吕公著书曰："去小人不难，胜小人难耳。尝见猛虎负嵎，卒为人胜者，人众而虎寡也。今奈何以数千人而制千虎乎？"公著得书，默然。

搏蹇兔　《史记》：范雎谓秦昭王曰："以秦治诸侯，譬犹走韩卢①而搏蹇兔也。"

【注释】

①**韩卢**：猎狗。

瞎马临池　《世说》：顾恺之与殷仲堪作危语，有一参军在坐，曰："盲人骑瞎马，夜半临深池。"以仲堪眇一目故也。

教猱升木　猱，猴属，性善升木，不待教而能者。《诗经》：毋教猱升木。

城狐社鼠 《韩诗外传》:"社鼠不攻,城狐不灼。"恐其坏城而伤社也。

陶犬瓦鸡 《金楼子》:"陶犬无守夜之警,瓦鸡无司晨之益。"

羊质虎皮 《杨子》:"羊质而虎皮,见草而悦,见豺而战,忘其皮之虎也。"

九尾狐 宋陈彭年奸佞不常,时号"九尾狐"。

猬务 猬似豪猪而小,其毛攒起如矢,言人事之丛杂似之。故事多曰"猬务"。

鳞 介

龙有九子 一曰赑屃,似龟,好负重,故立于碑趺。二曰螭吻,好远望,故立于屋脊。三曰蒲牢,似龙而小,好叫吼,故立于钟纽。四曰狴犴,似虎,有威力,故立于狱门。五曰饕餮,好饮食,故立于鼎盖。六曰蚣蝮,好水,故立于桥柱。七曰睚眦,好杀,故立于刀环。八曰金猊,形似狮,好烟火,故立于香炉。九曰椒图,似螺蚌,性好闲,故立于门楣。

尺木 龙头上有一物,如博山形,名曰尺木。龙无尺木,不能升天。

攀龙髯 黄帝采铜,铸鼎于荆山下。鼎成,有龙垂胡髯下迎帝骑龙上，群臣后宫从上者七十余人，小臣不得上，悉持龙髯，髯拔，堕弓。抱其弓而号。后世名其处曰"鼎湖"，名其弓曰"乌号"。

龙漦[1]　夏后藏龙漦于匮，周厉王发之，漦化为鼋，入于王府。府中童妾娠之生女，弃于道，有夫妇窃之至褒。后褒人有罪，纳女于幽王，是为褒姒。

【注释】

①**龙漦**：龙口中吐出的泡沫。

痴龙　昔有人堕洛中洞穴，见宫殿人物九处，捋大羊髯，得珠，取食之。出问张华，华曰："九仙馆也。大羊乃痴龙。"

龙不见石，人不见风。鱼不见水，鬼不见地。

梭龙　陶侃少时，尝捕鱼雷泽，得一铁梭，还挂著壁。有顷，雷雨大作，梭变成赤龙，腾空而去。

画龙　叶公子高好龙，雕文画之。一旦，真龙入室，叶公弃而还走，失其魂魄。故曰叶公非好真龙也，好夫似龙而非龙者也。

行雨不职　唐普闻师聚徒说法，有老人在旁，问之，答曰："某此山之龙，因病，行雨不职见罚，求救。"师曰："可易形来。"俄为小蛇，师引入净瓶，覆以袈裟。忽云雨晦冥，雷电绕空而散。蛇出，复为老人而谢："非藉师力，则腥秽此地矣。"出泉以报。

金吾　亦龙种，形似美人，首尾似鱼，有两翼，其性通灵，终夜不寐，故用以巡警。

螺女　闽人谢端得一大螺如斗，畜之家。每归，盘餐必具。因密伺，乃一姝丽甚，问之，曰："我天汉中白水素女。天帝遣我为君具食。今去，留壳与君。"端用以储粟，粟常满。

射鳝　越王郢于福州溪中，见一鳝长三丈，郢射中之，鳝以尾环绕，人马俱溺。

鲙残鱼　出松江。昔吴王江行食鲙，以残者弃水面，化而为鱼。

横行介士　《抱朴子》：山中辰日称无肠公子者，蟹也。《蟹谱》："出师下岩之际，忽见蟹，称为横行介士。"

蛟龙得云雨　周瑜谓孙权曰："刘备有关张熊虎之将，肯久屈人下哉？恐蛟龙得云雨，终非池中物也。"

生龟脱筒　金华俞清建云："荆公欲使脱逢掖著僧伽黎，遂去室家妻子之累，犹生龟脱筒，亦难堪忍。"

杯中蛇影　乐广为河南尹，宴客。壁上有悬弩照于杯中，影如蛇，客惊谓蛇入腹，遂病。后至其故处，知为弩影，病遂解。

率然　《博物志》：率然一身两头，击其一头，则一头至；击其中，则两头俱至。故行军者有长蛇阵法。

鱼求去钩　汉武欲伐昆明，凿池习水战，刻石为鲸鱼，每雷雨至则鸣，鬐尾皆动。尝有人钓此，纶绝而去。鱼梦于武帝，求去其钩。明日，帝游池上，见一鱼衔钩，曰："岂非昨所梦乎？"取鱼去钩而放之。后帝复游池畔，得明月珠一双，叹曰："岂鱼之报也！"

打草惊蛇 王鲁为当涂令，赃货为务。会稽民连状诉主簿贪贿，鲁判曰："汝虽打草，吾已惊蛇。"

干蟹愈疟 《笔谈》：关中无蟹，有人收得一干蟹，土人怪其形以为异，每人家有疟者，借去悬于户，其病遂痊。是不但人不识，鬼亦不识矣。

鱼婢蟹奴 《尔雅》：鱼婢，小鱼也，亦曰妾鱼。大蟹腹下有数十小蟹，名蟹奴。

画蛇添足 陈轸对楚使曰：三人饮酒，约画地为蛇，先成者饮。一人先成，举酒而起，曰："吾先成，且添为之足。"其一人夺酒饮，曰："蛇无足，汝添足，非蛇也。"

髯蛇 长十丈，围七八尺。常在树上伺鹿兽过，便低头绕之，有顷，鹿死，先濡令湿，便吞食之，头角骨皆钻皮自出。

珠鳖 广东电白海中出珠鳖，状如肺，有四眼六脚而吐珠。一曰"文鳐"，鸟头鱼尾，鸣如磬而生玉。

鯈鱼 建昌修水出鯈鱼。郭璞云：有水名修，有鱼名鯈。天下大乱，此地无忧。俗呼西河。

墨龙 抚州学有右军墨池。韩子苍《杂记》：池中忽时水黑，谓之墨龙。此物见，则士子应试者，得人必多。屡验。

飞鱼 晋吴隶筑鱼塞于湖，忽闻空中云："晚有大鱼攻塞，勿杀！"须臾，大鱼果至，群鱼从之。隶误杀大鱼，是夕风雨横作，鱼悉飞树上。

咒死龙 石勒时大旱，佛图澄于石井冈掘一死龙，咒而祭之，龙腾空而上，雨即降。今有龙冈驿。

四蛇卫之 开刑鮒鲷山。《山海经》云：颛顼葬其阳，九嫔葬其阴，四蛇卫之。

白帝子 汉高祖微时，见白蛇当道，挥剑斩之。后者老妪泣曰：吾子，白帝子也，化蛇当道，为赤帝子所杀。

唤鱼潭 青神中岩有唤鱼潭，客至，抚掌，鱼辄群出。

斩蛟 隋赵昱为嘉川守。犍为潭中有老蛟作虐，昱持刀入水，顷之潭水尽赤，蛟已斩。一日，弃官去。后嘉陵水涨，见昱云雾中骑白马而下，宋太宗赐封"神勇"。

孩儿鱼 磁州出鱼，四足长尾，声如婴儿啼，因名"孩儿鱼"，其骨燃之不灭。

黄雀鱼 出惠州。八月化为雀，十月后入海化为鱼。

五色鱼 陇州鱼龙川有鱼，五色，人不敢取。杜甫诗"水落鱼龙夜"，即此。

视龙犹蝘蜓 禹南巡狩，会诸侯于涂山，执玉帛者万国。禹济江，黄龙负舟，舟中人惧。禹仰天叹曰："吾受命于天，竭力以劳万民。生寄也，死归也，余何忧于龙焉。"视龙犹蝘蜓，颜色不变。须

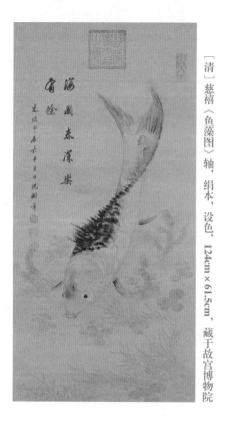

［清］慈禧《鱼藻图》轴，绢本，设色，124cm×61.5cm，藏于故宫博物院

臾，龙俯首低尾而逝。

双鲤　萧山县之城山，山颠有泉，嘉鱼产焉。阖闾侵越，句践退保此山，意其乏水，馈以米盐。句践取双鲤报之，吴兵夜遁。

石蟹　生于崖（海南岛）之榆林，港内半里许，土极细腻，最寒，但蟹入则不能运动，片时即成石矣，人获之，则曰石蟹。置之几案，能明目。

鲥鱼　一名箭鱼。腹下细骨如箭镞，此东坡[1]有"鲥鱼多骨之恨"也。其味美在皮鳞之交，故食不去鳞。肋鱼似鲥而小，身薄骨细，冬月出者名"雪肋"，味最佳。至夏，则味减矣。

【注释】

①原稿"东坡"疑有误，应为"渊材"。

龟历　陶唐之世，越囊国[1]献千岁神龟，方三尺余，背上有文，皆蝌蚪书，记开辟以来事，帝命录之，谓之龟历。

【注释】

①原稿"越囊国"当作"越裳国"。

元绪　孙权时，永康有人入山，遇一大龟，载入吴，夜泊越里，缆舟于大桑树。宵中，树呼龟曰："劳乎元绪，奚事尔耶！"因呼龟为"元绪"。

河豚 状如蝌蚪，腹下白，背上青黑，有黄文，眼能开闭，触物便怒，腹胀如鞠，浮于水上，人往取之。河豚毒在眼、子、血三种。中毒者，血麻、子胀、眼睛酸，芦笋、甘蔗、白糖可以解之。

集鳣 杨震聚徒讲学，有雀衔三鳣，集讲堂前。皆曰："鳣者，卿大夫服之象也。数三者，三台也。先生自此升矣。"果如其言。

子鱼 宋显仁太后谓秦桧妻曰："子鱼大者绝少。"桧妻曰："妾家有大者。"桧闻，责其失言，乃以青鱼百尾进。太后笑曰："我道这婆子村①，果然！"

【注释】

①村：指土气，少见识。犹言乡巴佬。

鳠鱼① 长二丈，皮可锇物。其子旦从口出，暮从脐入，腹里两洞，肠贮水以养子。肠容二子，两则四焉。

【注释】

①鳠鱼：鲛鱼的别称。

岩蛇 龟身、蛇尾、鹰嘴、鼍甲，下有四足，足具五爪，大如癫头鼍，硬似穿山甲，其壳极坚，其爪极利，茅竹青柴到口即碎，著人之肌肤，咬必透骨。台温山下，此物极多。

懒妇鱼 江南有懒妇鱼，即今之江豚是也。鱼多脂，熬其油可点灯。然以之照纺绩则暗，照宴乐则明，谓之"馋灯"。

脆蛇　无胆，畏人。出昆仑山下。闻人声，身自寸断，少顷自续，复为长身。凡患色痨者，以惊恐伤胆，服此可以续命，兼治恶疽、大麻疯及痢。腰以上用首，以下用尾。

瓦椤蚶　宁海沿海有蚶田，用大蚶捣汁，竹笔帚洒之，一点水即成一蚶，其状如荸荠，用缸砂壅之，即肥大。

蝤蛑　陶穀出使吴越，忠懿王宴之，因食蝤蛑。询其名类，忠懿王命自蝤蛑以至彭越，罗列十余种以进。穀视之，笑谓忠懿王曰："此谓一蟹不如一蟹也。"

牡蛎　一名蠔山。《本草》：牡蛎附石而生，魂礧相连如房。初生海岸，身如拳石，四面渐长，有一二丈者。一房内有蠔肉一块，肉之大小，随房所生。每潮来，则诸房皆开，有小虫入，则合之，以充饥腹。

绿毛龟　蕲州出。龟背有绿毛，长尺余，浮水中，则毛自泛起。压置壁间，数年不死，能辟飞蛇。

蛤　隋帝嗜蛤，所食以千万计。忽有一蛤置几上，一夜有光。及明，肉自脱，中有一佛二菩萨像，帝自是不复食蛤。

蚌　沈宫闻戏于栖水，获一蚌。煮食时，中有一珠，长半寸，俨然大士像，惜煮熟失光，为徽人售去。

舅得詹事　燕文贞公女嫁卢氏，尝为舅求官。公下朝，问焉。公但指支床龟视之。女拜而归，告其夫曰："舅得詹事矣。"

三足鳖　黄庭宣知太仓，民有食三足鳖而化地上，止存发一缕、衣服等物，如蜕形者，人以其妇杀夫报官。庭宣令捕三足鳖，召妇依前烹治，出重囚食之，亦尽化去。

鱼羹荆花　许襄毅官山左，有民布田，其妇饷之，食毕而死。襄毅询其所饷物，及所经道路。妇曰："鱼汤米饭，度自荆林。"公乃买鱼作饭，投荆花于中，试之狗彘，无不死者。

毒鲟　铅山卖薪者性嗜鲟。一日，市归，烹食，腹痛而死。张昺治其狱。召渔者捕鲟，得数百斤，中有昂头出水二三寸者七条，烹与死囚食，亦腹痛而死。

两头蛇　孙叔敖幼时遇两头蛇于路，杀而埋之。相传见此者必死，归泣告于母。母曰："蛇今安在？"对曰："恐害他人，已杀而埋之矣。"母曰："汝有利人心，天必祐之！"果无恙。

筝弦化龙　唐刺史韦宥，于永嘉江浒沙上获筝弦，投之江中，忽见白龙腾空而去。

牒蚌珠之仇　夏原吉治浙西水患，宿湖州慈感寺，夜有妪携一女来诉曰："久窟于潮音桥下，岁被邻豪欲夺吾女，乞大人一字为镇。"公书一诗与之。公至吴淞江，有金甲神来告曰："聘一邻女已久，无赖赚大人手笔，抵塞不肯嫁，请改判。"公张目视之，神逡巡畏避。公忆曰："是慈感蚌珠之仇也。"牒于海神。次日，大风雨，震死一蛟于钱溪之北。

与蛇同产　窦武产时，并产一蛇，投之林中。后母卒，有大蛇径至丧所，以头击柩，若哀泣者，少间而去。时谓窦氏之祥。

得鱼忘筌　《庄子》："筌者所以得鱼，得鱼而忘筌。"比受恩而不知报也。

鱼游釜中　广陵张婴泣告张纲曰：荒裔愚民，相聚偷生，若鱼游釜中，知其不可久。今见明府，乃更生之辰也。

巴蛇　《山海经》："巴蛇蚕象，三岁而出其骨。"

虫豸

鞠通　孙凤有一琴能自鸣，有道士指其背有蛀孔，曰："此中有虫，不除之，则琴将速朽。"袖中出一竹筒，倒黑药少许，置孔侧，一绿色虫，背有金线文，道人纳虫于竹筒竟去。自后琴不复鸣。识者曰："此虫名鞠通，有耳聋人置耳边，少顷，耳即明亮。喜食古墨。"始悟道人黑药，即古墨屑也。

蝗　有四种：食心曰螟，食叶曰蜮，食根曰蟊，食节曰贼。赵抃守青州，蝗自青、齐入境。遇风退飞，堕水而死。马援为武陵守，郡连有蝗，援赈贫羸，薄赋税，蝗飞入海，化为鱼虾。孙觉簿合肥，课民捕蝗若干，官以米易之，竟不损禾。宋均为九江守，蝗至境辄散。贞观二年，唐太宗祝天吞蝗，蝗不为祟。

水母　东海有物，状如凝血，广数尺，正方圆，名曰水母。俗名海蜇，一名虾蛇（音射）。无头目。所处则众虾附之，盖以虾为目也。色正淡紫。《越绝书》云："水母以虾为目，海镜以蟹为肠。"

海镜　广中有圆壳，中甚莹滑，照如云母。壳内有少肉如蚌，腹中有小蟹。海镜饥，则蟹出拾食，蟹饱归腹，海镜亦饱。迫之以火，蟹即走出，此物立毙。

百嘴虫　温会在江州观鱼，见渔子忽上岸狂走。温问之，但反手指背。不能言。渔子头面背黑，细视之，有物如荷叶，大尺许，眼遍其上，咬住不可取。温令以火烧之，此物方落，每一眼底有嘴如钉。渔子背上出血数斗而死，莫有识者。

自缢虫　汉光武六年，山阴有小虫千万，皆类人形，明日皆悬于树枝，自缢死之。

螟蛉　诗曰："螟蛉有子，蜾蠃负之。"螟蛉，桑虫也。蜾蠃，蒲芦也。蒲芦窃取桑虫之子，负持而去，养以成子。故世之养子，号曰螟蛉也。蜾蠃负螟蛉之子，祝曰："类我，类我！"七日夜化为己也，故又谓之"速肖"。

萤火　腐草所化。隋炀帝于景华宫，征求萤火，得数斛，盛以大囊，夜出游，如散火光遍于山谷。

怒蛙　越王既为吴辱，思以报复。一日出游，见怒蛙而式①之，左右问其故，王曰："有气如此，何敢不式！"战士兴起，皆助越反矣。

【注释】

①式：通"轼"，车前横木。

守宫　蜥蜴。以器养之，喂以丹砂，满七斤，捣治万杵，以点女子体，终身不灭，若有房室之事则灭矣。言可以防闲淫佚，故谓之

"守宫"。

绿螈　《二酉余谈》：一人为蛇伤，痛苦欲死。见一小儿曰："可用两刀在水相磨，磨水饮之，神效。"言毕，走入壁孔中。其人如方服之，即愈。因号绿螈为"蛇医"。又云：蛇医形大色黄，蛇体有伤，此虫辄衔草傅之，故有医名。

蜥蜴噏油　钱镠王宫中，使老媪监更。一夕，有蜥蜴沿银缸[①]吸油，既竭，而倏然不见。次曰王曰："吾昨夜梦饮麻膏而饱。"更媪骇异。

【注释】

①原稿"银缸"当作"银釭"

寄居虫　形似蜘蛛，而足稍长。本无壳，入空螺壳中载以行。触之，缩足如螺，火炙之乃出。

蛸虫　有蛸虫者，一身两口，争相啮也，遂相食，因自杀。人臣之争事，而亡其国者，皆蛸类也。

螳臂　螳螂，一名刀螂。前二足如刀而多锯齿，能捕蝉。见物欲以二足相搏，遇车辙而亦当之。故曰："螳臂当车"。

蚬　一名缢女。长寸许，头赤身黑，喜自经死。云是齐东郭姜所化。

羞　毒虫也，能伤人。古人草居露处，故早起相见问劳，必曰："无羞乎？"又曰：羞，忧也。又：猣，食人兽。

泥 南海有虫，无骨，名曰"泥"。在水中则活，失水则醉，如一堆泥。故诗人讥周泽曰"一日不斋醉如泥"。

蜮 一名"短狐"。处于江水，能含沙射人，所中者头痛发热，剧者至死。一名"射影"。凡受射者，其疮如疥。四月一日上弩，八月一日卸弩，人不能见，鹅能食之。一曰以鸡肠草捣涂，经日即愈。

蚁斗 殷仲堪父病疟，悸闻床下蚁动，谓是牛斗。

书押 米芾守无为州，池中蛙声聒人，芾取瓦片书"押"字投之，遂不鸣。上有芾书"墨池"二字为额。

白鰕 赵抃镇蜀时，以白鰕寄余氏，放之池中，生息不绝；或畜他所，鰕色辄变白。鰕池在开化。

西施舌 似车螯而扁，生海泥中，常吐肉寸余，类舌。俗甘其味，因名"西施"。

蛛鹰 方宽守淮安，有盗杀，无名。适蛛堕于几，鹰下于庭。宽曰："杀人者岂朱英乎？"按籍捕之，果然。

五蜂飞引 万鹏举为万安丞，有民妇诉其夫及五子为盗所杀，不知其尸者。一日，有五蜂旋绕行。万曰："汝若真魂，宜前飞引。"蜂遥临掩骸处，得衣带上所系买布数人名姓，推鞫之，遂雪其冤。

水虎 沔水中有物曰"水虎"，如三四岁小儿，鳞甲如鲮鲤，射之不可入。七八月间好在碛上曝。膝头似虎，掌爪常没入水中，露出膝头。小儿不知，欲取戏弄，便杀人。

商蚷　《庄子》曰："是犹使蚊负山，商蚷驰河也，必不胜任也。"（商蚷，蚂蚁也[1]。）

【注释】

①原注有误。商蚷，虫名，即马蚿，又称马陆。

偃鼠　《庄子》曰："鷦鷯巢于深林，不过一枝；偃鼠饮河，不过满腹。"

谢豹　虢郡有虫名"谢豹"，见人时，以前脚交覆其首，如羞状。故得罪于人，曰"负谢豹之耻"。

玄驹　蚁也。河内人见人马数万，大如黍米，来往奔驰，从朝至暮。家人以火烧之，人皆成蚊蚋，马皆成大蚁，故今人呼蚊蚋曰"黍民"，名蚁曰"玄驹"。

鼷鼠五技　《荀子》："鼷鼠五技而穷。"谓能飞，不能上屋；能缘，不能穷木；能游，不能渡谷；能穴，不能掩身；能走，不能先人。

飞蝉集冠　梁朱异[1]为通事舍人，后除中书郎。时秋日始拜，有飞蝉集于异冠上，或谓蝉珥[2]之兆。

【注释】

①原稿"朱异"疑有误，应为"朱昇"。

②**蝉珥**：古代侍臣冠饰。

群蚁附膻　卢垣书："今之人奔尺寸之禄，走丝毫之利，如群蚁之附膻腥，聚蛾之投爝火，取不为丑，贪不避死。"

萤丸却矢　萤，一名"宵烛"，一名"丹凤"，类聚曰"务"。戊子日以萤为丸能却矢。汉武威太守刘子南得其方，合而佩之，尝与虏战，为其所围，矢下如雨，离数辄堕地，不能中伤。虏以为异，乃解围去。

丈人承蜩　《庄子》：痀瘘者承蜩，犹掇之也。仲尼曰："子巧乎？有道邪？"曰："我有道也。五、六月累丸二而不坠，则失者锱铢；累三而不坠，则失者什一；累五而不坠，犹掇之也。"仲尼曰："用志不分，乃凝于神。"

以蚓投鱼　陈使傅绛聘齐，齐以薛道衡接对之。绛赠诗五十韵，衡和之，南北称美。魏收曰："傅绛所谓以蚓投鱼耳。"

投鼠忌器　贾谊策："谚曰：'欲投鼠而忌器。'鼠近于器，尚惮而不投，况贵臣之近主乎！"

蝶庵　李愚好睡，欲作蝶庵，以庄周为开山第一祖，陈抟配食，宰予、陶潜辈祀之两庑。

箕敛蜂窠　皇甫湜常命其子松，录诗数首，一字少误，诟詈且跃，手杖不及，则啮腕血流。尝为蜂螫手指，乃大噪，散钱与里中小儿及奴辈，箕敛蜂窠于庭，命捶碎绞汁以偿其痛。

石中金蚕　丹阳人采碑于积石之下，得石如拳。破之，中有一虫，似蛴螬状，蠕蠕能动，人莫能识，因弃之。后有人语曰："若欲富贵，莫如得石中金蚕，畜之则宝货自至。"询其状，则石中蛴螬耳。

凤子　大蝶，一名凤子，见韩偓诗。《异物志》；昔有人渡海，见一物如蒲帆，将到舟，竞以篙击之，破碎堕地，视之，乃蝴蝶也。海人去其翅足，秤肉得八十斤，啖之，极肥美。

蜈蚣　葛洪《遐观赋》：蜈蚣大者长百步，头如车箱，屠裂取肉，白如瓠。《南越志》曰：蜈蚣大者其皮可以鞔鼓，其肉曝为脯，美于牛肉。

蝶幸　唐明皇春宴宫中，使妃嫔各插艳花，帝亲捉粉蝶放之，随蝶所止者幸之。谓之蝶幸。后贵妃专宠，不复作此戏。

蠋　《埤雅》：蠋，大虫，如指似蚕，一名"厄"。《韩非子》：鳝似蛇，蚕似蠋，人见蛇则惊骇，见蠋则毛起。然妇人拾蚕，而渔者握鳝，故利之所在，皆为贲育。

蟗　《广雅》云：蟗，虫之知声音也。《埤雅》：蟗，善令人不迷故从"嚮"。太冲"景福胐蟗而兴作"，言福如虫群起。

《蟋蟀》，画出日本细井徇撰绘《诗经名物图解》

蟋蟀　贾秋壑《促织经》曰：白不如黑，黑不如赤，赤不如青麻头。青项、金翅、金银丝额，上也；黄麻头，次也；紫金黑色，又其次也。其形以头项肥，脚腿长，身背阔者为上。顶项紧，脚瘦腿薄者为上。虫病有四：一仰头，二卷须，三练牙，四踢脚。若犯其一，皆不可用。促织者，督促之意。促织鸣，懒妇惊。袁瓘《秋日诗》曰："芳草不复绿，王孙今又归。"人都不解，施荫见之曰："王孙，蟋蟀也。"

虱　苏隐夜卧，闻被下有数人齐念杜牧《阿房宫赋》，声紧而小，急开被视之，无他物，惟得大虱十余。

蠓蠓　一名"醯鸡"，蜉蝣之类。郭璞曰："蠓飞砣则风，舂则雨。"

虮虱　《东汉记》：马援击寻阳山贼，上书曰："除其竹木，譬如婴儿头多虮虱，而剃之荡然，虮虱无所复附。"书奏，上大悦，出小黄门头有虱者皆剃之。

蚊　旧传有女子过高邮，去郭三十里，天阴，蚊盛，有耕夫田舍在焉。其嫂欲共止宿，女曰："吾宁死，不可失节。"遂以蚊嘬死，其筋见焉。人为立祠，曰"露筋庙"。

当蚊　展禽者，少失父，与母居，佣工膳母；天多蚊，卧母床下，以身当之。

官私虾蟆　晋惠帝尝在华林园，闻虾蟆[1]，谓左右曰："此鸣者为官乎？为私乎？"

【注释】

[1] 据文意，原稿"闻虾蟆"后宜加"声"字。

卷十八 荒唐部

鬼 神

伯有为厉 郑子皙杀伯有，伯有为厉。赵景子谓子产曰："伯有犹能为厉乎？"子立曰："能。人生始化曰魄。既生魄，阳曰魂。用物精多，则魂魄强，是以有精爽至于神明。匹夫匹妇强死，其魂魄犹能凭依于人，以为淫厉，况良霄①，三世执其政柄而强死，其能为鬼，不亦宜乎！"

【注释】

①原稿"良霄"当作"良宵"。

豕立人啼 齐侯田于贝丘，见大豕，从者曰："公子彭生也。"豕人立而啼。

披发搏膺 晋侯杀赵同、赵括，及疾，梦大厉鬼披发搏膺而踊，曰：“杀予孙，不义。余得请于帝矣！”

何忽见坏

王伯阳于润州城东傀地葬妻，忽见一人乘舆导从而至，曰：“我鲁子敬也，葬此二百余年。何忽见坏？”目左右示伯阳以刀，伯阳遂死。

墓中谈易

陆机初入洛，次河南，入偃师。夜迷路，投宿一旅舍。见主人年少，款机坐，与言《易》，理妙得玄微，向晓别去。税骖村居，问其主人，答曰：“此东去并无村落，止有山阳王家冢耳。”机乃怅然，方知昨所遇者，乃王弼墓也。

生死报知

王坦之与沙门竺法师甚厚，每论幽明报应，便约先死者当报其事。后经年，师忽来，云：“贫道已死，罪福皆不虚。惟当勤修道德，以升跻神明耳。”言讫，不见。

乞神语[①]

赵普久病，将危，解所宝双鱼犀带，遣亲吏甄潜谒上清宫，醮谢。道士姜道玄为公叩幽都，乞神语。神曰：“赵普开国勋臣，奈冤对不可避。”姜又叩乞言冤者为谁。神以淡墨书四字，浓烟罩其上，但识末“火”而已。道玄以告普。曰：“我知之矣，必秦王廷美也。”竟不起。

【注释】

①原稿无标题，今加。

无鬼论

昔阮瞻素执无鬼论，自谓此理可以辨正幽明。忽有客通名谒瞻，瞻与言鬼神之事，辨论良久。客乃作色曰：“鬼神古今圣贤所共传，君何得独言无耶？仆便是鬼！”于是变为异形，须臾消灭。

魅魅争光

嵇中散灯下弹琴。有一人入室，初来时，面甚小，

斯须转大，遂长丈余，颜色甚黑，单衣革带。嵇熟视良久，乃吹火灭，曰："耻与魑魅争光！"

厕鬼可憎　阮侃尝于厕中见鬼，长丈余，色黑而眼大，著皂单

溥儒《鬼趣图》（8幅），藏于台北故宫博物院

衣，平上帻，去之咫尺。侃徐视，笑语之曰：“人言鬼可憎，果然！”
鬼惭而退。

大书鬼手　少保冯亮少时，夜读书，忽有大手自窗入，公即以笔大书其押。窗外大呼："速为我涤去！"公不听而寝。将晓，哀鸣，且曰："公将大贵。我戏犯公，何忍致我于极地耶！公不见温峤燃犀事耶？"公悟，以水涤之，逊谢而去。

司书鬼　名曰长恩。除夕呼其名而祭之，鼠不敢啮，蠹鱼不生。

上陵磨剑　汉武帝崩，后见形，谓陵令薛平曰："吾虽失势，犹为汝君。奈何令吏卒上吾陵磨刀剑乎？自今以后，可禁之。"平顿首谢，因不见。推问陵傍，果有方石可以为砺，吏卒尝盗磨刀剑。霍光欲斩之，张安世曰："神道茫昧，不宜为法。"乃止。

见奴为祟　石普好杀人，未尝惭悔。醉中缚一奴，命指使①投之汴河。指使怜而纵之。既醒而悔。指使畏其暴，不敢以实告。居久之，普病，见奴为祟，自以必死。指使呼奴至，祟不复见，普病亦愈。
【注释】
①指使：手下办事的人。

再为顾家儿　顾况丧一子，年十七，其子游魂，不离其家。况悲伤不已，因作诗哭之："老人苦丧子，日夜泣成血。老人年七十，不作多时别。"其子听之，因自誓曰："若有轮回，当再为顾家儿。"况果复生一子，至七岁不能言，其兄戏批之，忽曰："我是尔兄，何故批我？"一家惊异。随叙平生事，历历不误。

鬼揶揄　襄阳罗友，人有得郡者，桓温为席钱别。友至独后，温问之，答曰："且出门，逢一鬼揶揄云：'我但见人送人作郡，不见人送汝作郡。'"友惭愧却。

鬼之董狐　晋干宝尝病气绝，积日不冷。后遂悟，见天地间鬼神事如梦觉，不自知死。遂撰古今神祇灵异人物变化，名为《搜神记》，以示刘恢。恢曰："卿可谓鬼之董狐。"

昼穿夜塞 孙皓凿直渎，昼穿夜复塞，经数月不就。有役夫卧其侧，夜见鬼物来填，因叹曰："何不以布囊盛土弃之江中，使吾辈免劳于此！"役夫晓白有司，如其言，乃成，渎长十四里。

舌根生莲 西晋时，地产青莲两朵，闻之所司，掘得瓦棺。开，见一老僧，花从舌根顶颅出。询及父老，曰："昔有僧诵《法华经》万，临卒遗言，命以瓦棺葬此。今造为瓦棺寺。"

卞壸墓 卞壸父子死难，葬于金陵。盗尝开墓，面如生，爪甲环手背。晋安帝赐钱十万封之。后明高祖将迁之，夜见白衣妇人据井而哭，已复大笑曰："父死忠，子死孝，乃不能保三尺墓乎？"言已，遂跃于井。高祖感而遂止。

酒黑盗唇 李克用墓金时为盗所发，郡守梦克用告曰："墓中有酒，盗饮之，唇皆黑，可验此捕之。"明日，获盗，寺僧居其半。

为医所误 颜含兄畿客死，其妇梦畿曰："我为医所误，未应死，可急开棺。"含时尚少，力请父发棺，余息尚喘。含旦夕营视，足不出户者十三年，而畿始卒。嫂目失明，含求蚺蛇胆不得。忽童子受一青囊，开视之，乃蛇胆也。童子即化青鸟去。

柳侯祠 韩文公碑记：柳宗元与部将欧阳翼辈饮驿亭，曰："明岁吾将死，死而为神，当庙祀我。"及期死，翼等遂立庙。过客李仪醉酒，慢侮堂上，得疾，扶出庙门，即不起。

义妇冢　四明梁山伯、祝英台二人，少同学，梁不知祝乃女子。后梁为鄞令，卒葬此。祝氏吊墓下，墓裂而殒，遂同葬。谢安奏封义妇冢。

三年更生　梁主簿柳戋卒，葬于九江；三年后，大雨，冢崩，其子褒移葬。启棺，见父目忽开，谓褒曰："九江神知我横死，遗地神以乳饲我，故得更生。"褒迎归，三十年乃卒。

开圹棺空　米芾书碑，云颜真卿之使贼也，谓饯者曰："吾昔江南遇道士陶八，八受以刀圭碧霞，服之可不死。且云七十后有大厄，当会我于罗浮。此行几是。"后公葬偃师北山。有贾人至南海，见道士弈，托书至偃师颜家。及造访，则茔也。守冢苍头识公书，大惊。家人卜日开圹，棺已空矣。

婢伏棺上　于宝父有嬖人，宝母妒甚。因葬父，推入藏中。数年而母丧，开墓，其婢伏棺上，微有息，舆还，遂苏。问其状，言宝父为之通嗜欲，家中事纤悉与之说，知与平时无异。

海神　秦始皇于海中作石桥，海神为之竖柱。始皇求与相见。神曰："我形丑，莫图我形，当与帝相见。"乃入海四十里，见海神。左右集画工于内，潜以脚画其形状。神怒曰："帝负约。速去！"始皇转马还，前脚犹立，后脚即崩，仅得登岸。画者溺死于海。又云：文登召山，始皇欲造桥度海，观日出处。有神人召巨石相随而行。石行不驶，鞭之见血。今山下石皆赤色。

黄熊入梦　晋侯有疾，梦黄熊入梦。于时子产聘晋。晋侯使韩子问子产曰："何厉鬼乎？"对曰："昔尧殛鲧于羽山，其神化为黄熊，入于羽渊，实为夏郊，三代祀之。今为盟主，其未祀乎？"乃祀夏郊。晋侯乃间[①]。

【注释】

①乃间：病渐渐痊愈。

辇沙①为阜　秦始皇至孔林，欲发其冢。登堂，有孔子遗瓮，得丹书曰："后世一男子，自称秦始皇，入我室，登我堂，颠倒我衣裳，至沙丘而亡。"怒而发冢。有兔出，逐之，过曲阜十八里没，掘之不得，因名曰兔沟。乃达沙丘，令开别路。见一群小儿辇沙为阜，问，曰"沙丘"。从此得病，遂死。

【注释】

①辇沙：用车运沙。

钟馗　唐明皇昼寝，梦一小鬼，衣绛犊鼻，跣一足，履一足，腰悬一履，搢一筊扇，盗太真绣香囊。上叱问之，小鬼曰："臣乃虚耗也。"上怒，欲呼力士，俄见一大鬼，顶破帽，衣蓝袍，系鱼带，靸朝靴，径捉小鬼。先刳其目，然后劈而食之。上问："尔为谁？"奏云："臣终南进士钟馗也。"

藏璧　永平中，钟离意为鲁相，出私钱三千文，付户曹孔䜣，治夫子车。身入庙，拭几席剑

［明］戴进《钟馗过桥图》，197.4cm×118.6cm，藏于美国华盛顿弗利尔美术馆

履。男子张伯，除堂下草，土中得玉璧七枚。伯怀其一，以六枚白意。意令主簿安置几前。孔子寝堂床首有悬瓮，意召孔诉，问："何等瓮也？"对曰："夫子遗瓮。内有丹书，人弗敢发也。"意发之，得素书曰："后世修吾书，董仲舒。护吾车，拭吾履，发吾笥，会稽钟离意。璧有七，张伯藏其一。"即召问，伯果服焉。

灶神　姓张名禅，字子郭。一名隗。又云祝融主火化，故祀以为灶神。郑玄以灶神祝融是老妇，非灶神，于己丑日卯时上天，白人罪过，此日祭之得福。《五行书》云："五月辰日，猪首祭灶，治生万倍。"

祠山大帝　父张秉，武陵人，一日行山泽间，遇仙女，谓曰："帝以君功在吴分，故遣相配。长子以木德王其地。"且约逾年再会。秉如期往，果见前女来归，曰："当世世相承，血食吴楚。"后生子烆，为祠山神。神始自长兴自疏圣泽，欲通津广德，便化为豨，役使阴兵。后为夫人李氏所见，工遂辍，故避食豨。

泷冈阡表　欧阳修作《泷冈阡表》碑，雇舟载回，至鄱阳湖。舟泊庐山下，夜有一叟率五人来舟，揖而言曰："闻公之文章盖世，水府愿借一观。"赍碑入水，遂不见焉。修惊悼不已。黎明，泰和县令黄庭坚至，言其事，庭坚为文檄之。方投湖中，忽空中语曰："吾乃天丁也，押骊龙往而送至。"修归家扫墓，但见水洼中云雾濛蔽，有大龟负碑而出，倏然不见，惟碑上龙涎宛然在焉。

五百年夙愿　张英过采石江，遇一女子绝色，谓英曰："五百年夙愿，当会于大仪山。"英叱之。抵仪陇任半载，日夕闻机声。一日，率部逐机声而往，忽至大仪山，洞门半启，前女出迎，相携而入，洞门即闭。见圆石一双，自门隙出，众取归。中道不能举，遂建祠塑像，置石于腹。

芙蓉城主 石曼卿卒后，其故人有见之者，恍惚如梦中言："我今为仙也，所主芙蓉城，欲呼故人共游。"不诺，忿然骑一素驴而去。

文山[1]**易主** 赵弼作《文山传》。既赴义，其日大风扬沙，天地尽晦，咫尺不辨，城门昼闭。自此连日阴晦，宫中皆秉烛而行，群臣入朝，亦爇炬前导。世祖问张真人而悔之，赠公"特进金紫光禄大夫、太保、中书令平章政事、庐陵郡公"，谥"忠武"。命王积翁书神主，洒扫柴市，设坛以祀之。丞相孛罗行礼初奠，忽狂飙旋地而起，吹沙滚石，不能启目。俄卷其神主于云霄，空中隐隐雷鸣，如怨怒之声，天色愈暗。乃改"前宋少保右丞相信国公"，天果开霁。按正史文集皆不载此事，传疑可也。信公至明景泰中，赐谥"忠烈"，人多不知，附记之。

【注释】

①**文山**：即文天祥，文天祥字文山。

杜默哭项王 和州士人杜默，累举不成名，性英傥不羁。因过乌江，谒项王庙。时正被酒沾醉，径升神座，据王颈，抱其首而大恸曰："天下事有相亏者，英雄如大王而不得天下，文章如杜默而不得一官！"语毕，又大恸，泪如迸泉。庙祝畏其获罪，扶掖以出，秉烛检视神像，亦泪下如珠，揾拭不干。

天竺观音 石晋时，杭州天竺寺僧，夜见山涧一片奇木有光，命匠刻观音大士像。

弄潮 吴王既赐子胥死，乃取其尸，盛以鸱夷之皮，浮之江上。子胥因流扬波，依潮来往。或有见其乘素车白马在潮头者，因为立庙。每岁八月十五潮头极大，杭人以旗鼓迎之，弄潮之戏，盖始于此。

黄河神　黄河福主金龙四大王，姓谢名绪，会稽人，宋末以诸生死节，投苕溪中。死后水高数丈。明太祖与元将蛮子海牙厮杀，神为助阵，黄河水望北倒流，元兵遂败。太祖夜得梦兆，封为黄河神。

木居士　韩昌黎《木居士庙》诗：偶然题作木居士，便有无穷求福人。

显忠庙　吴使孙皓病甚，有神凭小黄门云："金山咸塘风潮为害，海盐县治几陷。我霍光也，常统众镇之。"翌日，皓疾愈，遂立庙。

毛老人　南京后湖，一名玄武湖。明朝于湖上立黄册库，户科给事中、户部主事各一人掌之，烟火不许至其地。太祖时有毛老人献黄册，太祖言库中惟患鼠耗，喜老人姓毛，音与猫同，活埋于库中，命其禁鼠。后库中并不损片纸只字。太祖命立祠，春秋祭之。

怪　异

贰负①之骸　《山海经》："贰负之臣曰危，与贰负杀窫窳②。帝乃梏之疏属之山，桎其右足，反接两手与发③，系石。"汉宣帝时，尝发疏属山，得一人，徒裸，被发反缚，械一足。因问群臣，莫能晓。刘向按此言之。帝不信，谓其妖言，收向系狱。向子歆自出救父，云："以七岁女子乳饮之，即复活。"帝令女子乳之，复活，能言语应对，如向言。帝大悦，拜向为中大夫、歆为宗正。

【注释】

①**贰负**：古代天神，人面蛇身。

②**窫窳**：中国古代神话传说中的一种吃人怪兽。

③**与发：**束其发以为系而反缚其双手。

旱魃　南方有怪物如人状，长三尺，目在顶上，行走如风。见则大旱，赤地千里。多伏古冢中。今山东人旱则遍搜古冢，如得此物，焚之即雨。

两牛斗　李冰，秦昭王使为蜀守，开成都两江，溉田万顷。神岁取童女二人为妇。冰以其女与神求婚，径至神祠，劝神酒，酒杯恒澹澹。冰厉声以责之，因忽不见。良久，有两牛斗于江岸旁。有间，冰还，流汗谓官属曰："吾斗疲极，当相助也。南向腰中正白者，我绶也。"主簿刺杀北面者，江神遂死。

随时易衣　卢多逊既卒，许归葬。其子察护丧，权厝襄阳佛寺。将易以巨椽，乃启棺，其尸不坏，俨然如生。遂逐时易衣，至祥符中亦然。岂以五月五日生耶！彼释氏得之，当又大张其事，若今之所谓无量寿佛者矣。

钱镠异梦　宋徽宗梦钱武肃王讨还两浙旧疆垒，且曰："以好来朝，何故留我？我当遣第三子居之。"觉而与郑后言之。郑后曰："妾梦亦然，果何兆也？"须臾，韦妃报诞子，即高宗也。既三日，徽宗临视，抱膝间甚喜，戏妃曰："酷似浙脸。"盖妃籍贯开封，而原籍在浙。岂其生固有本，而南渡疆界皆武肃版图，而钱王寿八十一，高宗亦寿八十一，以梦谶之，良不诬。

马耳缺　欧公云：丁元珍尝夜梦与予至一庙，出门见马只耳。后元珍除峡州倅，予亦除夷陵令。一日，与元珍同泝峡，谒黄牛庙。入门，惘然皆如梦中所见，门外石马，果缺一耳，相视大惊。

见怪不怪 宋魏元忠素正直宽厚，不信邪鬼。家有鬼祟，尝戏侮公，不以为怪。鬼敬服曰："此宽厚长者，可同常人视之哉？"

苌弘血化碧 苌弘墓在偃师。弘周灵王贤臣，无罪见杀。藏其血，三年化为碧。

二尸相殴 贞元初，河南少尹李则卒，未殓。有一朱衣人申吊，自称苏郎中。既入，哀恸。俄顷，尸起，与之相搏，家人惊走。二人闭门殴击，及暮方息。则二尸共卧在床，长短、形状、姿貌、须髯、衣服一无异也。聚族不能识，遂同棺葬之。

冢中箭发沙射[①] 刘宴判官李邈有庄客，开一古冢，极高大，入松林二百步，方至墓。墓侧有碑断草中，字磨灭，不可读。初掘数十丈，遇一石门，因以铁汁计，累日方得开。开则箭雨集，杀数人，众怖欲出。一人曰："此机耳。"则投之以石，石投则箭出，投石十余，则箭不复发。遂列炬入，开第二门，有数十人，张目挥剑，又伤数人。众争击之，则木人也，兵仗悉落。四壁画兵卫，森森欲动。中以铁索悬一大漆棺，其下积金玉珠玑不可量。众方惧，未即掠取。棺两角飒然风起，有沙迸扑人面，则风转急，沙射如注，而便没膝。众皆遑走，甫得出墓，门塞矣，一人则已葬中。

【注释】
①原稿无标题，今加。

公远只履 罗公远墓在辉县。唐明皇求其术，不传，怒而杀之。后有使自蜀还，见公远曰："于此候驾。"上命发冢，启棺，止存一履。叶法善葬后，期月，棺忽开，惟存剑履。

鹿女 梁时，甄山侧，樵者见鹿生一女，因收养之。及长，令为女道士，号鹿娘。

风雨失枢　汉阳羡长袁玘常言："死当为神。"一夕，痛饮卒，风雨失其枢。夜闻荆山有数千人唉声，乡民往视之，则棺已成冢。俗呼铜棺山。

留待沈彬来　沈彬有方外术，尝植一树于沈山下，命其子葬己于此。及掘，下有铜牌，篆曰："漆灯犹未灭，留待沈彬来。"

辨南冷水　李秀卿至维扬，逢陆鸿渐，命一卒入江取南冷水。及至，陆以杓扬水曰："江则江矣，非南冷，临岸者乎？"既而倾水，及半，陆又以杓扬之曰："此似南冷矣。"使者蹶然曰："某自南冷持至岸，偶覆其半，取水增之。真神鉴也！"

试剑石　徐州汉高祖庙旁有石高三尺余，中裂如破竹不尽者寸。父老曰："此帝之试剑石也。"
又漓江伏波岩洞旁，悬石如柱，去地一线不合。相传为伏波试剑。

妇负石　在大理府城南。世传汉兵入境，观音化一妇人，以稻草縻此大石，背负而行，将卒见之，吐舌曰："妇人膂力如此，况丈夫乎！"兵遂却。

燃石　出瑞州。色黄白而疏理，水灌之则热，置鼎其上，足以烹。雷焕尝持示张华，华曰："此燃石也。"

他日伯公主盟　隋末温陵太守欧阳祐耻事二姓，拉夫人溺死。后人立庙，祈梦极灵。宋李纲尝宿庙中，梦神揖上座，纲固辞，神曰："他日伯公主盟。"及拜相，值神加封，固署名额次。

天河槎　横州横槎江有一枯槎，枝干扶疏，坚如铁石，其色类漆，黑光照人，横于滩上。传云天河所流也。一名槎浦。

愿留一诗　陆贾庙在肇庆锦石山下，宋梁竑舣舟于此，梦一客自称陆大夫，云："我抑郁此中千岁余矣，君幸见过，愿留一诗。"竑遂题壁。

请载齐志　元于司马钦尝梦有赵先生者谓钦曰："闻君修齐志，仆一良友葬安丘，其人节义高天下，今世所无也，请载之以励末俗。"钦觉而异之，及阅赵岐传，始悟为孙嵩也。岐处复壁中著书以名世，固奇男子。非嵩高谊，其志安得伸也？钦之梦，不亦可异哉！

三石　永安州伪汉时，有兵入靖江过此。黎明遇猎者牵黄犬逐一鹿，兵以枪刺鹿，徐视之，石也。已而，人犬与鹿皆化为石，鼎峙道旁。今一石尚有枪痕。

悟前身　焦竑奉使朝鲜，泊一岛屿间，见茅庵岩室扃闭，问旁僧，曰："昔有老衲修持，偶见册封天使过此，盖状元官侍郎者，叹羡之，遂逝。此其塔院耳。"竑命启之，几案经卷宛若素历，乃豁然悟为前身。

告大风　宋陈尧佐尝泊舟于三山矶下，有老叟曰："来日午大风，宜避。"至期，行舟皆覆，尧佐独免。又见前叟曰："某江之游奕将也，以公他日贤相，故来告。"

追魂碑　叶法善尝为其祖叶国重求刺史李邕碑文，文成；并求书，邕不许。法善乃具纸笔，夜摄其魂，使书毕，持以示邕，邕大骇。世谓之"追魂碑"。

牛粪金 东吴时，有道士牵牛渡江，语舟人曰："船内牛溲，聊以为谢。"舟人视之，皆金也。后名其地曰金石山。

谓琯前身 房琯桐庐令，邢真人和璞尝过访。琯携之野步，遇一废寺，松竹萧森，和璞坐其下，以杖叩地，令侍者掘数尺，得一瓶，瓶中皆娄师德与永公书。和璞谓曰："省此否？盖永公即之前身也。"

木客 兴国上洛山有木客，乃鬼类，形颇似人。自言秦时造阿房宫采木者，食木实，得不死，能诗，时就民间饮食。

铜钟 宋绍兴间，兴国大乘寺钟，一夕失去，文潭渔者得之，鬻于天宝寺，扣之无声。大乘僧物色得之，求赎不许，乃相约曰："扣之不鸣，即非寺中物。"天宝僧屡击无声。大乘僧一击即鸣，遂载以归。

驱山铎 分宜晋时，雨后有大钟从山流出，验其铭，乃秦时所造。又渔人得一钟，类铎，举之，声如霹雳，草木震动。渔人惧，亦沉于水。或曰此秦驱山铎也。

旋风掣卷 王越举进士，廷对日，旋风掣其卷入云表。及秋，高丽贡使携以上进，云是日国王坐于堂上，卷落于案，阅之异，因持送上。

风动石 漳州鹤鸣山上，有石高五丈，围一十八丈，天生大盘石阁之，风来则动，名"风动石"。

去钟顶龙角　宋时灵觉寺钟，一夕飞去，既明，从空而下。居人言江湾中每夜有钟声，意必与龙战。寺僧削去顶上龙角，乃止。

投犯鳄池　《搜神记》：扶南王范寻尝养鳄鱼十头，若犯罪者，投之池中，鳄鱼不食，乃赦之。诖误者皆不食。

雷果劈怪　熊翀少业南坛，夕睹一美女立于松上，众错愕走，翀略不为意，以刀削松皮，书曰："附怪风雷折，成形斧锯分。"夜半，果雷劈之。

飞来寺　梁时峡山有二神人化为方士，往舒州延祚寺，夜叩真俊禅师曰："峡据清远上流，欲建一道场，足标胜概，师许之乎？"俊诺。中夜，风雨大作，迟明启户，佛殿宝像已神运至此山矣。师乃安坐说偈曰："此殿飞来，何不回去？"忽闻空中语曰："动不如静。"赐额飞来寺。

橘中二叟　《幽怪录》：巴邛人剖橘而食，橘中有二叟弈棋。一叟曰："橘中之乐，不减商山。"一叟曰："君输我瀛洲玉尘九斛，龙缟袜八辆，后日于青城草堂还我。"乃出袖中一草，食其根，曰："此龙根脯也。"食讫，以水喷其草，化为龙，二叟骑之而去。

牛妖　天启间，沅陵县民家牸牛生犊，一目二头三尾，剖杀之，一心三肾。

猪怪　民家猪生四子，最后一子，长嘴、猪身、人腿、只眼。

陕西怪鼠　天启间，有鼠状若捕鸡之狸，长一尺八寸，阔一尺，

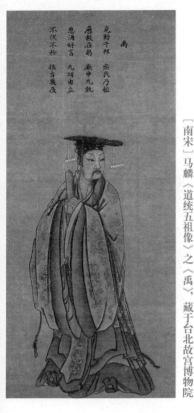

[南宋] 马麟《道统五祖像》之《禹》，藏于台北故宫博物院

两旁有肉翅，腹下无足，足在肉翅之四角，前爪趾四，后爪趾五，毛细长，其色若鹿，尾甚丰大，人逐之，其去甚速。专食谷豆，剖腹，约有升黍。

支无祁 大禹治水，至桐柏山，获水兽，名支无祁，形似猕猴，力逾九象，人不可视。乃命庚辰锁于龟山之下，淮水乃安。唐永嘉初，有渔人入水，见大铁索锁一青猿，昏睡不醒，涎沫腥秽不可近。

饮水各醉 沉醉堰在山阴柯山之前，郑弘应举赴洛，亲友饯于此。以钱投水，依价量水饮之，各醉而去。因名其堰曰"沉酿"。

林间美人 罗浮飞云峰侧有梅花村，赵师雄一日薄暮过此，于林间见美人淡妆素服，行且近，师雄与语，芳香袭人，因扣酒家共饮。少顷，一绿衣童来，且歌且舞。师雄醉而卧。久之，东方已白，视大梅树下，翠羽啾啾，参横月落，但惆怅而已。

变蛇志城 晋永嘉中，有韩媪偶拾一巨卵，归育之，得婴儿，字曰"撅"，方四岁。刘渊筑平阳城不就，募能城者。撅因变为蛇，令媪遗灰志后，曰："凭灰筑城，可立就。"果然。渊怪之，遂投入山穴间，露尾数寸，忽有泉涌出成池，遂名曰"金龙池"。

有血陷没 硕顶湖在安东，秦时童谣云："城门有血，当陷没。"

有老姆忧惧，每旦往视。门者知其故，以血涂门。姆见之，即走。须臾大水至，城果陷。高齐时，湖尝涸，城尚存。

张龙公 六安龙穴山有张龙公祠，记云：张路斯，颍上人，仕唐，为宣城令，生九子，尝语其妻曰："吾，龙也，蓼人。郑祥远亦龙也，据吾池，屡与之战，不胜，明日取决。令吾子射系鬣以青绢者郑也，绛绢者吾也。"子遂射中青绢者，郑怒，投合肥西山死，即今龙穴也。

城陷为湖 巢湖在合肥，世传江水暴涨，沟有巨鱼万斤，三日而死。合郡食之。独一姥不食。忽过老叟，曰："此吾子也，汝不食其肉，吾可亡报耶？东门石龟目赤，城当陷。"姥日往窥之。有稚子戏以朱傅龟目。姥见，急登山，而城陷为湖，周四百余里。

人变为龙 元时，兴业大李村有李姓者，素修道术。一日，与妻自外家回，至中途，谓妻曰："吾欲过前溪一浴，汝姑待之。"少顷，风雨骤作，妻趋视之，则遍体鳞矣。嘱妻曰："吾当岁一来归。"歘然变为龙，腾去。后果岁一还。其里呼其居为李龙宅。

妇女生须 宋徽宗时，有酒家妇朱氏，年四十，忽生须六七寸。诏以为女道士。

男人生子 宋徽宗时，有卖菜男人怀孕生子。

童子暴长 元枣阳民张氏妇生男，甫四岁，暴长四尺许，容貌异常，皤腹臃肿，见人嬉笑，如俗所画布袋和尚云。

男变为妇 明万历间，陕西李良雨忽变为妇人，与同贾者苟合为夫妇。其弟良云以事上所司奏闻。

卷十九　物理部

物类相感

磁石引针。

琥珀摄芥。

蟹膏漆漆化为水。

皂角入灶突烟煤坚。

胡桃带壳烧红，其火可藏数日。

酸浆入盂，水垢浮。

灯芯能碎乳香[①]。

撒盐入火，炭不爆。

用盐擂椒，椒味好。

川椒麻人，水能解。

带壳胡桃煮臭肉，肉不臭。

瓜得白梅则烂。

栗得橄榄则香。

猪脂炒榧，皮自脱。

芽茶得盐，不苦而甜。

井水蟹黄沙淋而清。

石灰可藏铁器。

草索可祛青蝇。

焊炭可断蚁道。

香油杀诸虫。

狗粪之中米，鸽食则死。

桐油杀荷花。

江茶枯麦。

粉蝥②畏椒。

蜈蚣畏油。

松毛可杀米虫。

麝香祛壁虱。

马食鸡粪，则生骨眼。

苍蝇叮蚕，生肚虫。

三月三日收荠菜花茎置灯檠上，则飞蛾蚊虫不投。

五月五日收虾蟆，能治疰，又治儿痫。

香油沫龟眼，则入水不沉。

唾沫蝶翅，则当空高飞，乳香久留，能生舍利③。

羚羊角能碎佛。

柿煮蟹不红。

橙合酱不酸。

麸见肥皂则不就。

荆叶辟蚊，台葱辟蝇。

唾津可溶水银，茶末可结水银。

薄荷去鱼腥。

荸荠煮铜则软，甘草煮铜则硬。

蝎畏蜗牛。

磬畏慈菇，斧怕肥皂。

螺蛳畏雪，蟹怕雾。

河豚杀树，狗胆能生。

灯芯能煮江鳅。

麻叶可辟蚊子。

酒火发青，布衣拂即止。

琴瑟弦久而不鸣者，以桑叶拊之，则响亮如初。

黑鲤鱼乃老鼠变成，鳜鱼乃虾蟆变成，鲜鱼乃人发变成。

燕畏艾，雀衔艾而夺其巢。

骡马蹄曝干为末，放酒中即成水。

柳絮经宿，即为浮萍。

杜大黄嫩子掷水化为萍。

庚午、癸卯二日春米，不蛀。

柳叶入水，即化为杨叶丝鱼。

人参与细辛同贮则不坏。

槿树叶和石灰捣烂，泥酒醋缸则不漏。

寻泉脉，以竹火循地照有气冲炎起，下必有泉。

试盐卤，以石莲子十个投卤中，浮起五个为五成，六个六成，七个七成。五成以下，味薄无盐矣。

以锈钉磨醋写字，浓墨刷纸背，名顷刻碑。

取乌贼鱼墨，书文券，岁久脱落成白纸。

灯盏中加少许盐，则油不速干。

油一斤，以胡桃一个捣烂投之，则省油。

造油烛，先以麻油浇其芯，则过霉不霉。

蜡烛风吹有泪，以盐少许实缺处。泪即止。

烧蜡有缺，嚼藕渣补之，即不漏。

写绢上字，以姜汁代水磨墨，则不沁。

蒲花和石灰泥壁及缸坛，胜如纸筋。

蓖麻子水研写字，只如空纸付去，以灶煤红丹糁之，字即现。

鸡子清调石灰粘瓷器，甚妙。

粘缀山石，以生羊肝研调面缀之，即坚牢。

池水浑浊，以瓶入粪，用箬包投水中则清。

金遇铅则碎。

核桃与铜钱同嚼，则钱易碎。

水银撒了，以锡青石引之，皆上石。

伏中不可铸钱，汁不消，名炉冻。

菟丝无根而生，蛇无足而行，鱼无耳而听，蝉无口而鸣。

龙听以角，牛听以鼻。

石脾④入水则干，出水则湿。

独活⑤有风不动，无风自摇。

鹆鹈⑥昼暗夜明。

鼠夜动昼伏。

南倭海滩蚌泪著色，昼隐夜显。

沃山石滴水著色，昼显夜隐。

睡莲昼开，夜缩入水底。

蔓草昼缩入地，夜即复出。

以形化者牛哀为虎。以魄化者望帝为鹃，帝女为精卫。以血化者苌弘为碧，人血为磷。以发化者梁武宫人为蛇。以气化者蜃为楼台。以泪化者湘妃为斑竹。

无情化有情者，腐草为萤，朽麦化蝶，烂瓜为鱼。

有情化无情者，蚯蚓为百合，望夫女为石燕、为石蟹、为石。

物相化者，雀为蛤，雉为蜃，田鼠为鴽，鹰为鸠，鸠为鹰，蛤仍为雀。松化为石。

人相化者，武都妇人为男子，广西老人为虎。

人食矾石而死，蚕食之不饥。

鱼食巴豆而死，鼠食之而肥。

风生兽得菖蒲则死。鳖得苋则活。蜈蚣得蜘蛛则腐。鸲鹆得桑椹则醉。猫得薄荷则醉。虎得狗则醉。橘得糯米则烂。芙蕖得油则败。番蕉得铁则茂。金得翡翠则粉。犀得人气则碎。漆得蟹则败。

萱草忘忧，合欢蠲忿。仓鹒疗妒，鹡鸰治魇，囊蔢治畏。

金刚石遇羚羊角则碎。

龙漦遇烟煤则不散。

雀芋置干地多湿，置湿地反干。飞鸟触之堕，走兽遇之僵。

终岁无乌，有寇。

鸡无故自飞去，家有虫[⑦]。

鸡日中不下树，妻妾奸谋。

屋柱木无故生芝，白为丧，赤为血，黑为贼，黄为喜。

鸡来贫，狗来富，猫儿来后开质库。

犬生獘，家富足。

鸦风鹊雨。

猫子生，值天德月德者，无不成。

忌寅生人及子令生人见。

鼠咬巾衣，明日喜至。

鹳忽移巢，必有火灾。

鸡上窠作啾声，来日必雨。

凡鸡归栖蚤，则明日晴；归栖迟，则明日雨。

乌夜啼，主米贱。

鸦慢叫则吉，急叫则凶。一声凶，二声吉，三声酒食至。或动头点尾向人叫者，口舌灾患多凶。

鸡生子多雄，家必有喜。

夜半鸡啼，则有忧事。

燕巢人家，巢户内向，及长过尺者，吉祥。

雨时鸠鸣，有应者即晴，无应者即雨。

无故蚁聚及移窠者，天必暴雨。蚯蚓出，亦然。

白蚁虫，是日必吉辰。凡见蛇交，则有喜。

遇蛇会，急拜，求富贵必如意。

遇蛇蜕壳，急脱衣服盖之，凡谋大吉。

生鳖甲寸锉，以红苋覆之，尽成小鳖。

虾多，年必荒。蟹多，年多乱。

绩麻骨插竹园，四围竹不沿出。芝麻骨亦可。

梓木作柱，在下首，则木响叫，云争坐位。

杉木焊炭为末，安门臼中，则能自响。

钉楼板，用罂漆树削钉，以米泔浸之，待干，钉板易入，其坚如铁。

荷花梗塞鼠穴，则鼠自去。

黄蜡与果子同食，则蜡自化去。

萝卜提硝，则硝洁白而光润。

灯芯蘸油，再蘸白矾末，能粘起炭火。

鸡蛋开顶上一小窍，倾出黄白，灌入露水，又以油纸糊好其窍，日中晒之，可以自升，离地三四尺。

伏中收松柴，劈碎，以黄泥水中浸至皮脱，晒干，冬月烧之，无烟。竹青亦可。

竹篾以石灰水煮过，可代藤用。

【注释】

①乳香：植物名。

②蝥：蜘蛛。

③舍利：这里是鸟名，即百舌鸟。

④石脾：含有大量矿物质的咸水蒸发后凝结成的石状物质。

⑤独活：中药名。

⑥鶹鷅：猫头鹰。

⑦原稿"有虫"当作"有蛊"。

身　体

身上生肉丁，麻花擦之。

飞丝入眼而肿者，头上风屑少许措之。一云珊瑚尤妙。

人有见漆生疮者，用川椒三四十粒，捣碎，涂口鼻上，则漆不能害。

指甲有垢者，白梅与肥皂同洗则净。

弹琴指甲薄者，僵蚕烧烟熏之则厚。

染头发，用乌头、薄荷入绿矾染之。

食梅，牙软。

吃梅则不软，一用韶粉擦之。

油手以盐洗之，可代肥皂。一云将顺手洗，自落。

脚根厚皮，用有布纹瓦或浮石磨之。

干洗头，以藁本、白芷等分为末，夜擦头上，次早梳之，垢秽自去。

狐臭以白灰、陈醋和傅腋下，一方以煅过明矾擦之尤妙。

女儿缠足，先以杏仁桑白皮入瓶内煎汤，旋下盐硝、乳香，架足瓶口熏之。待温，倾出盆中浸洗，则骨软如绵。

洗浴去身面浮风，以芋煮汁洗之，忌见风半日。

梳头令发不落，用侧柏叶两大片，胡桃去壳两个、榧子三个，同研碎，以擦头皮，或浸水常搽亦可。

取靥方桑灰、柳灰、小灰、陈草灰、石灰五灰，用水煎浓汁，入酽醋点之。

入鼻中气，阳时在左，阴时在右，候其时则气盛，交代时则两管皆微。

妇人月信断三五日交接者是男，二四日交接者是女。

夏月面最热，扇面则身亦凉。

冬月足最冷，烘足则身亦暖。

善睡者以淡竹叶晒干为细末，用二钱水一盏调服，则终夜不寐，可以防贼。如以热汤调服，则睡至晓。

附了末数钱，用水两碗煎数沸濯足，远行足不痛。

宣州木瓜治脚气，煎汤洗之。

面上生疮，疑是漆咬者，以生姜擦之，热则是，不热即非。

患咳逆，闭气少时即止。

脚麻，以草芯贴眉心，左麻贴右，右麻贴左。

蹉气筋骨牵痛则正坐，随所患一边，以足加膝上立愈。

脚筋抠，左脚操起右阴子，右脚操起左阴子，即止。

身上疖毒初起，以中夜睡觉未语时唾津涂之，涂数十次，渐消。

左边鼻衄，用带子缚七里穴。

脚转筋，款款攀足大拇指少顷，立止。

新为僧道，熬猪油涂网巾痕，数日后即一色。

衣　服

夏月衣霉，以东瓜汁浸洗，其迹自去。

北绢黄色者，以鸡粪煮之即白，鸽粪煮亦好。

墨污绢，调牛胶涂之，候干揭起，则墨与俱落，凡绢可用。

血污衣，用溺煎滚，以其气熏衣，隔一宿以水洗之，即落。

绿矾百草煎污衣服，用乌梅洗之。

鞋中著樟瑙，去脚气。

用椒末去风，则不疼痛。

洗头巾，用沸汤入盐摆洗，则垢自落。一云以热面汤摆洗，亦妙。

槐花污衣，以酸梅洗之。

绢作布夹里，用杏仁浆之，则不吃绢。

伏中装绵布衣，无珠；秋冬则有。以灯芯少许置绵上，则无珠。

茶褐衣缎，发白点，以乌梅煎浓汤，用新笔涂发处，立还原色。

酒醋酱污衣，藕擦之则无迹。

霉黴[1]衣，以枇杷核研细为末，洗之，其斑自去。

毡袜以生芋擦之，则耐久而不蛀。

红苋菜煮生麻布，则色白如苎。

杨梅及苏木污衣，以硫黄烟熏之，然后水洗，其红自落。

油污衣，用蚌粉熨之，或以滑石、或以图书石[2]灰熨之，俱妙。

膏药迹，以香油搓洗自落，后用萝卜汁去油。

墨污衣，用杏仁细嚼擦之。

洗毛衣及毡衣，用猪蹄爪汤乘热洗之，污秽自去。

葛布衣折好，用蜡梅叶煎汤，置瓦盆中浸拍之，垢即自落，以梅叶揉水浸之，不脆。

油污衣，用白面水调罨过夜，油即无迹。

去墨迹，用饭粘搓洗，即落。

罗绢衣垢，折置瓦盆中，温泡皂荚汤洗之，顿按翻转，且浸且拍，垢秽尽去。弃前水，复以温汤浸之，又顿拍之，勿展开，候干折藏之，不浆不熨。

颜色水垢，用牛胶水浸半日，温汤洗之。

洗白衣，白菖蒲用铜刀薄切，晒干作末，先于瓦盆内用水搅匀，捋衣摆之，垢腻自脱。

洗紬绢衣，用萝卜汁煮之。

洗皂衣，浓煎栀子汤洗之。

黄泥污衣，用生姜汁搓了，以水摆去之。洗油污衣，滑石天花粉不拘多少为末，将污处以炭火烘热，以末糁振去之。如未净，再烘，再振，甚者不过五次。

漆污衣，杏仁、川椒等分研烂揩污处，净洗之。

墨污衣，用杏仁去皮尖茶子等分为末糁上，温汤摆之洗，字则压去。油罗极细末糁字上，以火熨之。又法：以白梅捶洗之。蟹黄污衣，以蟹脐擦之即去。

血污衣，即以冷水洗之即去。

洗油帽，以芥末捣成膏糊上，候干，以冷水淋洗之。

【注释】

①霉（méi）：真菌的一类，常寄生在食物和衣服的表面，呈细丝状，有分枝。

②图书石：即"青田石"，是石雕的名贵材料。

饮 食

炙肉，以芝麻花为末，置肉上，则油不流。

糟蟹久则沙，见灯亦沙，用皂角一寸置瓶下，则不沙。

煮老鸡，以山楂煮即烂，或用白梅煮，亦妙。

枳实煮鱼则骨软，或用凤仙花子。

酱内生蛆，以马草乌碎切入之，蛆即死。

糟茄入石绿，切开不黑。

糟姜，瓶内安蝉，虽老姜亦无筋。

食蒜后，生姜、枣子同食少许，则不臭。

煮饭以盐硝入之，则各自粒而不粘。

米醋内入炒盐，则不生白衣。

用盐洗猪脏肚子则不臭。

腌鱼，用矾盐同腌，则去涎。

凡杂色羊肉入松子，则无毒。

藕皮和菱米同食，则甜而软。

芥辣，用细辛少许与蜜同研，则极辣。

晒胡芦干，以藁本汤洗过，不引蝇子。

杨梅核与西瓜子，用柿漆拌，晒干，则自开，只拣取仁。

鸭蛋以硇砂①画花写字，候干，以头发灰汁洗之，则花直透内。

炒白果、栗子，放油纸撚在内，则皮自脱。

夏月鱼肉放香油，耐久不臭。

萝卜梗同煮银杏，则不苦。

煮芋，以灰煮之则酥。煮藕，以柴灰煮之，则糜烂，另换水放糖。

榠子与蔗同食，其渣自软，与纸一般。

晒肉脯，以香油抹之，不引蝇子。

食荔枝，多则醉；以壳浸水饮之则解。

腌鸭蛋，月半日做，则黄居中。一云日中做。

韶粉去酒中酸味，赤豆炒热入之，亦好。

荷花蒂煮肉，精者浮，肥者沉。

鸭蛋以金刚根同煮，白皆红。

天落水做饭，白米变红，红米变白。

饮酒欲不醉，服硼砂末。

吃栗子，于生芽处咬破气，一口剥之，皮自脱。

竹叶与栗同食，无渣。

茄干灰可腌海蜇。

寸切稻草可煮臭肉，其臭皆入草内。

煮老鹅，就灶边取瓦一片同煮，即烂。

吃蟹后，以蟹脐洗手，则不腥。

豆油煮豆腐有味。

篱上旧竹篾缚肉煮，则速糜。

馄饨入香薷在内不嗳。

食河豚罢，以萝卜煎汤涤器皿，即去其腥。

灯草寸断，收糖霜②重间之为佳。

糖霜用新瓶盛贮，以竹箬纸包好，悬于灶上，两三年不溶。

糟姜入瓶中，掺少许熟栗子末于瓶口，则无滓。

糟姜时，底下用核桃肉数个，则姜不辣。

糟茄，须旋摘便糟，仍不去蒂萼为佳。

干蓼草上下覆铺，以贮糯米，则不蛀。

豆黄和松叶食之，甚美，可作避地计。

沙糖③调水洗石耳④，极光润。

食梅齿软，以梅叶嚼之，即止。

生甜瓜以鲞鱼骨刺之，经宿则熟。

伏中合酱与面，不生蛆。

收椒，带眼收，不带叶收，不变色。

日未出及已没下酱，不引蝇子。

醉中饮冷水，则手颤。

造酱之时，缸面用草乌头四个置其上，则免蝇蚋。

【注释】

①硇砂：俗称"缸砂"。

②糖霜：白糖。

③沙糖：也作"砂糖"，由甘蔗汁熬制而成，唐太宗时期传入中国。

④石耳：地衣类，可食用。

器　用

商嵌铜器以肥皂涂之，烧赤后，入梅锅烁之，则黑白分明。

黑漆器上有朱红字，以盐擦则作红水流下。

油笼漆笼漏者，以马屁渤①塞之，即止。肥皂围塞之，亦妙。

柘木以酒醋调矿灰涂之，一宿则作间道乌木。

漆器不可置莼菜，虽坚漆亦坏。

热碗足烫漆桌成迹者，以锡注盛沸汤冲之，其迹自去。

铜器或鍮石上青，以醋浸过夜，洗之自落。

针眼割线者，用灯烧眼。

锡器上黑垢，用焯鸡鹅汤之热者洗之。

酒瓶漏者，以羊血擦之则不漏。

碗上有垢，以盐擦之。

水焯炭缸内，夏月可冻物。

刀锈，木贼草擦之。

皂角在灶内烧烟，锅底煤并烟突煤自落。

肉案上抹布，以猪胆洗之，油自落。

焯炭瓶中安猫食，不臭，虽夏月亦不臭。

藁本汤布拭酒器并酒桌上，蝇不来。

香油蘸刀则不脆。

琉璃用酱汤洗油自去。

铁锈以炭磨洗之。刀钝以干焯炭擦之则快。

泥瓦火煅过，作磨刀石。

洗刀洗铁皮，松木杉木铁艳粉为细末，以羊脂炒干为度，用以擦刀，光如皎月。

洗缸瓶臭，先以水再三洗净却，以银杏捣碎，泡汤洗之。

荷叶煎汤，洗锡器极妙。

釜内生锈，烧汤，以皂荚洗之如刮。

松板作酒榨，无木气。

镀白铜器，用萱草根及水银揩之如新。

锡器以木柴灰煮水，用木贼草洗之如银。或用腊梅叶，或用肥皂热水，亦可。

瓷器记号，以代赭石写之，则水洗不落。

竹器方蛀，以雄黄、巴豆烧烟熏之，永不蛀。

凡竹器蛀，以莴苣煮汤，沃之。

定州瓷器一为犬所舐，即有璺[②]纹。

漆器以覆苋菜，便有断纹。

雨伞、油衣、笠子雨中来，须以井水洗之；不尔，易得脆坏。

铜器不得安顿米上，恐霉，坏其声。

手弄地栗③，不可弄铜器，击之必破。

新锅先用黄泥涂其中，贮水满，煮一时，洗净，再干烧十分热，用猪油同糟遍擦之，方可用。

漆污器物，用盐干擦。

酒污衣服，用藕擦。

器旧，用酱水洗。

藤床椅旧，用豆腐板刷洗之。

鼓皮旧，用橙子瓤洗之。

汤瓶生碱，以山石榴数枚，瓶内煮之，碱皆去。

桐木为轿杠，轻复耐久。

瓷器捐缺，用细筛石灰一二钱、白芨末二钱，水调粘之。

铁器上锈者，置酸泔中浸一宿取出，其锈自落。

松枡初用当以沸汤；若入冷水，必破。

试金石，以盐擦之，则磨痕尽去。

【注释】

①**马屁淳**：俗称"牛屎菌"，嫩时色白，圆球形如蘑菇，个头较大，鲜美可食，嫩如豆腐。

②**璺**：裂纹。

③**地栗**：即"荸荠"。

文　房

研墨出沫，用耳膜头垢则散。

蜡梅树皮浸水磨墨，有光彩。

矾水写字令干，以五棓子煎汤浇之，则成黑字。

肥皂浸水磨墨，可在油纸上写字。

肥皂水调颜色，可画花烛上。

磨黄芩写字在纸上，以水沉去纸，则字画脱在水面上。

画上若粉被黑或硫烟熏黑，以石灰汤蘸笔，洗二三次，则色复旧。

蓖麻子油写纸上，以纸灰撒之，则见字。一云杏仁尤妙。

冬月以酒磨墨，则不冻。

盐卤写纸上，烘之，则字黑。

冬月以杨花铺砚槽，则水不冰。

花砑①中入火烧瓦一片，则不臭。

收笔，东坡用黄连煎汤，调轻粉蘸笔，候干收之。

擦金扇油，用绵子渍鹿血，藏久擦之，甚妙。

补字，以新面巾一个，用石灰少许投入，即化为粘水，贴上，悠久又无迹。

洗字，扇头绫轴上讹字，用陈酱调水笔蘸，照字写上，须臾擦去，无痕。

取错字法，蔓荆子二钱，龙骨一钱，相子霜五分，定粉少许，同为末，点水字上，以末糁之，候干即拂去。

砚不可汤洗。

真龙涎香烧烟入水，假者即散。夷使到本朝，本朝烧之，使者曰："此真龙涎香也。"烧烟入水，果如其言。

裱褙打糊，入白矾、黄蜡、椒末和之，褙书画，虫鼠不敢侵。

裱褙书画，午时上壁，则不瓦。又云日中晒多日，亦不瓦。一云用萝卜汁少许打糊，则不瓦。

打碑纸，先以胶矾水湿过，方用。

新刻书画板，临印时，用糯米糊和墨，印两三次，即光滑分明。

打碑，挪皂水滤去滓，以水磨墨，光彩如漆。

鹿角胶和墨，最佳。和墨一两，入金箔两片，麝香三十文，则墨熟而紧。

造墨，用秋水最佳。

蓖麻子擦研，滋润。

洗油污书画法，用海漂硝、滑石各二分，龙骨一分半，白垩一钱，共为细末，用纸如污衣法熨之，大凡污多已干者，仍以油渍之。迹大，不妨。否则以水浸一宿，绞干，用药亦可。

瓶中生花，用草紧缚其枝，插在瓶中，可以耐久。

试墨点黑漆器中，与漆争光者，绝品也。

【注释】

①原稿"花砑"疑有误，应为"花瓶"。

金　珠

珍珠经年油浸，及犯尸气色昏者，团饭中以喂鸡或鸭或鹅，俟其粪下，收洗如新。

鹅鸭粪晒干烧灰，热汤澄汁，以油珠绢袋盛洗之光净。

银丝器不可用杉木作盏①盛，久之色黑。

代赭石作末和盐煮金器，颜色鲜明。

玉器如打破，以白矾火上熔化，粘之，补瓷器亦炒。

象牙如旧，用水煮木贼②令软，洗之。再以甘草煮水，又洗之，其色如新。

多年玉灰尘，以白梅汤煮之，刷洗即洁。

珠子用乳汁浸一宿，洗出鲜明。

象牙笏曲者，用白梅汤煮绵，令热，裹而压即直。

旧象牙箸煮木贼草令软，擦之，再以甘草汤洗。又法：以白梅洗之，插芭蕉树中，二三日出之，如新。

洗赤焦珠，木槵子③皮热汤泡洗之。

研，萝卜汁浸一宿即白。

煮象牙，用酢酒煮之，自软。

【注释】

①蓝（lǐ）：即蓝子，古代小型妆具。

②木贼：别称千峰草、接骨草等，大型植物。根茎横走或直立，黑棕色，节和根有黄棕色长毛。地上枝多年生，全草可入药。

③木槵子：落叶乔木，高可达 15 米至 20 米。树皮灰白色，平滑不裂。

果　品

收枣子，一层稻草一层枣，相间藏之，则不蛀。

藏栗不蛀，以栗篰烧灰淋汁，浸二宿出之，候干，置盆中，以沙覆之。

藏西瓜，不可见日影，见之则芽。

收鸡豆，晒干入瓶，箬包好，埋之地中。

藏金橘于绿豆中，则经时不变。

藏柑子，以盆盛，用干潮沙盖。木瓜同法。

收湘橘，用汤煮过，瓶收之，经年不坏。

藏胡桃，不可焙，焙则油。

藏梨子，用萝卜间之，勿令相著，经年不坏。梨蒂插萝卜内，亦不得烂。藏香团，同法。

栗子与橄榄同食，作梅花香。

炒栗子、白果，拳一个在手，勿令人知，则不爆。

水杨梅入烀炭，不烂。

以缸贮细沙，藏柑橘、梨、榴之属于其中，久而不坏。如柑橘顿近米处，便速烂。

梨子纸裹入新瓶，可藏至二月。

石榴煎米泔百沸汤，淖过晾干，可至来年夏，不损坏。

梨子藏北枣中，可以致远。

榧子用盛茶瓶贮之，经久不坏。

藏生枣子用新沙罐，一层淡竹叶枝，古老铜钱数个，白矾少许，浸水井内，经年不坏。

藏桃、梅之属于竹林中，拣一大竹，截去上节，留五尺，通之，置果于竹中，以箨封泥涂之，隔岁如新撷。

摘银杏，以竹篾箍其根，过一宿，击篾则实尽落。

鸡豆子连蒲元水藏于新瓷器内，供时旋剥，甚妙。

蜜饯夏月多酸，可用大缸盛细沙，时以水浸湿，置瓶其上，即不坏。

梨子怕冻，须用沙瓮，著稻糠拌和藏之，以草塞瓶口，使其通气，可留过春。

松子用防风数两置裹中，即不油。

梨子每个以其柄插萝卜中，藏漆盒内，可以久留。

［明］王良臣《风月葡萄》轴，纸本，水墨，188.4cm×60.2cm，藏于美国华盛顿弗利尔美术馆

风栗，以皂荚水浸一宿，取出晾干，篮盛挂当风，时时摇之。

收柑橘，用黄砂坛，以晒燥松毛拌之，则不烂。

松毛湿，则又晒燥换之。无松毛，早稻草铡断，亦好。

闽中藏生荔枝，六七分熟者，用蜜一瓮浸之，密扎，令水不入，投井中，用时取出，其色如鲜。

收胡桃松子，以粗布作袋，挂当风中。

收桃子，以麦麸作粥，先入少盐，盛盆内，候冷，以桃子纳其中，冬月取以侑酒极佳。桃不可太熟，须择其颜色青红可爱者。

凡果品皆忌酒，酒气熏即损坏。

葡萄方熟，用蜡纸裹紧，扎封以蜡，可留到冬。

［清］顾洛《蔬果图卷》，洒金，纸本，水墨，设色，24.5cm×263.3cm，
藏于美国华盛顿弗利尔美术馆

栗蒲安在壳中，可以久留。

食胡桃多者，令人吐血。黄蜡同栗子嚼，成水。栗子同橄榄嚼，
其味甘清，名曰"风流脯"。

菜　蔬

收芥菜子，宜隔年者则辣。

生姜，社①前收无筋。

茄子以淋汁过柴灰藏之，可至四五月。

小满前收腌芥菜，可交新。

葫芦照水种，则多生。或三四株，微去其薄皮，用肥土包作一
株。麻皮扎好，其藤粗大生出者，止留一二个养老，其大如斗，可作
器用。

【注释】

①社：即社日，古代农民祭祀土地神的节日。这里指秋社。

花　木

冬青树接梅花，则开洒墨梅。

石榴树以麻饼水浇，则多生子。

养石菖蒲无力而黄者，用鼠粪洒之。

花树虫孔，以硫磺末塞之。

木樨蛀者，用芝麻梗带壳束悬树上。

竹多年生米，急截去，离地二尺通去节，以犬粪灌之，则余竹不生米矣。

海棠花以薄荷水浸之，则开。银杏不结子，于雌树凿一孔，入雄树一块，以泥涂之，便生子。

草木花枝羊食，并不发。

芝麻秆挂树上，无蓑衣虫。

牡丹花根下放白术，诸般颜色皆是腰金。

冬瓜蔓上，午时用苕帚打之，则多生。

天道尚左，星辰左旋。地道尚右，瓜瓠右累。

牡丹花每一朵十二瓣，闰月十三瓣。

凡果皆从下生上，惟莲子根从上生下。

贯仲与柏叶同嚼，无苦味。

蜀葵枯枝烧灰，可藏火。以干竹缚作火把，雨中不灭。茄秆灰藏火，亦妙。

皂荚树有刺，不可上。每至秋实时，以大篾箍束木身，用木砧砧之令急，一夕自落。

油纸灯入荷花池，叶即腐烂。

杏接梅花，即成台阁梅。

桑树接梨树，生梨，甘脆。

红梨花接海棠成西府。樱桃树接海棠成垂丝。

麻骨插椑柿，一夕即熟。

枸橘树可接诸色佳橘佳柑。

柳树可接桃，桃树可接梅。

冬青树可接木樨。

鸟　兽

小犬吠不绝声者，用香油一蚬壳灌入鼻中，经宿则不吠。

乌骨鸡舌黑者，则骨黑；舌不黑者，但肉黑。

鸡未狱①者，以苕帚赶之，则翼毛倒生。

母鸡生子，与青（一作续）麻子吃，则长生，不抱子。

竹鸡②叫，可去壁虱并白蚁。

鹘带帽飞去，立唤则高扬去，伏地叫则来。

鸡黄双者，生两头及三足。

猫眼知时候，有歌曰："子午线，卯酉圆，寅申巳亥银杏样，辰戌丑未侧如钱。"

香狸有四个外肾。

鹰无膍而有肚，食肉故也。飞禽吃谷者有膍。

鸡吃猫饭，能啄人。

胡麻面啖犬，则黑光而骏。

虎至人家盗犬豕食，闻刀刮锅底声则去，盖闻声则齿酸故也。

牛尾短者寿长，尾长者寿短。

猫鼻惟六月六日一次热。

杏仁末与犬食之，即死。

狗欲褪毛，饲以糟，则易褪。

鹿群夜宿，大者角向外，小者在内，圈匝如寨。行兵者仿之，作鹿角寨。

虎豹皮只可焙，不可晒。

猢狲病，吃壁上蟢子，即愈。

狗身上发癞，虫蝇，百部③汁涂之，即除。

马背鞍卷破脊梁，以渠中淤泥涂之，即愈。

辨牛黄真假，牛黄如鸡子大，重重叠叠，取置人指甲上磨之，其黄透甲，拭不落者，即真也。

猫癞以柏油擦之。再发，再擦。至三次，即除。猪癞，以猪油擦之，即好。

猫洗面至耳，必有客至。

人家燕雀顿绝者，必有火灾。

鹳仰鸣则晴，俯鸣必雨。

鹊巢低，其年大水。

鹘初声，或卧闻之，则一年安乐。

猫犬所生皆雄者，其家必有喜事。

犬死，以葵根塞其鼻，良久活。

孔雀毛入眼，损人眼；胆大，毒杀人。

狗虱，用朝瑙④擦毛内，以大桶或箱内闷盖之，虱即堕落，急令人掐杀之。

猫狗虱癞，用桃叶捣烂，遍擦其皮毛，隔少顷洗去之，一二次即除。

鸡病，以真麻油灌之。鸡哮，用白菜叶包鼠屎、香油挼之，即好。鸡瘟，以猪肉切碎喂之。又将雄黄为末，拌饭喂之，立愈。

猪瘟，以罗卜菜连根喂之愈。

牛马疥癞，用荞麦秆烧成灰，淋灰汁，浇之愈。

牛马瘟，用酒加麝香末些须⑤在内，灌之。

牛马疥癞，用梨卢⑥为末，水调涂之。

鹤病，用蛇或鼠或大麦煮熟喂之。

鹿病，用盐拌豆料喂之，常食菀豆则无病。

喂灶猫，用猪肠或鱼肠，入些须雄黄在内，煨熟饲之。

牛中暑，用胡麻苗捣汁灌之，即好。无苗，即用麻子二三两捣烂，和井水调匀，灌之。牛马猪驴瘟，用狼毒、牙皂⑦各一两，黄连一两五钱，雄黄、朱砂各五钱为末。猪擦入眼中，牛马驴吹入鼻中。

凡鸡鹅鸭欲其速肥，胡麻子拌饭，加硫磺少许，喂七日，其膘壮异常。

【注释】

①戠：同"翼"。

②竹鸡：鸟名，羽色艳丽，为国内特有观赏鸟类。雄鸟生性好斗，常被人们驯化为斗鸟，以供观赏。

③百部：别名百部草，主治润肺下气止咳，杀虫。

④原稿"朝瑙"疑有误，应为"樟瑙"。

⑤些须：即少许。

⑥原稿"梨卢"当作"藜芦"，毒草名。

⑦牙皂：皂荚。

虫 鱼

鱼瘦而生白点者，名虱，用枫树皮投水中，即愈。

鳖与蝤蛑被蚊子一叮，即死。

水中浮萍晒干，熏蚊子则死。

马蜣①畏肥皂。

蛇畏姜黄。

稻草索悬数条于壁上，则蝇不来。

蚕畏雷，亦畏鼓，闻鼓声，则伏而不起。

令蛙不鸣，三五日以野菊花为末，顺风吹之。

辟蝇，腊月猪油以瓶悬厕上。麻叶烧烟，能辟蚊子。陈茶末烧烟，蝇速去。

治壁虱，荞麦秆作荐，可除。

五月五日，取田中紫萍晒干，取伏翼血渍之又晒，又渍数次，为末作香烧之，大去蚊蚋。一云烧蝙蝠屎，可辟蚊子。

蚊蟁之属，得飞燕食之，则能变化。蟁之吐气成楼台，所以诱燕也。

凡鱼虾蟮入夜皆朝北方。

蜜蜂桶用黄牛粪和泥封之，能辟诸虫，蜜有收，蜂亦不他去，极妙。

收蜜蜂，先以水洒之，蜂成一团，遂嚼薄荷，以水喷之。再以薄荷涂手，徐徐拂拭，赶入桶中安干燥处。盖蜂畏薄荷，不螫人。

蚕食而不饮，二十二日而化蝉，饮而不食，三十日而蜕。蜉蝣不食不饮，三日而死。

辟蚊及诸虫，以苦楝子、柏子、菖蒲为末，慢火烧之，闻者即去。

辟蚊蚋，以干鳗鲡骨烧之，令化为水。

干菖蒲切片，置床褥下，可除壁虱。

头上虱，藜芦为末，糁擦其发中，经宿，虱皆干死自落。

去头上虱，轻粉少许，糁头上一二日，自死。

八角虱，多在阴毛上，用轻粉敷之，脱去。

象粪能去壁虱，取其所食余草打荐，永无壁虱。

辣蓼晒干铺席上，除壁虱。

芸香置于帙中，辟蠹鱼；置席下，去壁虱。

虱入耳，以猪毛蘸胶卷入，粘出之。

断毡中蛀虫，鳗鱼骨烧烟熏之；置其骨于衣箱中，断白鱼②诸虫咬衣服。烧烟熏屋舍，免竹木生蛀虫。

人为山中大蚁伤，急以地上土擦伤处，则不痛。

治厕中蛆，以莼菜一把投厕缸中，即无。

【注释】

①马蚍：蚂蚁。

②断白鱼：一种蛀蚀衣服书籍的小虫。

卷二十　方术部

符　咒

治脚麻法，口称木瓜曰："还我木瓜钱，急急如律令！"一气念七遍，即止。

治疟咒饼法，先面东烧香虔诚，于油饼中书一"摊"字，以笔圈之，从左边圈三次，将饼于香上诵"乾元亨利贞"七遍。当发日，早掐取所书字，用枣汤嚼饼食之，无不效。

病痞，多念《秽迹咒》，愈。

辟百邪恶鬼，令人不病疫，常以鸡鸣时存心念四海神名三七遍，曰："东海神阿明，南海神祝融，西海神巨来，北海神禹强。"每入病人宅，存心念三遍，口勿诵。

咒疟法，取梨一个，先吸南方气一口，将梨子咒曰："南方有池，池中有水，水中有鱼，三头九尾，不食人间五谷，唯食疟鬼。"咒三遍，吹于梨上，书"敕杀死"三字，令病人临发前食之。

一切疾患疼痛咒枣法，咒曰："金木水火土，五行助力，六甲同威，天罡大神，收入枣心，枣入肠中，六腑安宁，万病俱息。急速求荣！"用枣一个，念咒一遍，吸罡气一口入枣中。男去尖，女去蒂，用水嚼下，忌厌物七日。

咒齿痛，用纸一张，随大小方圆，折作七层，取三寸钉一枚，于屋栿或梁上，当纸中心钉之。下钉之时，先吸南方气一口，默咒曰："南方赤虫子，故来食我齿，钉在栿梁上，永处千年纸。"每咒一遍，令患人咳一声，及吸气一口，下钉锤一捶。如是咒七遍，即七吸气，七捶钉其齿，立效。

咒风疹，用纸一张，熟挪之于患人身体上下冒掠之。其初欲行时取东方气一口，默念曰："东来马子，西来驴子，好面败客待文书，急急如律令！敕。"乃上下冒掠，弃乱纸于门外东道口而归。

如入山林，默念"仪方不见蛇"，默念"仪康不怕虎"。有蛇虺处，多以小瓦片书"仪方"二字，蛇自畏避。

凡被蜈蚣咬，急以手指于地上"乾上"中书一"王"字，于"王"字内撮土糁咬处，即愈。

"多求致怨憎，少求人不爱，梵智求龙珠，水不复相见。"书此四句，雕贴于墙壁间，可断蛇。

辟蚊子，咒曰："天地太清，日月太明，阴阳太和，急急如律令！敕。"面北阴念七遍，吸气吹灯草上，点之。"唵地哩穴哩娑婆诃"，此咒，居人家每夜点烛了，面北立志，心念诵七遍，将剔灯杖子，灯焰上度过，搅油七匝，能免一切蛾蠓投焰之苦。

去壁虱法，上写"欠我青州木瓜钱"，贴床脚，即去。

倒念《揭谤咒》七遍，能使网罟无所得。

遇夜行或寝处惊怖恶梦，即咒曰："婆珊婆，演底摄。"

脚转筋疼，书木瓜字于疼处，则止。

闭气念"乾元亨利贞"七遍，嚼钱即碎。

釜鸣，呼"婆女"七。每闻鸦噪，默念"乾元亨利贞"七遍。

渡江者朱书"禹"字佩之，免风涛，保安吉。

蜂螫人，就地以竹写"丙丁火"三字七遍，取土揩螫处。

降犬法，左手挑寅剔丁掐戌，念"云龙风虎，降伏猛兽"。其犬不吠而去，不咬人。

降蛇法，咒曰："天迷迷，地迷迷，不识吾时。天濛濛，地濛濛，不识吾踪。左为潭鹿乌乙步，右为乌鹞三二步。"又念曰："吾是大鹏鸟，千年万年王。"

咒枣法治百病，咒曰："华表柱。"念七遍，望天罡取气一口，吹于枣上，嚼吃汤水下。华表柱，鬼之祖名也。

遇人捕鱼鳖飞禽走兽之属，但念"南无宝胜如来"，捕者终无所获。

赌骰子咒云："伊帝弥帝，弥揭罗帝。"百鸟粪衣，念"护罗"七声。

方 法

妇人怀娠欲成男者，以斧密置床下，以刀口向下，必生男；鸡伏卵，用此法，亦多成雄。

皂荚水触人眼，痛不可忍，持衬衣角揩之，即愈。

凡患偷针眼者，以布针一条，对井以目睛睨视之。已而，折为两段，投井中，眼即愈，勿令人知。

有脚汗人，岁朝密立于捣衣石上，即愈。

护生草，清明绝蚤取荠菜花茎，阴干，暑月作挑灯杖，能令蚊蛾不至。

灯草于腊月内取溪河水浸七昼

清代山西木雕《麒麟送子》，私人藏

夜，阴干，夏月点灯，能去青虫。

襄鼠日，每月辰日塞穴，鼠当自死。

翼日挂帐，无蚊子。

食鱼骨鲠，取罾覆头，即下。

除夜五更，使一人房中向窗扇，一人问云："扇怎么？"答云："扇蚊子。"凡七问七答，乃已。端午日五更，亦然。

树不生果，除夜着一人伏树下，一人持斧问云："你生果否？不生，斫汝作柴！"树下一人应云："我生！我生！"是年即结实。

辟火法，用绯红绢帛五尺至一丈，剪作幡形，悬竹竿上，投当风火中，风回火息矣。无绢帛，以绯衣服代之，亦可。

取逃走人衣服并带，用纸裹磁石，悬于井中，其人即回。

取霹雳木刻为鸟形，放在露天高处，众鸟皆集，不去。

二麦秆顿于上流，水流入池塘中，可祛马蝗。

求雨法，命巫师入深山，择枫树有怪形者，以茅缆系之，喝问："有雨否？"一人应曰："必有雨！必有雨！"

猪尿胞贮萤火，缀网中沉之水底，则鱼聚观，夜举网则鱼必多。

取头垢涂针，及塞针孔，水上自浮。

取戎盐涂鸡鸭蛋上，相连十枚不落。

取蚕沙一石二升，用丁日就吉地埋，则蚕大熟。

取水獭胆，以篾子蘸画酒杯中，一半酒去，余半在盏，不倾。

置牛骨于地中，则水不涸。

削木令圆，举以向日，艾承其影，则得火。

以黑犬血和蟹烧之，鼠悉去。

如值火灾，急以瓶甑覆炕上，火即灭。

以白矾煮灯芯，点之，省油。

猪血浸新砖，砖堕水中，引鱼自聚。

岁夜取富贵家田内泥打灶，主招财。

桃树撑门辟邪，祟不敢入门。

月厌上，取土泥塞鼠穴，则鼠远去。

人发结挂果树上，鸟雀不敢食其实。

惊蛰日以灰糁门外，免虫蚁出。

七月上旬辰日斫木，不蛀。

熨斗内以纸衬之炒银杏，则不爆。

釜鸣，不得惊呼，男子作妇人拜，即止。或妇人作男子拜，亦可。

夜卧，以鞋一仰一覆，即无恶梦。

遇恶犬，以左手自寅吹一口气，轮至戌以指甲掐之，犬即退伏。

暗传书法，以杜仲末、白矾、蓖麻子各少许，研细，又入黄丹少许，少浸，写字候干，全不见字迹。以火烘之，即见字，看毕焚之。

鸡子白调白矾末刷纸，作铫子煎茶，沸而不烧其纸。

五棓子书壁上，以青矾水喷之，则字现。

竹内膜纯阴，将酥涂其上，见太阳即飞，名飞蝴蝶。

上丑日取土泥蚕室，宜蚕。

上辰日取道中土泥门户，辟官事。读书灯香油一斤，入桐油三两，耐点，又辟鼠耗。以盐置盏中，省油。

以姜擦盏，则不晕。

ⓒ 张岱 2021

图书在版编目（CIP）数据

夜航船 /（明）张岱撰 . —沈阳：万卷出版公司，
2021.5

ISBN 978-7-5470-5489-5

Ⅰ . ①夜… Ⅱ . ①张… Ⅲ . ①笔记—中国—明代②中
国历史—史料—明代 Ⅳ . ① K248.066

中国版本图书馆 CIP 数据核字（2020）第 260141 号

策 划 人：王维良
出版发行：北方联合出版传媒（集团）股份有限公司
　　　　　万卷出版公司
　　　　　（地址：沈阳市和平区十一纬路25号　邮编：110003）
印 刷 者：辽宁新华印务有限公司
经 销 者：全国新华书店
幅面尺寸：146mm × 210mm
字　　数：650千字
印　　张：22
出版时间：2021年5月第1版
印刷时间：2021年5月第1次印刷
责任编辑：赵新楠
封面设计：范　娇
责任校对：佟可竟
版式设计：万晓春
ISBN 978-7-5470-5489-5
定　　价：98.00元

联系电话：024-23284442
传　　真：024-23284448